Autobiografie

Band 1

Aus dem Französischen übersetzt.

Originaltitel:
»Afin de devenir un livre vivant –
Éléments d'autobiographie 1«

Französische Originalausgabe

ISBN 978-2-85566-975-5

Deutsche Ausgabe:

Grabenstr. 14, 78661 Dietingen, Deutschland.

ISBN 978-3-89515-109-5

1. Auflage

Druck 2022: Interpress, Ungarn

Omraam Mikhaël Aïvanhov

AUTOBIOGRAFIE

Band 1

PROSVETA VERLAG

INHALT

VORWORT

»Wenn ich euch etwas über mich erzähle, dann nicht mit dem Ziel, dass ihr mein Leben interessant, originell oder sonst wie findet, sondern um euch das zu vermitteln, was es mich gelehrt hat, damit ihr davon profitieren könnt. Wozu wäre es sonst nützlich? Man lernt einen Menschen nicht kennen, indem man sich nur für die Ereignisse seines Lebens interessiert, sondern indem man versteht, was er daraus gemacht hat, und welche Weisheit er aus seinen Erfahrungen geschöpft hat. Diese Weisheit ist so etwas wie die Quintessenz seines Lebens, etwas, das er ist, aber zugleich auch viel mehr, als er ist, und eben diese Quintessenz erleuchtet und nährt diejenigen, die sich ihm nähern.

Meine Worte sind eine Nahrung, die ich euch gebe, es sind Stücke aus meinem Herzen und aus meiner Seele; sie sind mein Leben, mein Blut, und ich kann nicht anders handeln. Wenn ich zu euch spreche, ist es mein Leben, das ihr atmet, das ihr berührt.«

Omraam Mikhaël Aïvanhov

Meister Omraam Mikhaël Aïvanhov hat seinen ersten öffentlichen Vortrag am 31. Januar 1938 in Paris gehalten, und am 28. September 1985, im Bonfin bei Fréjus (Frankreich), hat er das letzte Mal gesprochen. Während dieser Zeit wurden ungefähr 4500 Vorträge, Reden und Mitteilungen aufgezeichnet, die zunächst mitstenographiert und später auf Tonband oder Videokassette aufgenommen wurden.

»Parler d'abondance – wörtlich: aus der Fülle sprechen«... Diesen schönen Ausdruck aus der französischen Sprache, der einen Vortrag in freier Rede bezeichnet, hat sich der Meister, so scheint es, in besonderer Weise zu Eigen gemacht. Er sagte: »Damit ich das Bedürfnis verspüre, zu euch zu sprechen, muss das Thema ganz plötzlich auf mich zukommen, wie eine Inspiration, ein Denkanstoß von irgendwoher... Ich verbinde mich mit dem Himmel und werde zu einer Art Antenne, ich empfange Hinweise bezüglich des Themas, über das ich an diesem Tag zu euch sprechen soll, nicht an einem anderen Tag, sondern heute.«

Er sagte auch: »Wenn ich nicht auf einem Podium wäre, würdet ihr mich ab der dritten oder vierten Reihe nicht mehr sehen. Aber ich bin nicht gerne auf einem Podium. Daher betrachte ich euch und bitte innerlich: ›Zeige mir, mein Gott, wie ich zu meinen Freunden herabsteigen kann...‹ Und ich suche kleine Pfade, um mich euch zu nähern.« Diese kleinen Pfade, die vielfältig und unterschiedlich gewesen sind, nahmen manchmal die Form kurzer vertraulicher Mitteilungen an, wenn er sich – beim Behandeln allgemeiner Themen – spontan an bestimmte persönliche Erfahrungen oder an gewisse Ereignisse seines Lebens erinnerte. Indem er sie erzählte, teilte er uns nicht nur seine Beschäftigungen, seine Wünsche mit, sondern auch unvermutete Aspekte seiner Sensibilität.

Diese Erinnerungen, die in ihm aufstiegen, überraschten den Meister oft selber so sehr, dass er sich manchmal entschuldigte oder sich in den Humor flüchtete, denn er war wirklich von großer Zurückhaltung und großem Feingefühl. Aber er war zugleich sehr einfach, sehr spontan, und durch die Andeutungen, die er beiläufig über seine Erlebnisse machte – Andeutungen, die kaum länger als drei oder vier Minuten dauerten –, teilte er auf brüderliche Weise etwas mit uns. Und wenn es ihm geschah, dass bestimmte höhere Wesen in ihn Einzug hielten, die ihn für uns plötzlich unerreichbar, undurchdringbar werden ließen, wie ein Gipfel, den man in der Ferne in Wolken gehüllt sieht, so war er sich dessen bewusst, und er erzählte uns dann von sich, denn indem er von sich sprach, sprach er auch von uns.

Es war notwendig, diesem Buch ein Minimum an Ordnung und Zusammenhang zu geben. Aber all die Tatsachen, die chronologisch aufgeführt sind, hat der Meister oft in Abständen von Monaten oder sogar Jahren angesprochen. Er hatte gewiss niemals die Absicht, eine Autobiographie zu hinterlassen, und mit diesen Seiten sollen schlicht autobiographische Einblicke vermittelt werden.

Die Herausgeber

Kapitel 1

DIE GEHEIMNISVOLLEN WEGE DES SCHICKSALS

Ich war fünfzehn Jahre alt und – wie viele Jugendliche – von einer Menge Bestrebungen nach etwas Großem, Heldenhaftem durchdrungen. Was stellt man sich in diesem Alter nicht alles vor! Man rettet sein Vaterland, man eilt unterdrückten Völkern zu Hilfe, man macht eine Entdeckung, die die Heilung einer bis dahin unheilbaren Krankheit ermöglicht, man wird der größte Dichter oder Musiker, man erweckt Dornröschen... Ich für meinen Teil wusste nicht wirklich, was ich tun wollte. Ich wünschte mir nur, dass es etwas Großes sei, etwas Edles, etwas Schönes, ohne dass es mir gelang, diesem Ideal einen Namen zu geben oder das zu benennen, was mir ermöglichen würde, es zu realisieren. Was ich hingegen ganz real sah, das waren all die Hindernisse, die sich bereits vor mir auftürmten. Seit mein Vater verstorben war, was einige Jahre her war, lebte ich mit meiner Familie unter erbärmlichen Bedingungen. Wie viele gute Eigenschaften hätte ich haben müssen, um mich aus diesen Bedingungen zu befreien! Aber von diesen guten Eigenschaften konnte ich keine einzige in mir erkennen – oder nur ganz wenige! Dazu kam noch, dass ich die Schule nicht mochte, ich langweilte mich dort, und ich hatte ein Verhalten, das meine Mutter beunruhigte und ihr Sorgen machte. Der Unterschied zwischen dem, was ich war, und dem Ideal, das ich in meinem Herzen trug, erschien mir unüberbrückbar und ich fühlte mich zerrissen.

In dieser Zeit entdeckte ich Bücher über hinduistische Spiritualität, die von Reinkarnation und Karma[1] handelten, und ich fragte mich: »Was habe ich in meinen vergangenen Leben bloß getan, um eine solche Bestrafung zu verdienen und jetzt so vielen Schwierigkeiten zu begegnen, so viele Entbehrungen ertragen zu müssen? Welche Verbrechen habe ich nur begangen?« Selbst wenn ich mich in der Schule langweilte, hatte ich den Wunsch zu lernen, um große Dinge vollbringen zu können, aber ich fühlte mich der Fähigkeiten beraubt, die ich so sehr besitzen wollte, und alle Wege schienen sich vor mir zu verschließen. Ich sah keinen Ausweg und war davon überzeugt, allein dafür verantwortlich zu sein. Ich hätte Aufklärung, Orientierung gebraucht, aber ich kannte keinen Erwachsenen, dem ich mich hätte anvertrauen können, nicht einmal meiner Mutter. Meine Mutter war eine außergewöhnliche Frau, von einer großen Weisheit, aber diese Weisheit kam von ihrer Liebe; sie war sehr wenig belesen und konnte weder auf meine Verunsicherungen antworten noch auf die Fragen, die ich mir stellte. In Wirklichkeit brauchte ich einen spirituellen Führer, aber erst zwei Jahre später begegnete ich Meister Peter Danov.*

Aber während ich die Bücher über Hindu-Spiritualität las, lernte ich doch, dass man auch Hilfe erlangen kann, wenn man nicht das Privileg hat, einem Meister auf der physischen

* Der Prosveta Verlag schrieb in den deutschsprachigen Büchern den Nachnamen »Danov« bisher anders, nämlich »Deunov«. Der Verlag wird nun nach und nach die Schreibweise »Danov« für den Namen von Meister Peter Deunov einführen. Diese Schreibweise führt (gemäß mehrerer Hinweise aus Bulgarien) zu einer richtigeren Aussprache. Die bisher in den deutschen Büchern von Omraam Mikhaël Aïvanhov verwendete Schreibweise »Deunov« war beim Übersetzen aus dem Französischen übernommen worden, ergibt aber, wenn man sie deutsch liest und ausspricht, für die Bulgaren einen völlig anderen Namen. Das »a« dieser neuen Schreibweise wird für eine möglichst richtige Aussprache des Namens überhaupt nicht betont, sondern nur kurz, ja fast unhörbar gesprochen und klingt dann ähnlich wie »D'-nov«.

Ebene zu begegnen, wenn man sich nur mit erhabenen Menschen zu verbinden weiß, die an bestimmtem Orten der Erde lebten. Viele dieser erhabenen Menschen, so sagten die Bücher, leben im Himalaya. Durch ihre Gegenwart und durch ihre Gedanken bemühen sie sich, die Menschen auf den Weg des Lichts zu führen. Das war für mich eine große Offenbarung, und von dem Moment an begann ich, mich auf sie zu konzentrieren, mich mit ihnen zu verbinden.

Auf diese Weise habe ich von Jugend an die Vorstellung akzeptiert, dass es auf der Erde Menschen von einem außergewöhnlichen Entwicklungsgrad gibt, und dass, selbst wenn ich ihnen nicht physisch begegnen konnte, ich die Möglichkeit hatte, sie mithilfe des Denkens zu erreichen. Ich stellte mir vor, dass diese derart weisen und lichtvollen Wesen einverstanden waren, mir von ihrer Weisheit und ihrem Licht zu geben. Und vielleicht ist das tatsächlich geschehen: Als sie sahen, dass ich derart unter meiner Unvollkommenheit litt, dass ich so sehr wünschte, mich zu verbessern, mussten sie Mitleid mit mir haben und bereit sein, mir zu helfen. Jeden Tag stellte ich mir vor, ich sei bei ihnen, mitten unter ihnen, aber auch, ich nähme an ihrer Arbeit teil. Ich wusste nicht, woher mir dieser Impuls kam. Was trug ich in mir, das mich beriet? Als es mir gelang, mich wirklich mit diesen Wesen zu verbinden, fühlte ich mich nicht mehr allein. Ich hatte die Gewissheit, auch noch einer anderen, spirituellen Familie anzugehören, und selbst wenn ich sie nicht kannte, lebte ich in ihr.

Rund dreißig Jahre später, als ich bereits seit einiger Zeit in Frankreich war, berichteten mir Freunde von einer großen Hellseherin, die in Zürich wohnte. Weil ich mir der Realität einer Welt bewusst bin, die wir nicht sehen, aber mit der wir in Beziehung treten können, war es immer mein Bestreben, diese Phänomene bei Personen zu erforschen, welche die Gabe des Hellsehens oder Medialität von Natur aus besitzen. Deshalb traf ich mich mit mehreren von ihnen, aber diese eine Hellseherin aus Zürich beeindruckte mich besonders.

Im Laufe des Jahres 1945 wurde ich in die Schweiz eingeladen und entschloss mich, diesen Aufenthalt zu nützen und nach Zürich zu fahren, um sie aufzusuchen. Da sie nur Deutsch sprach, suchte ich einen Übersetzer. Ich wandte mich an die Besitzerin des Hotels, in dem ich wohnte; sie sagte mir, dass ihre Tochter, die gut Französisch könne, mich gerne begleiten würde. Und zusammen mit ihr ging ich zu dieser Hellseherin. Sie war bereits in fortgeschrittenem Alter, und sofort als ich sie sah, war ich beeindruckt von der Farbe und der Feinheit ihrer Haut.[2] Die Haut ihres Gesichts sagte mir, dass diese Frau eine Heilige war, und das gab mir sofort Vertrauen. Sie ergriff als Erstes meine Hand, auch wenn sie mir später anvertraute, dass dies nur eine gewohnheitsmäßige Geste bei ihr war: Sie sah nichts in der Hand, sondern direkt auf den feinstofflichen Ebenen. Dann wandte sie sich an das junge Mädchen, das mich begleitete: »Sag dem Herrn, dass er einer königlichen Familie angehört.« Ich sagte: »Aber das ist nicht möglich! Ich weiß, wer mein Vater ist, ich weiß, wer meine Mutter ist, es gibt nichts Königliches in unserer Familie.« Sie lächelte und wiederholte: »Sag dem Herrn, dass er einer königlichen Familie entstammt, er wird mich später verstehen.«[3] Und in der Tat, ich habe später verstanden, dass die königliche Familie, der ich angehörte, sich nicht auf der physischen Ebene befand, sondern auf der spirituellen Ebene.

Sie fuhr fort: »Sie kommen aus einem Land des Balkans, ihr Vater ist gestorben als Sie acht Jahre alt waren, und nach seinem Tod haben sie in großem Elend gelebt. Sie haben einen jüngeren Bruder, und um beide großziehen zu können, hat ihre Mutter wieder geheiratet, einen Mann, der schon ein Kind hatte, und gemeinsam haben sie noch drei Kinder gehabt. Trotz der materiellen Schwierigkeiten haben Sie viel gelernt. Sie leben seit acht Jahren in Frankreich. Sie gehören einer spirituellen Lehre an, von einem Meister gegründet, den ich dort hinter ihnen stehen sehe. Er hat weiße Haare, einen weißen Bart und er hat jetzt die Erde verlassen...« Nun, es war also wahr: Der Meister hatte die Erde verlassen! Zu der Zeit – der Krieg war kaum zu Ende – konnte ich keine Neuigkeiten aus Bulgarien erhalten, hatte aber gewisse Vorahnungen und Träume gehabt, die mir ein Zeichen gaben. Und jetzt bestätigte mir diese Hellseherin: Der Meister war gegangen.

Sie fuhr fort: »Als er sah, dass derjenige, den er nach Frankreich gesandt hat, sein Werk fortsetzt, dass er auf ihn zählen kann, ist er gegangen. Sie sind sein Erbe, er hat Sie zu seinem Erben gemacht... Und jetzt hören Sie mir gut zu. Die nächsten Jahre werden Sie große Prüfungen durchmachen müssen, Todesgefahren bedrohen Sie, Sie werden Unfälle haben, aber Sie werden allem entrinnen. Danach werden Sie nach Indien reisen, wo Sie sehr wichtige Begegnungen haben werden, Sie werden Außergewöhnliches erleben. Das Geheimnis der Königin von Saba wird Ihnen offenbart werden.« Ich war erstaunt, wie konnte diese einfache und wenig gebildete Frau vom Geheimnis der Königin von Saba sprechen? Sie hat mir noch einiges mehr gesagt, von dem ich euch vielleicht eines Tages berichten werde. All das, was sie von meiner Vergangenheit sah, stimmte, und was sie mir vorhersagte, hat sich bereits verwirklicht oder ist dabei sich zu verwirklichen.

Aber kommen wir auf den ersten Satz zurück, den sie aussprach: dass ich einer königlichen Familie angehöre. Wenn ich den Ehrgeiz gehabt hätte, zu befehlen, zu herrschen, mich gegen andere durchzusetzen, dann wären die Bedingungen, unter denen ich geboren und aufgewachsen bin, natürlich nicht die günstigsten gewesen. Doch selbst wenn ich mir dessen nicht sofort bewusst gewesen bin, waren diese Bedingungen doch die besten, da mein wahrer Ehrgeiz allein darin bestand, König meines eigenen Königreiches zu werden, das heißt, Herr meiner selbst zu werden.

Kein einziger Mensch kommt auf die Erde mit dem klaren Wissen von dem, was er ist, von dem, was er tun wird, und warum er es tut. Lange Zeit ist auch für mich nichts klar gewesen. Die Inkarnation ist ein Fall in die Materie, und die Materie ist eine Kraft, die die Seele so sehr ergreift, dass sie ihr die Erinnerung nimmt. Man weiß, dass die alten Griechen sich das Jenseits als eine Erde vorstellten, die von verschiedenen Flüssen durchströmt wird, unter anderem dem Fluss Lethe, was »vergessen« bedeutet. Sie glaubten, dass die Seelen nach dem Tod vom Wasser des Lethe trinken, um die Ereignisse ihres irdischen Lebens zu vergessen. Und sie trinken auch von diesem Wasser, wenn sie sich wieder inkarnieren. Man findet auch einen Nachklang dieses Glaubens in einem der Bücher von Platon, »Der Staat«, wo er erklärt, dass das Schicksal einer Seele, die sich inkarniert, durch das bestimmt ist, wie sie in vorangegangenen Existenzen gelebt hat. Bevor sie herabsteigt, bekommt sie Kenntnis von dem, was sie erwartet, sei es, weil es ihr auferlegt ist, oder sei es, weil sie die Möglichkeit hatte zu wählen; aber in dem Moment, wo sie herabsteigt, wird ihr dieses Wissen entzogen, denn auch da muss sie wiederum das Wasser des Lethe trinken, und sie vergisst alles.

Das ist natürlich nur eine Art bildhafter Vorstellung der Dinge, aber so ist die Realität: Die Seele, die sich inkarniert, weiß vorerst nichts von ihrem Schicksal, das sie durchleben wird. Selbst für die am weitesten entwickelten Seelen bleibt dies verborgen. Aber nach und nach erinnern sie sich, und das unterscheidet sie von den anderen, die dazu verurteilt sind, weiterhin nicht zu wissen, warum und wie sie auf die Erde gekommen sind, und was sie hier zu tun haben. Ja, im Gegensatz zu dem, was manche behaupten, wird niemand mit einem klaren Bewusstsein bezüglich seiner Vorbestimmung geboren. Sicher, schon in jungen Jahren kann man sich in diese oder jene Richtung gezogen fühlen, aber das bleibt ziemlich vage. Es sind Jahre um Jahre des Forschens, des Studierens und sogar des Leidens nötig, bevor man seine wahre Berufung erkennt.[4]

Daher habe ich erst nach vielen Jahren und vielen Prüfungen begriffen, wie sich der Sinn eines Schicksals offenbart, und ich möchte, dass das, was ich verstanden habe, auch euch dient, damit ihr die Probleme, die sich euch jeden Tag stellen, besser lösen könnt. Wie viele Hindernisse, wie viele Schwierigkeiten, auf die wir treffen, haben nur den einen Grund, uns zu nötigen, den einzigen Weg zu nehmen, auf dem wir unsere Vorbestimmung als Söhne und Töchter Gottes erfüllen können! Eine große Weisheit überwacht all die Schicksale, und man sollte diese Wahrheit anerkennen, um die Leiden nicht zu verstärken. Die kosmische Intelligenz hat niemals die Absicht, uns auszulöschen; aber mit dem, was sie uns gibt, und auch mit dem, was sie uns vorenthält, versetzt sie uns in Situationen, die uns zwingen, das Beste in uns hervorzuholen und auszudrücken.

Da ich im Äußeren keinen Ausweg sah, musste ich in meinem Inneren unablässig suchen und arbeiten, mithilfe des Denkens, der Vorstellungskraft und des Willens. Alles, was ich in der Folge erreichen konnte, was ich geworden bin – das weiß ich jetzt –, verdanke ich diesen Einschränkungen, diesen Entbehrungen, die mir auferlegt wurden. Das Schicksal hat für jeden eine spezielle Sprache, und man muss sich bemühen, diese zu interpretieren. Die Hindernisse, die Hemmnisse, an denen ich mich gestoßen habe, zwangen mich, das, was ich gebraucht habe, in der Welt von Seele und Geist zu suchen. Und all das, was ich entdeckt habe, möchte ich euch jetzt zugutekommen lassen.

Nach vielen Jahren habe ich verstanden, dass die äußeren Bedingungen nicht bestimmend sind. Oder genauer gesagt, sie sind nur in dem Sinne bestimmend, dass sie uns zwingen, an uns selbst zu arbeiten. Wenn man nicht voranschreiten kann und nicht zurückfallen will, bleibt einem nur, in sich selbst abzutauchen, wie der Perlenfischer, der in die Tiefen des Meeres taucht; oder aber man muss sich sehr weit, sehr hoch aufschwingen, bis zu den Sternen. Jetzt kann ich sagen: Dank all der Schwierigkeiten, denen ich begegnet bin, habe ich vom Grund der Meere viele Perlen empor geholt und habe mich bis zu den Sternen aufgeschwungen. Man darf sich nicht mit der Armut abfinden, man darf nicht in Entbehrungen resignieren, man darf sich nicht von den Schwierigkeiten lähmen lassen, sondern sollte sie nur wie einen Ansporn verspüren, um sich auf die Suche nach den wahren Reichtümern zu begeben.

Die Wege des Schicksals sind immer geheimnisvoll. Entgegen allem äußeren Anschein haben sie für mich die besten Bedingungen herbeigeführt. Aber was weiß man mit fünfzehn Jahren von den Wegen des Schicksals? Und vor allem, wie hätte ich wissen können, dass, bevor ich herabgestiegen bin, um mich zu inkarnieren, ich selbst diese Bedingungen akzeptiert habe? Ja, jetzt weiß ich es: Ich habe sie akzeptiert.

Weiterführende Literatur

1. Siehe Band 202 der Reihe Izvor »Der Mensch erobert sein Schicksal«, Kapitel 8: »Die Reinkarnation«.
2. Siehe Band 235 der Reihe Izvor »Im Geist und in der Wahrheit – Wie finde ich zu Gott?«, Kapitel 9: »Die Haut, Organ der Erkenntnis«.
3. Siehe Band 29 der Reihe Gesamtwerke »Die Pädagogik in der Einweihungslehre, Teil 2 und 3«, Kapitel 5: »Seid vollkommen wie euer Vater im Himmel vollkommen ist«, Teil 4.
4. Siehe Band 242 der Reihe Izvor »Unerschöpfliche Quellen der Freude«, Kapitel 6: »Wie ein Fisch im Wasser«.

Kapitel 2

EINE KINDHEIT IN DEN BERGEN MAZEDONIENS

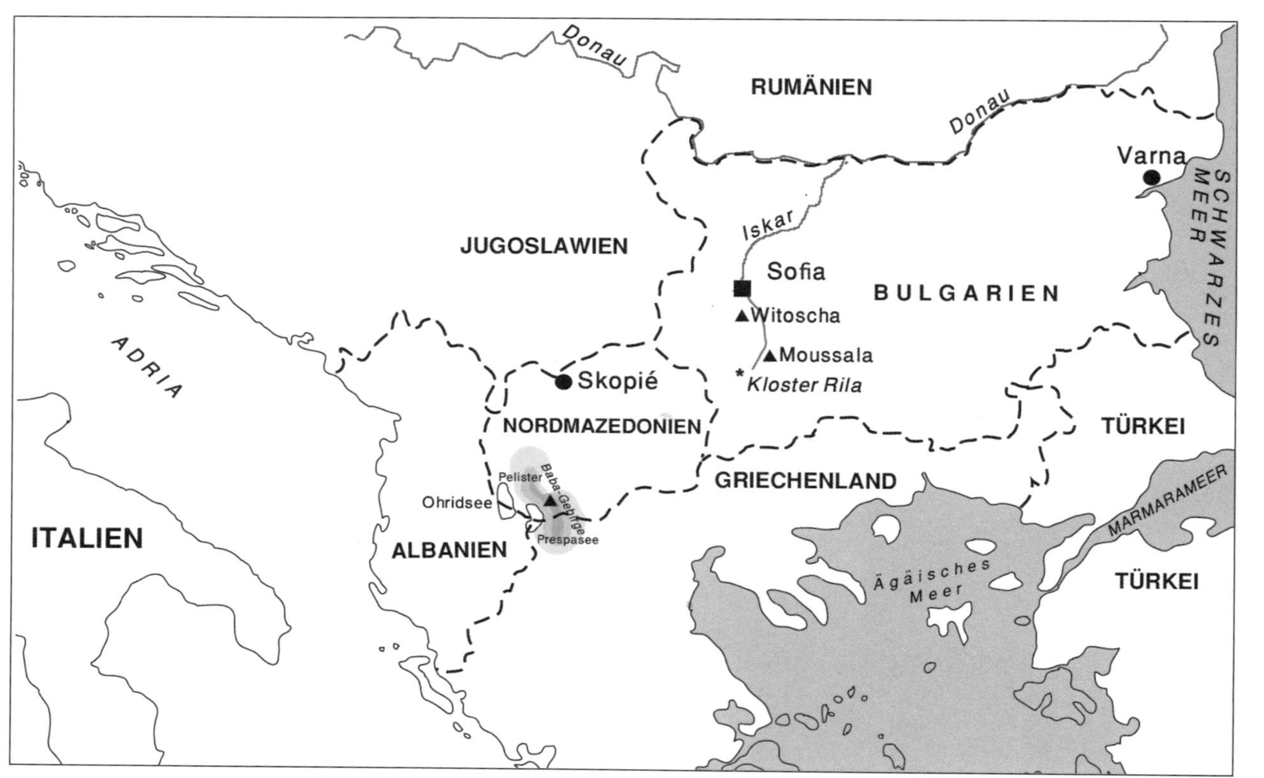
Donau
RUMÄNIEN
Donau
Varna
SCHWARZES MEER
JUGOSLAWIEN
Iskar
Sofia
BULGARIEN
Witoscha
Moussala
Kloster Rila
Skopié
ADRIA
NORDMAZEDONIEN
TÜRKEI
Pelister
Baba-Gebirge
Ohridsee
GRIECHENLAND
MARMARAMEER
ITALIEN
Prespasee
ALBANIEN
Ägäisches Meer
TÜRKEI

Ich bin in Mazedonien geboren*, in einem ganz kleinen Dorf der Baba Planina (Gebirge der Großmutter) am Fuß des Berges Pelister, nahe der griechischen Grenze. Ich bin zu früh geboren, im achten Monat, in einer eiskalten Winternacht,** in einem schwer zu heizenden Haus, und man glaubte zunächst, dass ich nicht überleben würde. Doch anscheinend habe ich nicht nur nicht geschrien, sondern sogar gelächelt...

Zu jener Zeit, und noch dazu an einem verlassenen Ort in den Bergen, gab es natürlich nicht, so wie heutzutage, Kliniken mit allem, was man für Frühgeburten benötigt. Mir ist davon eine große Kälteempfindlichkeit geblieben, aber ich habe überlebt, und mehrfach erzählte mir meine Mutter, mit welcher Freude unsere Familie mich empfing. »Als du getauft worden bist, das werde ich niemals vergessen«, sagte sie, »mit welchem Eifer haben wir da die Lieder gesungen. Nach der Zeremonie hat dein Vater allen Anwesenden Wein ausgeschenkt, und der Pope hat sich betrunken! Er versicherte, dass ihm das noch nie passiert sei, und er schloss daraus, dass du kein Kind wie alle anderen sein würdest.« Es scheint sogar so, als habe er mich betreffend eine Prophezeiung gemacht.

* Das heißt, in der heutigen Republik Mazedonien, die zwischen 1878 und 1912 zu Bulgarien gehörte.

** Am 31. Januar 1900.

Meine Mutter offenbarte mir auch, dass, sobald sie mich empfangen hatte und während der ganzen Zeit, die sie mich in sich trug, ihr Denken und ihr Wunsch immer war, mich Gott zu weihen. Indem eine Mutter, und natürlich auch ein Vater, ein Kind dem Herrn weiht, machen sie nicht unbedingt einen außergewöhnlichen Menschen aus ihm, aber sie hinterlassen in ihm ein Zeichen: Sie prägen seiner psychischen Materie Spuren ein, die es leichter machen, Ströme segensreicher Kräfte zu ihm hinzuziehen und schädliche Strömungen abzulenken. Ich habe euch immer gesagt, dass die wahre Erziehung eines Kindes vor der Geburt beginnt.[1] Darum muss die Mutter schon weit vor der Geburt ihres Kindes, noch während sie es in sich trägt, sich des Einflusses bewusst sein, den sie auf es ausübt. Es genügt nicht, dass sie das Kind bereits liebt, sie sollte lernen, die Kräfte der Liebe anzuwenden. Während sie an ihr Kind denkt, hat sie die Möglichkeit, ihre Liebe bis hinauf in die erhabenen Regionen zu senden, um dort die notwendigen Elemente für seine physische und psychische Entwicklung zu sammeln, und sie ihm zuzuführen.

Der Moment, wo das Kind seine ersten Schritte macht, ist immer ein Ereignis in einer Familie. Mit mir ist da etwas Seltsames geschehen. Und auch das hat mir meine Mutter erzählt. Ich war ungefähr acht Monate alt. In diesem Alter laufen Kinder noch nicht. Doch eines Tages stand ich auf und begann zu laufen. Nicht nur meine Familie, sondern auch die Nachbarn, die uns besuchten, betrachteten mich voller Überraschung. Sie riefen aus: »Das ist erstaunlich, er geht!... Er geht!« Und dann haben da auch zwei Frauen aus dem Dorf bei uns vorbeigeschaut, die jeder fürchtete, denn man sagte, sie hätten den bösen Blick. Sind sie wirklich der Grund dafür, dass ich am nächsten Tag sterbenskrank wurde? Das jedenfalls hat man gesagt. Meiner Großmutter ist es durch ihre

Behandlung gelungen, mich zu retten, aber ich hatte danach große Schwierigkeiten, normal zu gehen. Und so kam es, dass ich, nachdem ich so frühreif war, erst später laufen konnte als die anderen Kinder.

Wie soll man das interpretieren? Als ich Jahre später darüber nachdachte, habe ich verstanden, dass diese scheinbar unerklärliche Episode in meiner Kindheit ankündigte, dass ich eines Tages eine schreckliche Prüfung würde durchleben müssen, die mich einige Zeit in meinen Aktivitäten lähmen würde, aber dass ich danach meinen Weg würde fortsetzen können. Und genau das ist geschehen. Oft kündigen bestimmte Ereignisse im Leben eines Kindes das an, was in seinem Leben als Erwachsener auf es zukommen wird. Das sind in gewisser Weise Vorhersagen, denen man nicht immer genügend Beachtung schenkt.

Im Dorf meiner Kindheit führte man ein sehr mühsames Leben. Meine Eltern waren arm und wenig belesen, aber voller Mut und von hoher Moral. Ich sah meinen Vater sehr selten, denn um unsere Familie zu ernähren, musste er weit entfernt Arbeit suchen.* Er kam von Zeit zu Zeit zurück, sicher,

* Obwohl der Meister nie einen eindeutigen Vergleich gezogen hat, hat ihn wahrscheinlich diese Abwesenheit seines Vaters, der gezwungen war, seine Familie zu verlassen, um ihren Lebensunterhalt zu sichern, später zu folgender Analogie inspiriert: »In manchen armen Ländern gehen die Männer auf Arbeitssuche in die Fremde, denn wenn sie zuhause bleiben würden, würde es ihnen nicht gelingen, genügend Geld zu verdienen, um ihre Familie zu ernähren. Sie lieben ihre Familie und doch verlassen sie sie, und sie verlassen sie, gerade weil sie sie lieben: Wenn sie sie nicht verlassen würden, würde sie verhungern.

Nun, auch ihr, warum geht ihr nicht in die Fremde, um Geld zu verdienen und eure Familie zu ernähren? Ihr wendet ein: ›In die Fremde gehen… aber für uns ist das nicht notwendig!‹ Ich weiß, aber ›die Fremde‹, von der ich hier spreche, das ist die göttliche Welt; in die göttliche Welt sollt ihr jeden Tag gehen, durch Gebet und Meditation, um Gold für diejenigen, die ihr liebt, mitzubringen. Dieses Gold, das ist die Reinheit, die Harmonie, das Licht, die Freude… Ich meinerseits verlasse euch jeden Tag für einige

Minuten, einige Stunden, um in die Fremde zu gehen und Gold zu sammeln, das ich bei meiner Rückkehr an euch verteile. Warum sollte man nicht akzeptieren, wenigstens für einen Moment seine Familie und seine Freunde zu verlassen?... Weil man sie liebt, sozusagen! Nein, man liebt sie nicht oder man liebt sie schlecht. Man lässt sie verhungern, weil man unfähig ist, ihr Herz und ihre Seele zu ernähren, das ist daher keine Liebe.«

Anmerkung des Herausgebers

aber nur für sehr kurze Aufenthalte, denn er konnte den Köhlereibetrieb, den er in einem Wald bei Varna am Schwarzen Meer aufgebaut hatte, nicht für längere Zeit verlassen. Und Varna, besonders zu der damaligen Zeit, war weit entfernt von unserem Dorf.

Mein Vater war also Köhler, was kein sehr angesehener Beruf ist, aber er ist voller Bedeutung, denn er steht in Beziehung zum Feuer, dem Feuer des Opfers. Sich opfern, das heißt, wie ein Stück totes Holz sein, das man ins Feuer legt. Bevor es brennt, ist dieses Stück Holz glanzlos und nutzlos. Aber sobald es bereit ist, ins Feuer zu gehen, um dieses zu nähren, da wird es selbst zu Feuer, Licht, Wärme, Leben und Schönheit.[2]

Da mein Vater die meiste Zeit abwesend war, hat mich in erster Linie meine Mutter erzogen. Aber sie war immer sehr beschäftigt, umso mehr, da sie beim geringsten Anlass bereit war, zu dem einen oder anderen Verwandten oder Nachbarn zu eilen, der nach ihr rief. Ich selbst half ein wenig im Haus und auf den Feldern, aber sie verlangte nicht viel von mir.

Eines Tages musste ich natürlich mit der Schule anfangen. Und wenn ihr diese Schule gesehen hättet – derart armselig! Eine Art Baracke aus Holz und Lehm mit Fenstern, deren Glas oft zerbrochen war und man sich Zeit ließ, es zu ersetzen, und die Luft zog durch die Tür. Von Beginn der kalten Jahreszeit an, die in dieser Region früh begann, musste jedes Kind jeden Tag wenigstens einen Holzscheit für den Ofen mitbringen. Ich werde euch nicht sagen, wie der Ofen funktionierte… und all der Rauch, der aus ihm hervorquoll. Am Abend mussten jeweils zwei oder drei Kinder nach dem Unterricht dableiben, um aufzuräumen, zu fegen und zu putzen.

Diese Schule bestand aus nur einer einzigen Klasse, und natürlich gab es nur einen einzigen Lehrer, der sich um die Schüler kümmerte, die alle verschiedenen Alters waren. Ich erinnere mich an ein langes Schilfrohr, dessen er sich bediente, um auf die Hände und den Kopf derjenigen zu klopfen, die unaufmerksam oder unruhig waren. Seine Methoden waren wahrlich nicht die besten. Um ein Kind zu bestrafen, ließ er es lange Zeit draußen auf dem Sand oder dem Kies mit erhobenen Armen knien. Manchmal sperrte er sie mit den Schweinen im Schweinestall ein, der nebenan war.

Zu jener Zeit konnten es manche Eltern noch schwer akzeptieren, dass ihre Kinder zur Schule gehen sollten. Sie hätten es vorgezogen, dass sie im Haus oder auf den Feldern arbeiten und dass sie sich um die Tiere kümmerten. Auch mussten die Kinder, sobald sie abends heimkamen, und während der Ferien alle möglichen Arbeiten verrichten. Die Notwendigkeit, am kollektiven Leben teilzunehmen, hatte den Vorteil, dass sie sehr früh das Bewusstsein entwickelten, Teil einer Gemeinschaft zu sein. Nichts oder fast nichts schützte die Dorfbewohner vor den Launen der Natur, und keiner konnte an seine Sicherheit und an sein Wohlbefinden denken, ohne an die Sicherheit und das Wohlbefinden aller zu denken; sie waren gezwungen, einander zu helfen. Und wenn ich später immer die Arbeit und die körperlichen Anstrengungen schätzte, dann verdanke ich das diesen zurückliegenden Jahren in unserem Dorf und auch den Vorbildern in meiner Umgebung. Wie tapfer waren diese Leute! Ich erinnere mich an eine Nachbarin, deren Ehemann auch in der Fremde Arbeit gesucht hatte, und er kam noch seltener nach Hause als mein Vater. Sie beklagte sich nie, und wenn man sie fragte, antwortete sie: »Macht euch keine Sorgen, ich habe alles, was ich brauche, danke.«

Ich lebte umgeben von Zuneigung in einer warmherzigen Atmosphäre, aber mir war immer kalt, und in mir war immer eine undefinierbare Traurigkeit, zweifellos einem Aspekt von Mond und Saturn in meinem Horoskop geschuldet, und auch den Bedingungen meiner Geburt: Während der Schwangerschaft stand meine Mutter noch unter dem Schock eines tragischen Ereignisses, und ihr Kummer hatte sich auf mich übertragen. Ich erinnere mich, dass ich nicht mit den anderen Kindern spielte. Ich schaute ihnen von ferne zu, ich reihte mich nicht in ihren Reigen ein, ich sang nicht mit ihnen, und ohne ersichtlichen Grund erfasste mich plötzlich eine unmöglich zu überwindende Verzweiflung. Später lernte ich, diese Zustände zu neutralisieren, aber das war sehr schwierig. Ich musste so sehr kämpfen, dass ich nicht genau weiß, was jetzt bei mir überwiegt – die Fröhlichkeit oder die Traurigkeit. Zweifellos keins von beiden. Sagen wir, die Traurigkeit und Schwere sind für mich und die Freude und Fröhlichkeit sind für die anderen. Wenn ihr mich überraschen könntet, wenn ich allein zuhause bin, würdet ihr denjenigen vielleicht nicht wiedererkennen, der sich einige Stunden zuvor gegenüber von euch befand.

Aber auch wenn ich zu dieser Zeit ein eher schüchternes, trauriges und einsames Kind war, stellte ich Dummheiten an, wie alle Kinder es tun: Ich war ungehorsam meiner Mutter gegenüber, ich raufte mit den Jungen des Dorfes, ich stahl Früchte aus den Gärten der Nachbarn; und vor allem, da ich mir der Gefahren, die es in sich barg, nicht bewusst war, fand ich Gefallen daran, überall Feuer zu machen, wo ich etwas zum Verbrennen fand. Nun, natürlich musste meine Mutter da eingreifen. Aber sie wurde nie wütend und schlug mich nie. Sie sagte zu mir: »Folgendes wird geschehen, wenn du dies tust... Und Folgendes wird geschehen, wenn du das tust... Du hast jetzt die Wahl.« Und sie schloss oft mit diesem Satz: »Krivdina do pladnina, pravdina do veknina«, was bedeutet: »Was krumm ist, dauert nur bis zum Mittag; was gerecht und gerade ist, dauert für die Ewigkeit.« In diesem Alter berührte mich dieser Satz nicht besonders. Das Gute, das Böse, die Ewigkeit, was versteht man davon schon mit fünf oder sechs Jahren? Aber wie sehr müssen diese Worte bei mir einen Eindruck hinterlassen haben, da ich euch noch achtzig Jahre später davon erzähle! Ich wurde davon mehr geprägt, als wenn ich einige Ohrfeigen erhalten hätte, die ich manchmal verdient hätte. Und doch, auch wenn ich nicht verstand, was das Gute, das Böse und die Ewigkeit waren, berührte mich die Liebe, die meine Mutter in ihre Worte legte. Sie berührte mich so tief, dass ich oft den Tränen nahe war. Aber ich war zu stolz, um ihr zu zeigen, wie bewegt ich war.

Meine Mutter sagte mir auch: »Sobald du etwas zu erledigen hast, nimm dir alle Zeit, die nötig ist, um es von Anfang an richtig zu machen. Hab es nicht eilig. Wenn du es schnell machen willst, gewinnst du vielleicht ein paar Minuten, aber wie viel Zeit wirst du danach verlieren, um es zu reparieren!« Unglücklicherweise war ich kein geduldiges Naturell, und oft hatte ich danach Gelegenheit festzustellen, wie sehr sie Recht hatte.

Ich habe auch viele sehr gute Erinnerungen an meine Großmutter bewahrt. Wenn die Nachbarn mich beim Pflücken der Früchte von ihren Bäumen erwischten und mich vom einen Garten in den anderen verjagten, habe ich mich zu ihr geflüchtet. Sicher, sie ermutigte meine kleinen Diebstähle nicht, aber sie schützte und tröstete mich. Ich kam außer Atem und aufgeregt bei ihr an und verstand nicht, wie sie immer erriet, was geschehen sein konnte. »Aha,« sagte sie zu mir, als sie mich sah, »du hast wieder Dummheiten angestellt… – Aber woher weißt du das, Baba? – Ich sehe das in deinen Augen. Du wirst bestraft werden und deine Mutter hat Grund dazu. Aber bis dahin komm her und versteck dich hier.«

Meine Großmutter war so sanft! Niemals hat sie mich ausgeschimpft. Meine Mutter war natürlich strenger. Wenn ich Dummheiten angestellt hatte, wusste sie, wo sie mich zu suchen hatte; und ich verstand nicht, wie sie das erraten konnte. Sie nahm mich mit zurück nach Hause, und nachdem ich ausgeschimpft und bestraft worden war, kehrte ich zu meiner Großmutter zurück und ließ mich trösten. Seitdem ist daher eine Großmutter für mich immer diejenige geblieben, die ihre Enkel tröstet, nachdem ihre Eltern sie bestraft haben. »Komm, mein Kleiner, iss diesen Apfel.« Bei einer Großmutter gibt es immer Äpfel, um das Kind zu trösten. Die Großmutter umarmt das weinende Kind und sie beruhigt es… Ich werde meine Großmutter niemals vergessen und ich will sie nachahmen. Wenn ich sehe, dass eure »Eltern« – die Wesenheiten der unsichtbaren Welt – euch durchgerüttelt und korrigiert haben, gewähre ich euch bei eurer Großmutter Unterschlupf, das heißt bei mir. Auch ich habe immer Äpfel, Feigen, Pflaumen oder Nüsse für euch in Reserve…

Das Leben ist nicht grausam, aber es ist gerecht, und für jeden Irrtum, den man begeht, verhängt es eine Sanktion – auch wenn ihr nicht wisst, welchen Irrtum ihr begangen habt – und das Leben gibt euch keine Erklärungen. Ihr könnt daher jahrelang leiden, ohne zu verstehen warum. Ich hingegen verbringe meine Zeit damit, euch zu erklären, was ihr tun und lassen sollt, damit ihr nicht in die Lage kommt, Schläge einstecken zu müssen. Zieht ihr das immer in Erwägung? Das ist eine andere Frage. Ich bin daher wie eine Großmutter, die bemüht ist, eure Prüfungen zu mildern. Aber auch das, versteht ihr das?

Oft bin ich auch zu meiner Großmutter gegangen, damit sie mir Geschichten erzählt. Und worum ging es in diesen Geschichten? Um Kämpfe zwischen den Mächten des Lichts und der Finsternis: um gerechte und gute Könige, die von bösen und grausamen Königen angegriffen wurden, um weiße Magier, die die von schwarzen Magiern vorbereiteten Verzauberungen vereiteln und ihre Opfer befreien mussten. Was waren das für Schlachten! Alle Kräfte der Natur waren an diesen Schlachten beteiligt, und am Ende siegte immer das Gute über das Böse, das Licht siegte über die Finsternis. Ich liebte diese Geschichten sehr. Sie haben in mir einen tiefen Eindruck hinterlassen. Ich bin sicher, dass, wenn ich all das, was ich später in den Büchern gelernt habe, vergessen würde, würden mir für immer diese Geschichten bleiben, die mir meine Großmutter über die Kämpfe von Gut und Böse und den Sieg des Guten erzählt hat. Unter diesen Geschichten, die mir meine Großmutter erzählte, gab es auch eine, die mich trotz meines zarten Alters sehr berührte.

Es waren einmal in einem kleinen Dorf zwei in großer Zuneigung vereinte Brüder. Der eine war verheiratet und hatte Kinder, der andere war ledig geblieben. Ihr Leben war schwierig: Sie züchteten Vieh, sie bepflanzten die Erde und kamen niemals zur Ruhe. Als ihr Vater starb, teilte er sein Erbe zu gleichen Teilen auf.

Nach einiger Zeit sagte sich der Bruder, der verheiratet war: »Das ist nicht gerecht. Ich habe eine Frau und Kinder, Gott ist gut, und wenn ich krank bin, ist meine Frau an meiner Seite. Meine Kinder werden groß, und wenn ich alt sein werde, werden sie sich um mich kümmern. Mein armer Bruder hingegen ist ganz allein, wie wird er zurechtkommen? Ja, ich muss etwas für ihn tun.« Und während der Nacht stand er heimlich auf und schüttete einige Säcke Weizen in die Kornkammer seines Bruders, dann legte er sich wieder hin und schlief ruhig weiter. Aber auch der andere Bruder stellte seine Überlegungen an: »Ich bin allein, ich habe meine Ruhe, mein Bruder hingegen mit seiner ganzen Familie, welche Sorgen! All diese Kinder zu ernähren, zu erziehen… irgendetwas ist da nicht in Ordnung. Der Arme, ich muss ihm helfen.« Er geht in seine Kornkammer, füllt mehrere Säcke mit Weizen und, während er darauf achtet, nicht gesehen zu werden, geht er zum Kornspeicher seines Bruders und leert sie dort.

Welche Überraschung für die beiden Brüder am nächsten Tag, als sie entdeckten, dass ihre Weizenvorräte nicht geschrumpft waren! Jeder sagte sich: »Habe ich geträumt, habe ich diesen Weizen dorthin gebracht oder nicht?« Beide entschlossen sich, es in der folgenden Nacht zu wiederholen, aber am nächsten Tag dieselbe Feststellung: Der Weizenvorrat war der gleiche wie am Vortag. Und aufs Neue fragten sie sich: »Aber was ist geschehen? Habe ich geträumt? Ich muss nächste Nacht noch einmal beginnen…« Dies ging einige Zeit so weiter, bis sie sich eines Nachts, trotz aller Vorsicht, begegneten: »Ah, du bist das…?« »Also du bist es, der…!«Sie umarmten sich, sie weinten vor Rührung und der verheiratete Bruder sagte zu seinem ledigen Bruder: »Hör mal, es ist Platz für dich bei uns, komm und zieh bei uns ein, wir werden zusammen leben.« Und das taten sie, und sie waren sehr glücklich. Oft bat ich meine Großmutter, mir diese Geschichte zu erzählen.

Andere Mitglieder meiner Familie, sehr alte Männer und Frauen, die von großer Weisheit und großer Tiefgründigkeit waren, prägten das Kind, das ich war, ebenso stark. Manche konnten nicht einmal lesen oder schreiben, denn sie waren nie zur Schule gegangen, aber sie waren fähig, die besten Ratschläge zu geben, und ihre Worte und ihre Gesten waren derart maßvoll! Ihr Verhalten beeindruckte mich sehr; ich beobachtete sie, und wie war ich glücklich wenn sie zu Besuch kamen! Wie meine Großmutter kannten sie Geschichten, in denen sich die Kräfte des Guten und des Bösen gegenüberstanden. Und es war immer das Gute, das Licht, das den Sieg davontrug. Ich hatte nie genug von diesen Geschichten; jedes Mal wenn diese Verwandten kamen, bat ich sie, mir etwas zu erzählen, und sie taten es mit solch einer Geduld! Einer von ihnen ist mir besonders in Erinnerung geblieben: Er hieß Mikhael.

Wenn ich jetzt an diese Verwandten zurückdenke, habe ich den Eindruck, dass sie dort hingestellt worden sind, um sehr früh in mir etwas Gutes, Schönes und vor allem Wahrhaftiges einzuprägen. Noch heute lebe ich in diesen Erzählungen, die sie mir so oft, wie ich wollte, wiederholten. Ich lebe diesen Kampf zwischen dem Licht und der Finsternis, den Kräften des Guten und den Kräften des Bösen, und ich weiß, dass das Gute schließlich eines Tages siegen wird: »Pravdina do veknina«, wie mir meine Mutter sagte. Von dieser Weisheit bin ich genährt worden.

Selbst wenn ein Kind noch nicht alt genug zum Verstehen ist, was gibt es Wichtigeres für es, als zu hören, dass das Licht immer über die Finsternis siegt? Das zeichnet sich in ihm auf, denn alles zeichnet sich auf. Darum empfehle ich den Eltern, wachsam zu sein: Dass sie ihre kleinen Kinder schützen, indem sie darüber wachen, dass kein Erwachsener durch seine Worte oder sein Verhalten dunkle Spuren in ihrer Seele hinterlassen kann.

Nur wenige Jahre später, in Varna, sah ich im Theater ein Stück, in dem sich das Gute und das Böse, personifiziert durch Engel und Dämonen, gegenüberstanden. An mehreren Stellen des Stückes kam ein großer Engel allein vorne auf die Bühne und sprach jedes Mal diesen einzigen Satz: »Vetschna istina, vetschna edinstina; vetschno e samo dobroto i krassotata.« Was bedeutet: »Ewige Wahrheit, ewige Einheit; ewig sind allein das Gute und die Schönheit«. Der Darsteller dieser Rolle trug ein wunderbares Kostüm mit großen Flügeln, aber das Beeindruckendste war die Art und Weise, wie er diesen Satz aussprach. Er wurde nicht laut, aber seine Stimme vibrierte mit einer solchen Intensität, dass man ergriffen war. Lange Zeit hallte dieser Satz in meinem Kopf wider, wie ein Echo von all dem, was ich als ganz kleines Kind gelernt hatte: »Vetschna istina, vetschna edinstina…«, und noch heute ergreift mich ein Schauer, wenn ich sie ausspreche. Alles, was ich euch seit Jahren in meinen Vorträgen erzähle, gründet auf dieser Gewissheit, dass allein das Gute und die Schönheit ewig sind.

Ich habe viele andere Erinnerungen an meine Großmutter bewahrt. Zu einer Zeit und in einem Land, wo Medikamente, so wie wir sie heutzutage kennen, fast nicht existierten, hat man sich mit Pflanzen beholfen. Und meine Großmutter konnte alle möglichen Krankheiten heilen. Sie war ständig damit beschäftigt, irgendwelche Heilmittel zuzubereiten. Sie ging fast jeden Tag los, um Pflanzen zu sammeln, deren Eigenschaften sie kannte. Manchmal brachte sie diese noch vor dem Sonnenaufgang zum Kochen und sprach dabei Formeln mit tiefer Stimme. Sie goss dann diesen Sud in eine Wanne, die sie zuvor mit speziell temperiertem Wasser gefüllt hatte, forderte dann den Kranken auf, sich da hineinzulegen und er stieg vollständig regeneriert wieder hinaus.

Sie bereitete auch eine Mixtur mit Essig und Knoblauch zu, die sie über Nacht hinausstellte. Manchmal sah ich sie unter einen Nussbaum gehen, mit einer Flasche Wein, in deren Flaschenhals sie einige lebendige Wurzelfasern des Baumes gab. Dann verschloss sie sorgfältig die Flasche und vergrub sie. Nach einigen Wochen grub sie diese wieder aus. Der Wein war von den Wurzelfasern aufgesaugt worden und die Flasche war mit einem schwärzlichen Saft gefüllt, den sie bestimmten Kranken zu trinken gab. Denen, welche die Gelbsucht hatten, empfahl sie, ihren eigenen Urin zu trinken, wobei natürlich gewisse Vorsichtsmaßnahmen zu berücksichtigen waren.

Sie glaubte auch sehr an die Macht der Sterne. Wenn die Nacht sternenklar war, kam es vor, dass sie einen Kranken bat, sich unter dem Sternenzelt niederzulegen, und sie setzte sich neben ihn und betete. In manchen Nächten gab sie ihre Behandlungen neben einem Bach. Sehr reines Wasser floss über kleine, weiße Kiesel, und meine Großmutter verwendete diese kleinen Kiesel, während sie rituelle Formeln aussprach.

Meine Mutter hatte von ihrer eigenen Mutter das Wissen über Pflanzen geerbt, und sie verwendete es für Tees oder Bäder, und auch sie hatte eine wahre Gabe als Heilerin. Es kam vor, dass sie ihre Hand lange auf den Solarplexus eines Kranken legte, denn so gelang es ihr, die Strömungen, die diesen Bereich des Körpers durchlaufen, zu harmonisieren, und viele Dinge im Organismus wieder ins Gleichgewicht zu bringen. Manchmal konzentrierte sie sich auf den Bauchnabel. Und mit welch einer Liebe näherte sie sich dem Kranken, um ihn zu berühren und sein Übel zu lindern! Eines Tages, ich war noch sehr klein, fragte ich sie: »Mama, was machst du, um zu heilen? Was machst du mit dem Kranken?« Sie antwortete mir: »Wenn ich bei ihm bin, vergesse ich alles andere. Ich beginne damit, Gott anzurufen – seine Macht, seine Liebe –, dann lege ich meine ganze Seele hinein, damit er gesundet.« Sie sagte, dass sie schwach sei, dass allein die Liebe allmächtig sei, und dass die Liebe durch sie hindurch wirke. Sie war dann wie ein Kind, das in seiner Hand eine Schnur hielt, in der ein machtvoller Strom kreiste. Nun, das war meine Mutter, während sie behandelte: Es genügte für sie, den Faden gut festzuhalten. Während meiner Kindheit und meiner Jugend hätte ich zwanzig Mal sterben können, und es war immer sie, die mich dem Tod entriss.

Und wenn ich euch jetzt noch von all den Arzneien erzählen soll, die ich in diesem kleinen Dorf in Mazedonien in Verwendung sah, würdet ihr staunen.

Jemand hatte einen Furunkel, einen Abszess: Man nahm zum Beispiel eine sehr reife Feige, legte sie auf die betreffende Stelle und sagte zu der Wesenheit, von der man glaubte, dass sie die Ursache sei: »Komm und iss, das ist für dich.« Einen Moment später musste das Übel die Person verlassen und man musste nur noch die Feige wegwerfen.

Um Bronchitis oder Lungenentzündung zu behandeln, brachte man zwei oder drei Liter Milch mit Zitronensaft zum Gerinnen. Dann behielt man die Molke zurück und erwärmte das Geronnene, das man dann auf die Brust des Kranken strich. Auch da musste die geronnene Milch als Nahrung für Wesenheiten dienen, die verantwortlich für das Übel waren, und sobald sie gesättigt waren, verschwanden sie.

Wenn jemand an mentalen Störungen erkrankt war, glaubte man, dass er Opfer von dunklen Geistern war. Man bereitete daher ein kleines rundes Brot zu, in das man eine große Menge Honig gab. Dann ließ man Musiker kommen und lud diese boshaften Geister ein zu essen. Danach nahm man das Brot, und verließ –begleitet von Gesang und dem Aussprechen von exorzistischen Formeln – in einem Geleitzug das

Dorf. Dann warf man das Brot so weit wie möglich fort. Die Geister mussten sich also über das Brot hermachen und die Person frei lassen: Man entledigte sich unerwünschter Besetzer, indem man sie woanders hinschickte. Solche Praktiken erscheinen euch gewiss sehr fremd. Aber lest die Evangelien, wo berichtet wird, dass Jesus die Dämonen, die er aus dem Körper eines Besessenen vertrieben hatte, in eine Schweineherde fahren ließ. Die Schweine stürzten sich darauf ins Meer.

Diese Praktiken, die sich sehr weit in der Zeit zurückverfolgen lassen, überdauern noch dort, wo sich eine gewisse traditionelle Medizin erhalten hat. Sie gründen sich auf gesicherte Kenntnisse. Aber die Wirksamkeit dieser Methoden hängt natürlich von den moralischen Qualitäten und der Erfahrung desjenigen ab, der sie anwendet. Ohne diese moralischen Qualitäten und diese Erfahrung riskiert der »Heiler«, selbst angegriffen zu werden.

Manche Beschwerden galten auch als von schwarzer Magie hervorgerufen, eine Art Schicksalsschlag, provoziert gegen die Person. Und da habe ich Frauen gesehen, wie sie mit einer Pinzette glühende Kohlestücke nahmen, sie in eine Schale mit reinem Wasser warfen und dabei sprachen: »So wie diese Kohle verlöscht, so mögen die schlechten Gedanken und Gefühle verlöschen, welche gegen diese oder jene Person gelenkt wurden.« Sie wiederholten die Geste und die Formel drei Mal, dann wuschen sie mit diesem Wasser die Augen der Person oder sie ließen sie einen Schluck davon trinken. Es kam auch vor, dass sie diese Methoden an sich selbst anwandten, um sich zu schützen.

Wenn jemand starb, war es der Brauch, einen Basilikumzweig auf seinen Körper zu legen, der die bösen Geister daran hindern sollte, so hieß es, in ihn einzudringen. Außerdem muss man noch wissen, dass zu dieser Zeit auf dem Balkan der Glaube an Vampire sehr verbreitet war. Ich erinnere mich, gehört zu haben, dass diese oder jene Person, die vor einiger Zeit verstorben war, zu einem Vampir wurde, und dass die Männer heimlich in der Nacht ihren Kadaver ausgruben, um ihr einen Holzpfahl ins Herz zu schlagen. Man sprach sogar von *vărkolak:* Werwolf. Was das genau war, weiß ich nicht, ich war viel zu jung, um etwas von diesen Geschichten zu verstehen, und ich stellte keine Fragen. Aber ich hatte mir angewöhnt zuzuhören und alles, was um mich herum geschah, zu beobachten, und selbst wenn ich nicht viel verstand, blieb mir das, was ich sah und hörte, im Gedächtnis eingegraben.

Es ist schwierig, sich darüber zu äußern, wie die Entwicklung mancher Kinder ablaufen wird, die zunächst für ihr Alter geistig zurückgeblieben scheinen. Die Zeiträume, während derer es dem Geist gelingt, diese Wohnstätte, die für ihn der physische Körper ist, einzunehmen, variiert von Mensch zu Mensch. Es gibt Eltern, die sich sorgen, wenn sie sehen, dass ihre Kinder langsam sind im Begreifen, träumerisch und abwesend sind, und besonders wenn sie keine guten Ergebnisse in der Schule erzielen. Aber man kann sich nicht mit Gewissheit über die Entwicklung eines Kindes äußern, solange es nicht erwachsen ist, denn es kommt vor, dass plötzlich etwas ausgelöst wird und es seinen Rückstand aufholt.

Ich bin eines dieser scheinbar zurückgebliebenen Kinder gewesen. Bis zum Alter von acht Jahren lebte ich in den Wolken, ich schwebte wie außerhalb meines Körpers. Dem Anschein nach war ich eingeschlafen, nichts passierte, aber innerlich geschah sehr vieles: Die unsichtbare Welt offenbarte sich mir, mit den Wesen, die sie bevölkern, nicht nur die Engelwesen, sondern auch die Naturgeister. Meine Mutter hat mir später erzählt, dass es damals vorkam, dass ich Ereignisse ankündigte, die stattfinden würden, und alle waren erstaunt, aber ich habe daran keine Erinnerung bewahrt. Ich weiß nicht, was für eine Wirkung ich bei den Bewohnern meines Dorfes hervorgerufen haben muss, aber trotz der Dummheiten, die ich manchmal anstellte, spürte ich, dass sie mich auf besondere Art anschauten und dass sie mich gern hatten.

Es existierte damals ein sehr berührender Brauch. Am Neujahrsmorgen schickte man die kleinen Kinder aus, in den Straßen und den Häusern der Nachbarschaft ein gutes Neues Jahr zu wünschen, weil die Kinder in ihrer Unschuld und ihrer Reinheit nur gute Dinge bringen können. An diesem Morgen hielt jedes Kind einen kleinen Hartriegelzweig, an den man manchmal Bänder gebunden hatte. Sie mussten in die Häuser hineingehen und mit diesem Zweig alle Familienmitglieder berühren, dabei sollten sie gute Wünsche aussprechen, für die Gesundheit, für den Erfolg, für das Vieh, für die Ernten... Man bedankte sich, indem man den Kindern Früchte, Bonbons und Kekse gab, und darum trugen sie an diesem Morgen einen Sack, der fast so groß wie sie selbst war, um all diese Dinge da hineinlegen zu können.

Und als ich klein war, bin auch ich in die Nachbarschaft losgezogen, um ein gutes Jahr zu wünschen. Ich weiß nicht, wie die Leute darauf gekommen sind, dass ich ihnen Segen bringen könnte, aber es gab viele Familien, die meine Mutter baten, mich sehr früh am Morgen loszuschicken, vor den anderen Kindern. Dann weckte sie mich, kleidete mich an... und es war eine Qual für mich, weil ich müde war und in der Kälte und im Schnee gehen musste. Ihr solltet wissen, dass die Winter in den Bergen Mazedoniens nicht so sind wie die Winter an der Côte d'Azur! Aber ich habe es gemacht. Halb schlafend betrat ich die Häuser, um die ganze Familie mit meinem kleinen Zweig zu berühren, und ich murmelte die Worte, die meine Mutter mich auswendig lernen ließ und deren Sinn ich nicht verstand. Das war ein sehr netter Brauch.

Ja, ich glaube, ich habe einen Teil meiner Kindheit ein wenig außerhalb meines Körpers verbracht, in einer Art Wachtraum. In der Schule war ich nicht besonders aufmerksam, aber eines Tages geschah etwas Seltsames. Der Lehrer las uns aus der Bibel im Buch *Genesis* den Bericht von der Schöpfung der Welt vor: *»Am Anfang schuf Gott Himmel und Erde...« (Gen 1,1)*, und plötzlich war es wie eine Art Offenbarung. Ich muss sechs Jahre alt gewesen sein, nicht mehr, und ich verstand kaum, was dort stand, aber jedes Wort prägte sich unmittelbar so tief in mir ein, dass ich diesen Text beinahe sofort auswendig konnte. Der Lehrer, meine Eltern, alle waren verwundert. Und mit welchem Stolz wiederholte ich vor ihnen, was Gott am ersten Tag, am zweiten Tag, am dritten Tag und so fort getan hatte. Was ist geschehen, dass ich plötzlich diesen Text so leicht behalten habe? Später beeindruckte mich die Episode der Sintflut: das Verschwinden der Erde unter dem Wasser, und Noah, der sich mit seiner Familie und einem Paar jeder Tiergattung in die Arche flüchtete. Aber es bleibt trotzdem die Erzählung von der Schöpfung der Welt, die bei mir den stärksten Eindruck hinterließ. Heute kenne ich sie nicht mehr auswendig, schon lange ist das alles ausgelöscht, aber es beschäftigte mich weiterhin, ich habe es lange erforscht und darüber meditiert und es manchmal auch für euch kommentiert.[3]

Man könnte sagen, dass sich in der Kindheit einige kurze Momente der Erleuchtung ereigneten, und das, was man erlebt hat, erscheint dann viel später in anderer Form wieder. Genauso sollte man aus den Vorlieben und Neigungen, welche die kleinen Kinder zeigen, herauszufinden versuchen, wie das Schicksal der Menschen aussehen wird.

Meine erste präzise Erinnerung geht in etwa auf mein viertes Lebensjahr zurück: Ich sehe mich dabei, Fäden zu sammeln. Sobald ich ein Stück Schnur oder Faden sah, sammelte ich es auf. Und was machte ich damit? Nichts, ich begnügte mich damit, sie zu nehmen und irgendwo zu verstauen. Das war augenscheinlich eine recht harmlose Leidenschaft – bis zu dem Tag, an dem ich enorme Schäden anrichtete. Ich sah manchmal einer unserer Verwandten zu, wie sie an einem großen Webstuhl arbeitete. Und dann fand ich mich eines Tages allein in dem Raum, wo dieser Webstuhl stand, mit all seinen bunten, wohlaufgereihten Fäden. Ich weiß nicht, was mich ergriffen hatte, aber diese Fäden faszinierten mich derart, dass ich sie auch haben wollte. Und mit Scheren schnitt ich sie ab... Als man mich mitten in dem Haufen von Fäden entdeckte, geriet alles in große Aufregung. Ich sehe noch, wie alle hin und her liefen und ich nicht verstand, warum sie in diesen Zustand gerieten.

Woher kam dieses Bedürfnis, Fäden zu sammeln? Was sah ich in diesen Fäden? Hatte ich schon in diesem Alter die Intuition, dass von der Vegetation bis hin zu unserem physischen Körper, es Fäden sind, die das Gewebe alles Lebendigen bilden? Die Bäume mit ihren Wurzeln, ihrem Stamm, ihren Ästen und Zweigen sind nur ein Gefüge von Fäden. Desgleichen ist unser Körper zusammengesetzt aus Fasern, Netzen und Fäden: Unsere Muskeln, unsere Nerven, unsere Adern sind aus Fasern. Und die Chromosomen, die Träger der Erbanlagen, sind auch Fäden...

Es lohnt sich daher, sich mit dem Thema Fäden zu befassen. Das Fleisch, aus dem wir alle bestehen, ist ein Gewebe aus Fäden verschiedener Qualität. Der physische Körper wird krank, weil der »Weber« keinen ausreichend widerstandsfähigen Faden genommen hat, er reißt oft. Er verbindet dann die beiden Enden mit einem Knoten, aber der Faden reißt aufs Neue. Es gibt daher überall Knoten. Und wovon hängt die Widerstandsfähigkeit der Fäden ab? Von der Qualität der Gedanken und Gefühle, die der Weber in seinem Inneren nährt. Denn das Denken und das Gefühl weben auch Fäden. Das Denken geht von rechts nach links, das Gefühl geht von links nach rechts, und gemeinsam weben sie Handlungen. Die Handlungen bilden das Gewebe, und der physische Körper ist nur die Materialisation dieser Handlungen. Ja, der physische Körper ist nur ein materialisiertes Gewebe. Und je nachdem ob dieses Gewebe grob oder fein ist, fest oder fragil, kann man die mentalen und emotionalen Qualitäten des Webers erkennen.

Die Natur arbeitet mit Fäden, und die ganze Welt arbeitet auch mit Fäden. Angefangen mit unserer Kleidung bis hin zu Telefon, Radio, Computer und so weiter, alles sind ineinander verschlungene Fäden! Und was sind die menschlichen Beziehungen? Fäden, die jeder zwischen sich und den anderen spannt, und die er manchmal auch durchtrennt – was man mit Unterscheidungsvermögen tun sollte.[4] Denn wenn es in der Tat gut ist, bestimmte Fäden zu spannen, so gibt es andere Fäden, die man besser durchtrennen sollte. Worin besteht die Freiheit? In der Fähigkeit zu wissen, mit wem und mit was man sich verbinden sollte, und auch von wem oder von was man sich trennen sollte. Die Kraft, die verbindet, das ist die Liebe; und diejenige, die löst, das ist die Weisheit.

Es gäbe noch so vieles über Fäden zu sagen! Was ist ein Zauberstab?[5] Ein Faden, der die Welt hier unten mit der Welt oben verbindet. Und was sind die Sonnenstrahlen? Fäden, die sie bis zu uns sendet, damit wir diese Fäden jeden Tag ergreifen, um uns bis zu ihr erheben zu können.

Als ich über diese scheinbar unerklärliche Neigung nachzudenken begann, die ich als kleines Kind an diesen Fäden fand, fragte ich mich, warum ich mich nur für Fäden interessierte und nicht für Nadeln, denn Faden und Nadel gehören doch zusammen; aber nein, die Nadeln sagten mir nichts. Ich fand die Antwort, indem ich dieses Verhalten in die psychische und die spirituelle Ebene übertrug und interpretierte. Ich suchte nicht nach den Nadeln, weil die Nadeln das männliche Prinzip repräsentieren; doch dieses männliche Prinzip, dieses aktive, willensstarke Prinzip, das besaß ich. Es fehlte mir also das weibliche Prinzip, die Materie, die Fäden, um ein Webstück zu erstellen, Figuren, Bilder zu erschaffen. Und heute, nach vielen Jahren Arbeit, habe ich auch diese Fäden. Der Herr hat mir ermöglicht, sie zu finden.

In diesem Dorf in Mazedonien, wo ich meine ersten Jahre verbrachte, traten an mehreren Stellen kleine Quellen aus der Erde. Es gab da eine gleich neben unserem Haus. Seit ich sie entdeckt hatte, fühlte ich mich ständig zu ihr hingezogen. Ich war vier oder fünf Jahre alt. Durch die Reinheit, die Transparenz ihres Wassers sprach diese Quelle sicherlich zu mir und ich blieb über Stunden bei ihr. Ich betrachtete sie voller Liebe. Ich war gefesselt, fasziniert von all diesen kleinen kristallklaren Tröpfchen, die ich aus der Erde sprudeln sah. Ich konnte mich nicht davon losreißen. Ich vergaß beinahe, nachhause zurückzukehren, und wenn mich meine Mutter rief oder mich suchen kam, war ich sehr unzufrieden.

Diese Bilder vom Wasser und die damit verbundenen Empfindungen blieben in meiner Seele eingraviert. Sobald ich reines, klares Wasser sehe, ergreift mich eine undefinierbare Empfindung. Dann wünschte ich, Poet zu sein, um vom Wasser zu erzählen, von der Klarheit der Quellen, vom Gesang der Bäche und Wasserfälle, von den Regentropfen oder dem Tau auf Blättern und Blüten, besonders wenn sie von einem Sonnenstrahl getroffen werden und nacheinander Farben erscheinen, rein, wie die des Prisma. Und dann kommt man zu mir und behauptet, es gäbe keinen Beweis für die Existenz Gottes! Wenn es nur das Wasser gäbe, wäre das allein nicht schon ein unwiderlegbarer Beweis? Und wenn ich in einer Kristallschale kristallklares Wasser sehe, so scheint es mir, als hörte ich Musik…[6] Dann nehme ich in Gedanken dieses Wasser, hebe es sehr hoch, höher als die Gipfel der höchsten Berge, setze es der Luft und der Sonne aus und trinke es.

Das Wasser ist eine Tochter Gottes, darum spreche ich zu ihr, ich preise sie, und sie ist glücklich. Ich weiß, dass das Wasser die Botschaften, die ich ihm anvertraue, überbringen wird. Ja, denn es ist seine Natur, empfänglich zu sein, alles prägt sich ihm ein. Es ist ein wunderbarer Bote. Oft, wenn ich vor einem See innehalte oder vor einem Fluss, einem Brunnen, oder wenn ich einen Kristall betrachte, der eine Art erstarrtes Wasser ist, spüre ich dieses Wasser wie etwas Anwesendes in mir, das noch weit über meine ersten Jahre hinausreicht. Als hätte ich in vorangegangenen Leben lange die Qualitäten des Wassers erforscht, die Kräfte des Wassers, die Bedeutung des Wassers, all das, was es im Universum repräsentiert.

Noch heute ist diese kleine Quelle meiner Kindheit bei mir, in mir, und es kommt vor, dass ich sie wie damals betrachte, mit demselben Entzücken. Es ist zweifellos eine Art Prägung, die ich damals erhielt. Mein ganzes späteres Leben verbrachte ich mit der Erinnerung an diese Quelle, ihr Bild begleitete und unterstützte mich in all meinen Prüfungen.

Als ich Jahre später in Paris meinen ersten Vortrag* hielt, begann ich mit dem Bild der Quelle.[7] Vielleicht war auch das noch eine erneute Erinnerung an die kleine Quelle meiner

* Am 29. Januar 1938

Kindheit. Deshalb zog dieser Vortrag noch viele andere nach sich. Er war selbst eine Quelle. Sobald das Wasser fließt, erscheint das Leben: Gräser, Bäume, Tiere, Menschen.[8]

Wundert euch also nicht, wenn ich mich weiterhin mit dem Wasser befasse und oft zu euch vom Wasser spreche. Vom Wasser und auch vom Feuer. Denn genauso gerne wie das Wasser, betrachte ich auch das Feuer, und sobald ich es in meiner Kindheit konnte, entzündete ich Feuer. Ich war fasziniert von diesen tanzenden Flammen und machte Experimente mit ihnen: Ich beobachtete, wie sie Papier, Holz, Stoffe verschlangen… Es war besser, keine Streichhölzer in meiner Reichweite zu lassen. Wie oft musste meine Mutter ein Feuer löschen, das ich unvorsichtigerweise entzündet hatte! Ich machte sogar den Nachbarn Angst, denn sobald ich irgendwo Holz entdeckte, überkam mich der Wunsch, es anzuzünden, nur um das Feuer anzuschauen. Das war für mich ein wunderbares Schauspiel. Ich erfreute mich daran, es zu betrachten, und ich verstand weder, warum alle mit Wassereimern gelaufen kamen, um es zu löschen, noch warum meine Mutter mich bestrafte.

Eines Tages habe ich sogar die Scheune meiner Eltern angezündet. Ich dachte: »Es gibt nur alten Kram darin.« Ich war sechs Jahre alt und wusste bereits, dass alte Dinge verbrannt werden müssen! Aber als ich endlich begann, die Gefahr zu erfassen, nahm ich meine Beine in die Hand und lief, wie gewöhnlich, direkt zu meiner Großmutter. Als sie den Rauch sah und meine Atemlosigkeit, verstand sie alles. Natürlich wurde ich einmal mehr bestraft.

Seitdem hat mich das Leben gelehrt, dass man äußerst vorsichtig mit dem Feuer umgehen muss. Unter bestimmten Umständen entfacht, und es breitet sich mit einer solchen Geschwindigkeit aus, dass es nicht der richtige Moment ist, es zu betrachten. Vor einigen Jahren besuchte ich Florenz.

Ich war mit einem befreundeten Paar unterwegs und erfreute mich gerade an der Vorstellung, die großartigen Sehenswürdigkeiten zu bewundern, all die Museen zu besuchen und so fort. Wir fuhren auf einer schmalen, einsamen Straße in den Hügeln über der Stadt, als wir sahen, dass ein paar Meter weiter im Gebüsch ein Feuer ausgebrochen war. Vielleicht hatte ein Autofahrer einen glühenden Zigarettenstummel weggeworfen. Die Feuerwehr hätte lange gebraucht, um bis zu diesem Ort zu gelangen, der schwer genug zu erreichen war, und es musste schnell gehandelt werden. Kein Auto kam vorbei und wir konnten keinen Alarm schlagen. Also sagte ich zu meinen Freunden: »Das Feuer muss unbedingt gelöscht werden, sonst droht es, sich bis zur Stadt hinunter auszubreiten.« Nach einer ganzen Weile und mit sehr viel Anstrengung gelang es uns. Ich weiß nicht, ob wir an dem Tag Florenz gerettet haben, aber ich war zufrieden und sagte mir: »Endlich konnte ich einen Fehler meiner Kindheit wiedergutmachen!«

Tatsächlich verließ mich nie das Bedürfnis, ein Feuer zu entzünden, denn jeder kommt mit bestimmten Neigungen zur Welt, derer er sich nicht entledigen kann. Man kann sie nur auf eine andere Ebene, in einen anderen Bereich übertragen, indem man ihnen einen spirituelleren Ausdruck verleiht. Sagen wir, wenn ihr so wollt, dass ich ein geborener Brandstifter bin, aber ich habe gelernt, mich nicht mehr des Feuers zu bedienen, um Stapel von totem Holz oder alte Scheunen anzuzünden. Heute gebe ich mir Mühe, andere Feuer zu entzünden: in den Herzen und in den Seelen. Ja, ich möchte in euch ein nicht auszulöschendes Feuer entzünden, das Feuer der göttlichen Liebe, damit es euch erhellt, euch erwärmt und euch belebt.

Ich habe daher meinen ersten Vortrag mit dem Bild von der Quelle begonnen, aber ich habe in diesem ersten Vortrag auch die Passage aus dem Evangelium des Johannes kommentiert, wo Jesus zu Nikodemus sagt: *»Wenn jemand nicht geboren wird aus Wasser und Geist, so kann er nicht in das Reich Gottes kommen« (Jh 3,5).* Geboren werden aus Wasser und Geist, das heißt aus Wasser und Feuer, aus Liebe und Weisheit. Ihr seht Wasser, ihr seht Feuer, und weil ihr beides seht, glaubt ihr, sie zu kennen. Nein, wenn ihr sie als Symbole für die beiden Prinzipien – Männlich und Weiblich – versteht, welches die beiden Schöpfungsprinzipien sind, wenn ihr die Verbindungen vertiefen werdet, die sie miteinander unterhalten, wenn ihr ihnen ihre wahre Dimension geben werdet, ihre psychische, spirituelle, magische, kosmische Dimension, erst dann werdet ihr sie kennen, nicht vorher.

Wenn ich mich an meine Kindheit erinnere, sehe ich auch die Tannenwälder wieder und die großen Pappeln neben unserem Haus. Mit welchem Vergnügen kletterte ich auf diese Pappeln! Ich stieg so weit wie möglich hinauf und blieb dort über Stunden. Ich fühlte mich wie ein Vogel und war besonders darüber glücklich, dass ich über die Landschaft bis zum Horizont blicken konnte. Ich möchte nicht so weit gehen zu sagen, dass mir das ein Gefühl von Überlegenheit gab, aber ich stellte gerne fest, dass ich dort oben sah, was die anderen von unten aus nicht sehen konnten. Wenn meine Mutter mich brauchte, rief sie mich, und dann, »vrrrrr«, ließ ich mich den ganzen Stamm hinuntergleiten. Und da ich, sobald es warm wurde, oft kein Hemd trug, ähnelte die Haut an meinem Bauch schließlich der Haut eines Elefanten.

Noch heute kommt es vor, dass ich mich wie dieses Kind fühle, das auf Bäume kletterte, um von dort oben die Dinge in weiter Ferne zu sehen. Ich besitze keine der Fähigkeiten, dank derer man als Wissenschaftler anerkannt wird, und eine Zeit lang habe ich das bedauert. Ich wäre gerne Astronom, Botaniker, Chemiker, Physiker gewesen… und ich bin nur ein Kind, das auf Bäume klettert. Aber von dort oben habe ich den besten Ausblick: Ich nehme Dinge wahr, von denen man nicht weiß, wann die anderen, dort unten, sie sehen werden. Nur der Aussichtspunkt interessiert mich, der Blick vom Gipfel. Von dort, wo ich platziert bin, sehe ich die Realität der Dinge. Andere sind intelligenter und fähiger als ich, aber sie sind an Orten geblieben, wo sie nicht diese Sicht von oben haben können.

Wenn ich hier vor euch sitze und zu euch spreche, dann nicht, weil ich viel intelligenter oder gelehrter bin als ihr, nein, es ist aufgrund des Aussichtspunktes, zu dem ich mich erheben konnte, und der Blick vom Gipfel, und ich bemühe mich, euch dazu zu animieren, dass ihr mir folgt. Ich setze euch neben mich auf einen Ast, aber ihr habt eine Säge mitgebracht und sägt an dem Ast, auf dem ihr sitzt, und ihr fallt. Einmal am Boden angelangt, beginnt ihr alle möglichen philosophischen Überlegungen anzustellen, um die Ursache dieses Fallens zu erklären, und ihr findet sofort den Schuldigen: die Familie, die Umgebung, die Gesellschaft, die Regierung und vieles mehr. Und ich meinerseits, muss das nächste Mal wieder Zeit und Energie aufwenden, um euch auf einen neuen Ast zu hieven. Warum beharrt ihr darauf, so oft gegen euch selbst zu arbeiten?

1964 bin ich in mein Heimatdorf zurückgekehrt.* Siebenundfünfzig Jahre nachdem ich es verlassen hatte, habe ich einen Teil meiner Familie wiedergefunden: Cousins und Cousinen, und die Kinder und Enkelkinder derer, die ich gekannt hatte. Sie stürzten alle auf mich zu, um mich zu umarmen. Und da sie nicht wussten, was für ein Geschenk sie mir machen sollten, gaben sie mir das für sie Wertvollste:

* Mazedonien war damals Teil von Jugoslawien.

Flaschen voller Raki. Ich weiß nicht, ob ihr schon davon getrunken habt. Das ist ein äußerst starker Schnaps. Und das mir, der ich niemals Alkohol trinke!… ich habe einen Schluck mit ihnen getrunken, um ihnen eine Freude zu machen. Aber wenn man es nicht gewöhnt ist, brennt es schrecklich in der Kehle. Als sie meine Grimasse sahen, lachten sie über ihren Cousin, der keinen für sie doch so köstlichen Alkohol vertrug. Dann luden sie mich zu einer Hochzeit ein. Was war das für ein Fest! Ein Fest, wie man es in diesen Ländern noch heute feiert, mit farbenprächtiger traditioneller Kleidung, mit Gesang und Volkstänzen. Ich habe alles gefilmt. Und dann, was für eine Mahlzeit! Ich musste ständig darauf achten, dass man mir nicht den Teller nachfüllte… und auch nicht mein Glas!

Diese Wiederbegegnungen waren natürlich von vielen Emotionen begleitet, denn dort begegnete ich meiner Mutter wieder, die ich seit meinem Fortgang aus Bulgarien, im Jahre 1937, nicht wiedersehen konnte. Man hat mir vieles über meine Familie berichtet, was ich nicht wusste, und ich war erfreut zu erfahren, dass ich einen Großvater hatte, der damals Straßen im Land gebaut hat. Welch großartiger Beruf, Straßen zu bauen! Ich traf auch diese Kusine wieder, die ich am Webstuhl habe arbeiten sehen, dessen Fäden ich abgeschnitten hatte. Ihr Ehemann war mit ihr dort, sie waren sehr alt, und ich habe ihnen Geschenke gemacht, um mich für mein damaliges Fehlverhalten zu entschuldigen.

So viele Jahre später wünschte ich mir auch, auf den Berg Pelister zu steigen, den ich in meiner Kindheit nur von ferne sah. Und vor allem wollte ich in diesen Tannenwäldern wandern, von denen ich gehört hatte, dass sie die schönsten der Welt seien. Ich wollte es gerne glauben, aber war mir nicht sicher. Man kennt die Bulgaren und den Stolz, mit dem sie gerne die Schönheit und die Bedeutung ihres Landes übertreiben! Ich erinnerte mich daran, einstmals in Sofia Bauersleute gesehen zu haben, die im Kreis tanzten und sangen: »Eine Stadt, größer als Sofia*, die gibt es nicht… einen Fluss, tiefer als der Iskar**, den gibt es nicht… einen Berg, höher als der Witoscha***, den gibt es nicht…«

Also unternahm ich mit einigen Verwandten und Freunden, die die Wege gut kannten, den Aufstieg auf den Berg Pelister. In den Ländern, die ich besucht habe (Indien, Ceylon, USA, Schweden, Norwegen), habe ich viele Tannenwälder gesehen; sie waren vielleicht größer und mächtiger, aber gewiss nicht genauso schön. Ihre Farbe, der Schwung ihrer Stämme, die Verteilung ihrer Äste, die Form ihrer Nadeln, der Duft, mit dem sie die Luft erfüllen, und all das, was von ihnen ausströmt, ist einfach wunderbar! Und selbst die Steine und das Moos zu ihren Füßen. Das ist wirklich unbeschreiblich! Man muss dort sein, um eine Vorstellung zu haben! Gerne würde ich jetzt auf den Berg Pelister zurückkehren, um einige Tage in diesen Wäldern zu verbringen! Tannen sind die Bäume, zwischen denen ich mich am wohlsten fühle.

Fäden, Wasser, Feuer, Bäume – das zog mich in meiner Kindheit am meisten an, und wenn ich jetzt daran denke, bin ich mir bewusst, dass ich mich im Grunde nicht verändert habe. Die Neigungen, die ich damals hatte, die habe ich nur vertieft, sie sind bewusst geworden, und die Fäden, das Wasser, das Feuer und die Bäume haben einen wesentlichen Platz in meiner Philosophie eingenommen.

Es gibt noch viele Dinge, die ich gesehen oder erlebt habe, zwischen meinem vierten und siebten oder achten Lebensjahr, und die genauso präsent in mir geblieben sind, als seien

* Hauptstadt von Bulgarien seit 1879. Um 1930 betrug die Einwohnerzahl ca. 350.000.

** Zufluss der Donau, fließt an Sofia vorbei.

*** Bergmassiv, es überragt Sofia und gipfelt in 2230 m Höhe.

sie gerade geschehen. Ich erinnere mich im Besonderen an gewisse Empfindungen, die, nachdem ich sie später analysierte, mir als Intuitionen von dem erschienen, was mein Leben sein würde, wohin ich gehen würde, die Wahl, die ich treffen würde. Und auch ihr werdet, wenn ihr auf euer Leben zurückblickt, entdecken, dass das, was aus euch geworden ist, die Wahl, die ihr getroffen habt, die Beschäftigungen und Neigungen, die ihr jetzt habt, all das seinen Ursprung in eurer frühesten Kindheit hatte.

Weiterführende Literatur

1. Siehe Band 203 der Reihe Izvor »Die Erziehung beginnt vor der Geburt«.
2. Siehe Band 17 der Reihe Gesamtwerk »Erkenne dich selbst – Jnani-Yoga«, Kapitel 5: »Das Opfer«.
3. Siehe Band 14 der Reihe Gesamtwerk »Liebe und Sexualität«, Kapitel 25: »Die Frage der Bindungen«.
4. Siehe Band 226 der Reihe Izvor »Das Buch der göttlichen Magie«, Kapitel 3: »Der magische Stab«.
5. Siehe Band 32 der Reihe Gesamtwerk »Die Früchte des Lebensbaums – Die kabbalistische Überlieferung«, Kapitel 10: »Ein paar Worte über eine Schale Wasser«.
6. Siehe Band 1 der Reihe Gesamtwerk »Das geistige Erwachen«, Kapitel 1: »Geboren aus Wasser und Geist«.
7. Siehe Band 232 der Reihe Izvor »Feuer und Wasser, Wunderkräfte der Schöpfung«, Kapitel 4: »Wasser und Zivilisation«.
8. Siehe Band 232 der Reihe Izvor »Feuer und Wasser, Wunderkräfte der Schöpfung«, Kapitel 1: »Wasser und Feuer, Grundprinzipien der Schöpfung«.

Kapitel 3

IN VARNA, AN DER KÜSTE DES SCHWARZEN MEERES

In diesem kleinen Winkel von Mazedonien, wo ich meine ersten Jahre verbrachte, lernte ich spontan, mich der Natur zu öffnen. Die umliegenden Berge mit einer so reinen Atmosphäre, die großen Bäume, der Fluss, die kleine Quelle, der ich stundenlang zuschaute, hinterließen in mir unauslöschliche Eindrücke. Doch eines Tages, ganz plötzlich, mussten wir fliehen, und das war ein tiefer Schmerz.

Zu dieser Zeit war die Grenze zwischen Mazedonien und Griechenland nicht sicher: Von beiden Seiten nahmen die Angriffe zu. Eines Abends wurde eine Truppe griechischer Soldaten gesichtet, die sich auf unser Dorf zubewegte; ein Teil der Bewohner flüchtete und suchte Schutz, wo er konnte. Mit meiner Mutter sowie einigen Mitgliedern unserer Familie und Nachbarn verbrachten wir die Nacht im Fluss, versteckt hinter Büschen, und von dort aus sahen wir unser Dorf in Flammen aufgehen. Ich war sieben Jahre alt und werde diese Nacht nie vergessen. Am nächsten Tag fanden wir nur noch Ruinen vor und die Leichen von Männern, die versucht hatten, das Dorf zu verteidigen. Von unserem Haus war nichts mehr übrig. Also entschied meine Mutter, dass wir zu meinem Vater nach Varna gehen.

Varna war keine sehr große Stadt, vor allem nicht zu jener Zeit, und doch – welch ein Unterschied zu dem kleinen Dorf, das ich gerade verlassen hatte! Alles war neu für mich. Wir wohnten im Türkenviertel am Stadtrand. Das war ein Elendsviertel mit sehr schmutzigen, auf- und absteigenden Gassen; sobald es regnete, verwandelten sie sich in Schlammbäche. Wenn es im Winter geschneit hatte, war der Boden vereist und es war mühselig, die Steigungen zu bewältigen. Um nicht zu spät zur Schule zu kommen, musste ich das Haus sehr früh verlassen.

Mein Vater hatte dieses Viertel ausgewählt, weil es bequem für seinen Köhlereibetrieb war. Alle Geschäfte mit Kohle, die An- und Verkäufe, spielten sich dort ab. Und außerdem hatte er nichts Bessergelegenes und Komfortableres finden können, um uns unterzubringen. Die Besonderheit der Häuser in diesem Viertel bestand darin, dass sie alle im Inneren kleine Türen hatten, durch die man zum Nachbarn gelangen konnte und vom Nachbarn zum nächsten Nachbarn und so weiter. Es war unmöglich herauszufinden, bis wohin das gehen konnte, und auf diese Weise gelang es von der Polizei gesuchten Männern zu entkommen. Dort lebten wir also, inmitten von türkischen Familien. Man begegnete sich jeden Tag, und darum habe ich auch ein wenig Türkisch sprechen gelernt. Heute ist Varna eine sehr moderne Stadt geworden, die mit ihren Stränden Touristen aus der ganzen Welt anzieht, und dieses Viertel hat sich natürlich vollständig verändert.

Ich litt darunter, dass ich mein kleines Dorf verlassen musste, meine Großmutter und all die alten Verwandten, die ich sehr liebte, aber ich war glücklich, meinen Vater wiedergefunden zu haben. Auch er war glücklich, darum war er mir gegenüber voller Nachsicht. Er hatte zum Beispiel die Gewohnheit, einige Geldstücke auf einem Tisch liegen zu lassen, wohl wissend, dass ich sie nehmen würde, um mir Eis oder Bonbons zu kaufen. Meine Mutter war nicht damit einverstanden, und sie machte ihm den Vorwurf, dass dies keine gute Erziehungsmethode sei.

Nach und nach begann ich, mich mit den Kindern des Viertels vertraut zu machen; sie glichen nicht den Kindern, die ich aus meinem Dorf kannte. Sie waren viel aggressiver und gerissener. Wenn man jung ist, ist man nicht wählerisch mit seinen Kameraden, man kommt mit den Kindern der Nachbarschaft zusammen, und oft können selbst die Eltern daran nicht wirklich etwas ändern. Ihr habt keine Vorstellung von den Burschen, unter denen ich aufgewachsen bin. Ich bin in Streitereien verwickelt worden, die sehr übel hätten ausgehen können: die bulgarischen Jungen gegen die türkischen Jungen, weil wir natürlich, auf unserem Niveau, die Feindseligkeiten der Erwachsenen wiederholten. Und da ich etwas naiv, etwas verträumt war, nützten meine Kameraden das aus. »Wir gehen auf Expedition«, sagten sie, und es kam vor, dass wir einige Schäden anrichteten. Sobald die Erwachsenen wütend herbeiliefen, rannten die anderen los und brachten sich in Sicherheit, wohingegen ich stehen blieb, festgenagelt an Ort und Stelle. Ich konnte nichts auf ihre Fragen antworten, und oft bekam ich eine ordentliche Tracht Prügel. Ich weiß nicht warum, aber ich rechtfertigte mich nie. Und anschließend, nachdem sie letztendlich von dem Vorkommnis erfuhr, bestrafte mich auch meine Mutter noch.

Eines Tages fand ich dann, dass ich Opfer zu vieler Ungerechtigkeiten war, und ich beschloss, mein Zuhause zu verlassen. Nur, wohin ich gehen sollte, das wusste ich nicht. Ich ging also los in Richtung Bahnhof. Dort beobachtete ich das Kommen und Gehen der Reisenden. Das war neu für mich und sehr interessant. Aber nach einigen Stunden begann ich zu bemerken, was es heißt, allein zu sein, fern von seinem Zuhause und seinen Eltern. Ich beschloss erst einmal, dass ich nicht essen würde. Aber die Nacht kam: wo schlafen? Ich fand neben dem Bahnhof eine kleine Hütte; sie war leer und ich konnte mich dort hinlegen. Aber die Sonne hatte sie den ganzen Tag derart aufgeheizt, dass die Luft darin zum Ersticken war, und ich ging auf die Suche nach einer anderen Unterkunft. Ich fand nichts und legte mich auf einen Haufen Stroh, der dort herumlag. Ich fühlte mich frei und war zufrieden. Ich dachte: »Meine Eltern können mich nicht wiederfinden. Sie verstehen mich nicht… nun, sie werden bestraft werden, es rächt sich.« Ich wusste, dass mein Verschwinden bei meiner Mutter Besorgnis auslösen würde, doch zum ersten Mal empfand ich Freude an der Vorstellung, sie leiden zu lassen. Erschöpft vom stundenlangen Gehen und hungrig schlief ich dann ein.

Am anderen Morgen wurde ich wach, weil mich jemand mit leichten Fußtritten anstieß. Das war ein Angestellter vom Bahnhof. Erstaunt, auf dem Stroh einen schlafenden Jungen zu entdecken, fragte er mich: »Was machst du da? Warum schläfst du hier? Hast du kein Zuhause?« – »Ich habe meine Eltern verlassen.« – »Was? Du hast deine Eltern verlassen? Beeil dich, nach Hause zu kommen, sonst bringe ich dich zur Polizei.« Ich stand auf und ging mit gesenktem Kopf davon. Zu Hause ankommend, wurde mir zugerufen: »Da bist du endlich! Wo warst du? Wir haben dich überall gesucht…« Und ich begriff durch die Gesten meiner Mutter, durch welche Ängste sie gegangen war. Da war ich jetzt ganz und gar nicht mehr stolz. Dieses Weglaufen hatte keine schwerwiegenden Konsequenzen, aber das, was mir geschehen war, hat mich zum Nachdenken gebracht: Ich habe begriffen, dass es mir nirgends so gut gehen würde wie bei meinen Eltern, und ich habe es nie wieder getan.

Aber ich folgte weiterhin meinen Kameraden. Sie suchten immer neue Abenteuer, und es fehlte ihnen nicht an Ideen. Eines Tages beschlossen sie, die Fahne herunterzuholen, die vor der türkischen Gesandtschaft in Varna flatterte. Eigentlich wussten wir nicht viel von der Herrschaft, die das

Ottomanische Reich jahrhunderte lang über Bulgarien ausgeübt hatte, aber wir begriffen sehr wohl, dass die Bulgaren die Türken nicht als ihre Freunde betrachteten. So zog unsere kleine Truppe also los, um die Fahne herunterzuholen... Und wir schafften es! Natürlich wurden wir schnell entdeckt und die Polizei erschien. Wie gewöhnlich flüchteten meine Kameraden und ich stand allein da – mit der Fahne!

Die Fahne einer fremden Gesandtschaft abzunehmen und dazu noch die der Türkischen Gesandtschaft, das war natürlich ein schweres Vergehen, und die Polizisten nahmen mich mit auf die Wache. Zu dieser Zeit waren sie zu Pferde unterwegs. Wir machten uns also auf den Weg – ich zu Fuß, mit der Fahne im Arm, flankiert von zwei Polizisten hoch zu Ross. Auf diese Weise durchquerten wir die Stadt, und alle Passanten blieben stehen, um uns anzuschauen. Als wir die Polizeistation erreichten, war ich natürlich etwas unruhig. Ich fragte mich, was man mit mir machen würde. Einmal mehr würde ich bestraft werden – und vielleicht sogar misshandelt. Aber ich bemerkte, wie die Polizisten sich etwas ins Ohr flüsterten, manche lächelten sogar ein wenig. Ich wartete. Endlich, nachdem sie ernst mit mir gesprochen, und mir das Versprechen abgenommen hatten, das nicht wieder zu tun, sagten sie mir, ich könne nachhause gehen. Vielleicht waren sie letztendlich stolz auf das, was meine Kameraden und ich zu unternehmen gewagt hatten, trotz unseres jungen Alters.

Eines Tages begann ich zu verstehen, dass ich mich von diesen Burschen fernhalten musste, und selbst wenn ich mich noch manchmal mitziehen ließ, ist es ihnen doch nie mehr gelungen, mich in ihre kriminellen Abenteuer wie Diebstähle, Überfälle und so weiter zu verwickeln. Noch lange versuchten sie es, aber glücklicherweise hat mich etwas in meinem Inneren zurückgehalten, ich spürte, dass ich ihnen nicht mehr folgen durfte. Ich erzähle euch von Zeit zu Zeit von den Dummheiten, die ich anstellte, aber das ist nichts im Vergleich zu dem, was ich hätte tun können, wäre ich bei ihnen geblieben. Diese Burschen nahmen alle auf die eine oder andere Weise ein schlechtes Ende, sei es, dass sie im Gefängnis landeten oder sogar ermordet oder erschossen wurden.

Sicher, man darf die Macht von Einflüssen nicht unbeachtet lassen, aber die Einflüsse sind nicht absolut bestimmend. Wenn sich jemand dazu hinreißen lässt, schlecht zu handeln, so trägt er bereits Elemente in sich, die ihn auf gewisse Weise magnetisch dort hinziehen. Darum ist, wie ich euch schon oft gesagt habe, das, was die Mutter durch ihre Gedanken und Gefühle während der Schwangerschaft in ihr Kind hineinlegt, von solcher Bedeutung. Dann existiert da auch noch das Vorbild, und dieses, welches mir meine Eltern gegeben haben, war das beste. Von diesem Gesichtspunkt her gesehen, war ich sehr privilegiert.

Damals mangelte es uns an nichts, aber wir lebten immer sehr bescheiden. An der Seite meiner Eltern, die grundehrlich und integer waren, lernte ich, dass man arbeiten, ertragen, sich plagen und kämpfen muss. Auch war ich immer bereit, Anstrengungen zu machen, und ich war erstaunt zu sehen, dass manche meiner Kameraden anders erzogen wurden. Nur dank der Erziehung, die ich erhalten habe, konnte ich später große Prüfungen bestehen; in gewisser Weise wurde ich darauf vorbereitet, und deshalb bin ich nicht unter ihnen zusammengebrochen. Das ging so weit, dass, sobald die Situation sich verbesserte, ich es nicht glauben konnte. Sobald eine Erleichterung, eine Verbesserung kam, stellte ich sie in Frage: Ich fand, das sei nicht normal.

Wenn ich an meine Erziehung zurückdenke, preise ich den Himmel, dass ich in eine Familie geboren wurde, die mir eine solche Anschauung vom Leben eingeschärft hat. Ich wusste bereits, dass Prüfungen und Schwierigkeiten unvermeidbar sind, und alles, was ein wenig klarer und leichter war, empfand ich als wahren Segen. Welch eine Überraschung zu sehen, dass die anderen sich nicht daran freuten, sondern darüber hinaus auch noch einen Klagegrund fanden in Situationen, in denen ich meinerseits so glücklich und dankbar war! Mein Vater kümmerte sich um meine Zukunft. Er hatte große Pläne für mich, aber auch wenn er sehr hart arbeitete, sagte er mir niemals, dass es wichtig sei, Erfolg zu haben, um Geld zu verdienen, und meine Mutter auch nicht. Wenigstens hatte ich dahingehend keinen Druck auszuhalten, wie so viele andere Kinder, deren Eltern sie von Kindheit an für lukrative und angesehene Berufe ausersehen, ständig wiederholend, dass sie sich darauf vorbereiten müssten. Und kaum äußern diese Kinder eine idealistische Neigung, schon erinnern ihre Eltern sie an die Realität. Meine Eltern ließen mir die Freiheit, mich zu entfalten.

Es waren nicht ganz zwei Jahre, dass ich Mazedonien verlassen hatte, und innerlich hatte ich mich nicht sehr verändert. Ich war immer etwas verschlafen, verträumt, und zwischen meinen Eltern fühlte ich mich geschützt. Wir waren sehr glücklich, als mein kleiner Bruder geboren wurde. Aber dann wurde mein Vater plötzlich von einer schweren Krankheit heimgesucht und verstarb. Ich erlebte dadurch einen äußerst heftigen Schock, der mich in die Wirklichkeit katapultierte. Das war ein schreckliches Bewusstwerden. Meine Mutter, von Trauer zerrissen, wurde krank, und zu ihrer Trauer kam noch die Sorge hinzu, zwei Kinder durchbringen zu müssen.

Zu dieser Zeit hatten die meisten Frauen nicht wirklich einen Beruf; meine Mutter, die nichts von Geschäften verstand, war gänzlich unfähig, sich um das Geschäft meines Vaters zu kümmern, das immer weiter zurückging. Viele, die ihr Geld schuldeten, bogen es so hin, dass sie nicht zahlten;

andere hingegen, denen sie nichts schuldete, stellten Forderungen. Wir verloren fast alles und mussten aus dem Haus, das wir bewohnten, ausziehen in ein noch kleineres und unbequemeres Haus im selben Viertel. Einige Jahre später kamen wir zu einem Stück Land neben einem Park oberhalb des Strandes. Der Ausblick war großartig, und wir bauten dort ein kleines Haus mit den alten Materialien des anderen Hauses, das wir abreißen mussten. Zuvor aber lebten wir für eine Weile in einem ungesunden Haus. Meine Mutter war krank, und wir hatten kaum etwas zu essen. Ich war mir der Schwere der Lage bewusst, aber ich war acht Jahre alt, was konnte ich tun? Mit Hilfe einer Nachbarin pflegte ich meine Mutter und kümmerte mich um meinen kleinen Bruder.

Nach einiger Zeit willigte meine Mutter in eine Heirat ein, um meinen kleinen Bruder und mich großziehen zu können. Das war eine sehr unglückliche Ehe, und unsere Lage wurde nur noch schlimmer. Ich erinnere mich an manche Schuhe mit Löchern und an Kleidung, die wir beim Altkleiderhändler gekauft hatten und die nicht immer meine Größe hatte. Manchmal träumte ich in der Nacht, dass ich einige Geldstücke fand oder dass mir jemand ein großartiges Taschenmesser mit mehreren Klingen gab. Aber wenn ich am nächsten Morgen erwachte, welche Enttäuschung! Da gab es weder Geldstücke noch Taschenmesser.

Natürlich ging ich zur Schule, aber oft hatte ich kein Frühstück zu mir genommen, denn wir waren zu arm. Darum war ich in den Unterrichtsstunden fast immer schläfrig. Und ich hatte nur ein Schulheft, weil meine Mutter mir kein Buch kaufen konnte. So las ich während der Pausen ein-, zweimal schnell die Lektionen in den Büchern meiner Kameraden, die sie mir gerne liehen. Sobald ich befragt wurde, brauchte ich viel Zeit, um mich daran zu erinnern, was ich so schnell gelesen hatte. Ich blieb zunächst still, und meine Kameraden lachten, während der Lehrer in der Klasse auf und ab ging und wartete, dass es mir endlich gelang, einige Worte zu äußern. Nach einer Weile, während ich weiterhin schwieg, schickte er mich zurück an meinen Platz, und erst in dem Moment machte ich endlich meinen Mund auf. Die Lehrer wussten nicht, dass ich so viel Zeit brauchte, um zu antworten, weil ich die Lektionen auf so seltsame Art lernte. Sie schlossen also daraus, dass ich sehr langsam war, und sie gewöhnten sich daran, auf mich zu warten.

Unter diesen Bedingungen zu lernen, konnte nur schädlich für mein Nervensystem sein, das ich auf diese Weise misshandelte. Und wie sollte ich mich für Fächer interessieren, die ich so schlecht lernte? Darum mochte ich die Schule nicht, und wenn ich an diese Schuljahre zurückdenke, ist mir nur sehr wenig in Erinnerung von dem, was ich dort gelernt habe. Ich erinnere mich eher an einige Lehrer und an einige Ereignisse, die ich mit meinen Kameraden erlebte.

Während des Krieges 1914-1918 mussten die meisten unserer Lehrer an die Front, und wir hatten daher Vertreter, die für eine gewisse Zeit unseren Unterricht übernahmen. In einem Jahr hatten wir zwei Mathematiklehrer hintereinander. Der erste löste, sobald er die Klasse betrat, einen ohrenbetäubenden Lärm aus: Die Schüler begannen zu lachen, Spaß zu machen… Er konnte lange alles ihm Mögliche versuchen, rufen, gestikulieren, drohen, um wieder Ruhe herzustellen – es war nutzlos. Er holte sogar den Direktor, aber sobald dieser wieder fort war, gingen die Krakeelerei und das Gelächter von vorne los. Dabei war er freundlich, und ich hatte Mitleid mit ihm. Ich verstand nicht, warum meine Kameraden so grausam waren. Eines Tages war ich sogar derart empört, dass ich in seiner Abwesenheit das Wort ergriff, um ihnen Vorwürfe zu machen. Sie waren einverstanden, ihr Verhalten zu ändern, und für ein oder zwei Tage ging es besser.

Dann begann das Chaos aufs Neue. In Wirklichkeit hätte man sagen können, dass der Lehrer allein durch seine Wesensart, durch seine Art aufzutreten, diese Reaktionen bei den Schülern provozierte. Es war da etwas in ihm, das den Lärm und das Gelächter auslöste.

Eines Tages ging er fort und wurde ersetzt durch einen ganz kleinen Mann, der leise die Klasse betrat, ohne uns überhaupt anzusehen. Aber sobald er erschien, setzten die Schüler sich still an ihren Platz und rührten sich nicht mehr. Er legte seine Mappe auf den Schreibtisch und begann die Stunde mit ruhiger Stimme. Er wurde niemals wütend, er drohte niemals, bestrafte niemals. Er beherrschte sein Metier perfekt, zögerte niemals, und die Schüler konnten nicht anders, als aufmerksam zu sein. Das beeindruckte mich sehr, und dieser kleine, unauffällige Mann, der äußerlich nichts Besonderes an sich hatte, ist mir im Gedächtnis geblieben. Es war nicht allein sein Wissen, sondern auch seine Präsenz, das, was von ihm ausging, was die Schüler und selbst die anderen Lehrer beeindruckte. Ich fand keine Erklärung, ich verstand es nicht, aber ich stellte es fest, und es brachte mich zum Nachdenken.

Ich erkannte, dass ich nicht immer vorbildlich gewesen war, ich bewies gegenüber den Lehrern nicht immer Verständnis. Es kam auch bei mir vor, dass ich mich über sie lustig machte. Seit es Lehrer und Schüler gibt, machen sich die Schüler über ihre Lehrer lustig; sehr selten in deren Anwesenheit, sicher, aber in der Pause imitieren sie deren Gesten, ihre Art zu sprechen, ihre Angewohnheiten, ihren Gang.

Wir hatten insbesondere einen Religionslehrer, der Gegenstand all unseres Gespötts war. Mein Gott, wie komisch war er! Man sah ihn immer mit derselben abgenutzten, geflickten Kleidung, er wechselte sie nie, und mit demselben Hut, demselben Schirm, der keine Farbe mehr hatte. Und seine Schuhe! Wenn er einen Schüler befragte, dann musste dieser nah zu ihm kommen, und er stellte ihm zum Beispiel eine Frage zu einem biblischen Patriarchen, zum Beispiel Abraham oder Isaac oder Jacob und so fort. Wenn der Junge nicht antworten konnte, begann er lange sanft, bedächtig zu ihm zu sprechen, so, als wolle er ihm helfen, die Antwort zu finden. Oder er fing an, über ein ganz anderes Thema zu sprechen; und dann, wenn der andere es am wenigsten erwartete, gab er ihm einen heftigen Schlag mit dem Lineal auf die Hand. Da wir seine Methode kannten, beeilte sich der befragte Schüler. Er wusste, was ihn erwartete, wenn er nicht die richtige Antwort gab. Aber er musste sich schon vorsehen; in dem einen oder anderen Moment ließ er sich überraschen, und – hopp, schon bekam er den Schlag mit dem Lineal. Wie oft haben wir uns über diesen Lehrer lustig gemacht! Wie oft haben wir ihn imitiert.

Eines Tages wurde ein Schlangenbeschwörer eingeladen, um in unserer Schule eine Vorführung zu geben. Er war ganz in Gelb gekleidet und hatte Säcke mit lauter giftigen Schlangen dabei. Um es uns zu beweisen, gab er ihnen ein kleines Tier, das von einer der Schlangen gebissen wurde, was fast sofort zu dessen Tod führte. Er nahm dann einige Schlangen aus einem Sack und ließ sie auf dem Podest herumkriechen. Mit seinem Blick beherrschte er sie, und dieser Blick war wahrlich phänomenal. Er näherte ihnen sein Gesicht immer mehr, wobei er sie intensiv fixierte, und die Schlangen wichen zurück. Auch wir waren fasziniert und erschreckt zugleich. Wenig später jedoch erfuhren wir, dass dieser Mann tot war, gebissen von einer seiner Schlangen. Ich habe lange an ihn gedacht: Welchen Fehler hatte er begangen? Er hatte mich so sehr durch seinen Blick und seine Beherrschung beeindruckt! War er einen Moment unachtsam gewesen?

Im Jahre 1909 gelang Blériot, dem französischen Luftfahrtpionier, die erste Überquerung des Ärmelkanals. Natürlich gelangte die Neuigkeit von dieser Großtat bis nach

Bulgarien… Welche Aufregung herrschte daher in unserer Schule an dem Tag, als wir erfuhren, dass Blériot eine Flugvorführung in Varna machen wolle! Unsere Lehrer führten uns auf das Gelände, wo diese stattfinden sollte – es war dasselbe Gelände, auf dem später meine Familie die Genehmigung erhielt, ein neues Haus zu bauen. Ich habe niemals vergessen, mit welcher Neugier und welcher Erregung meine Kameraden und ich zuschauten, wie das Flugzeug vom Boden abhob und sich in die Lüfte schwang…

Ich wanderte sehr gerne am Strand entlang. Das war ein neues Schauspiel für mich. Ich weiß nicht, wie es heute ist, aber zu der Zeit war die Küste von Varna wunderschön. Dort befand sich auch der Friedhof, auf dem mein Vater begraben worden war. Ich begleitete meine Mutter, wenn sie zum Beten an sein Grab ging. Sie brachte Öl mit und entzündete eine Lampe. Dieser Friedhof hatte die Besonderheit, mit Obstbäumen bepflanzt zu sein, und ich erinnere mich, dass ich niemals schmackhaftere Früchte gegessen habe, als jene, die ich von diesen Bäumen pflückte. Manchmal ging ich allein dorthin, und wenigstens dort beschuldigte mich nie jemand, Früchte zu stehlen.

Ihr denkt vielleicht: »Früchte von einem Baum essen, der auf einem Friedhof wächst, wie grässlich!« Aber was glaubt ihr wohl, woher die Früchte kommen, die ihr esst? Wie viele Generationen von Menschen auf der Erde sind seit Jahrtausenden aufeinander gefolgt? Und wo, glaubt ihr, sind ihre Körper geblieben? Die gesamte Erde ist nichts als ein Friedhof. Wohin wir auch gehen, wir gehen auf Leichen, und das Wesentliche unserer Nahrung wächst auf Leichen. Nur sind die Pflanzen große Alchimisten, sie wandeln alles um. Ob man nun einem Baum chemischen Dünger, Abfälle oder Kadaver gibt, er macht daraus Blüten und Früchte. Und deshalb betrachte ich jetzt die Pfirsichbäume, die Pflaumen- und Aprikosenbäume und so weiter so gerne, wenn sie ihre reifen Früchte tragen, weil ich an diese ganze Arbeit der Umwandlung denke, zu der sie fähig sind, und dass auch ich diese Arbeit in meinem eigenen Inneren ausführen will, um schöne, duftende und schmackhafte Früchte hervorzubringen. Also begebe ich mich zu ihnen, spreche zu ihnen und bitte sie, mir dabei zu helfen, so zu werden wie sie. Auch ihr solltet von Zeit zu Zeit daran denken, dies zu tun.

Meine Mutter stellte mir frei, Varna zu erkunden, und das gab mir die Gelegenheit zu bestimmten Begegnungen. Damals gab es viele Zigeuner in Bulgarien, und ihre Frauen konnten wahrsagen. Eines Tages kam ich auf der Straße an einer vorbei, die mich anhielt. Sie sagte mir, ich hätte viele Feinde. Ihr seht, mit neun Jahren! Erstaunt fragte ich sie: »Aber warum? Was habe ich getan?« Sie fügte hinzu, dass ich auch viele Freunde hätte. Dann betrachtete sie meine Hand und verkündete, dass sie ein schönes Mädchen sehe, hübsch, aber dick, üppig, das mich liebe. Wiederum erstaunt, fragte ich sie: »Aber wirklich so üppig?« Da erzählte sie mir, dass sie am selben Morgen von ihrem Esel gefallen sei und deswegen nicht gut sehen könne. Dann streckte sie mir ihre Hand entgegen, damit ich ihr ein paar Pfennige gebe! Die Bulgaren suchen die Zukunft eher im Kaffeesatz zu lesen, und ich erinnere mich an eine Frau in Varna, deren Nachbarn sie alle zum Kaffee einluden, damit sie danach den Bodensatz ihrer Tassen prüfte.

Im Zentrum von Varna erhob sich ein großer Turm, überragt von eine Glockenturm. Sobald die Glocke die Stunden schlug, hörte man es fast in der ganzen Stadt. Dort hatte sich zu jener Zeit ein armer Mann niedergelassen, den jeder kannte. In der Vergangenheit war er ein berühmter Orchesterleiter gewesen, aber infolge schwerer Prüfungen hatte er den Verstand verloren. Er war bettelarm und tat nichts anderes, als mit seliger Miene vor sich hin zu singen oder zu lächeln. Man hörte ihn ständig wiederholen: »Er gibt, er gibt, er gibt…« Er war sanft, harmlos, und er wetterte nie gegen die Kinder, die ihn manchmal auf den Straßen verfolgten und sich über ihn lustig machten. Die Erwachsenen hingegen hatten Mitleid mit ihm und brachten ihm Nahrung und Kleidung; aber er gab das meiste anderen, die er für noch unglücklicher hielt als sich selbst. Er behielt fast nichts; das ging so weit, dass die meisten es aufgaben, ihm zu helfen.

Gelegentlich besuchte ich diesen Mann. Manchmal fand ich ihn auf dem Gewicht der Turmuhr sitzend und er sang. Ich höre noch, wie er *La Paloma* sang, und dieses Lied hatte auf mich eine beinahe magische Wirkung, ich war überwältigt von romantischen, ja, sogar mystischen Emotionen. Ich verstehe, dass manche Musikstücke die Leute in eine übertrieben sentimentale Stimmung versetzen können. Noch heute, wenn ich *La Paloma* spielen oder singen höre, sehe ich wieder diesen armen Verrückten, und die Tage meiner Kindheit steigen in mir hoch. Er war so gut, so großzügig! Da er Orchesterleiter gewesen war, kannte er auch eine große Anzahl von Opern. Daher bat ich ihn, mir bestimmte Arien aus dem Troubadour, aus Aida oder anderen zu singen, und dank ihm habe ich viele Dinge über die Musik gelernt. Er schloss die Augen, suchte nach Inspiration, sein Gesicht wurde strahlend, und er sang… Er aß kaum und hatte einen erbärmlichen Unterschlupf. Weil er keine Matratze und Decke hatte, war er im Winter starr vor Kälte. Ich sah ihn zittern und konnte ihm nicht helfen, ich war zu klein, und auch wir waren zu arm! Und sowieso, das ist wahr, verteilte er fast alles, was man ihm gab. Aber er sang; daher ging ich zu ihm und kommunizierte mit seiner Seele.

Dann gab es da noch diesen alten Bettler, der sich für gewöhnlich am Eingang der Kirche zur Heiligen Dreifaltigkeit aufhielt. Von einem Freund begleitet, ging ich von Zeit zu Zeit zu ihm, um mit ihm zu sprechen. Er erzählte uns viele schöne Dinge und darum fanden wir Gefallen daran, ihm zuzuhören, trotz seinem Schmutz, seiner Haare, seines Bartes und seines zotteligen Schnurrbartes. Eines Tages sagten wir uns, dass wir diesen sympathischen Mann nicht in einer so beklagenswerten Lage belassen könnten; man musste etwas für ihn tun.

Ich kannte eine Dame, die aufgrund ihrer Position bei der Behörde intervenieren konnte. Sie war es, die neben anderen, auch die Bücher des französischen Astronomen Camille Flammarion ins Bulgarische übersetzte. Ich suchte sie also mit meinem Freund auf, um ihr diesen Fall darzustellen und sie versprach, etwas zu tun. So fand sich der Bettler bald beherbergt, sauber und korrekt gekleidet in einem Altersheim der Stadt wieder, wo es ihm an nichts fehlte und wir waren sehr zufrieden, diese gute Tat vollbracht zu haben. Wie erstaunt waren wir aber, als wir eines Tages entdeckten, dass er aus dem Heim entflohen war, um am Eingang der Kirche wieder zu betteln! Und was für eine Lehre für uns, die wir geglaubt hatten, dass er glücklich sein würde, nicht mehr betteln zu müssen, um zu leben!

Es ist wichtig, dass Kinder sich schon in sehr jungen Jahren der Welt öffnen können, dass sie möglichst viele Eindrücke sammeln, denn diese sehr früh gemachten Erfahrungen bereichern ihr Verständnis von anderen und vom Leben im Allgemeinen. Die Eltern sollen sie dahin führen, sich all dessen bewusst zu werden, was um sie herum geschieht, wobei sie natürlich darauf achten müssen, dass sie sie keinen Gefahren aussetzen. Die Kinder gehen zur Schule, wo sie allmählich Wissen erwerben. Das ist notwendig, aber unzureichend. Es ist auch wichtig, dass sie ihre Intelligenz und ihre Sensibilität nähren können, durch den Umgang mit der größtmöglichen Anzahl an Menschen.

Natürlich war ich nicht ständig damit beschäftigt, Unglücklichen zu Hilfe zu kommen. Ich hielt mich von den Strolchen meines Viertels fern, bei denen ich spürte, dass der Umgang gefährlich sein könnte; aber ich brauchte sie nicht, um den Frieden der Nachbarn zu stören, dafür kamen mir genügend Ideen, und wenn ich Dummheiten anstellte, zog ich es vor, dies allein zu tun. Ihr hattet in Frankreich einen großen Chemiker, Berthollet, der vom Chlor ausgehend eine Formel für ein Schießpulver aufstellte, das man »Berthollets Salze« nannte. Es war mir gelungen, es mir zu beschaffen, und was für ein Vergnügen bereiteten mir die Explosionen. Ich richtete keinen Schaden an, aber diese Explosionen machten einen Heidenlärm und die Nachbarn kamen erschrocken aus allen Häusern. Ich wartete nicht auf sie, sondern versteckte mich schnell. Was nicht sehr mutig war, aber hätte ich nicht die Flucht ergriffen, wäre nicht ein Krümel von mir übrig geblieben.

Wenn ich nach Hause zurückkam, hatte meine Mutter natürlich schon Besuch von diesen Nachbarn bekommen. Wie oft beklagten sie sich bei ihr mit den Worten: »Ihr Sohn ist ein Gauner, ein Strolch.« Und sie antwortete: »Aber nein, er ist kein schlechter Junge, ihr kennt ihn nicht. Ihr werdet sehen, er wird sich ändern, er wird sehr gute Dinge tun.« Natürlich bestrafte sie mich manchmal, aber ich fing von vorne an... Warum hatte ich ein solches Bedürfnis nach Explosionen, die die Leute erschüttern? Man erzählte mir, dass die Bewohner des Viertels sich noch Jahre später daran erinnerten.

Nie habe ich Dummheiten angestellt, die man nicht wieder gutmachen konnte, aber ich weiß, was es heißt, ein Kind zu sein, dessen Energien nicht kanalisiert sind. Wenn mich daher Eltern aufsuchen, um mir von den Schwierigkeiten mit ihren Kindern zu berichten – und das kommt oft vor – sage ich ihnen, dass sie sich nicht unbedingt Sorgen darüber machen müssen. Es ist ihre Aufgabe, für ihre Kinder Beschäftigungen zu finden, die ihnen ermöglichen, ihre Energien besser auszurichten. Selbst wenn es erholsamer ist, sollten die Eltern sich nicht wünschen, derart weise und gehorsame Kinder zu haben, die immer einverstanden mit ihnen sind, denn diese Weisheit und dieser Gehorsam sind oft nur Passivität, und diese Kinder, die später nichts Schlechtes tun werden, werden vielleicht ebenso nichts Gutes tun. Es gibt sogar Fälle, wo vollkommen passive Kinder und Jugendliche sich später als gefährliche Kriminelle entpuppten.

Man darf Kinder nicht schikanieren; man muss auf sie aufpassen, man muss sie berichtigen, wenn notwendig, aber in erster Linie ihnen zeigen, dass sie die Dinge immer besser tun können, dass man sie für fähig hält, es besser zu tun. Auf diese Weise wirkte meine Mutter. Das Vertrauen, das sie mir entgegenbrachte, hat mich ohne Zweifel beeinflusst, und ich bin ihr dafür äußerst dankbar geblieben. Um sich zu verbessern, brauchen die Kinder wenigstens eine Person, die ihnen Vertrauen entgegenbringt.

Natürlich hat mir ein Vater gefehlt, ich hätte es gebraucht, eine Autorität zu spüren. Meine Mutter war stark, aber ihre Kraft kam nicht aus ihrem Willen, sie kam aus ihrer Liebe und ihrer Opferbereitschaft. Ihre Liebe hat mich erzogen, nicht ihr Wille; mithilfe ihrer Liebe hat sie sich mir gegenüber durchgesetzt. Ich war immer von ihrer Haltung gerührt, und ich schämte mich ihr gegenüber. Ich wurde mir der Sorgen bewusst, die ich ihr bereitete, und ich wollte mich vor ihr niederwerfen, um sie um Verzeihung zu bitten. Ich tat es nicht, weil ich zu hochmütig war, aber danach weinte ich lange. Ich fasste gute Vorsätze, ich beschloss mich zu bessern, aber wie schwierig war das!

Eines Tages, als ich durch die Straße spazierte, die zum Park von Varna führte, bemerkte ich einen Straßenhändler, der preiswerte Broschüren und Bücher verkaufte. Ich blieb stehen, und mein Blick fiel auf eine Broschüre, die vom Leben des Heiligen Athanasius erzählte. Ich blätterte sie durch und war ergriffen; natürlich verstand ich nichts von den theologischen Kontroversen, in die er verwickelt worden war, aber ich entdeckte einen außergewöhnlichen Mann, dem es gelungen war, über sehr viele Herausforderungen zu triumphieren. Ich wollte diese Broschüre kaufen, aber sie kostete einen Leva. Ein Leva, das war nichts, aber für mich, der ich kein Geld hatte, war das enorm. Also betete ich: »Oh Herr, mach, dass ich einen Leva finde, um dieses Buch zu kaufen!« Und als ich dann weiter die Straße entlang ging, erblickte ich plötzlich am Boden einen Leva. Schnell hob ich ihn auf, und mit welcher Freude lief ich zurück, um die Broschüre zu kaufen! Ich las sie wieder und wieder, und sie gefiel mir so sehr, dass ich beschloss, auch ein Heiliger zu werden. Ich begann damit, alle meine Sünden zu bereuen… die ich sehr groß fand! Für einige Tage habe ich mich gut verhalten, aber natürlich war diese Zeitspanne der »Heiligkeit« nicht von Dauer…

Ein anderes Mal lieh ich mir aus der Schulbibliothek das Buch der Sprüche von Salomon. Wie und warum dieser Titel mich anzog, weiß ich nicht. Ich öffnete es und las: *»Mein Sohn… gehorche deinem Vater und verachte deine Mutter nicht« (Spr 23,19)*. Das machte mich tief betroffen. Für ein Kind ist das, was in diesem Buch geschrieben steht, schwer zu verstehen, aber diese Worte müssen in mir etwas jenseits des Verstehens erweckt und vage Erinnerungen aus der Vergangenheit hervorgerufen haben.

Zum ersten Mal kam ich in Kontakt mit der Weisheit. Ich las dieses Buch wieder und wieder und wollte es nicht in die Bibliothek zurückbringen. Ich fand es so kostbar, dass niemand anderes als ich mir würdig erschien, es zu besitzen. Ich brachte es trotzdem eines Tages zurück, hatte es aber lange behalten. Ich las es immer mit derselben Emotion, ich bereute bitter meine Fehler, ich weinte und bat Gott um Verzeihung, ich versprach Ihm, vernünftiger zu werden. Natürlich waren auch diese guten Neigungen einmal mehr nicht von langer Dauer, und ich verstand nicht, warum es so schwierig war, sich zu bessern. Aber immerhin hatte ich eine Einsicht gewonnen. Die Sprüche waren immer da, ich kam oft auf sie zurück, und zumindest für eine gewisse Zeit gelang es mir, mich gut zu verhalten.

Man wird es zweifellos verwunderlich finden, dass dieses Buch eine so große Rolle in der Erziehung eines Kindes spielte, aber so ist es. Viele Jahre später entdeckte ich das *Amphitheatrum Sapientiae Aeternae (Schauplatz der ewigen allein wahren Weisheit)* von Khunrath, der einen von der Kabbala inspirierten Kommentar zu den Sprüchen formulierte und dort Analogien zur Herstellung des Steins der Weisen sieht. Ich vertiefte mich also aufs Neue in dieses Buch und machte darin sehr interessante Entdeckungen, aber sie löschten nicht die Emotionen, die ich beim ersten Lesen empfunden hatte.

Noch ein wenig später, es war während der Schulferien, nahmen mich Arbeiter, die meinen Vater gut gekannt hatten und mit unserer Familie befreundet geblieben waren, mit in den Wald, wo sie Holzkohle herstellten. Ich muss zwölf Jahre alt gewesen sein und ich verbrachte dort einen Monat. Ich schaute zu, wie sie die Kohle zubereiteten und half ihnen manchmal. Sie hatten mir eine kleine Hütte gebaut und sogar eine Leiter, damit ich auf den Baum klettern konnte, der daneben stand. Eines Tages gab mir einer von ihnen die Evangelien zu lesen. Es war das erste Mal, dass ich sie las, und ich tat es sehr aufmerksam. Es umgab mich eine große Stille, ein tiefer Frieden!

Ich werde niemals diesen riesigen Wald mit den wunderbaren Bäumen vergessen. Dort hatte ich die Ruhe, die Evangelien zu lesen, meine Kameraden konnten mich nicht mehr holen, damit ich mit ihnen gegen die türkischen Kinder kämpfte, und ich dachte nicht mehr daran, Explosionen zu verursachen. In meinem damaligen Alter beeindruckten mich am meisten die Wunder, die Jesus bewirkt hat: wie er die Kranken heilte, die Dämonen austrieb usw. Und ich kam immer wieder auf diese Geschichte mit dem Besessenen zurück, den niemand überwältigen konnte: Man konnte ihn lange in Ketten legen, es gelang ihm immer, sie zu sprengen; er lief überall ohne Kleidung herum und schlief in den Grüften. Und da kam Jesus. Er fragte ihn: *»Wie heißt du?«* Und der Mann antwortete: *»Legion« (Mk 5,9)*, denn, so heißt es im Evangelium, mehrere Dämonen besetzten ihn. Also befahl Jesus den Dämonen, ihn zu verlassen, und so befreit, fand der Besessene plötzlich seinen gesunden Menschenverstand wieder: Er war bereit, wieder Kleidung zu tragen, und er setzte sich, zur Vernunft gekommen, zu Jesu Füßen nieder.

Wie hat mich dieses Bild beeindruckt! Ein Mann, der sich kurz zuvor wie ein Irrer aufführte, und der plötzlich seinen Verstand wiederfand. Ich stellte mir das so klar vor, wie er da saß, mit ruhigem Gesicht, einem anderen Licht in den Augen und Jesus mit Liebe betrachtend. Warum war ich so beeindruckt? Weil ich mich in gewisser Weise mit ihm identifizierte… Verstehe einer, was in der Seele eines Kindes vor sich geht!

Sobald ich mir meiner Fehler bewusst wurde, betrachtete ich mich als den größten Verbrecher. Deshalb erschütterte mich diese Geschichte von diesem Mann, den Jesus auf wunderbare Weise gerettet hatte, sehr stark. Ich wünschte mir so sehr, dass er dasselbe mit mir tue! Daher weinte und weinte ich, und ich bat, dass auch ich von meinen »Dämonen« befreit würde. In manchen Momenten schien es mir, als wäre ich wirklich dieser Besessene, zur Vernunft gebracht und beruhigt zu Jesu Füßen sitzend… Dieser Eindruck dauerte eine Weile an und hinterließ wohl tiefe Spuren in mir, dennoch verblasste er etwas: Ich habe mich nicht so schnell gewandelt, wie ich es mir wünschte.

Natürlich ging ich mit meiner Mutter zur Kirche. Aber Gottesdienste sind vielleicht nicht so sehr für Kinder gemacht, besonders wenn man ihnen nichts erklärt. Dann langweilen sie sich, und später bleiben ihnen nur diese Langeweile und einige malerische Szenen in Erinnerung. Ich liebte das Weihnachtsfest wegen der Lieder und der Lichter, aber ich verspürte natürlich mehr Interesse für die Art, wie der erste Tag des neuen Jahres gefeiert wurde.

Am Morgen des ersten Januar versammelte sich eine große Menge am Strand. Auch die Popen, mit dem Bischof an der Spitze, waren dort für einen Gottesdienst. Aber der Zweck dieser Versammlung war nicht allein ein religiöser. Die Popen stiegen mit dem Bischof in ein Boot, und in anderen Booten daneben hatten Männer Platz genommen. Sie waren in dicke Mäntel eingemummelt, aber darunter trugen sie nur eine Badehose. Die Popen beteten und sangen… Die Zeremonie dauerte, wie immer in der orthodoxen Kirche, sehr lange. Zum Schluss warf der Bischof ein Christuskreuz ins Meer und die Männer warfen ihre Mäntel ab und stürzten sich hinter ihm her ins Wasser. Es ging darum, wem es als Erstem gelang, es zu finden, denn er hatte das Anrecht auf eine Belohnung: Der Sieger durchlief später die Stadt, wobei er ein Gefäß hielt, das wir *Kotelche* nennen, das heißt kleiner Kessel, und jeder gab ihm ein Geldstück.

Dieselbe Zeremonie wurde entweder auf dem Meer oder an anderen Orten auf den Seen oder Flüssen abgehalten. Dieser Brauch war sicher ursprünglich ein Reinigungsritus. Ich weiß nicht, ob er noch existiert, aber das sind schöne Erinnerungen.

Ich liebte auch die Osterfeste, die in der Orthodoxen Religion drei Tage dauern. Ihnen voraus ging ein anderer Brauch: Mit Ankunft des Frühlings befestigte jeder an seiner Kleidung zwei kleine Pompons, einen roten und einen weißen. Ich habe euch einmal die symbolische Bedeutung dieses Brauchs erklärt, dessen Ursprung niemand kennt.[1]

Am Ostermorgen war die Kirche voll. Der Pope entzündete eine Kerze und gab die Flamme weiter an den Offizianten neben ihm, der seinerseits die Kerze seines Nachbarn entzündete, und so immer weiter… Diese Kerzen, die sich eine an der anderen entzündeten, da hätte man sagen können, das Feuer sei auf dem Vormarsch… bis die Kirche von einer Vielzahl von kleinen Flammen erfüllt war. Das war so wunderschön! Aber danach begann der Gottesdienst, und er war so lang! Es wurde auch gesungen, sicher, aber in erster Linie las der Pope endlos lang Auszüge aus dem Alten und dem Neuen Testament sowie Gebete; und da er sie immer mit einer sehr monotonen Stimme las, war das einschläfernd! War er sich dessen überhaupt bewusst, was er las?…

Nun, ich war jedenfalls mit den Kindern meines Alters dabei. Wir warteten ungeduldig darauf, dass es endlich zu Ende ging, denn das Einzige, was uns Kinder interessierte, waren die Eier, die wir in unseren Taschen hatten. Diese hartgekochten Eier, die unsere Mütter uns gegeben hatten und die wir mit vielen bunten Farben bemalt hatten, auf die mussten wir gut aufpassen, damit die Schale nicht kaputt ging. Denn nach der Kirche lieferten wir uns ein Spiel, das wir alle sehr liebten. Jeder nahm ein Ei in die Hand und schlug es gegen das Ei eines anderen Kindes. Was für ein Gerangel!… Mit welchem Vergnügen zogen wir die Eier aus unseren Taschen und schlugen sie gegeneinander! Der Sieger war natürlich derjenige, der sein Ei am längsten unbeschädigt halten konnte.

Aber ja, wir waren Kinder, und zu Ostern amüsieren sich die Kinder mit bunten Eiern. Wenn man ihnen jedoch nur erklären würde, was diese Eier darstellen, dann könnten sie wenigstens beginnen, sich mit diesem großen Buch, welches die Natur darstellt, vertraut zu machen, und das Fest der Auferstehung würde zu etwas anderem für sie, als nur zu Zeremonien, auf deren Ende sie ungeduldig warten.[2]

Ich muss sagen, dass zu dieser Zeit nicht die Religion am meisten zu meiner Erziehung beigetragen hat, sondern eher meine Mutter, dank ihrem Verhalten, ihrem Vorbild. Ihr Leben war so schwer, doch niemals beklagte sie sich, und wenn sie einmal weinte, tat sie es immer so, dass man es nicht sah. Ich habe sie oft weinen sehen, aber sie wusste nicht, dass ich es sah. Und wenn in dem Moment zum Beispiel eine Nachbarin kam, um ihr von ihren eigenen Schwierigkeiten zu erzählen, trocknete sie schnell die Zeichen ihrer Sorgen auf ihrem Gesicht und hörte geduldig den Schilderungen einer Situation zu, die oft viel weniger misslich war, als ihre eigene, und mit ihren guten Worten gelang es ihr, dieser Mut und Zuversicht zurückzugeben. Meine Mutter lehrte mich als Erste, was Liebe ist. Es passiert mir manchmal, dass ich mich von Bergen von Schwierigkeiten erdrückt fühle, aber mithilfe der Liebe, selbst wenn ich im Sterben läge, würde ich meine Qual verbergen. Und es ist diese Liebe, die es mir ermöglicht, alles zu überwinden. Die Liebe hat immer das letzte Wort, und sie belebt mich wieder. Die Liebe ist die wahre Kraft. Meine Mutter war weise, aber vor allem hatte sie Liebe.

Als ich eines Tages etwas zu erledigen hatte, sagte sie zu mir: »Iss zuerst dieses Brot, das ich dir gebacken habe.« Sie öffnete den Ofen und holte ein kleines rundes Brot daraus hervor, das sie mir gab. Es schmeckte sehr gut, aber das besondere daran war, dass ich, nachdem ich es gegessen hatte, den ganzen Tag keinen Hunger mehr verspürte und voller Energie war. Bei meiner Rückkehr fragte ich sie, was sie in dieses Brot hineingetan habe. Sie antwortete mir: »Ich habe meine ganze Liebe hineingelegt. Während ich es zubereitete, habe ich gebetet, dass es dich sättigen und dir Kraft geben möge.« Und darum rate ich den Müttern, die Nahrung für ihre kleinen Kinder so oft wie möglich selbst zuzubereiten und dort ihre ganze Liebe hineinzulegen.

Ihre Liebe gab meiner Mutter scheinbar unerschöpfliche Energien. Sie war immer bereit, jemandem behilflich zu sein, sie machte nie eine Pause. Wenn ich zu ihr sagte: »Aber Mama, setz dich hin, ruh dich aus, mach eine Pause«, antwortete sie mir: »Das kann ich nicht. Wenn ich mich ausruhe, werde ich krank.« Und als sie krank war, stand sie aus dem Bett auf, um sich zu heilen. Von Kindheit an habe ich sie so handeln sehen, das war ihre Philosophie. Als ich sie im Jahr 1967 in Jugoslawien wiedertraf, hatte sie sich nicht geändert. Sie war von zahlreichen, viel jüngeren Mitgliedern der Familie umgeben, aber sie war es, die aufstand und nachsah, was sie für die anderen tun konnte… Ich machte sie darauf aufmerksam, dass dieses Verhalten alle in ihrer Umgebung zur Faulheit erziehe und dies keine gute Erziehung sei, und sie antwortete mir: »Ich kann nicht anders.« Glaubt mir daher, dass ich es meiner Mutter verdanke, wenn ich später mein Leben lang die Frau mit größtem Respekt betrachtet habe.

Nach der Brandkatastrophe in meinem Heimatdorf war ich also mit meiner Mutter fortgezogen nach Varna zu meinem Vater. Aber zwei Jahre später starb er, und von da an lebten wir im Elend. Natürlich war ich unglücklich und litt, aber ich hatte von meiner Mutter gelernt, mich nicht aufzulehnen, und ich beneidete nicht die anderen Kinder, denen es viel besser ging, die ich ein Croissant essend in die Schule kommen sah, während ich nichts zum Frühstück gegessen hatte. Es muss etwas im Grunde meines Wesens gegeben haben, das mein kindliches Verständnis übertraf, als hätte ich schon in diesem Alter gewusst, dass die Dinge so sein müssen. Wenn ich jetzt darüber nachdenke, glaube ich, dass die so harten Bedingungen, die mir auferlegt wurden, die günstigsten waren, die zur Bildung meines Charakters beitragen konnten. Ich konnte nicht die geringste Überlegenheit aus der sozialen Stellung meiner Familie ziehen. Ich musste selbst Anstrengungen unternehmen, um mir zu beweisen, wozu ich fähig war. Heute weiß ich genau, warum ich diese Kindheit hatte.

Wenn man in Armut großgezogen wurde, ja, sogar in Mittellosigkeit, wird man sein ganzes späteres Leben nachvollziehen können, wie die Menschen leiden, die Hunger haben. Wir sagen in Bulgarien: *Sityatt ne viarva na gladnyatt:* Wer satt ist, glaubt dem Hungrigen nicht. Und wenn man dann eines Tages von besseren Lebensbedingungen profitiert, fühlt man sich den Armen gegenüber immer so, als würde man ihnen etwas schulden. Reichtum und soziale Stellung beeindrucken mich nicht, im Gegenteil. Manchmal bin ich sehr streng denen gegenüber, die glauben, dass diese äußeren Vorteile ihnen Sympathie und Beachtung bringen können, dagegen suche ich hinter dem unscheinbaren Äußeren von Menschen verborgene Tugenden. Wenn man dazu bestimmt ist, eines Tages die Seelen zu erhellen und sie zu nähren, ist es besser, schon sehr früh gelernt zu haben, ihren Wert zu erkennen, indem man die Kriterien beiseitelässt, die in der Gesellschaft hoch im Kurs stehen, wie familiäre Herkunft, Reichtum, Rang und berufliches Prestige. Verglichen mit den wahren Werten von Seele und Geist zählt das wirklich sehr wenig!

Weiterführende Literatur

1. Siehe Band 216 der Reihe Izvor »Geheimnisse aus dem Buch der Natur«, Kapitel 9: »Rot und Weiß«.
2. Siehe Band 240 der Reihe Izvor »Söhne und Töchter Gottes«, Kapitel 8: »Weihnachten und Ostern: Zwei Seiten aus dem Buch der Natur«, und Band 241 der Reihe Izvor »Der Stein der Weisen – Von den Evangelien zur Alchimie«, Kapitel 11: »Die Regeneration der Materie: das Kreuz und der Tiegel«.

Kapitel 4

LEHRJAHRE

Manche Kinder mögen die Schule nicht, weil sie sich dort langweilen, aber sie lesen leidenschaftlich gern und finden in anderen Büchern als den Schulbüchern das, was sie interessiert. Ich war eines dieser Kinder. Zwischen zwölf und fünfzehn Jahren las ich viele Bücher und besonders Romane. Das war mein größtes Vergnügen; zu jener Zeit hatte ich keinen anderen Ehrgeiz, ich wollte nur lesen und konnte mir gut vorstellen, mein ganzes Leben lang nichts anderes zu tun.

In Bulgarien hatten wir vielleicht nicht viele große Schriftsteller, aber man fand Werke aus der ganzen Welt, die übersetzt waren. Ich weiß nicht, wie es heute ist, aber in jenen Jahren übersetzten die Bulgaren viel. So las ich sehr viele Werke von englischen, amerikanischen, deutschen, russischen und anderen Schriftstellern, und ich begann, mich mit der französischen Literatur anzufreunden: Victor Hugo, Balzac, Alexandre Dumas, Jules Verne, Eugène Sue und andere. Ich las nicht nur ein, zwei oder drei Romane, sondern fast ihr ganzes Werk. Diese Bücher fand ich in der Schul- oder Stadtbibliothek, oder man hat sie mir geliehen.

In der Schule lieh ich mir weiterhin die Bücher von meinen Kameraden, um vor der Stunde einen Blick auf die Lektion zu werfen. Als ich mich einmal daran gewöhnt hatte, empfand ich es als völlig ausreichend. Ich betrachtete sogar die Schüler, die ihre Zeit damit verbrachten, die Lektionen auswendig zu lernen, ein wenig mit Geringschätzung und

Mitleid. Sie erzielten die beste Note, auch wenn sie nicht immer die Intelligentesten waren, und ich wollte ihnen auf keinen Fall gleichen. Ist es wirklich der Mühe wert, sich derart zu bemühen, um eine gute Note zu bekommen? Denn ich sah sehr wohl, dass sie nicht immer lernten, weil das Fach sie interessierte, sondern um die Besten zu sein.

Während die Lehrer ihre Stunde abhielten, richtete ich es mir oft so ein, dass ich andere Bücher las, und nicht nur Romane, sondern auch Biographien, historische Werke, Theaterstücke, Dichtung. Und auf dem Heimweg las ich weiter. Wenn ich während des Unterrichts befragt wurde, kam es daher vor, dass ich Fakten erwähnte, Erklärungen gab, die nicht in den Büchern standen, die ich hätte lesen sollen. Aber da es sich trotzdem auf das Thema bezog, gaben die Lehrer, die sich sicher fragten, woher ich das wohl hatte, was ich da erzählte, mir meist die Note 3, was zu der Zeit an bulgarischen Schulen dem Durchschnitt entsprach. Die beste Note war die 6.

Ich war äußerst begierig zu lernen, aber auf meine Weise. Und wenn ein Jugendlicher selbst entscheidet, was er lernen wird, dann kann das seltsame Ergebnisse bringen. Eines Tages stieß ich auf ein Chemiebuch und setzte mir in den Kopf, zu experimentieren. Das Haus, das wir bewohnten, hatte auch einen alten Pferdestall. Dieser Ort gefiel mir, denn ein Jujubenbaum hatte dort Wurzeln geschlagen, und seine Äste waren mit den Jahren so sehr gewachsen, dass sie aus dem Fenster hinausragten. Dort richtete ich mir mit Erlaubnis meiner Mutter mein »Laboratorium« ein. Ich hatte so sehr darauf bestanden, dass sie mir schließlich einige Reagenzgläser kaufte. Einmal stellte ich eine Art Chloroform her, weil mich die Idee, die Leute einzuschläfern, verlockte; ich stellte mir vor, was ich alles tun könnte, während sie schliefen! Aber es war schwierig, dieses Projekt durchzuführen, und ich gab es schnell auf.

Zugegebenermaßen war ich auch nicht wirklich in der Lage, die Erklärungen zu verstehen, die in diesem Buch, das ich gefunden hatte, angegeben waren. Also irrte ich mich eines Tages vermutlich in der Dosierung oder mischte Stoffe zusammen, die man nicht mischen darf – und alles flog in die Luft! Es entstanden Schäden und ich verbrannte mir ziemlich das Gesicht. In welchem Zustand meine Mutter war, davon sprechen wir lieber nicht. Aber wie hat sie mich gepflegt! Dank ihrer Bemühungen bildete sich glücklicherweise sehr schnell eine neue Haut.

Zu dieser Zeit hatte ich einen Freund in meinem Alter, der von Mechanik begeistert war. Er baute Motoren aus allen möglichen Teilen, dic er mal da, mal dort in den Werkstätten der Stadt sammelte, und diese Motoren funktionierten. Ich schaute ihm dabei zu, und das gefiel mir sehr. Aber Motoren zu bauen, das war nicht meine Sache; ich meinerseits war Chemiker, ein seltsamer Chemiker!

Nichts interessierte mich mehr, als Experimente zu machen, und zwar in verschiedenen Bereichen. Ich las Broschüren über Hindupraktiken, deren Autor die Wichtigkeit betonte, den eigenen Willen zu entwickeln. Sehr gut, denn so beschloss ich, meine Willenskraft zu entwickeln, weil ich fand, dass ich nicht genügend davon hatte. Und ich begann, einige Übungen zu machen. Dann, eines Tages, um einem Kameraden zu zeigen, wozu ich fähig war, nahm ich ein sehr scharfes Messer, streckte die Hand aus und stieß es in den Daumenballen. Das Blut spritzte, ich spürte, dass ich blass wurde, aber ich gab keinen Laut von mir. Mein Kamerad war verblüfft, er schaute auf meine blutige Hand und wusste nicht, was er davon halten sollte. Sicher, es war mir gelungen, ihn zu beeindrucken, aber was ich getan hatte, war wirklich dumm.

In dieser Zeit begann ich auch, verschiedene Berufe auszuprobieren. Das gefiel mir, ich war sehr neugierig zu sehen, woran und wie die Leute arbeiteten. Aber natürlich dauerten diese Praktika nicht lange: einige Tage oder einige Wochen, denn das spielte sich zumeist während der Schulferien ab. Oft blieb ich beim Spazierengehen vor einer Schmiede stehen. Ich schaute dem Schmied gerne zu, wenn er mit starken Hammerschlägen auf ein glühendes Stück Eisen schlug, um ihm eine Form zu geben, und es dann ins kalte Wasser tauchte, damit die Form härtete. Da ich immer vom Feuer angezogen wurde, bat ich ihn, mich einzustellen. Er ließ mich den Blasebalg betätigen, um das Feuer anzufachen, und wenn er mit seinem Hammer schlug, schlug ich auch. Dabei stoben die Funken, und ich war begeistert. Manchmal fielen diese Funken auf meine nackten Füße, denn ich trug keine Sandalen, und so bekam ich Blasen; aber ich war zu stolz, um mich zu beklagen, und außerdem musste ich meinen Willen weiterhin üben!

Wisst ihr, wie viel ich für meine Arbeit bekam? Umgerechnet zwanzig Cent pro Tag, aber zu der Zeit waren zwanzig Cent viel, und ich war glücklich, dieses Geld meiner Mutter zu bringen. Sie hätte mich niemals gebeten zu arbeiten, ich tat es aus freien Stücken. Und in diesen, bei dem Schmied verbrachten Stunden, forschte ich und dachte nach, während ich das Feuer betrachtete.[1]

Ein anderes Mal ließ ich mich in einer Bonbonfabrik anstellen. Ich war erstaunt zu hören, dass der Chef erlaubte, dass man so viele Bonbons aß, wie man wollte, und wie viel habe ich da am ersten Tag gegessen! Die anderen Arbeiter sahen mir lächelnd zu, und ich fragte mich, warum. Der Grund war, dass sie wussten, dass dies nicht von langer Dauer sein würde, und in der Tat war das Verlangen danach schnell gestillt. Wenn man sich ein oder zwei Tage mit Bonbons vollgestopft hat, ist man derart übersättigt, dass man Monate lang keine mehr anrührt.

Zweifellos erlaubte der Chef aus diesem Grund, dass man nach Belieben essen konnte. Hätte er es hingegen untersagt, hätte jeder Arbeiter vielleicht jeden Tag ein Dutzend genommen, und am Ende wären ganze Säcke weg gewesen.

Ich habe auch bei einem Schneider gearbeitet. Aber das gefiel mir nicht wirklich. Das einzig Gute bei diesem Beruf ist die Haltung im »Schneidersitz«, die Beine gekreuzt, ein wenig wie die Yogis im Lotussitz. Aber ich schlief ein, weil ich das Nähen wahrlich nicht spannend fand: Man kommt nie damit zu Ende! Und außerdem habe ich mir in den Finger gestochen. Das Blut floss, und hätte ich den Stoff beschmutzt, hätte man mir die Ohren langgezogen. Also sagte ich mir, dass das kein Beruf für mich sei, und ich hörte schon nach einem Tag damit auf, zur großen Enttäuschung des Chefs, der meinte, er könne aus mir einen richtigen Schneider machen. Aber dennoch, einen ganzen Tag zu nähen, hinterlässt Spuren. Ich kann eine Nadel einfädeln, einen Knoten machen und einen Knopf annähen oder einen Saum umnähen.

Ich arbeitete auch bei einem Tischler, danach in einer Zigarettenfabrik: Den ganzen Tag drehte ich Zigaretten! Ein anderes Mal war ich in einer Fabrik für Buntstifte angestellt. Und da ich gerne schnell arbeite, veränderte ich dort in meinem Arbeitsablauf etwas, was mir ermöglichte, schneller als alle anderen Arbeiter zu sein, und der Chef belohnte mich.

Ich erinnere mich nicht mehr an meine anderen »Berufe«. Ah, doch! Das war während des Krieges 1914-1918; da war ich schon etwas älter, und ich arbeitete einen Sommer lang in einer Behörde. Ich schrieb all die Briefe, die verschickt werden mussten. Aber da es eine Arbeit im Sitzen war, und zudem noch sehr heiß, überkam mich eine sanfte Schläfrigkeit…

Schon in jungen Jahren machte ich also viele Erfahrungen, und das war zweifellos notwendig, ich musste da hindurchgehen. Ich weiß wohl, dass ihr manchmal denkt, dass ich in der

Bruderschaft abseits von allem bin, geschützt, und dass ich mir der schwierigen Bedingungen, in denen die Leute vielleicht leben, nicht im Klaren bin. In Wirklichkeit war ich mir noch vor euch darüber im Klaren, und das noch sehr viel mehr, als die meisten unter euch. Ich lernte nicht nur das Elend kennen, sondern lebte obendrein noch mitten unter Leuten, die auch sehr arm waren. Ich konnte sehen, wie sie sich bei der Arbeit plagten und wie wertvoll es ist, etwas Geld zu haben, das man im Schweiße seines Angesichts verdient hat.

Ich war auch sehr neugierig darauf, die Eindrücke zu analysieren, die ich spürte, wenn ich durch die Straßen von Varna spazierte oder im Park über dem Meer. Ich wurde mir bewusst, dass, da der Mensch mit fünf Sinnen ausgestattet ist, es für ihn wichtig ist, sie zu entwickeln, um sich an verschiedenen Empfindungen und Emotionen zu bereichern. Also übte ich mich auch darin. Allem, was ich sah, hörte, spürte, schenkte ich die größte Aufmerksamkeit. Die Düfte zum Beispiel, welch ein Reichtum! Demjenigen, der den Duft der Nachthyazinthen und des Pfeifenstrauches nicht kennt, dem fehlt etwas.

Die Wahrnehmung einer ganzen feinstofflichen Welt um mich herum öffnete mich für die Poesie. Zu dieser Zeit las ich viele Gedichte und lernte sie auswendig. Ich spürte, dass sie mir Zugang zu den Wirklichkeiten der Seele verschafften, und viel besser als das, was ich in der Kirche hörte. Jetzt, nach so vielen Jahren, kann ich da noch einige Verse zitieren? Ja, vielleicht…

Lazurna urna moiata duscha,
Lazurna urna v´immorteli beli
Spi neinata duscha.

Das bedeutet:

Eine azurblaue Urne ist meine Seele,
Eine azurblaue Urne, wo, eingehüllt in ewiges Weiß,
Seine Seele schläft.

Das heißt, die Seele des Geliebten. Das ist so poetisch!

Dann machte auch ich mich eines Tages daran, Gedichte zu schreiben, und ich gab sie meinen Kameraden zu lesen. Was wollt ihr, ein Schaffender hat das Bedürfnis, seine Werke zu zeigen! Es waren mystische Impressionen, Visionen, Prophezeiungen. Ich schrieb ganze Hefte voll damit, bis ich schließlich spürte, dass diese Poesie mich schwächte: Sie machte mich zu sensibel und daher verwundbar. Ich verstand, dass ich die wahre Poesie in mir selbst finden und sie in meinem Leben leben muss.[2] Wo diese Hefte geblieben sind, das weiß ich nicht. Ich sehe, dass ihr sie gerne lesen würdet. Aber ich werde vielleicht versuchen, für euch ein kleines Gedicht zu verfassen… wenigstens vier oder fünf Verse…

Es gäbe vieles zum Thema Poesie zu sagen und über die Wirkung, die sie auf die Sensibilität von Jugendlichen ausüben kann. Nerval oder Baudelaire zum Beispiel, sind geniale Dichter, denen es gelungen ist, äußerst subtile Wirklichkeiten zu berühren und sie in ihren Werken auszudrücken. Aber manche dieser Wahrnehmungen, die sie mit so viel Talent in Worte kleideten, führen diejenigen, die sie lesen, in die dämmrigen Regionen der Astralebene. Dass diese Regionen eine gewisse Schönheit haben, dass sie verführerisch sind und Träumerei begünstigen, dass sie es möglich machen, der Grobheit der materiellen Welt zu entkommen, das versteht sich. Aber es ist gefährlich, dort zu verweilen, denn sie vernebeln die Psyche und lähmen den Willen, was schädlich ist für die Jugendlichen, deren Charakter sich gerade erst ausbildet.

Eine junge Studentin erzählte mir eines Tages, dass surrealistische Dichter zum Themenbereich ihres Examens gehörten und dass sie nichts davon verstünde. Mir fehlen einige Grundlagen, um mich zu diesem Thema zu äußern, aber sie gab mir Gedichte von Tristan Tzara zu lesen, und es stimmt, das ist je nach Sichtweise unverständlich. Und doch, obgleich unverständlich, verstand ich, sobald ich zu lesen begann, dass ich in die finsteren, chaotischen Regionen des Unterbewusstseins vordrang. Die verwendeten Bilder waren für mich unverkennbar. Wenn man mit der Sprache der Symbole vertraut ist, ist das alles ganz klar und damit auch sehr lehrreich für diejenigen, die das Unterbewusstsein erforschen wollen. Aber ich nenne das nicht Poesie, und es ist für sehr junge Leute sogar gefährlich, sich in diese dunkle Welt zu wagen. Ich habe dieses Thema bereits angesprochen, als ich die beiden Aspekte, den niederen und den höheren, der Sephira Jesod erläuterte.[3]

Wenn man jung ist und sich für Persönlichkeiten interessiert, die sich durch einige bemerkenswerte Talente ausgezeichnet haben, will man ihnen oft ähnlich sein. Ich hatte gelesen, dass Balzac enorm viel Kaffee trank, um sich nachts wach zu halten, wenn er seine Romane schrieb. Als ich dann auch selbst welchen trank – und ich trank viel, um noch spät lesen zu können –, identifizierte ich mich mit Balzac. Ich wollte auch Jean Jaures ähneln, weil er so redegewandt war. Außerdem las ich auch die Biographie des großen Tragödienschreibers Talma, und es schien mir, dass ich, hätte ich Theater gespielt, so wie er, die Menge hätte mitreißen können, so wie er. Man wünscht sich so viele Dinge, wenn man jung ist, und weiß noch nicht, wofür man wirklich gemacht ist!

Zu dieser Zeit hatte ich gerade Klassenkameraden, die sich trafen, um Theater zu spielen. Eines Tages schlugen sie mir vor, in ihrer Truppe mitzumachen, und auf diese Weise bekam ich eine kleine Rolle in einem Stück von Tschechow. Die Person, die ich darstellen sollte, galt als schweigsam, aber in Wirklichkeit war sie ein Plappermaul! Ich war also dieses Plappermaul... Und ich glaube wirklich, dass ich diese Rolle weiterhin spiele. Ich sehe, dass man in Frankreich das Theater von Tschechow schätzt; er ist ein Autor, den auch ich sehr schätze. Er ist dermaßen intelligent und originell, besonders in der Art, wie er manche komischen und dramatischen Aspekte des Lebens vermischt.

Nach einiger Zeit spürte ich, dass mir das nicht besonders lag, Rollen zu lernen und darzustellen. Ich verließ also diese kleine Gruppe, aber ich blieb immer ihr Freund, und es machte mir großes Vergnügen, sie spielen zu sehen. Da ich mit diesen Kameraden verbunden blieb, begann ich mich auch für das Spiel der Schauspieler zu interessieren. Es gab selbstverständlich ein Theater in Varna, und es reizte mich sehr, den Vorführungen, die dort stattfanden, beizuwohnen! Da ich kein Geld besaß, fand ich Wege, mich ohne Bezahlung einzuschleichen. Mir war nicht bewusst, dass ich unrecht handelte. Wenn man sehr jung ist, das Theater und das Kino liebt und kein Geld hat, meldet sich die Moral nicht gleich sofort. Es gelang mir immer, unbemerkt Zutritt zu bekommen, und welch ein Vergnügen für mich, all die Komödianten zu beobachten! Wenn ich konnte, wohnte ich den Vorstellungen mehrere Abende hintereinander bei; ich sah also dasselbe Stück, aber es langweilte mich nicht, im Gegenteil.

Von einem zum anderen Tag stellte ich fest, dass das Spiel der Darsteller nicht dieselben Wirkungen hervorrief, obgleich sie immer denselben Text sprachen.

In dieser Zeit, als ich ins Theater ging, wurde mir auch die Macht des Wortes allmählich bewusst. Ich begriff, dass Worte eine Art Gefäß sind, die es mit dem eigenen Leben zu füllen gilt. Ich sah, wie manche Darsteller sich viel Mühe gaben, die Zuschauer durch Gesichtsausdruck, durch Gesten, durch eine bebende Stimme oder Wortsalven zu berühren, aber sie beeindruckten niemand. Während andere hingegen ohne Gestik und ohne Stimmeffekte Schauer hervorriefen. Es gab da insbesondere einen armenischen Darsteller, Chartuni, der mich verblüffte. Er war wirklich großartig. Sobald er auf der Bühne erschien, ob er sprach oder schwieg, ob er ins Publikum sah oder ihm den Rücken zuwandte, es ging etwas Lebendiges, Vibrierendes von ihm aus. Und sobald er den Mund auftat, war man ergriffen.

Ich war natürlich noch sehr jung und konnte mir daher dieses Phänomen nicht erklären. Ich gab mich damit zufrieden, es zu spüren. Später habe ich beobachtet, dass dies auch mit anderen Personen geschah, und auch mit mir. Es gibt Tage, an denen das geringste ausgesprochene Wort vibriert, nachklingt und diejenigen berührt, an die es gerichtet ist, und andere Tage, an denen selbst die schönste Rede, mit klangvoller Stimme gesprochen, ohne Wirkung bleibt. Welch eine Welt an Überlegungen war das für mich! Denn auch mein Werkzeug ist das Wort, und ich weiß, dass ich nur wirklich gehört werde, wenn ich all die Worte, die ich ausspreche, mit meinem eigenen Leben erfülle. Diese Fähigkeit, das Leben zu kommunizieren, hängt vom Solarplexus ab. Lest nach, was ich euch in einem Kommentar zum Gleichnis von den fünf klugen und den fünf törichten Jungfrauen gesagt habe, und ihr werdet verstehen. Ja, das Öl, mit dem die Jungfrauen ihre Lampen gefüllt haben sollten, ist das Symbol für das Fluidum, das in unserem Solarplexus enthalten ist.[4]

Natürlich ging ich auch gerne ins Kino, und ebenso wie beim Theater gelang es mir, mich in den Saal zu schleichen, ohne dass man mich sah, und oft blieb ich auch noch zur zweiten Vorführung des Films. Ich suchte da nach einem anderen Dasein als dem meinen, das mir so wenig interessant erschien, und ich erlebte alles, was ich auf der Leinwand sah, intensiv mit. Ich identifizierte mich mit den Personen, ihren Leiden und ihren Freuden. Sie erschienen mir genauso wirklich oder sogar noch wirklicher als diejenigen, denen ich im Leben begegnete. Viellcicht ist das der Grund dafür, dass so viele Jahre später, sobald ich daran denke, immer noch Schuldgefühle in mir ausgelöst werden.

In Paris sah ich den Film *Die Brücke am Kwai*, der gerade angelaufen war. Und eines Tages, als ich in der Metro saß, befand ich mich zufällig im gleichen Abteil wie der Schauspieler Sessue Hayakawa, der in diesem Film die Rolle des Japanischen Generals spielte. Er saß mir genau gegenüber. Ich weiß nicht, was mich auf einmal gepackt hatte, aber als ich ihn sah, war er plötzlich nicht mehr der Mann, den ich vor mir hatte, sondern diese harte, unbeugsame Figur, die er dargestellt hatte, und ich konnte mir nicht versagen, ihm vernichtende Blicke zuzuwerfen. Natürlich nahm er diesen Blick wahr, er fühlte ihn und war beunruhigt. Er wusste nicht mehr, was er tun sollte und war beinahe gelähmt. Und ich meinerseits starrte ihn weiterhin an… Nach einer Weile erreichte der Zug die Station, wo ich aussteigen musste, und ich ging von dannen. Es ist schwer zu erklären, aber in gewisser Weise war ich zufrieden, dass es mir gelungen war, das Gefühl der Empörung zum Ausdruck zu bringen, das diese Figur des japanischen Generals in mir angefeuert hatte.

Und was erfuhr ich am nächsten Morgen? Eine Schwester unserer Bruderschaft, die einer Künstlerfamilie angehörte, erzählte mir, dass am Vorabend Sessue Hayakawa zu einem Empfang eingeladen war und dort niemand verstand, warum er so niedergedrückt schien. Er hielt sich abseits und sprach kein Wort. Da dachte ich mir: »Mein Gott, vielleicht bin ich die Ursache dafür! Warum habe ich ihn auf diese Weise angesehen?« Ich war wirklich unglücklich. Besonders bedauerte ich, dass ich nicht mit ihm gesprochen hatte. Ich hätte ihn wenigstens zu seinem Talent als Schauspieler beglückwünschen können, das mich dazu veranlasste, mich für einen Moment mit seiner Filmrolle zu identifizieren. Doch ich war nicht mehr dieser etwas verträumte Jüngling, bei dem es manchmal vorkam, die Wirklichkeit mit der Fiktion zu verwechseln. Bei dieser Gelegenheit habe ich wirklich begriffen, dass ich auf meinen Blick achtgeben musste.

Jahre später erfuhr ich mit Erstaunen, dass Sessue Hayakawa alles aufgegeben hatte. Obgleich er doch große Erfolge errungen hatte und äußerst reich war, ist er Mönch geworden und lebte zurückgezogen in einem buddhistischen Kloster in Japan.

Es wäre mir unmöglich, die Bücher aufzuzählen, die ich in dieser Zeit gelesen habe. Ich las so in etwa alles, was mir zwischen die Finger kam, und eines Tages stieß ich auf *Die Handlesekunst* von Desbarolles. Das begeisterte mich, und ich machte mich daran, alle verfügbaren Hände zu studieren. Ich hielt sogar Leute auf der Straße an, um ihre Hände zu betrachten. Ohne mich richtig darin auszukennen und mit nur einem kurzen Blick darauf, machte ich Vorhersagen. Ich weiß nicht wie, aber den Personen zufolge trafen die Vorhersagen zu. Von dem Tag an, da ich über mehr Kenntnisse verfügte, sagte ich nichts mehr vorher.

Ein anderes Mal fand ich ein Buch, das die Macht der Gedanken erklärte und wie man sie sich zu eigen machen kann. Also fing ich an, mich auch darin zu üben und an meinen Freunden zu experimentieren. Ohne ihr Wissen vergnügte ich mich damit, mich auf sie zu konzentrieren und suggestiv auf sie einzuwirken. Dem einen befahl ich, seine Mütze abzunehmen, dem anderen, einen Gegenstand auf der Erde zu suchen oder einen Passanten auf der Straße anzuhalten. Das waren Übungen, die ich einfach so machte, um zu sehen, was passiert.

Wenn ich im Park über dem Meer spazieren ging, fand ich manchmal nirgends einen Platz auf einer Bank, um mich hinzusetzen. Dann stellte ich mich ein wenig abseits und konzentrierte mich auf jemanden, der saß, wobei ich dachte: »Geh, geh, steh auf, erhebe dich!« Einige Sekunden später erhob er sich und ging davon; und ich, unschuldig, arglos, nahm den freien Platz auf der Bank ein! Eines Tages, als ich einen Freund vor mir auf der Straße sah, konzentrierte ich mich auf seinen rechten Fuß, damit er nicht mehr weitergehen konnte. Er blieb neben einem Baum stehen, an den er sich lehnte und schon näherte ich mich ihm, so, als wäre ich zufällig vorbei gekommen. »Oh, Mikhaël«, sagte er zu mir, »ich weiß nicht, wie mir geschieht, ich kann nicht mehr gehen.« Ich antwortete ihm: »Sei ohne Sorge, das wird gewiss vorbeigehen«, natürlich ohne ihm zu sagen, dass ich der Grund dafür war. Und ich konzentrierte mich aufs Neue, um seinen Fuß zu befreien.

Manchmal begann ich, jemanden aus einer bestimmten Entfernung intensiv anzuschauen. Er wusste nicht, dass ich ihn ansah, und ich wollte nur sehen, ob er eine Reaktion dahingehend zeigen würde, dass er etwas spürte. Ich war sehr zufrieden, wenn ich sah, wie er den Kopf nach rechts und links drehte, auf der Suche nach dieser Art Ruf, den er empfangen hatte. Das war ein Spiel... Selbstverständlich spiele ich dieses Spiel schon lange nicht mehr, aber manchmal kam es vor, auf der Straße oder in der Straßenbahn, dass ich bestimmte Personen anschaute, ohne dass sie es bemerkten, um ihnen Lichtstrahlen zu senden, ihnen etwas Gutes einzuprägen. Ich mache es noch manchmal, und manche, das bemerke ich, sind berührt und reagieren. Sie wissen nicht, was los ist, aber sie spüren etwas. Andere hingegen bleiben unempfänglich.

Während dieser Zeit verschlechterte sich die Situation unserer Familie weiter. Es war offensichtlich, dass wenigstens eine Person von der Unerfahrenheit meiner Mutter in Geschäftsangelegenheiten profitierte, um Betrügereien zu begehen, aber wir kamen nicht dahinter, wer das war. Also konzentrierte ich mich eines Tages sehr stark und dachte: »Wir müssen endlich den Schuldigen finden. Ich will, dass derjenige, der uns Schaden zufügt, morgen einen gelähmten Arm bekommt!« Und am nächsten Tag hatte tatsächlich einer in unserem Umfeld einen gelähmten Arm, aber ich sage nicht, wer das war. Welch eine Überraschung für mich!

Von dem Moment an, da man gelernt hat, das Denken zu beherrschen und zu konzentrieren, ist es einfach, erfolgreich gewisse Dinge durchzuführen, die der Mehrheit der Leute außergewöhnlich erscheinen. Ich hatte Bücher über Hypnose gefunden und auch da beschlossen, sie an meinen Freunden auszuprobieren. Ich spürte, dass manche eine größere mediale Veranlagung besaßen, und sie wählte ich für diese Experimente aus. Ich ließ sie sich hinsetzen und blickte sie starr an. Wenn sie eingeschlafen waren, sandte ich sie in den Raum. Bei ihrer Rückkehr fragte ich sie, was sie gesehen hätten.

Danach wollte ich meinen Freunden die Existenz des Ätherkörpers zeigen, dieses Doppels des physischen Körpers, der ihm die Sensibilität verleiht. Wenn sie mich einluden, und oft waren auch ihre Eltern dabei, bat ich einen von ihnen, ein junges Mädchen zum Beispiel, ob sie einverstanden sei, dass ich sie in Schlaf versetzte. Ich konzentrierte mich, um sie in einen hypnotischen Schlaf zu versetzen, dann machte ich über ihr einige magnetische Ausstreichungen, um ihr ihren ätherischen Körper zu entziehen, den ich in einem Nebenzimmer deponierte. Und dann begann die Demonstration. Mit einer Nadel stach ich sie leicht in den Arm. Sie reagierte nicht, sichtbar spürte sie nichts. Ich ging darauf ins Nebenzimmer und stach dort mit derselben Nadel leicht in den Ätherkörper, den ich ihr entzogen hatte. Und schon stieß sie einen Schrei aus. Alle meine Freunde waren verblüfft, und ich war sehr stolz, dass ich ihnen die Existenz des Ätherkörpers hatte beweisen können. Diese Experimente wiederholte ich mehrmals in ihrem Beisein. Eines Tages führte ich die Demonstration an einem Kameraden durch, aber am Schluss ist es mir nur mit größter Mühe gelungen, ihn wieder in seinen Körper zurückzubekommen. Ich bekam solche Angst, dass ich mit diesen Experimenten aufhörte.

Manche Übungen setzte ich jedoch fort. Ich war damals extrem schüchtern. Wenn ich zum Beispiel ein Geschäft betreten musste, ging ich zuerst auf dem Gehweg einige Schritte hin und her, bevor ich einzutreten wagte, und wenn ich mich endlich dazu entschloss, wusste ich nicht, wie ich nach dem fragen sollte, was ich wollte; ich stammelte herum. Was junge Mädchen anging, die ich nicht kannte, konnte ich ihnen nicht einmal antworten, wenn sie mich ansprachen, und wenn meine Schwestern, obgleich viel jünger, ihre Klassenkameradinnen mit ins Haus brachten, schloss ich mich in meinem Zimmer ein, bis sie wieder gingen. Eines Tages beschloss ich, dass diese Situation nicht so weitergehen könne, es war eine Krankheit, von der ich mich heilen musste. Ich bediente mich der Autosuggestion. Ich fixierte meinen Blick auf einen strahlenden Punkt und wiederholte immer wieder, dass ich diese Schüchternheit verlieren müsse, und dabei stellte ich mir vor, selbstsicher zu agieren. Ich musste mich auf eine bestimmte Art selbst hypnotisiert haben, da ich schließlich einschlief. Auf diese Weise überwand ich meine Schüchternheit. Aber heute, wo ich ein anderes Wissen besitze, rate ich von dieser Methode ab, die schädlich für das nervliche Gleichgewicht ist, besonders wenn man es in so jungen Jahren praktiziert.

Um mich in diese Erforschung der psychischen Welt und der Gedankenkräfte zu wagen, hätte ich einen Führer haben müssen. Leider hatte ich niemanden, der mich beraten und mich darüber aufklären konnte, was gut oder schlecht wäre. Aber eines Nachts, als ich schlafen ging, passierte mir etwas, das ich niemals vergessen kann: Es erschienen mir plötzlich zwei Personen. Ich schlief nicht, aber ich war vielleicht auch nicht mehr ganz wach. In diesem Halbschlaf sah ich sie vor mir erscheinen: Die eine hatte eine beeindruckende Statur, sie verströmte Kraft, Macht, aber ihr Gesicht war hart, ihr Blick finster, schrecklich. Die andere hingegen war die inkarnierte Schönheit, die Sanftmut, sie strahlte, und ihr Blick drückte die Unermesslichkeit der göttlichen Liebe aus… Ich hatte die unmittelbare Gewissheit, dass ich zwischen diesen beiden Wesen eine Wahl treffen musste. Ich war beeindruckt von der Macht der ersten, aber in meinem Herzen, in meiner Seele war ich erschrocken über das, was ich an Furchtbarem in ihr spürte. Daher ließ ich mich von derjenigen anziehen, die das Antlitz von Güte und Opferbereitschaft hatte, das Antlitz Christi. Dann schlief ich ein…

Beim Erwachen gelang es mir nicht zu begreifen, was mir geschehen war. Ich zweifelte sogar ein wenig an dem, was ich gesehen hatte. Aber die Empfindung, die ich bewahrt hatte, setzte sich schließlich durch, und ich glaube, dass dieser Tag der entscheidendste meines Lebens war. Die Wahl, die ich für das Wesen traf, das die Liebe zum Ausdruck gebracht hatte, bestimmte die Ausrichtung meines ganzen Daseins. Nach den verschiedenen psychischen Praktiken, denen ich mich – und das mit Erfolg – gewidmet hatte, hätte ich später die dadurch gewonnenen Kräfte nutzen können. Ich hätte den Angriffen all derjenigen, die beschlossen hatten, mich zu bekämpfen und mir zu schaden, mit einem Gegenschlag antworten können. Dazu muss man wissen, dass es manchmal verführerisch ist: Wenn manche wirklich zu weit gehen, warum nicht versuchen, sie unschädlich zu machen und ihnen eine Lektion zu erteilen, wenn man die Möglichkeiten dazu hat?... Glücklicherweise war ich mir immer bewusst, dass dies die schlimmste aller Lösungen wäre.

Ja, wenn ich jetzt an all diese Übungen zurückdenke, die ich in so jungen Jahren anwendete, danke ich der Vorsehung, dass sie mir geholfen hat, den Weg der Liebe und nicht den der Macht gewählt zu haben. Was mich auch gerettet hat, ist, dass ich kein bisschen boshaft war. Ich war in erster Linie wissbegierig und wollte Erfahrungen machen. Nun ja, aber ohne Unterscheidungsvermögen und ohne Führer hätte das, mit den psychischen Fähigkeiten, die ich besaß, übel ausgehen können. Man darf nicht glauben, dass all diejenigen, die schließlich in der schwarzen Magie versunken sind, es bewusst und absichtlich getan haben. Das kann geschehen, natürlich, aber es gibt sicher nicht viele Leute, die sich eines Tages entschließen, Schwarzmagier zu werden und alles dafür zu tun, um dahin zu gelangen. Die meisten von ihnen hatten anfangs vielleicht überhaupt keine böse Absicht, aber sie waren unwissend, unvorsichtig, sie überschätzten ihre Kräfte und besonders ihre Beherrschung, und so ließen sie sich verführen.[5]

Die Erfahrungen, die ich später machte, zeigten mir immer, dass die besten, die wirksamsten und selbst die ökonomischsten Lösungen, ja die ökonomischsten, immer die Lösungen der Liebe sind. Eine Kraft, die nicht durch die Liebe gezügelt wird, richtet Schäden an. Und leider ist die Welt voller solcher Kräfte. Doch durch die Liebe, und auch durch die Weisheit, erwerben wir das Recht, unsere Kraft zum Ausdruck zu bringen. Derjenige, der stark ist, und nicht mehr, der wird von anderen in der unsichtbaren oder sichtbaren Welt sofort versucht, sich in deren Dienste zu stellen, und er wird von ihnen ausgebeutet, indem sie ihn vom göttlichen Weg abbringen.

Was mich zu jener Zeit außerdem gerettet hat, das war das Bewusstsein, dass ich Rat brauchte, einen Führer.[6] Ich bildete mir nicht ein, wie es zu viele Jugendliche tun, dass ich mein eigener Meister sein könnte. Daher ließ ich nicht davon ab, mit all den im Himalaya lebenden Eingeweihten verbunden zu bleiben, denen ich in bestimmten Büchern über Indien begegnete, und ich bat sie, mich aufzuklären. Gleichzeitig besuchte ich weiterhin die Kirche. Die Wahrheit ist, dass ich vor allem dorthin ging, um die Gesänge der orthodoxen Liturgie zu hören, denn zu dieser Zeit gab es in der Kathedrale von Varna einen Chor von außergewöhnlicher Qualität. Ich hatte nicht einmal das Bedürfnis, das zu hören, was der Pope sagte; mit diesen Gesängen war meine Seele bereits in den Himmel gehoben.

Es gab in Varna auch einen protestantischen Pastor von außerordentlicher Beredsamkeit. Er zog die Massen an, und ich ging manchmal aus Neugier hin, um ihn zu hören, denn er war nicht nur beredt, seine Predigten hatten auch Tiefgang.

Aber er wiederholte unablässig: »So sehr hat Gott die Welt geliebt, dass er seinen eingeborenen Sohn gab.« Diesen Satz ständig wiederholt zu hören, wurde für mich schließlich unerträglich. Und was hat man eigentlich davon verstanden, seit man ihn wiederholt? Das Wiederholen erklärt nichts; und durch das ständige Wiederholen hört man nicht mehr zu. Man muss die Wahrheiten der Einweihungslehre kennen, um diesen Satz zu verstehen und zu interpretieren.[7]

Eines Tages ließ sich in dem Viertel, in welchem wir wohnten, eine jüdische Familie nieder. Der Vater war Rabbiner. Wir begegneten uns manchmal auf der Straße, und nach und nach baute sich eine Beziehung zu ihm auf. Als er merkte, was mich interessierte, lud er mich zu sich ein. Er war ein sehr gelehrter, sehr geistreicher Mann, und ich stellte ihm Fragen zur Überlieferung und Mystik der Juden. Ich lernte viel bei ihm. Bei ihm hörte ich zum ersten Mal den Namen Baal Shem Tov, der im achtzehnten Jahrhundert die Bewegung der Hassidim in Polen gründete. Baal Shem Tov bedeutet »Der Meister (=Baal) mit dem Namen (=Shem), gut (=Tov)«. Ich habe großen Respekt und große Bewunderung für diesen Baal Shem Tov. Ich las seine Biographie erst sehr viel später, als ich nach Israel* reiste, wo er noch immer Schüler hat. Eines Tages wurde ich sogar zu einer ihrer Versammlungen eingeladen.

Im Verlauf dieser Reise in Israel versuchte ich auch, die größtmögliche Zahl von Orten zu besuchen, die in der Bibel erwähnt sind. Ich wollte das spüren, was sich dort im Laufe der Jahrhunderte ereignet hatte und was so wichtig war für das spirituelle Schicksal der Menschheit. Seitdem sind natürlich zu viele Leute über diesen Boden getrampelt, ohne

* Im Frühjahr 1968

jegliche Achtung. Man kann dort die Atmosphäre der biblischen Zeiten mit ihrem Patriarchen, ihren Propheten oder Jesus nicht mehr wiederfinden. Die Spuren ihrer Durchreise muss man auf der ätherischen Ebene suchen.

In Hebron besuchte ich das Grab der Patriarchen, und an diesem, von einer heiligen Stille erfüllten Ort, meditierte ich lange. Dieselbe heilige Atmosphäre hoffte ich in Meron, bei Safed, wiederzufinden, wo ich in Stille meditierte vor dem Grab von Shimon Bar Yochai, dem die Überlieferung den Ursprung der Kabbala zuschreibt, und seinem Sohn Eleazar. Der Ort liegt sehr schön in den Bergen, aber eine große Menschenmenge beendete gerade ein Fest, und ich war erstaunt, dort einen solchen Lärm und so viel Unrat vorzufinden. Nirgends gab es einen Ort, wo man sich hinsetzen und sich sammeln konnte. Da waren Leute, die aßen, die spuckten, die sich übergaben, oder die Tieren die Kehle durchschnitten, um sie zu opfern – und überall war Schmutz und Abfall. Ich war gekommen, um mit dem Geist desjenigen zu kommunizieren, den man »die heilige Lampe« nannte, und befand mich einem abstoßenden Spektakel gegenüber. In meinem Ärger und meiner Empörung verlangte ich: »Engel der Luft, Engel des Wassers, säubert mir all das!« Und einige Stunden später gab es einen Wolkenbruch. Ein solches Unwetter war nicht vom Wetterdienst vorhergesagt worden, und alle waren sehr überrascht.

Vor meiner Rückkehr nach Frankreich wollte ich einen sehr alten Kabbalisten treffen, von dem man mir erzählt hatte. Er ist der Einzige, der mich wahrhaft beeindruckte. Mit seinen weißen Haaren, seinem langen weißen Bart und seinen wundervoll geformten Gesichtszügen bot er ein biblisches Antlitz, das Antlitz eines Propheten. Und welche Tiefgründigkeit in seinem Blick! Da er ein sehr breit gefächertes Wissen besaß, sprachen wir lange miteinander. Dann, zum Schluss, segnete er mich, wobei er einige Worte aussprach, deren Übersetzung in etwa wie folgt lautet: »Möge die ganze Welt Ihnen folgen! Möge die ganze Welt mit Ihnen gehen!...« Und sein Gesicht leuchtete auf. Diese Worte bewegten und freuten mich sehr. Das war nicht allein ein Wunsch, sondern eine Prophezeiung, so, als hätte er eine wunderbare Zukunft gesehen und gespürt... Und jetzt denke ich oft an diesen alten Kabbalisten und wünschte, er würde noch sehr lange leben.

Meine ganze Kindheit und Jugend hindurch war ich besessen von dem Bedürfnis zu lernen. Ich fühlte mich begrenzt, ich wollte alles kennenlernen, alles wissen. Also las ich ohne jegliches Maß. Von morgens bis abends las ich – und manchmal die ganze Nacht. An manchen Tagen verschlang ich sechs- bis siebenhundert Seiten. Ich las sogar beim Essen, um keine Zeit zu verlieren. So wie alle Mütter bulgarischer Familien, so hatte auch meine Mutter die Gewohnheit, Fässchen mit Gurken, Paprika und Sellerie in Essig zuzubereiten. Und ich griff oft in diese Fässchen und las beim Kauen weiter. Wie sollte eine solche Diät meinem Gehirn und meiner Leber nicht schaden?

Es stimmt auch, dass meine Familie in einer solchen Armut lebte, dass wir oft fast nichts zu essen hatten, was mich eines Tages dazu brachte, eine Erfahrung zu machen, die mich nachhaltig geprägt hat. Ich hatte nur ein Stück Brot mit etwas Käse. Ich weiß nicht, warum ich mich plötzlich gedrängt fühlte, jeden Bissen lange zu kauen, sehr lange – bis er in meinem Mund verschwand, ohne dass ich ihn auch nur zu schlucken brauchte, und dann fühlte ich mich voller Energie für den ganzen Tag. Diese Erfahrung wiederholte ich danach oft. Auf diese Weise entdeckte ich, wie wichtig die Art und Weise des Essens ist, genauso wichtig, wenn nicht wichtiger als die Nahrung selbst. Deshalb rede ich seit Jahren von einem Yoga der Ernährung. Ich möchte, dass ihr begreift, dass es wesentlich ist, seine Mahlzeiten in Stille einzunehmen, indem man sich auf die Nahrung konzentriert, langsam isst, gut kaut und von Zeit zu Zeit inne hält, um tief zu atmen.[8]

Viele der Analysen und Erklärungen, die ich euch heute bezüglich der Ernährung gebe, haben ihren Ursprung in dieser Erfahrung, die ich mit fünfzehn Jahren machte, als ich mich mit einem Minimum an Nahrung zufriedengeben musste. Natürlich habe ich in der Folge diese Erfahrung vertieft und bereichert. Heute weiß ich, dass das Aufnehmen der Nahrung ein Vorgang ist, der nicht nur die physische Ebene betrifft, sondern auch die psychische und die spirituelle Ebene.

Im Gymnasium langweilte mich der Unterricht mehr und mehr. Ich fand, dass die Kenntnisse, die man mir dort vermittelte, eine Art Schleier bildeten zwischen mir und bestimmten unsichtbaren Wirklichkeiten, die sich mir offenbart hatten und die ich weiterhin erkunden wollte. Ich lernte fast gar nicht mehr, aber da ich mich sehr geärgert hätte, die Prüfungen nicht zu bestehen, bemühte ich mich einige Tage zuvor, die verlorene Zeit aufzuholen. Auch das war eine Gewalttat, die ich meinem Gehirn zumutete, und manchmal war ich nahe daran zusammenzubrechen…

Daher beschloss ich eines Tages, dass es so nicht weitergehen könne, und dass ich nicht mehr ins Gymnasium zurückkehren würde. Ich war fünfzehn Jahre alt, als ich meiner Mutter diesen Entschluss verkündete mit der Erklärung, dass ich es vorziehen würde, wieder arbeiten zu gehen und Geld zu verdienen, um unsere Familie zu unterstützen. Sie war erregt und keineswegs damit einverstanden. Aber als sie meine Entschlossenheit sah, gab sie nach.

Weiterführende Literatur

1. Siehe Band 232 der Reihe Izvor »Feuer und Wasser, Wunderkräfte der Schöpfung«, Kapitel 6: »Die Arbeit des Schmiedes«.
2. Siehe Band 223 der Reihe Izvor »Geistiges und künstlerisches Schaffen«, Kapitel 4: »Dichtung und Prosa«.
3. Siehe Band 228 der Reihe Izvor »Einblick in die unsichtbare Welt«, Kapitel 3: »Der Zugang zur unsichtbaren Welt: von Jesod nach Tiphereth«.
4. Siehe Band 217 der Reihe Izvor »Ein neues Licht auf das Evangelium«, Kapitel 9: »Das Gleichnis von den fünf törichten und den fünf klugen Jungfrauen«.
5. Siehe Band 226 der Reihe Izvor »Das Buch der göttlichen Magie«, Kapitel 1: »Die Wiederkehr magischer Praktiken und ihre Gefahr«.
6. Siehe Band 207 der Reihe Izvor »Was ist ein geistiger Meister?«, Kapitel 2: »Von der Notwendigkeit eines geistigen Führers«.
7. Siehe Band 240 der Reihe Izvor »Söhne und Töchter Gottes«, Kapitel 5: »Gott hat die Welt so sehr geliebt, dass er seinen einzigen Sohn hingab« und Kapitel 7: »Der Mensch Jesus und das kosmische Prinzip des Christus«.
8. Siehe Band 204 der Reihe Izvor »Yoga der Ernährung«, Kapitel 1: »Die Ernährung betrifft das ganze Wesen« und Kapitel 2: »Hrani-Yoga«.

Kapitel 5

DIE ERFAHRUNG MIT DEM FEUER

Es bedurfte der ganzen Autorität von Meister Peter Danov, dem ich zwei Jahre später begegnete, dass ich akzeptierte, auf das Gymnasium zurückzugehen und danach die Universität zu besuchen. Aber für den Moment war ich frei gewesen. Ich ging arbeiten, um ein wenig Geld zu verdienen, und verbrachte den Rest der Zeit mit Lesen. Ich las alles, was mir in die Hände fiel, und so war ich, wie es in diesem Alter nur sein kann, sehr beeinflusst von einigen materialistischen Denkern: Moleschott, Ernst Mach, Ludwig Büchner, Ernst Haeckel und anderen. Auch wenn ich, wie in meiner Kindheit, noch gewisse mystische Zustände kannte, ließ ich mich schließlich von einer materialistischen Auffassung des Universums und des Menschen erfassen. Und es ist richtig: Allein aus intellektueller Sicht können diese Theorien sehr überzeugend sein. Nach und nach kam ich dahin, an nichts mehr zu glauben, außer an die Gesetze der Materie.

Doch da stieß ich eines Tages zufällig auf das Buch »Die Höhere Seele« von dem amerikanischen Philosophen Emerson. Es war nur eine kleine Broschüre, aber sie übte auf mich eine unglaubliche Wirkung aus: Auf einen Schlag blendete mich ein Licht, ein Blitz traf mich. Seitdem sind so viele Jahre vergangen, dass ich keine sehr genauen Erinnerungen mehr an diese Schrift habe; ich behielt nur die Idee im Gedächtnis, die damals eine so große Umwälzung in mir bewirkte.

Diese Idee besagt, dass alles, was im Universum existiert, in dem Prinzip enthalten ist, das wir alle besitzen und das Emerson die Höhere Seele nennt. Diese Höhere Seele, die den Himmel berührt und im Himmel wohnt, ist eine Emanation von Gott. Indem wir abstiegen, um in der Materie zu inkarnieren, haben wir das Bewusstsein von der Existenz dieser Seele in uns verloren, aber wenn wir danach streben, sie zu erkennen, wenn wir uns mit ihr identifizieren, kommen wir unserem wahren Wesen näher: Unser Bewusstsein erhebt sich, seine Schwingungen werden intensiver, und eines Tages verschmilzt es mit dem Bewusstsein der Universalseele, wir sind nur noch eins mit Gott und mit der gesamten Schöpfung.

Diese Wahrheit, dass wir in uns eine Quintessenz all dessen, was im Universum existiert, besitzen, warum hatte sie auf mich eine so blitzartige Wirkung? Zweifellos, weil ich sie bereits kannte. Auf einen Schlag fand ich die Erinnerung an etwas wieder, das in den Tiefen meines Wesens verborgen war. Es war keine abstrakte Idee, ich erlebte es intensiv. Und da das Universum in mir enthalten war, brauchte ich um nichts mehr zu bitten, ich musste nur suchen und graben. Alles, was ich danach gelernt habe, alles, was ich verstanden und verwirklicht habe, hatte als Ausgangspunkt diese Wahrheit, die ich im Alter von sechzehn Jahren bei Emerson gelesen habe. Dieses Wissen, diese in mir enthaltenen Schätze, musste ich nur noch erforschen und in mein Bewusstsein zurückholen. Wenn ich zu euch spreche, sind das also Abschnitte meines Lebens, die ich euch zuteil werden lasse. Das, was ich spüre, das, was ich denke, das, was ich atme, damit nähre ich euch.

Später fragte ich mich trotzdem manchmal, wie diese kleine Broschüre – kaum zwanzig Seiten – in mir eine solche Umwälzung bewirken konnte. Damals erhielt ich die Offenbarung von Schönheit. Ja, ich sah die wahre Schönheit, die Schönheit des Lichtes, die Schönheit der Farben, die

Schönheit der Schwingungen, die Schönheit dieser Struktur, dieser Harmonie des Universums, die Schönheit Gottes, und das hat mich für immer gezeichnet. Und in dieser Schönheit, die für mich mit der Idee von Gott verschmolz, wollte ich von nun an leben. Ich konnte nicht mehr zögern. Wie sollte man an dem, was man erlebt, zweifeln? Ich hatte nicht die Zeit zu überlegen, was ich tun musste. Zunächst gab es nichts zu überlegen: Ich lebte im Licht, und um mich herum war alles umgewandelt – die Menschen, die Tiere, die Erde, die Bäume, die Sterne, alles. Es kam vor, dass ich ging, ohne wirklich zu wissen wohin, mit dieser Empfindung, dass das Licht die Wesen und die Dinge durchdrang.

In dem Moment, das versichere ich euch, denkt man nicht nach: Was schön ist, ist schön, was lichtvoll ist, ist lichtvoll, was göttlich ist, ist göttlich. Es sind nicht Jahre nötig, um sich dessen bewusst zu werden, die Bewusstwerdung ist unmittelbar: Seele und Geist sprechen, und die Entscheidungen, die man treffen muss, sind augenblicklich und unwiderruflich. Deshalb konnte mein Leben danach nicht anders verlaufen, als es verlief. Natürlich ist es nicht so, dass man unversehens umgewandelt ist, nur weil man von einem himmlischen Blitz getroffen wurde. Nein, das himmlische Feuer in uns macht uns nicht sofort allwissend, allmächtig und vollkommen. Es gibt uns eine Vision, es entflammt unsere Seele und unser Herz, und es liegt an uns, mit ihm zu arbeiten, damit wir uns auf ideale Weise entwickeln.

Von allem, was ich in dieser Periode durchlebte, fand ich bestimmte Aspekte in den Schriften von großen Mystikern wieder, wie Meister Eckhart, Ruysbroek, den man den Bewundernswerten nannte, Franz von Assisi, die heilige Katherina von Siena, die heilige Marguerite-Marie Alacoque, Jakob Böhme, die heilige Theresa von Avila, der heilige

Johannes vom Kreuz, die heilige Therese vom Kinde Jesu und so fort. Plötzlich ist man wie verzaubert, man spürt, man versteht. Das ist nicht zu erklären. Dieses Entzücken, diese Ekstasen, die eine Seele erleben kann, sind nicht zu erklären, und sie haben nichts mit dem intellektuellen Niveau von Menschen zu tun; Jakob Böhme war Schuster. Weil ich diese Zustände erfahren habe, verstehe ich die wahren Mystiker, und ich weiß sie auch von bestimmten Zuständen zu unterscheiden, die angeblich mystisch, aber in Wirklichkeit nichts als Hysterie sind.

Wenig später, nach dieser Lektüre von Emerson, ging ich in den Hügeln um Varna spazieren, dann setzte ich mich hin, um zu meditieren. Und was geschah dann? Ich wurde plötzlich von solch einem Licht durchflutet, von solch machtvollen Strömungen durchzogen, dass ich nicht mehr wusste, wo ich mich befand, ich wurde fortgetragen und wäre vielleicht nicht mehr zurückgekommen. Aber da sich in einem solchen Fall der Organismus in gewisser Weise verteidigt, fiel ich in einen Zwischenzustand, zwischen Ohnmacht und Schlaf. Als ich wieder zu mir kam, war alles wie zuvor. Ich unternahm danach viele Anstrengungen, um diesen Zustand des Entzückens wiederzufinden, aber es ist mir nie gelungen; ich erlebte danach andere, vergleichbare Momente, aber keinen von solch einer Intensität. Und zweifelsohne glücklicherweise, denn es ist dem menschlichen Organismus unmöglich, solche Schwingungen auszuhalten. Was ich da erlebt hatte, war eine Ausnahme, eine Gnade des Himmels. Ich wusste auf einen Schlag, wie in einem Blitz, was die göttliche Welt ist, ihre Herrlichkeit, ihre Macht.

Ich weiß nicht, ob ihr »Die Höhere Seele« von Emerson gelesen habt, und wenn, welche Wirkung dieses Buch auf euch hatte. Ich empfahl es mehrmals einigen Menschen: Sie fanden es interessant, nicht mehr, und ich war erstaunt. Diese

Erfahrung, die ich erlebt habe, war also meine Erfahrung, und wenn ich euch davon berichte, dann nicht, um euch zu beeindrucken, sondern damit es euch bewusst wird, dass auch ihr eine höhere Seele besitzt – andere Spiritualisten nennen sie das höhere Selbst. Für den Moment habt ihr vielleicht kein Bewusstsein von der Existenz dieser Seele in euch, aber wenn ihr an sie denkt, wenn ihr sie liebt, wenn ihr bestrebt seid, mit ihr in Kontakt zu treten, wenn ihr sie um Hilfe ruft, werdet ihr nach und nach spüren, wie sie sich euch nähert, um euch zu helfen und euch zu unterstützen. Wenn nicht, das wisst ihr, ist ihre wahre Heimat so fern, so hoch oben, dass sie sich nicht um euch kümmert. Ihr habt Schwierigkeiten, ihr leidet, aber sie macht sich nichts daraus, sie leidet nicht, sie verhält sich still. Nur wenn ihr euch ihr zuwendet, wenn ihr sie ruft, richtet sie ihren Blick auf euch herunter.

Ihr fragt: »Aber wie ist das möglich? Sie ist meine Seele und tut nichts für mich?« Warum wollt ihr, dass sie etwas für euch tut, wo ihr euch nicht einmal bemüht herauszufinden, was sie ist? Versteht mich richtig, die Seele, von der ich rede, ist von anderer Natur als dieses psychische Prinzip, das man im allgemeinen Seele nennt und das in Wirklichkeit der Astralkörper ist, der Körper der Gefühle, der Emotionen, der Empfindungen, der Wünsche, der Leidenschaften;[1] diese Seele, die man als niedere einstufen kann, nimmt an unserem täglichen Leben teil. Sie regt sich auf, sie leidet, sie schreit. Aber ich spreche hier von der göttlichen Seele, die reines Licht ist, die weder Unruhe noch Leiden kennt und die sehr fern, sehr hoch oben ist; diese Seele ist es, die wir zu erreichen suchen müssen. An dem Tag, an dem wir sie erreichen, vollzieht sich dasselbe Phänomen wie jenes, das man »Liebe auf den ersten Blick« nennt: dieser Augenblick, in dem zwei Menschen sich begegnen, und in dem in einer Art Blitz ihre Seelen zusammengeschweißt werden. Das hat nichts mit einer Liebe zu tun, die sich nach und nach einstellt; selbst wenn diese Liebe stark, dauerhaft, tief ist, kann man sie nicht mit dem Blitzmoment der anderen vergleichen. Ihr wendet ein, dass manche Blitze nur Strohfeuer entfachen; ja, sicher, aber ich spreche hier von der Begegnung, die hier zwischen zwei wahren Schwesterseelen stattfindet.

Man muss lange Zeit den physischen Körper vorbereiten, bevor man sich auf bestimmte spirituelle Experimente einlässt. Darum musste ich jahrelang eine Arbeit an mir ausführen, damit ich fähig war, die Schwingungen der göttlichen Welt aufzunehmen, ohne niedergeschmettert zu werden. Denn es gibt Momente, wo man eine solche Schönheit, solches Licht, eine solche Liebe nicht aushalten kann. Und ich sage euch aufrichtig, noch immer habe ich manchmal Angst. Ich bin mir nicht sicher, ob mein Körper in der Lage ist, die Kraft bestimmter Strömungen auszuhalten. Es können Unfälle geschehen, wie bei denen, die aus Versehen ein Hochspannungskabel berühren: Sie werden durch einen elektrischen Schlag getötet, ihr Herz bleibt stehen. Man weiß nicht, was es bedeutet, plötzlich in Kontakt mit der Macht der göttlichen Liebe zu treten. Zwar existiert im Menschen so etwas wie ein elektrischer Transformator, der die Spannung herabmindern kann – aber wenn man keine Vorsichtsmaßnahmen trifft, kann man wie von einem Blitz erschlagen werden.

Weil ich zu jung war und daher mental unzureichend geformt und strukturiert, war ich nicht sofort in der Lage, diesen göttlichen Blitzschlag, der mich getroffen hatte, zu interpretieren: Ein Blitz schoss durch mich hindurch und alles in mir brannte. Über Wochen und Monate hatte ich keinen anderen Wunsch, als weiter in diesem Feuer zu leben. Von da an suchte ich nur nach Büchern, die mich über diesen neuen Weg aufklären würden, und in genau dieser Zeit fiel mir ein Werk von Paracelsus in die Hände, aus dem ich nur in Erinnerung habe, dass darin darauf hingewiesen wurde, dass, mit dem Verlust der Samenflüssigkeit, der Mann zugleich auch ein lebenserhaltendes Element verliert, eine sehr kostbare Quintessenz. Noch nie hatte ich so etwas gelesen oder gehört, und so viele Männer fühlen sich dazu gedrängt, diese Quintessenz im Vergnügen zu vergeuden! Ich war sehr beeindruckt von dieser Wahrheit und nahm sie ernst. Was ich dann tat, wozu ich mich entschloss, das werde ich euch nicht sagen, aber diese Entdeckung spielte ebenfalls eine bestimmende Rolle in meinem Leben.

Allein, auch mich hatte man gelehrt, dass man kämpfen muss, um den sexuellen Instinkt, ebenso wie die anderen Instinkte, beherrschen zu können, denn die Instinkte seien die wahren Feinde des Menschen und er müsse sie bekämpfen. Die Religion und die Moral sagten es, selbst Weise sagten es. Also kämpfte auch ich, aber je mehr ich kämpfte, desto zerrissener, aufgelöster war ich, weil man sich dabei entkräftet, immer gegen sich selbst zu kämpfen, das heißt, gegen etwas, das man in Wirklichkeit nicht kennt. Also suchte ich nach anderen Wegen, ich bat meine himmlischen Freunde inständig, mich aufzuklären und ich verstand, dass man anders vorgehen muss: Nicht gegen die Instinkte ankämpfen, sondern ein hohes Ideal haben und sie in den Dienst dieses Ideals stellen. Denn die Instinkte sind wunderbare Lebenskräfte; wenn man versucht, sie zu vernichten, wird es einem entweder nicht gelingen, und man reibt sich auf in diesem Kampf, oder aber, wenn es einem gelingt, ist es nicht besser, denn sie sind ein Teil unseres eigenen Lebens, den wir gleichzeitig vernichten.[2]

Und aus diesem Grund kann ich euch heute sagen: Das hohe Ideal ist ein Transformator von Energien. Sobald wir einem sehr hohen Ideal in unserem Herzen, in unserer Seele einen Platz geben, werden unsere Energien gezwungenermaßen von ihm durchdrungen und es kümmert sich darum, ihnen eine andere Richtung zu geben, eben die Richtung nach oben. Diese Energien werden umgewandelt vom hohen Ideal. Welchem Prozess ist diese Umwandlung unterworfen? Das brauchen wir nicht zu wissen. Denn seht, wenn wir essen, brauchen wir nicht im Detail die Umwandlungen zu kennen, die zuerst im Mund ablaufen, dann im Magen und in den Eingeweiden, dennoch spüren wir, dass wir Kräfte empfangen haben. Das Gleiche gilt für das hohe Ideal: Wenn wir es mit unseren Gedanken, unseren Gefühlen, unseren Wünschen, unseren Instinkten nähren, wandelt es diese um, und die durch diese Umwandlung hervorgebrachten Energien unterstützen unser psychisches und unser spirituelles Leben – und auch unser physisches Leben, denn in uns ist nichts getrennt.[3]

Aber was mir dabei am meisten geholfen hat, was mich gerettet hat, das ist meine Liebe zur Schönheit, zu dieser Schönheit der göttlichen Welt, deren Offenbarung ich empfangen habe. Für sie war ich fähig, all die Anstrengungen zu machen, all die Opfer zu akzeptieren. Diese aus Licht und Reinheit bestehende Schönheit, ihr vertraute ich mich an, um vor allen Verführungen geschützt zu sein. Ich las danach noch einige andere Bücher von Paracelsus, denn er hat viel geschrieben und zu vielen Themen, ich fühlte mich ihm immer sehr nah. Jahre später besuchte ich sein Geburtshaus in Einsiedeln in der Schweiz. Ich war glücklich, dort eine ganze Weile meditieren zu können, um mit seinem Geist in Kontakt zu treten, denn er hatte einen großen Einfluss auf mich in meiner Jugend.

Dann fand ich noch ein Buch (und da erinnere ich mich weder an den Titel noch an den Autor), in dem erklärt wurde, was die Aura ist und dieser Lichtkreis, der die Heiligen, die

Mystiker, die großen spirituellen Meister umgibt.[4] Es wurde die Aura von Buddha beschrieben, die derart weit war, dass sie sich über mehrere Orte erstreckte, und ich stellte mir diese Aura vor, von unvorstellbarer Pracht, in welcher all die Wesen in seiner Umgebung badeten. Ich wünschte mir so sehr, eines Tages auch selbst so eine Aura zu haben! Also entschloss ich mich, mich auf das Licht zu konzentrieren, und ebenso auf die Farben, die das Ergebnis einer Aufspaltung des Lichtes durch ein Prisma sind. Nur ein Prisma kann uns eine Vorstellung davon vermitteln, was die wahren Farben sind; und so begann ich mit einem Prisma, das ich entsprechend der Position der Sonne ausrichtete, die sieben Farben zu erforschen, die Farbskala der Sonne.[5]

Die Farben wirken auf das Gehirn und durch das Gehirn als Mittler auf den ganzen Körper. War es mir einmal gelungen, mich mit einer Farbe gut zu durchdringen, konnte ich sie visualisieren, mir vorstellen, dass ich in sie eintauchte, von ihr durchflutet war. Ich entdeckte, dass, vom Rot zum Violett und vom Violett zurück zum Rot, man auf alle Zentren, auf alle Teile des Körpers einwirken kann, und es gibt wirklich kein einziges Organ, das nicht von den sieben Strahlen berührt wird. Um die Wirkung der Farben besser zu erforschen, beschloss ich anschließend, die Fenster meines Zimmers zu bemalen. Ich begann mit Rot, danach Orange usw. Umgeben von einem farbigen Licht, meditierte ich, und über einige Tage hinweg beobachtete ich, wie diese Farbe auf mich wirkte, dann wusch ich alles ab und ging zu einer anderen Farbe über. Ich werde euch nicht sagen, was meine Eltern und die Nachbarn von meinen Experimenten hielten… doch ich meinerseits machte unbeirrt weiter. Mit dem Violett spürte ich, dass ich aus meinem Körper trat. Ich lud Freunde ein, um zu sehen, welche Wirkung diese Farbe bei ihnen hervorrufen würde: Sie schliefen ein; und die Blumen verwelkten beinahe sofort, das Violett tötete sie…

Die Farben sind eine derart reiche Sphäre! Ich kann euch nicht einmal sagen, was ich alles entdeckt habe, was ich gespürt habe, was ich erlebt habe, während ich mich auf die Farben konzentrierte. Ich habe mich mit ihnen durchdrungen, sie in mir und um mich herum intensiviert und sie dann in den Raum projiziert. Ich wünschte mir so sehr, dass meine Aura eines Tages genauso weit, vibrierend und rein sei, wie die des Buddha, deren Beschreibung ich gelesen hatte.

Ich habe euch oft von den Kräften der Aura erzählt, aber ich bin mir nicht sicher, ob ihr es wirklich verstanden habt. Im täglichen Leben brauchen wir einen Passierschein, um zu bestimmten Orten Zugang zu haben; sobald wir ihn erhalten haben, öffnen sich die Türen. Genauso verhält es sich in der unsichtbaren Welt: Um in bestimmte Regionen vorzudringen, brauchen wir einen Passierschein; und dieser Passierschein ist die Aura, sind die Farben, aus denen sie besteht. Denkt daran. Macht euch zur Gewohnheit, euch auf die reinsten Farben zu konzentrieren, durchdringt euch mit diesen Farben. Ihr werdet eines Tages spüren, dass ihr in die kosmische Harmonie gelangt, dass ihr die himmlischen Hierarchien berührt und jede euch ihre Tugenden geben wird. Die Übungen mit den Farben und den Tugenden, die ihnen entsprechen, sind ein Schlüssel zum spirituellen Leben.

Mein ganzes Leben lang habe ich mich seitdem an den Farben erfreut und besonders an der Farbe Hyazinth, die auf mich eine sehr starke Wirkung ausübt. Aber in meiner Aura spüre ich besonders die Gegenwart von Goldgelb und von Violett, und bestimmte Personen sagten mir, dass sie diese gesehen haben. Selbst die Kinder haben sie gesehen, ja, die Kinder; sie haben vielleicht noch nichts von der Aura gehört, aber sie haben eine Art von Hellsicht und auch sie sagten mir, dass sie um mich herum Gold und Violett sahen. Jetzt ist die Farbe Violett so sehr zu einem Teil von mir geworden, dass ich sie jeden Abend beim Einschlafen erscheinen sehe. Ich tue nichts dazu, aber es ist so: ich schlafe in ein violettes Licht gebadet ein, und dieses Violett ist von einem Farbton, der vielleicht nirgends in der physischen Welt existiert. Warum ist es gerade das Violett, das mir in diesem Moment erscheint? Ich weiß es nicht, aber aufgrund des Violett schlafe ich in einer großen Freude ein.

Obwohl ich mich von Büchern immer sehr angezogen fühlte, wurde mir mit der Zeit immer mehr bewusst, dass ich durch Lesen nicht das wahre Wissen finden würde. Das wahre Wissen würde ich woanders suchen müssen, und dazu müsste ich meinen Körper verlassen. Ich spürte das Bedürfnis, immer weiter zu gehen, und so machte ich jeden Tag stundenlang Übungen in Meditation und Konzentration. Glücklicherweise war ich niemals versucht, Drogen zu benutzen – allerdings waren sie zu jener Zeit auch nicht so verbreitet wie heutzutage. Aber ich wandte die Autosuggestion an. Es gelang mir, mich in Schlaf zu versetzen, und während dieses sehr besonderen Schlafes reiste ich im Raum. Ich wüsste nicht genau zu sagen, wohin ich ging, aber ich kehrte mit einer Klarheit, einer Intuition, mit einer Gewissheit zurück, die nichts hätte erschüttern können. Solche Erfahrungen sind in der Tat mit denen identisch, die man während des Schlafes machen kann.

Es ist euch bestimmt schon widerfahren, dass ihr am Morgen mit dem Eindruck erwacht seid, von sehr weither zurückzukommen. Und selbst, wenn ihr euch nicht daran erinnert, was ihr gesehen oder gehört habt, spürt ihr, dass ihr da etwas erlebt habt, was euer Verständnis bereichert. In gleicher Weise wird das wahre Wissen, das Einweihungswissen, oben in der unsichtbaren Welt erworben, und dort oben begann ich, viele Wahrheiten zu entdecken, die ich euch heute offenbare. Aber diese Reisen im Unsichtbaren waren für mich nicht ganz gefahrlos, denn es genügt nicht, sich einfach so in den Raum emporzuschwingen, man muss beide Wege kennen, den dort hinauf, aber auch den zurück. Wenn ich an meine Unerfahrenheit in diesen Dingen zurückdenke, dann sage ich mir, dass ich ganz sicher beschützt gewesen bin.

Ich hatte auch verstanden, dass allein die Reinheit uns Zugang zu den höheren Regionen der unsichtbaren Welt verschaffen kann. Und da begann für mich ein anderes Abenteuer. Da die Religionen zu allen Zeiten die reinigende Kraft des Wassers hervorgehoben haben, beschloss ich, Reinigungsübungen zu machen, indem ich Bäder nahm. Ich hatte ein Buch von Sebastian Kneipp* entdeckt, und in meinem »Laboratorium«, wo der Jojobenbaum wuchs, wandte ich einige dieser Methoden an, insbesondere Bäder mit kaltem Wasser. Aber wenn ich Übungen machte, dauerten diese nicht eine viertel oder halbe Stunde, sondern über Stunden. Ich kannte überhaupt kein Maß. Wenn ich euch daher heute auf die Notwendigkeit, Maß zu halten, hinweise, in allem, was wir tun, dann weiß ich, wovon ich spreche. Mein Gott, wie unvernünftig war ich! Und so geschah es dann, nachdem ich stundenlang in Kaltwasserbädern gelegen hatte, dass ich mich mit einer Lungenentzündung im Bett wiederfand. Wie gewöhnlich pflegte mich meine Mutter dann gesund.

Aber auch ich hatte ein Mittel entdeckt, mich zu heilen, das ich danach oft angewandt habe. Wenn ich mich verkühlt hatte, eine Erkältung oder Fieber hatte, entfachte ich ein Feuer im Holzofen, ließ mich davor nieder, und schaute einen Moment in die Flammen, und dann schlief ich mit einem Gefühl der Dankbarkeit und Liebe gegenüber dieser Wärme

* Sebastian Kneipp (1821-1877). Deutscher katholischer Priester, siehe auch Kneipp-Kuren.

ein. Wenn ich erwachte, war ich geheilt. Auf diese Weise erkannte ich die heilenden Eigenschaften eines Holzfeuers: Man kann die lebendige Energie von Bäumen in Gesundheit und Kraft umwandeln. Denn es ist nicht nur die Wärme, die die Heileigenschaft hat, sondern noch andere Elemente, die im brennenden Holz enthalten sind. Sicher, das Feuer kann nicht alle Krankheiten heilen, aber neben ihm schied ich nicht nur Gifte durch Schwitzen aus, ich erhielt auch eine wahre Transfusion von Energien.

Ich war so glücklich, dass ich die Schule verlassen hatte, um die Freiheit zu haben, mich den einzigen Aktivitäten zu widmen, die mir gefielen! Immer auf der Suche nach neuen Übungen, hatte ich ein Buch von Yogi Ramacharaka über die Atmung gefunden. Es war darin erklärt, wie und in welchem Rhythmus man atmen soll, und ich stürzte mich Hals über Kopf da hinein. Da entdeckte ich, dass das Atmen zu einem Hochgenuss werden kann. Man kennt noch nicht all die Reichtümer, die der Herr in die Luft gelegt hat. Selbst ich hätte es mir niemals vorstellen können, wenn ich nicht solche Erfahrungen gemacht hätte. Aber eines Tages, als ich einen tiefen Atemzug machte, trat plötzlich ein Feuer in mich ein. Ja, ich habe Feuer geschluckt, ein Feuer, das bis in meine Lungen drang. Ich war in Glut getaucht und wusste, was eine Ekstase ist. Was für eine Empfindung von Licht und Freude! Aber ich war nicht in der Lage zu deuten, was mir geschehen war. Erst später, als ich bestimmte Autoren las, verstand ich, dass ich etwas eingeatmet hatte, das von sehr hoch oben kam, eine Flamme, eine Wesenheit, einen Geist, der begann, eine umfangreiche Arbeit an mir zu machen. Wir können zweifellos den Heiligen Geist auf verschiedene Arten zu uns hineinziehen, und eine von ihnen ist die Atmung.[6]

All das, was manche Werke bezüglich dieser in der Luft enthaltenen Quintessenz berichten, kann ich bestätigen, es ist die Realität. Diese Quintessenz existiert, man kann sich davon ernähren. Es ist eine derart machtvolle Erfahrung, dass sie kaum auszuhalten ist. Werdet ihr mir glauben? Selbst wenn es euch noch nicht gelingt, diese Erfahrung zu machen, versucht wenigstens mit dem Bewusstsein zu atmen, dass ihr das göttliche Leben empfangt, stellt euch vor, dass der Heilige Geist durch die Luft in euch herabsteigen kann.

Der Heilige Geist ist Feuer, aber er wird von der Luft getragen, und man kann ihn durch die Atmung zu sich hineinziehen. Ich aber war damals noch so jung und unwissend, als dass mir bewusst gewesen wäre, dass das, was da in mich eintrat und meine Lungen mit einem köstlichen Feuer füllte, etwas sehr Seltenes war. Ich erlebte fast jeden Tag diese Momente der Ekstase und glaubte, dass jeder andere sie auch erleben könne. Ich hatte keine Ahnung, dass es so außergewöhnlich war. Erst später verstand ich das, vor allem, nachdem auch ich Momente der Leere, ohne jeglichen inneren Antrieb, durchmachen musste.

Wie für alle Mystiker, so gab es auch für mich Perioden, in denen es mir leichtfiel, Ekstasen zu erleben, und natürlich ließ ich mich unbeherrscht emportragen. Aber danach, wenn eine Trockenperiode auftrat, was unweigerlich geschah, hatte ich Mühe, es zu akzeptieren, und ich fühlte mich niedergeschlagen. Ich hatte mich übermäßig erfreut und verfiel danach fast in eine Depression. Auch da musste ich wieder das Maßhalten lernen, denn selbst beim Erleben von Ekstasen muss man lernen, Maß zu halten. Genau das ermöglichte mir später, unvorhergesehenen Ereignissen die Stirn zu bieten: In meinen Zellen hatte ich eine Reserve an Energien, die ich nicht aufgebraucht hatte.

Da ein großer Energieverlust mit diesem Erleben einhergeht, ist eine exzessive Freude genauso unheilvoll für die psychische und sogar für die physische Gesundheit, wie ein großer Kummer.

Dieses Buch von Yogi Ramacharaka über die Atmung erklärte gut die Ergebnisse, die man dank der angegebenen Übungen erzielen kann, aber es sagte nichts aus über das Chaos und die Störungen, welchen sich derjenige aussetzt, der sie ohne Berater oder Führer praktiziert. Und ich, der ich niemanden hatte, um mich vor den Gefahren zu warnen, übte weiterhin ohne Maß, ganze Tage lang. Und so erweckte ich im Verlauf einer dieser Übungen unfreiwillig die Kundalinikraft.[7] Das war eine schreckliche Empfindung, als wenn mein Gehirn brennen würde. Glücklicherweise erkannte ich sofort die Gefahr, die ich lief, und unternahm gigantische Anstrengungen, um diese Kraft aufs Neue einzuschläfern – ja, welche Anstrengungen! – und es gelang mir.

Wenn man sie vorzeitig erweckt, steigert die Kundalinikraft das sexuelle Verlangen. Ich war entsetzt von dem, was ich spürte und konzentrierte meine ganze Gedankenkraft, meine ganze Willenskraft, um sie darauf wieder in Schlaf zu versetzen. Die Kundalinikraft ist Feuer, sie kann bei Menschen erwachen, die vom spirituellen Standpunkt her gesehen nicht sehr fortgeschritten sind, und sie kann sogar durch Zufall erwachen. Sie ist eine durchschlagende Energie und derjenige, der sich nicht lange auf diesen Ausbruch in sich vorbereitet hat, kann den Verstand oder sogar das Leben verlieren. Das vorzeitige Erwachen der Kundalini wäre für mich das größte Unglück gewesen, wenn ich nicht in der Lage gewesen wäre, sie aufs Neue einzuschläfern. Etwas sagte mir, dass sie zum gegebenen Moment gefahrlos für mich wieder erwachen würde, wenn ich mich bemühte, immer im Licht und in der Reinheit zu leben.

Heutzutage, wo die okkulten Wissenschaften in Mode sind, erscheinen in den Buchhandlungen viele Bücher über Tantrismus, aber sie präsentieren gefährliche Methoden für eine Leserschaft, die nicht vorbereitet ist, sie zu verstehen und anzuwenden. Und darum sage ich auch zu euch: Seid vorsichtig, stürzt euch nicht in Erfahrungen, die euch schlimmsten physischen und psychischen Störungen aussetzen.[8] Wenn man sich nicht lange in Selbstbeherrschung geübt hat, wenn man sich nicht gereinigt hat, steigt die Kundalinikraft nicht nach oben, sondern nach unten und erweckt andere Chakras auf der niederen Astralebene, Chakras, die nicht in den hinduistischen Büchern erwähnt werden. Und dann wird all das, was es an Finsterem im Menschen gibt, entfesselt, nicht nur der Sexualtrieb. Auch das Bedürfnis zu herrschen und zu zerstören bemächtigt sich seiner und er wird zu einem wahren Dämon.

Nicht die Weisheit ist charakteristisch für die Zeit der Kindheit und der Jugend, ebenso wenig die Herzensqualitäten (sie werden später erworben), sondern der Wille. Und ich meinerseits hatte ein besonders vom Willen geprägtes Temperament. Es gefiel mir, jedes Mal neue Erfahrungen zu machen, weil ich das Bedürfnis hatte, mich zu übertreffen, zu sehen, wie weit ich gehen konnte. Selbst das Gespür für Gefahren, das ich gelegentlich trotz allem hatte, genügte nicht immer, um mich zurückzuhalten. Deshalb machte ich weiterhin Atemübungen, stundenlang, Tag und Nacht. Ich hatte im Inneren das Bedürfnis, außergewöhnliche Empfindungen aufrechtzuerhalten, im Feuer zu leben.

Und da platzte eines Tages, als ich noch mit diesen Atemübungen beschäftigt war, ein Freund bei mir herein. Er sagte mir, dass die rumänische Armee gerade nach Varna einmarschieren würde. Ich antwortete: »Gut, dass du mir Bescheid gegeben hast, aber geh, lass mich allein.« Und ich nahm meine Übungen wieder auf…

Das, was ich jetzt zu erzählen habe, erfordert ein paar Erklärungen. Seit Jahrhunderten waren die Balkanländer unter der Herrschaft des osmanischen Reiches. 1912 vereinten sich Bulgarien, Serbien, Griechenland und Montenegro, um ihm den Krieg zu erklären, um ihre Unabhängigkeit wiederzuerlangen. Sie errangen zahlreiche Siege. Die Bulgaren drangen sogar bis zu den Mauern von Konstantinopel vor. Sobald es aber um die Aufteilung des so eroberten Gebietes ging, brach ein Konflikt zwischen den Siegern aus. Bulgarien beanspruchte bestimmte Gebiete von Mazedonien, die Griechenland und Serbien ihm nicht abtreten wollten, deshalb griffen sie an. Rumänien unterstützte diese Länder, und gemeinsam trugen sie den Sieg davon. Das besiegte Bulgarien konnte nur einen sehr kleinen Teil von Mazedonien behalten. Dann begann die rumänische Armee in die Ebene der Dobrudscha* einzufallen. Die Bulgaren hatten diesen Angriff nicht erwartet und erlitten schwere Verluste: Ganze Züge mit Toten und Verletzten kamen in Varna an. Das war ein grauenvoller Anblick. Und jetzt bedrohte die rumänische Armee die Stadt…

Nachdem mein Freund gegangen war, suchte ich lange in Gedanken den General dieser Armee, die auf Varna zumarschierte… Als es mir schien, ihn gefunden zu haben, konzentrierte ich mich auf ihn mit solch einer Intensität, dass ich Flammen hervorstieß. Ich spürte sie aus meinem Gehirn sprühen, und dann gab ich ihm mit aller Kraft, der ich fähig

* Am Schwarzen Meer gelegen, aufgeteilt zwischen Rumänien im Norden und Bulgarien im Süden. Varna war Teil dieser Region.

war, den Befehl, seine Armee zurückzuziehen... Zwei, drei Stunden später, ich erinnere mich nicht mehr genau, kam dieser Freund ganz aufgeregt zu mir zurück, um mir zu sagen, dass sich ein Wunder ereignet hätte: Die rumänische Armee sei umgekehrt. Varna sei nicht mehr bedroht. Und dann sang und tanzte die ganze Stadt. Woher hatte der General wohl die Order zum Rückzug erhalten? Man wusste es nicht. Und selbst ich dachte, dass es vielleicht Zufall war.

Durch diese in jungen Jahren gemachten Erfahrungen empfing ich das Licht, das mich seitdem begleitet hat. Aber auf diese Erfahrungen ließ ich mich alleine ein, und ich durchlebte alles im Übermaß. Ich kam so weit, dass ich kaum noch schlief, und aufgrund der so schwierigen materiellen Verhältnisse in unserer Familie hatte ich mir angewöhnt, nur sehr wenig zu essen. Da ich mich ja daran gewöhnt hatte, genügte es mir, ich hatte fast keinen Hunger mehr, aber während des Tages war ich oft schläfrig, und ich wusste nicht warum. Ich war mir nicht bewusst, dass ich hätte mehr essen müssen, um ein wenig wacher und präsenter zu sein. Ich muss allerdings zugeben, wenn ich mich nicht in diesem Zustand nahe dem Austritt aus dem Körper befunden hätte, der mangels genügendem Essen zu meinem gewohnten Zustand geworden war, wäre es mir vielleicht nicht so leicht gefallen, Zugang zu den spirituellen Regionen zu haben, wo ich so viel andere Nahrung empfing.

Nur, damit das ganz klar ist: Ich rate niemandem, und besonders nicht jungen Leuten, sich das Essen unter dem Vorwand zu versagen, in die Regionen der unsichtbaren Welt zu gelangen. Sie würden sich eher der Gefahr aussetzen, aus dem seelischen Gleichgewicht zu geraten, als Erleuchtung zu empfangen. Mir waren diese Bedingungen auferlegt worden, ich suchte diese Entbehrungen nicht, und wenn ich euch von meinen Erfahrungen berichte, dann, um euch begreiflich zu machen, dass man immer etwas Gutes daraus ziehen kann, selbst aus den schlimmsten Situationen. In eurem Fall, wenn das Schicksal euch Bedingungen geschaffen hat, in denen ihr nicht unter dieser Art von Entbehrungen zu leiden habt, begeht auf keinen Fall den Irrtum, sie euch aufzubürden.

Aber natürlich kam schließlich das, was kommen musste: Durch das Wachen, das Fasten, das Lesen und durch alle Arten von übertrieben verlängerten Übungen zerstörte ich nach und nach meine Gesundheit. Ich wurde gelb und sogar grün und auch sehr mager! Aber ich konnte das Leben nicht ändern: dieser Brand, dieses unauslöschliche Feuer, das mich verzehrte, ich konnte nicht anders, als es zu schüren. Alle sagten, ich hätte den Verstand verloren. Ja, gewiss, ich hatte meinen alten Verstand verloren und begann einen neuen zu schaffen, aber um welchen Preis! Aus reiner Willenskraft machte ich weiter mit Lesen, und meine verzweifelte Mutter drohte, meine Bücher zu verbrennen, weil sie diese für den Grund allen Übels hielt. Sie hämmerte gegen die Tür meines Zimmers, mich anflehend zu essen und ein wenig Luft zu schnappen. Aber ich öffnete ihr nicht und sie gab schließlich traurig auf. Ich blieb eingeschlossen in diesem Zimmer, das mein Königreich war. Ich schloss es mit dem Schlüssel ab, und niemand hatte das Recht, es zu betreten.

In diesem heruntergekommenen Haus, das wir bewohnten, hatte daher auch dieses Zimmer ein armseliges Aussehen. Aber in eben diesem Zimmer begann ich meine Lehrzeit für ein spirituelles Leben. So betrachtet, kann ich also dennoch sagen, dass ich dort die großartigsten und glücklichsten Momente meines Lebens erlebte. Später machte ich natürlich andere Erfahrungen, aber in gewisser Weise war ich darauf vorbereitet. Während mich nichts darauf vorbereitet hatte, so jung diese Umwälzung meines ganzen Wesens zu erfahren. Das, was man zum ersten Mal entdeckt, hinterlässt die tiefsten Spuren, umso tiefer, als ich beinahe gestorben wäre.

In der Tat erfasste mich eines Tages sehr hohes Fieber, und ich begann zu phantasieren. Familie, Freunde, Nachbarn, alle erwarteten, dass ich die Erde verlassen würde. Meine Mutter ließ Ärzte kommen, die nicht wussten, wie sie mich behandeln sollten. Sie gaben mir Medikamente, die nicht die geringste Wirkung zeigten. Und ich, mitten in diesem Delirium, verlangte nach Büchern und immer nur Büchern, danach, dass man mir Bücher brachte. Ich hatte weder den Wunsch zu leben noch gesund zu werden, nein, ich dachte nur daran, alle Bibliotheken der Erde zu lesen. Ich bat darum, dass man mir all diese Bücher, die gebracht wurden, neben mein Kopfkissen legte, damit ich sie sehen und berühren konnte. Ich las sie in Gedanken; ja, ich stellte mir vor, dass ich sie lesen würde, und das beruhigte mich; das Delirium ging vorüber. Damit hatte ich also schließlich selbst das Heilmittel gefunden. Ich erinnere mich: das Buch, das ich immer griffbereit haben wollte, das war »die Ethik« von Spinoza! Was erwartete ich von diesem Buch, das ich offensichtlich nicht lesen konnte? Ich war sterbenskrank und träumte nur davon zu lesen, das war unsinnig! Aber es ist wahr: Es sind die Bücher, die mich gerettet haben; nachdem sie mich beinahe getötet hatten, haben gerade sie mich gerettet.

Weiterführende Literatur

1. Siehe Band 222 der Reihe Izvor »Die Psyche des Menschen«, Kapitel 3: »Von Seelen und Körpern«.
2. Siehe Band 205 der Reihe Izvor »Die Sexualkraft oder der geflügelte Drache«, Kapitel 3: »Die Sexualkraft, Voraussetzung für das Leben auf Erden«.
3. Siehe Band 205 der Reihe Izvor »Die Sexualkraft oder der geflügelte Drache«, Kapitel 9: »Das hohe Ideal – Transformator der Sexualkraft«.
4. Siehe Band 309 der Reihe Broschüren »Die Aura – Unsere geistige Haut«.
5. Siehe Band 10 der Reihe Gesamtwerk »Sonnen Yoga – Surya-Yoga – Die Herrlichkeit von Tiphereth«, Kapitel 11 und 12, sowie das Übungsbuch 907: »Das Licht und die Farben«.
6. Siehe Band 232 der Reihe Izvor »Feuer und Wasser, Wunderkräfte der Schöpfung«, Kapitel 18: »Das Herabsteigen des Heiligen Geistes«.
7. Siehe Band 219 der Reihe Izvor »Geheimnis Mensch – Seine feinstofflichen Körper und Zentren«, Kapitel 5: »Die Kundalinikraft«.
8. Siehe Band 205 der Reihe Izvor »Die Sexualkraft oder der geflügelte Drache«, Kapitel 5: »Die Gefahren des Tantrismus«.

Kapitel 6

BIS INS HERZ DER ROSE

Die Rosen, die man in Bulgarien kultiviert, sind bemerkenswert aufgrund ihrer Farbe, ihres Duftes, ihrer Größe, ihrer samtigen Blütenblätter und ihrer langen Blütezeit. Der Grund dafür ist vielleicht der Boden und die Erdströme, die ihn durchziehen.* In bestimmten Regionen** ist die Luft von Rosenduft erfüllt, und nicht umsonst ist die bulgarische Rose in der ganzen Welt bekannt. Sehr früh wurde ich von den Rosen angezogen, ich habe sie eingeatmet und lange betrachtet… Dann kam der Tag, an dem ich eine Rose einatmete, deren Duft so stark und berauschend war, dass ich meinen Körper verließ; und ich wurde in einen Raum hinweggetragen, wo ich eine Welt von Licht, Schönheit, Inspiration und Freude entdeckte. Von dem Moment an versuchte ich nur noch, diese Erfahrung zu wiederholen.

Derjenige, der von einem starken Wunsch beseelt ist, findet spontan und instinktiv die Mittel, um ihn zu verwirklichen. Auf diese Weise spürte ich, dass die Rosen mir bei meinen Meditationsübungen helfen könnten. Aus welcher fernen Vergangenheit und aus welchem in mir verborgenen Wissen dieser Impuls kam, weiß ich nicht. Im Augenblick

* Im fünften Jahrhundert vor Christi schrieb bereits der griechische Historiker Herodot: »In dieser Region wachsen wilde Rosen, von denen jede sechzig Blütenblätter hat und deren Duft den Duft von anderen Rosen übertrifft.«

** Besonders in der Region Kasanlak

der Meditation wählte ich jene Rose, bei der ich spürte, dass ihre Frische, ihre Form, ihre Farbe, ihr Duft mich in weite Ferne, hoch hinauf führen würde. Ich betrachtete sie als ein lebendiges, vom Himmel herabgestiegenes Geschöpf, das sich opferte, um mir den Weg zu zeigen, und ich bat sie, mich zu lehren, wie all die Tugenden zu erlangen sind, die sie in der spirituellen Welt repräsentiert.

Auf der Erde sind die Rosen schön, aber wie viel schöner sind sie dort oben, in der unsichtbaren Welt! Denn diese Wesenheit, die hier unten einen Körper hat, wohnt in Wirklichkeit in den feinstofflichen Regionen. Die Betrachtung einer Rose, ihr berauschender Duft, entriss mich der physischen Welt. Ich durchquerte dann die ätherische Ebene, in dem Bemühen, mich dort nicht aufzuhalten, dann die Astral-Ebene und die Mental-Ebene, wo ich mich auch nicht aufhielt. Und ich gelangte schließlich in die Kausal-Ebene, wo ich die Rose fand, die wahre Rose, die von den Wesenheiten der Venus geformt ist, den *Elohim*, in der Sephira *Netzach*, der siebten Sephira auf dem Lebensbaum der Kabbala.[1]

Die Rose ist ein Geschenk der Venus an die Erde. Ihr wendet ein: »Aber wie konnten die Rosen vom Planeten Venus kommen? Die atmosphärischen Bedingungen, die dort herrschen, machen jegliches Leben unmöglich!« Das weiß ich wohl, aber für die Einweihungswissenschaft sind die Planeten nicht nur diese physischen, materiellen Körper, die die Astronomie erforscht; für die Einweihungswissenschaft sind die Planeten Durchgangswege, Vermittler zwischen den kosmischen Strömungen und der Erde. Durch die Vermittlung von Planeten empfängt die Erde Strömungen, Einflüsse, deren Quelle Gott ist. Und darum verbindet man seit undenklichen Zeiten die Planeten mit guten Eigenschaften, mit Tugenden. Die Planeten dienen als Reservoir für Strömungen, die den Raum durchziehen, und die sich, entsprechend ihrer Natur, in diesem oder jenem Gefäß auf der Erde verdichten. Die Rosen sind die Gefäße für Strömungen, die von der Venus kommen, die Strömungen der Liebe. Wenn wir uns ihnen nähern, empfangen wir diese Liebe. Warum ein solches Geschenk – die Liebe, die sich in den Rosen inkarniert – unbeachtet lassen?

Dem Anschein nach ist eine Rose nichts Besonderes, aber in Wirklichkeit hat sie die Macht, uns mit der Welt der Venus in Kontakt zu bringen; bereits ein einziges ihrer Blütenblätter ist von ihrer Quintessenz durchdrungen. Indem wir eine Rose betrachten, indem wir sie lieben, übertragen wir ihr etwas von unserem Magnetismus, und sie wiederum überträgt uns etwas von sich: Sie verbindet uns mit den Bewohnern der Sphäre von Venus, die weiter entwickelt sind als die von der Erde. Das ist einfach, es ist das Prinzip der Magie. Dennoch ist eine Rose trotz ihrer Schönheit und ihrem Duft nicht die Venus, und deshalb sollten wir nicht bei ihr stehenbleiben, sondern sie nur als Vermittler zwischen uns und höheren Wesenheiten betrachten. Diese Wesenheiten antworten uns durch die Rose, indem sie uns ermöglichen zu entdecken, was Liebe, Schönheit und Anmut sind.

Mithilfe von irdischen Gegenständen treten wir in Verbindung mit den Essenzen der spirituellen Welt. Wenn wir Gold berühren, das von denselben Schwingungen wie die Sonne belebt ist, treten wir in Verbindung mit dem Geist der Sonne. Wenn wir an einer Rose riechen und sie berühren, treten wir in Kontakt mit Venus, die uns ihre Liebe, die spirituelle Liebe gibt, und unsere Liebe wird poetischer, reiner, umfassender und intensiver. Was habe ich nicht alles gelernt beim Meditieren mit einer Rose! Ich habe mich mit ihrem Geist verbunden, ich habe zu ihm wie zu einem lebendigen Wesen gesprochen. Ich habe ihn gebeten, meine Seele ihm ähnlich zu machen, sie mit seinen Quintessenzen zu durchdringen, damit auch sie eine Blume im Garten Gottes wird und die himmlischen Wesenheiten erfreuen kann, die die Erde gerne aufsuchen. Denn die himmlischen Wesen freuen sich, Blumen auf ihrem Weg zu entdecken: reine und lichtvolle Seelen. Und sie kümmern sich um sie und schützen sie, um sie noch schöner zu machen.

Weil ich sie liebte, wurde die Rose lebendig. Ich hatte den Eindruck, dass ein schlafendes Wesen allmählich auf seinem Blütenbett erwachte und mir zulächelte. Ja, wie in den Märchen. Denn Märchen sind nicht nur schöne Geschichten für die Kinder, sie sind der Ausdruck von sehr realen Ereignissen des inneren Lebens.[2] Dank der Quintessenzen, mit denen sie durchdrungen sind, haben die Rosen mich sehr früh mit Wesenheiten in Kontakt gebracht, die seitdem in mir geblieben sind. Einmal, nach dreitägigem Fasten, roch ich an einer Rose und wurde von Energiewirbeln erfasst, und ich spürte, wie sie durch alle Poren meiner Haut in mich eindrangen.[3]

Schon in dieser Zeit schenkten die Rosen mir viele Offenbarungen, doch später wurden mir noch viel größere zuteil; in so vielen kleinen Dingen können große verborgen liegen! Um sie zu entdecken, darf man nicht allein bei den Formen stehen bleiben, sondern sollte immer das Prinzip, den Geist jenseits der Formen suchen. Auf diese Weise habe ich dank der Rosen nach und nach gelernt, das besser wahrzunehmen, was die Essenz eines lebendigen Wesens ist, um besser mit ihm zu kommunizieren. Und ich wünschte so sehr, ich könnte auch euch übermitteln, was ich gelernt habe!

Eine Rose zeigt sich zunächst als eine Form, als Farben und als Duft… Aber ich wollte es dabei nicht belassen, ich suchte das, was diese Form, diese Farben, dieser Duft in mir erweckte. Wir sollten uns daran gewöhnen, uns der Wirkungen bewusst zu sein, die die Wesen und die Dinge auf uns ausüben, damit wir unsere Sensibilität und unser Verständnis bereichern. Aber das genügte mir noch nicht, und ich konzentrierte mich auf die Kräfte und die Intelligenzen, die – von einer Struktur, einem Modell ausgehend – dieses lebendige Wesen geschaffen haben, das sich Rose nennt. Und danach lernte ich, diese Beschäftigung auf alle Wesen und Dinge, denen ich begegnete, auszuweiten.

Und ihr, warum handelt ihr nicht so wie ich? Ihr seht einen Kristall oder einen Vogel oder ein menschliches Antlitz... Fragt euch, welche unsichtbaren Kräfte an ihrer Formung Anteil hatten, damit sie so sind, wie sie sind. Sucht das Unsichtbare hinter dem Sichtbaren, es gibt keine lehrreichere Vorgehensweise, denn das, was sich eines Tages im Sichtbaren manifestiert, bereitet sich immer im Unsichtbaren vor. Ihr trefft zum Beispiel einen Freund. Meint ihr nicht, dass ihr reichhaltigere Begegnungen mit ihm haben werdet, wenn ihr herauszufinden sucht, welche Kräfte die Formung seines Gesichts gelenkt haben oder ihm seinen Gang oder seine Stimme verliehen haben? Es gibt jenseits dessen, was man sieht, so viele Dinge zu entdecken!

Die Rose sagte mir auch: »Du sollst dich nicht nur bei meiner Erscheinung aufhalten, sondern zu erkennen suchen, aus welchen Quintessenzen ich gemacht bin, wie ich sie zubereite und destilliere. Wem es gelingt, zu verstehen, wie ich arbeite, der wird dieselbe Arbeit an den Substanzen, die in ihm sind, ausführen können und sie destillieren, um daraus Düfte zu machen, die die Atmosphäre erfüllen werden.« Wird man sie wirklich riechen? Vielleicht nicht sofort, aber in der Zwischenzeit wird es möglich sein, psychische Emanationen wahrzunehmen. Habt ihr noch nie gespürt oder gerochen, dass von bestimmten lasterhaften, niederträchtigen Menschen etwas Ekelhaftes ausströmt, während man bei anderen, reinen Menschen, Menschen voller Liebe und Licht einen köstlichen Duft zu riechen glaubt?

Wenn Menschen im Gebet vereint sind, kann es geschehen, dass die Einfachheit ihres Herzens, die Inbrunst ihrer Gebete bestimmte Regionen der spirituellen Welt berührt und die Wesenheiten, die dort wohnen, dann mit Rosenduft antworten. Das wusste bestimmt die kleine heilige Therese vom Kinde-Jesu, sie, die gesagt hat, dass sie nach ihrem Tod einen Rosenregen auf die Erde fallen lassen wird. Ich liebe die heilige Therese sehr.

Wie soll ich ausdrücken, was der Anblick einer Rose in mir erweckt? Ich habe die Empfindung, mit ihr zu leben, mit ihr zu schwingen, und ich ernähre mich von etwas, was aus der göttlichen Welt herabsteigt. Dem Anschein nach ist sie ganz klein, aber in mir ist sie groß, denn sie bringt so viele Dinge mit sich! Sie lächelt mir zu und auch ich betrachte sie mit Liebe und bitte sie, in mich einzudringen, um andere Rosen in meinem Herzen und in meiner Seele zum Blühen zu bringen, denn sie hat diese Macht. Darum möchte ich den zukünftigen Müttern folgende Empfehlung geben: Während ihr euer Kind austragt, haltet von Zeit zu Zeit Ausschau nach Rosen – oder auch nur nach einer einzigen – meditiert bei ihr und bittet sie, auf dieses Kind in euch Einfluss zu nehmen. Die Geister der Rosen sind Wesenheiten, die eingewilligt haben, sich auf der Erde zu inkarnieren, um den Menschen zu helfen, und mit welcher Freude werden sie eure Bitte erhören!

Und wenn ich mich heute an eine Rose wende: »Oh geliebte Rose, wer hat dir deine Farbe, deinen Duft verliehen?... Wer hat dich unterrichtet?«, wird sie antworten: »Das ist ein Wesen, das die Menschen jeden Tag sehen, ein Wesen, von dem sie unablässig Wohltaten erfahren, aber dem gegenüber sie nicht die geringste Dankbarkeit zeigen. Ich bin an die nährende Erde gebunden, aber nicht die Erde macht mich zu dem, was ich bin: das ist die Sonne, die Quelle des Lebens.

Sie ist es, die mir meine Farben und meinen Duft verleiht, sie ist es, die mich lehrt, diesen Duft zu verbreiten.« Eine Rose ist still und doch so beredt! Durch ihre Emanationen übermittelt sie uns unablässig diese Botschaft: »Wendet euch der Sonne zu und werdet so wie ich.« Wenn man die Wellen, die sie aussendet, messen könnte, wäre man über die Anstrengungen erstaunt, die sie macht, um uns zu beeinflussen.

Welch ein Mysterium ist die Rose immer noch! Ihre Farbe ist die Farbe der spirituellen Liebe; ihre Form, Ausdruck vollkommener Harmonie, ihr Duft, der der Reinheit. Aber unter den Menschen, die Rosen in ihrem Garten wachsen lassen oder die ihre Wohnung mit Sträußen schmücken, wie viele ahnen da wirklich, was die Rose darstellt? Sie nehmen sie nur in Anspruch, um zu verschönern oder zu verführen. Warum suchen sie nicht durch sie hindurch den Weg der wahren Liebe, der Liebe, die nicht gefangen hält, der Liebe, die befreit?… Schon mit dem Berühren eines einzigen Blütenblattes können wir uns mit diesen Wesenheiten verbinden, die eingewilligt haben, sich in der Rose zu inkarnieren, um uns zu inspirieren und uns ungeahnte Horizonte zu öffnen. Für ein erhelltes Bewusstsein wird ein einfaches Blütenblatt zum Ausgangspunkt für größte spirituelle Verwirklichungen. Ohne Bewusstsein hingegen, geht man am Kostbarsten vorbei, und man verkümmert.

Ich spreche gerne von der Rose, weil diese Blume mit so vielen tiefgründigen und poetischen Dingen, die ich erlebt habe, verbunden ist. Ich spüre, dass die Wesenheiten, die in ihr wirken, in mir weiterhin eben diese Grundvorstellung von Schönheit und Vollkommenheit nähren. Ich danke ihnen, ich verspreche ihnen, auf die eine oder andere Weise etwas für alle Rosen auf der Erde zu tun, ihr Dasein zu verbessern und zu ihrem Ruhm beizutragen, auch wenn sie bereits im

Symbol des Rosenkreuzes verherrlicht sind. Dann sind diese Wesenheiten, die sich um sie kümmern, glücklich, sie sagen sich: »Man spricht von uns, man hat bemerkt, dass wir existieren.« Denn sonst nimmt niemand wahr, dass sie existieren. Die Rose, ja, die sieht man, aber diese Intelligenzen, die sie geschaffen haben, die in ihr wirken, die kennt man nicht. Man sollte die Wesenheiten würdigen, die in der ganzen Natur wirken, und hören, was sie uns zu sagen haben.

Wenn ich mich daher über die Rosen neige, dann rieche ich nicht nur ihren Duft, ich höre ihnen auch zu. Und was sagen sie mir? Dass sie darauf warten, dass mehr und mehr Menschen sie verstehen und Übersetzer ihrer Gedanken werden, so wie ich es gerade tue. Jede Rose sucht einen Übersetzer, der ihre Sprache versteht. »Wir haben uns beraten«, sagt sie mir, »und wir glauben, dass die Zeit kommt, wo wir besser verstanden werden.« Ihr seht also, die Rosen meinen, ich könne ihr Dolmetscher sein, und sie bitten mich, mit meiner Aufgabe fortzufahren. Und wiederum ist das, was ich euch sage, nicht allein Poesie, sondern Realität.

Man bringt mir oft Rosen, man stellt sie auf meinen Tisch und man hat auch Rosenstöcke in meinen Garten gepflanzt. Und so gebe ich meinen Besuchern gelegentlich eine Rose oder auch nur ein Blütenblatt, das sich gelöst hat. Ich tue das bewusst und lade diese Rose oder das Blütenblatt mit spiritueller Energie auf. Diejenigen, die ihre Antennen entwickelt haben, spüren, dass diese Rose oder das Blütenblatt ihnen zu einer Begegnung mit den Wesenheiten verhelfen kann, die die Rosen geschaffen haben. Ja, selbst ein einziges Blütenblatt, denn seine Schwingungen entsprechen denen dieser Wesenheiten. Ein Gegenstand, so winzig er auch sein mag, kann mit starken Kräften ausgestattet sein, denn das, was zählt, ist die Intensität des Gedankens und des Gefühls, mit der man ihn durchdrungen hat, nicht die Größe dieses Gegenstandes. Während ich spreche, stehen oft eine oder mehrere Rosen vor mir auf dem Tisch, und all meine Worte werden auf ihren Blütenblättern aufgezeichnet. Manche haben so sanfte, zarte Farben, dass ich mich nicht zurückhalten kann, sie zu streicheln, als wäre es eine Kinderwange.

Die Rose repräsentiert etwas so Großes, so Kostbares für mich, dass, sobald ich meinen Freunden – wo immer sie auch sein mögen – gute Gedanken senden möchte, ich sie ihnen oft in Form von Rosen sende. Wann empfangen sie sie? Das hängt von ihnen ab. In dem Moment, da sie bei ihnen ankommen werden, werden sie bestimmt nicht wissen, was das ist, noch woher es kommt, aber sie werden sich plötzlich von einem Lichtschein, einem Duft, von Frieden, von Freude besucht fühlen.

Und auch jetzt noch, wenn ich Rosen sehe, kommt es vor, dass ich mich in die Zeiten zurückversetzt fühle, als ich ihre Kraft entdeckte, mit welcher sie mich in die spirituellen Regionen projizieren konnten. In der Folge waren sie für mich mit verschiedenen Ereignissen verbunden. Ich könnte viele aufzählen, aber hier eines, das mir sofort in Erinnerung kommt.

Es war an einem Tag im Bonfin, an dem ich mich lange auf die Göttliche Mutter konzentrierte. Ich sprach zu ihr, richtete bestimmte Bitten an sie und fühlte mich von ihrer Gegenwart erfüllt. Danach musste ich nach Nizza aufbrechen, wohin Bruder Jean* mich mit dem Wagen brachte. Am Stadtrand wurden wir durch Staus aufgehalten, bis wir endlich an der Hauptstraße, der *Promenade des Anglais* anlangten. Es war August, es war heiß und ich hatte mein

* Einer der ersten Schüler des Meisters, ehemals erfolgreicher Rennfahrer; er war immer sehr glücklich, ihn im Auto chauffieren zu können.

Fenster heruntergelassen. Es herrschte immer noch viel Verkehr und wir mussten immer wieder anhalten. Ein mit mehreren Personen besetzter Wagen blieb neben unserem stehen und in diesem Wagen sah ich ein junges Mädchen, das mir zulächelte… Dann stieg es plötzlich aus und näherte sich unserem Wagen. Es war sehr hübsch, sein Gesicht war rein, ausdrucksvoll, intelligent und durch das herabgelassene Fenster reichte es mir eine Rose. Immer weiter lächelnd sprach es schnell einige Worte in einer Mischung aus Englisch und Französisch, die ich nicht richtig verstand, dann stieg es schnell wieder in seinen Wagen. Ich war ein wenig überrascht. Die Autos fuhren wieder an, kamen aber von Zeit zu Zeit wieder zum Stehen, und dieses junge Mädchen betrachtete mich weiter und lächelte mir zu. Natürlich lächelte auch ich zurück. Ich war so glücklich, auf diese Weise eine Antwort von der Göttlichen Mutter zu bekommen![4] Ja, denn ich wusste, dass durch dieses junge Mädchen, durch ihr Lächeln, ihre Blicke und die Rose, die es mir gegeben hatte, es die Göttliche Mutter war, die mir antwortete. Und woher wusste ich das? Weil die Rose, Symbol der Venus, eine Inkarnation des ewig Weiblichen ist, also auch der Göttlichen Mutter. Welch ein Zusammentreffen. Da befand sich dieses Mädchen inmitten eines Staus, wie eine Botin, mit einer Rose in der Hand. Eine Minute früher oder eine Minute später wären wir uns nicht begegnet.

Und das ist nicht alles, es gibt eine Fortsetzung. Einige Stunden später war ich zurück im Bonfin. Vor meiner Tür angekommen, was sah ich da? In einem Topf einen wunderschönen Rosenstock, den jemand dort anonym abgestellt hatte. Auch das war die Antwort der göttlichen Mutter, die mich wissen ließ, dass sie mich erhört hatte. Wie habe ich ihr da gedankt!

Ich sage euch nichts, was ich nicht selbst erprobt hätte. Das Streben nach dieser himmlischen Schönheit, das seit meiner Jugend in mir war, ließ mich entdecken, dass es durch die Rosen möglich war, in Kontakt mit spirituellen Wesenheiten zu treten, und dort im Licht, in der Unermesslichkeit, in der Herrlichkeit Freuden zu empfinden, die, wie ich denke, mir kein menschliches Wesen vermitteln könnte. Ich behaupte nicht, es sei einfach, zu dieser Auffassung von Liebe zu gelangen, und erst recht nicht, sie zu verwirklichen, aber es ist möglich. Wie offenbart sich dies? Auf verschiedene Art und Weise.

Ich zögere immer, euch von so intimen Erfahrungen zu erzählen, weil ich nicht weiß, wie ich verstanden werde und auch nicht, ob man mir glauben wird, aber ich werde es trotzdem tun. Manchmal wache ich in der Nacht auf mit dem Empfinden, dass Wesenheiten in meinem Zimmer gegenwärtig sind. Diese Wesenheiten sind ätherische Geschöpfe von unbeschreiblicher Schönheit. Sie sind da, um mich herum, und sie singen mit einer so melodiösen Stimme, dass ich spüre, wie sich mein ganzes Wesen im Raum ausdehnt. Sie betrachten mich lächelnd mit einer unermesslichen Liebe. Und auch ich betrachte sie. Sie sind hier, bei mir, durchscheinend, aber real und immer auf Abstand. Das, was ich dann sehe, ist so göttlich, so intensiv, dass ich nur das Bedürfnis spüre, sie zu betrachten. Woher kommen diese Geschöpfe? Ich glaube, das ist wieder die Göttliche Mutter, die mir die schönsten und reinsten ihrer Töchter schickt, weil sie weiß, dass meine ganze Seele nach dieser Schönheit und dieser Liebe strebt. Ja, ich sage euch dies, obgleich ich oft lieber schweigen würde. Ich spreche, um euch zu helfen, damit ihr wenigstens eine Vorstellung davon habt, was zu erleben möglich ist.

Und eines Tages erlebte ich Ähnliches in Paris. Ihr wisst, wie das ist, wenn man auf den großen Boulevards entlanggeht. Man kommt an einer Menge Personen vorbei, die man wahrnimmt, ohne sie wirklich anzusehen. An diesem Tag spazierte ich also auf den großen Boulevards entlang, ohne speziell ein junges Paar zu bemerken, das mir entgegenkam. Und in dem Moment, als sich unsere Wege kreuzten, warf das junge Mädchen mir einen Blick zu, aber einen solchen Blick… Ich erinnere mich nicht mehr, ob sie hübsch war, ich behielt ihre Gesichtszüge nicht besonders in Erinnerung, es war ihr Blick, der mich ergriff, ein Blick voller Liebe, Licht und Schönheit. Ich fühlte, wie der ganze Himmel in mich einzog. Dann, als ob nichts gewesen wäre, setzten die beiden ihren Weg fort, und auch ich ging weiter.

Ihr werdet sagen: »Und Sie haben keinen Vorwand gefunden, um sie anzuhalten und mit ihnen zu sprechen?« Nein, warum? Ich glaube sogar, dass das Mädchen sich des Blickes, den sie mir zugeworfen hat, nicht einmal bewusst war. Es war nicht sie, die mich angesehen hat. Und wer dann? Meine Schwesterseele. Ja, meine Schwesterseele, die sich durch sie manifestierte. Sie fand dieses junge Mädchen, das immerhin etwas Außergewöhnliches gehabt haben muss, um mir in einem Blick übermitteln zu können, was allein meine Schwesterseele mir geben konnte. Mehrere Tage lebte ich in einem unbeschreiblichen Glückszustand, ich dachte nicht einmal mehr an dieses junge Mädchen, ich hatte nicht den geringsten Wunsch, sie wiederzusehen, das hätte mir nichts zusätzlich gebracht, im Gegenteil. Ich dachte nur an diesen Blick von weit her. Auch das wusste ich: dass sie ihn mir kein zweites Mal geben könnte. Nichts ist mit einem Blick vergleichbar.

Ihr fragt: »Aber was ist ein Blick, wenn unsere Hände leer sind?« Es sind also die Hände, die für euch zählen? Eure Seele, die von einem Blick ausgefüllt sein kann, zählt nicht? Wenn man jemanden in seinen Armen hält, hält man nichts Großartiges, das solltet ihr wissen. Und diese Episoden aus meinem Leben erzähle ich euch nur deshalb, damit ihr wenigstens einmal gehört habt, dass in einem Blick der ganze Himmel enthalten sein kann. Nichts ist einem Blick vergleichbar, und durch einen einzigen Blick kann man mit seiner Schwesterseele kommunizieren.

Die Rose… Ich bin mir des Privilegs bewusst, ihr so früh auf meinem spirituellen Weg begegnet zu sein. Durch das Entzücken, das sie in mir erweckte, offenbarte sie mir große und tiefgründige Wahrheiten. Mit ihr drang ich nach und nach in diese Regionen vor, wo man die Harmonie und die Ordnung der Welt entdeckt. Zweifellos nahm ich deshalb eines Tages spontan einen Zirkel und zog einen Kreis, den ich in sechs gleiche Teile aufteilte. Ich fing ganz einfach an, diese geometrische Figur zu zeichnen, die man Rosette oder Mystische Rose nennt, denn sie hat in der Tat die Form einer Rose.

Diese Figur, die jeder kennt, habe ich jahrelang auf ihre Reichtümer hin erforscht. Ich war von ihrer vollkommenen Form fasziniert, und sie wurde für mich zu einem Pentakel. Ich befestigte sie an der Wand meines Zimmers, und wenn ich sie betrachtete, versetzte sie mich in einen Zustand von Frieden, Harmonie und Glückseligkeit, den nichts stören konnte. Ich grub sie in meiner Seele ein und bewässerte sie unablässig mit meiner Liebe. Ohne mein Zutun tauchte dieses Symbol aus ferner Vergangenheit in mir auf. Ich zeichnete es immer wieder und es sprach zu mir. Ich ging so weit, eine Vorrichtung aufzustellen, die es in Drehung versetzte, und dann vibrierte und strahlte es, das war wunderbar. Instinktiv begriff ich, dass ein Symbol einem Samen gleicht, den man aussäen und in sich wachsen lassen muss, indem man ihm Wasser, Wärme und Licht gibt. Nach und nach sah ich seine Blüten erscheinen, und noch heute ernte ich seine Früchte und nähre mich davon.

Diese Figur der Mystischen Rose setzt sich aus drei Teilen zusammen: drei Blüten, die sich gegenseitig durchdringen.

Anmerkung des Herausgebers: Im Bilderteil des Buches ab Seite 224 finden Sie eine farbige Abbildung der Mystischen Rose

Diese drei Blüten entsprechen drei Ebenen: der physischen, der astralen und der mentalen. Sie ist also eine Synthese des Menschen und seiner Aktivitäten. Wenn man den Spuren einer dieser Blüten folgt, durchläuft man einen anderen Weg, als wenn man der Spur der anderen beiden gefolgt wäre. Das Herz dieser drei Blüten, das Herz der Rosette, das ist die Sonne, unser Höheres Selbst. Wenn wir uns auf dem Rand der Blütenblätter entlang bewegen, entfernen und nähern wir uns abwechselnd dem Zentrum.

Man findet diese dreifache Rosette auch im physischen Körper. Wo? In der Hand. Betrachtet eure Hand: Wenn ihr die Spuren der dort eingeprägten Linien verlängert, werdet ihr feststellen, dass sie Kreisbögen bilden. Der größte dieser Kreisbögen ist derjenige, der der Saturnlinie entspricht. Für jeden Menschen sind diese Linien unterschiedlich, und jeder besitzt also nur einige Segmente der weiträumigen kosmischen Rose. In der gesamten Rosette liest man die Struktur des Universums, das ist die vollkommene Hand Gottes.

Die mystische Rose ist das erste Symbol, an dem ich richtig arbeitete. Zu dieser Zeit tat ich es, ohne jegliche spezielle Kenntnis zu besitzen. Ich war so jung! Jedes Mal, wenn ich diese Figur aufmerksam betrachtete, war ich von einem tiefen Gefühl der Fülle ergriffen. Ich identifizierte mich mit ihr und fühlte mich auf eine Bewusstseinsebene versetzt, wo uns die Mysterien der Ursprünge offenbart werden. Zweifelsohne schien es mir deshalb eines Tages, dass an dieser Rose, die ich einmal mehr zeichnete, etwas fehlte. Ich suchte, und ein plötzlicher Impuls veranlasste mich, die ersten Verse des *Johannes Evangeliums* darunter zu schreiben: *»Im Anfang war das Wort, und das Wort war bei Gott und Gott war das Wort. Dasselbe war im Anfang bei Gott. Alle Dinge sind durch dasselbe gemacht, und ohne dasselbe ist nichts gemacht, was* *gemacht ist« (Jh 1,1).* Warum diese Verse? Hatte ich eine besondere Verbindung zu ihnen? Zweifellos. Und mein ganzes späteres Leben habe ich weiter darüber meditiert und sie vertieft.[5] Heute weiß ich, warum ich auf diese Weise meine Zeichnung vervollständigte.

Auch da erscheint wieder die Verbindung, die zwischen dieser Blume, der Rose, und der geometrischen Figur der Rosette besteht. Diese ersten Verse des Johannes Evangeliums, die die Schöpfung der Welt heraufbeschwören, erinnern auch an den ersten Vers des Buches Genesis: *»Am Anfang schuf Gott Himmel und Erde«*, auf Hebräisch: *»Bereschit bara Elohim eth ha schamaïm ve-eth ha-haretz.«* Das hebräische Wort *Elohim* übersetzte man im Französischen mit Gott. Aber *Elohim* ist ein Plural, und es ist der Name der Engelshierarchie, die in der Sephira Netzach wohnt, der der Planet Venus zugeordnet ist, von wo die Rosen herkommen. Die *Elohim*, die die christliche Religion Fürstentümer nennt, erschufen also die Erde, und sie wachen über ihre Evolution ebenso wie über die der Menschen, die sie bewohnen.

Ihr seht, eine Rose kann uns sehr weit führen.

Weiterführende Literatur

1. Siehe Band 236 der Reihe Izvor »Weisheit aus der Kabbala – Der lebendige Strom zwischen Gott und Mensch«, Kapitel 3: »Die Engelshierarchien«.
2. Siehe Band 242 der Reihe Izvor »Unerschöpfliche Quellen der Freude«, Kapitel 16: »Die Pforten zur Traumwelt öffnen«.
3. Siehe Band 204 der Reihe Izvor »Yoga der Ernährung«, Kapitel 7: »Das Fasten«.
4. Siehe Band 236 der Reihe Izvor »Weisheit aus der Kabbala«, Kapitel 10: »Die kosmische Familie und das Mysterium der Heiligen Dreifaltigkeit«.
5. Siehe Band 9 des Gesamtwerkes »Im Anfang war das Wort – Kommentare zu den Evangelien «, Kapitel 1: »Im Anfang war das Wort«.

Kapitel 7

IN DER UNIVERSELLEN SYMPHONIE

Musik erlernen und Musiker werden, das habe ich mir lange gewünscht. Schon ganz jung, empfand ich die Musik als Ausdruck der göttlichen Vollkommenheit, und ich war überzeugt, dass, wenn ich sie zu nutzen verstünde, sie nicht nur mich transformieren könnte, sondern auch all jene, die mich spielen hören würden. Das ging so weit, dass ich träumte, der größte Virtuose zu werden. Ich hatte die Legende von Orpheus gelesen, der durch seinen Gesang, begleitet von seiner Leier, Götter und Menschen in Bann zog, wilde Tiere zähmte und sogar die Felsen rührte. Wie sehr liebte ich diese Legende von Orpheus, der in Thrakien gelebt hat! Im Gegensatz zu anderen Eingeweihten hatte er nicht versucht, sich mit Kraft durchzusetzen, sondern mit der Magie der Töne, der Magie des Wortes, der Macht der Schönheit. Da mein Land, Bulgarien, einen Teil vom alten Thrakien umfasste, war ich sehr glücklich, das gleiche Vaterland wie Orpheus zu haben!

Ich dachte natürlich nicht daran, die Leier zu spielen, aber ich wünschte mir sehnlichst, Geige zu lernen. Ich sah mich vor großem Publikum Konzerte geben und in mein Spiel etwas derart Einzigartiges hineinlegen, dass jeder bei seiner Rückkehr für immer geprägt sein würde: Die Einprägung, die ich in ihm hinterlassen hätte, würde ihn dahin führen, nur nach Schönheit und Harmonie zu streben. Aber das Schicksal hat anders entschieden. Wir waren viel zu arm, als dass meine Mutter mir eine Geige hätte kaufen können. Traurig sah ich meine Kameraden mit ihrem Instrument unter dem Arm zu ihrem Unterricht gehen – und ich für meinen Teil blieb mit meinen Träumen zurück… Als ich endlich diese sehnlichst gewünschte Geige in den Händen hielt, war ich dreiundzwanzig Jahre alt. Das war natürlich zu spät; mit welchem Instrument auch immer, man muss sehr jung damit beginnen. Ich konnte lange stundenlang üben, meine Finger hatten nicht mehr die notwendige Geschmeidigkeit.

Später musste ich gezwungener Maßen anerkennen, dass eine Musikerkarriere nichts für mich gewesen wäre, selbst wenn ich die Möglichkeit dazu gehabt hätte. Es hatte daher auch sein Gutes, dass ich diesen Hindernissen begegnete, ich wäre sonst vielleicht auf einen Weg geraten, der nicht der meine gewesen wäre. Die Musik ist eine Macht, sie erweckt Emotionen, Gefühle und gibt Auftrieb. Das genügt jedoch nicht. Emotionen, Gefühle und Auftrieb bedürfen einer Orientierung, und eine gute Orientierung erfordert eine bestimmte Philosophie, erfordert Weisheit. Um den Menschen zu helfen, muss man ihnen auch und vor allem Licht geben, sprechen, erklären… das Schicksal lenkte mich daher zu einem anderen Bereich als der Musik: zur Philosophie, zur Einweihungswissenschaft. Aber in der Philosophie und der Einweihungswissenschaft, so wie ich sie verstehe, ist die Musik immer gegenwärtig. Warum? Weil das Universum als solches Musik ist. Es ist eine Konstruktion, gegründet auf den Gesetzen der Harmonie und regiert von den Gesetzen der Harmonie.

Wenn die äußeren Umstände sich mir entgegenstellten, Musiker zu werden, so hinderte mich innerlich nichts daran, in der Musik zu leben. Wenn ich meditierte, war ich bestrebt, das Universum als eine riesige Symphonie wahrzunehmen, und in diesem Raum, der bereits Musik war, stellte ich mir wunderschöne ätherische Geschöpfe vor, die singend vorüber zogen. Ich hatte nur noch einen Wunsch, den, mich mit ihnen zu vereinen, und dieser Wunsch zog mich oft aus meinem Körper heraus.

Das war die Zeit, als ich die Atemübungen entdeckt hatte, die ich stundenlang praktizierte. Eines Tages, während einer dieser Übungen, fühlte ich mich sehr hoch, sehr weit in den Raum hinausgetragen, und mit einem Mal hörte ich, dass das ganze Universum sang: die Berge, die Bäume, die Meere, die ganze Erde, aber auch die Sonnen, die Sterne – alles. Die gesamte Schöpfung war nichts als Musik, und keine menschliche Musik kann sich mit dem, was ich hörte, vergleichen. Ich sage, dass ich »hörte«, aber in Wirklichkeit ist das nur eine Ausdrucksweise. Ich konnte nicht mit meinen physischen Ohren hören, weil ich aus meinem Körper ausgetreten war. Eine solche Musik lässt sich nur mit der Seele, mit dem Geist hören.

Diese Symphonie des gesamten Universums nannten die Dichter oder Philosophen wie Pythagoras oder Platon »die Harmonie der Sphären« oder »die Musik der Sphären«. Alles, was existiert, sendet Klänge aus, aber natürlich keine Klänge in dem Sinne, wie wir dieses Wort im Allgemeinen verstehen. Um sie wahrzunehmen, muss man seinen Körper verlassen. Die Musik der Sphären ist die Synthese all der Sprachen, derer sich die Schöpfung bedient, um sich zu manifestieren. In der Natur unterscheiden wir nicht nur Töne, sondern auch Farben, Bewegungen, Düfte, Formen, denn unsere Sinnesorgane vermitteln uns eine differenzierte Wahrnehmung der Dinge. Aber jenseits unserer fünf physischen Sinne besitzen wir andere Organe, die fähig sind, eine Synthese all dieser Wahrnehmungen vorzunehmen, und in manchen außergewöhnlichen Momenten ist es möglich, die Schöpfung gleichzeitig als Töne, Farben, Formen und Düfte zu erfassen.

Was ich dann erlebte, war wunderbar und schrecklich zugleich. Wie lange das andauerte, das weiß ich nicht. Zweifellos sehr kurz. Ich spürte, dass ich mich auf die Dimensionen des Universums ausweitete, ich wurde selbst zum Universum, ich breitete mich unbegrenzt im Raum aus und ich wusste nicht, bis wohin ich davongetragen werden würde; doch plötzlich hatte ich Angst. Ich hatte Angst, mich aufzulösen, pulverisiert zu werden, zu verschwinden, und ich kam zurück. Wenn dieser Zustand länger angehalten hätte, hätte ich es mit Sicherheit nicht überlebt. Also kehrte ich in meinen Körper zurück, weil es für mich nicht der Moment war zu gehen, ich hatte meine Arbeit ja noch nicht einmal begonnen. Später bedauerte ich es gelegentlich, freiwillig diese Erfahrung beendet zu haben, die zu erleben mir nie wieder gegeben wurde, aber es ist unmöglich, die Stärke dieser Schwingungen lange auszuhalten, der physische Körper ist nicht darauf vorbereitet. Denn selbst wenn die Seele sich in diesem Moment vom Körper entfernt, löst sie sich nicht von ihm – sie löst sich nur von ihm, wenn man sie zu weit gehen lässt –, aber die Intensität von dem, was sie erlebt, wirkt sich sehr stark auf den Organismus aus. Allein die Engel, da sie keinen physischen Körper haben, können solche Schwingungen aushalten.

Ich habe danach zwar sehr bedauert, dieser Erfahrung freiwillig ein Ende gesetzt zu haben, aber wenigstens habe ich für ein paar Augenblicke erlebt, gesehen und gehört, wie das ganze Universum singt, in einer solch grandiosen, so erhabenen Harmonie, dass… Aber nein, es ist mit nichts vergleichbar, was man auf der Erde hören kann. Höhere Wesenheiten haben mir erlaubt, diese Momente zu erleben, damit ich eine Vorstellung davon bekäme, was himmlische Harmonie bedeutet, und jetzt erfüllt die bloße Erinnerung daran meine Seele, so, als ob es genüge, mein ganzes spirituelles

Leben aufrechtzuerhalten, zu stützen und zu nähren. Selbst wenn sie sehr kurz ist und selbst wenn sie nur ein einziges Mal geschenkt wird, kann diese Erfahrung, die eine der seltensten und tiefgreifendsten ist, für ein ganzes Leben ausreichen, ja, sogar für mehrere. Denn diese Musik – ja, nennen wir es Musik, weil es kein anderes treffendes Wort dafür gibt – berührt nicht nur die Empfindsamkeit. Sie ist auch ein Wort der Weisheit, welches die einzuschlagende Richtung aufzeigt und welches das göttliche Gesetz in die Seele desjenigen schreibt, der das Privileg hatte, sie wenigstens einmal zu hören. Heute höre ich sie in anderen Formen.

Diese Erfahrung der universellen Harmonie, die ich so früh in meinem Leben machte, ist wie ein Abdruck, wie ein Siegel geblieben, mit dem meine Seele geprägt wurde, und das drängte mich später dazu, immer und überall nach Harmonie zu streben.[1] Sobald man einmal gehört hat, dass die Schöpfung nichts als ein riesiges Konzert von Stimmen ist, die gemeinsam singen, kann man es nie mehr vergessen, und man wünscht sich nur noch eines: dass sich diese Harmonie hier auf der Erde unter den Menschen realisiert. Ein einziges Mal die Musik der Sphären gehört zu haben, hat mir die Überzeugung gegeben, dass wir in dem Bewusstsein leben sollten, Teil eines Chores, eines kosmischen Chores zu sein.

Wie viele Männer und Frauen treffen sich gerne, um gemeinsam zu singen![2] Sie spüren, dass diese Harmonie, die sie zwischen sich herzustellen bemüht sind, um ein Stück aufzuführen, ihnen gut tut, aber auch, dass sie sie in eine höhere Dimension des Daseins versetzt. All die Stimmen der Männer und Frauen, die so unterschiedlich scheinen, wenn man sie getrennt voneinander hört, wie kommt es, dass sie so wunderbar harmonieren, wenn sie sich vereinen? Aber ist die Probe oder das Konzert beendet, kehrt jeder nach Hause zurück und lässt sich von seinen armseligen Beschäftigungen, seinen alten Streitereien, seinem Groll gegen diesen oder jenen wieder vereinnahmen. Da ist dann Schluss mit der Harmonie, aber zugleich ist damit auch Schluss mit dem Leben; ja, denn Disharmonie, das ist der Tod. Sie haben vielleicht wunderbar gesungen, aber sie haben noch nicht verstanden, was ein Chor sein soll. Wenn sie es verstanden hätten, würden sie im Herzen weitersingen, auch wenn sie sich nicht im Chor befinden.

Was bedeutet das? Dass wir unser ganzes Leben lang, wo immer wir auch sind, und auch jeder allein zu Hause, das Bewusstsein haben sollen, dass wir Teil eines Chores sind, damit unsere Stimme, das heißt alles, was wir an Gedanken, Gefühlen, Wünschen, Emotionen aussenden, in Harmonie mit der ganzen Natur und mit den Menschen schwingt. Erst in dem Moment spürt man das Leben in sich sprudeln. Einem Chor anzugehören, sollte daher nicht allein die Gelegenheit sein, seine Zeit angenehm zu verbringen, sondern auch die, eine bewusste Arbeit zu verrichten, bei der man lernt, das individuelle Leben dem Gesetz der universellen Harmonie unterzuordnen. Und auch derjenige, der nicht singt, muss an der Harmonie arbeiten, denn die geringste harmonische Schwingung auf der Erde bringt uns in Verbindung mit der großen kosmischen Harmonie.

Jedem Geschöpf hat die kosmische Intelligenz eine bestimmte Note gegeben, einen Ton, eine Stimme, damit alle zusammen eine Symphonie im Universum bilden können. Ihr wendet ein, dass ihr diese Stimmen nicht hört? Ja, natürlich, auch ich höre sie nicht mehr, so wie ich sie einmal hören durfte vor langer Zeit. Der Gedanke jedoch, dass die gesamte Schöpfung hier und jetzt genau in diesem Augenblick singt, kann euch nicht allein das schon glücklich machen? Kann das nicht den Wunsch in euch erwecken, eure Stimme diesem Gesang hinzuzufügen? Und ich wünsche, dass es euch allen eines Tages gewährt wird, diese Harmonie der Sphären zu hören, wenn auch nur für Sekunden, wie es für mich geschah. Ihr werdet es nicht mehr vergessen können, ihr werdet überall die Sehnsucht nach diesem Augenblick in euch tragen. Was ihr dabei erlebt, wird für immer eure Schritte auf den Weg der Harmonie der Herzen und der Seelen führen.

Weiterführende Literatur

1. Siehe Band 225 der Reihe Izvor »Harmonie und Gesundheit«, Kapitel 2: »Die Welt der Harmonie«.
2. Siehe Band 223 der Reihe Izvor »Geistiges und künstlerisches Schaffen«, Kapitel 5: »Die Stimme«.

Kapitel 8

BEGEGNUNG MIT MEISTER PETER DANOV

Die Offenbarungen des Psalm 116

Es war an einem Tag, als ich nach Sofia fahren musste. Ich nutzte das, um Buchhandlungen zu besuchen. Ich war glücklich, mit dem Geld, das ich verdient hatte, mir einige Bücher kaufen zu können. In einer dieser Buchhandlungen hielt ich mich lange auf und blätterte in Büchern der Theosophie: Leadbeater, Annie Besant, Helena Blavatsky und noch einige andere. Da kam auf einmal der Buchhändler zu mir; er sah mich freundlich an, zeigte mir dann einige kleine Broschüren und sagte lächelnd zu mir: »Sie sollten lieber das hier lesen«. Ich war sehr erstaunt: Was war das, diese kleinen Broschüren? Und noch dazu hatte ihr Autor einen bulgarischen Namen: Peter Danov. Wie konnte sich ein Bulgare mit diesen Berühmtheiten vergleichen, welche die Theosophen waren, sie, die in Indien gelebt hatten und großen Meistern begegnet sind? Ich befolgte trotzdem den Rat des Buchhändlers und kaufte diese Broschüren, zusammen mit zwei oder drei anderen Büchern.

Als ich dann den Zug zurück nach Varna nahm, weiß ich nicht, was da passiert ist: Ich verlor die Bücher und mir blieben nur die Broschüren von Peter Danov. Also habe ich sie gelesen – und was für eine Entdeckung war das für mich! Wer war dieser Mensch, der sich mit einer solchen Autorität, einer solchen Klarheit, einer solchen Weisheit ausdrückte? Ich sagte mir: »Ich werde ihn aufsuchen.« War er dieser Meister, den ich suchte?

Später erfuhr ich, dass der Buchhändler aus Sofia, der mir diese Bücher empfohlen hatte, ein Schüler des Meisters war. Die Vorsehung bediente sich seiner, damit ich ihm begegne. Er hieß Dimitar Golov. Diese Broschüren, die er mir empfohlen hatte, gehörten zu der Reihe »Sila i Schivot«, das heißt »Kraft und Leben«. Ich war siebzehn Jahre alt und so unwissend, dass ich diesen Titel etwas belanglos fand. Ich hatte noch keine Vorstellung von der Dimension, die das Wort »Leben« für mich später annehmen würde.[1]

Sobald ich diese Broschüren gelesen hatte, fragte ich mich, wie ich den Meister treffen könnte. Mit welchem Erstaunen erfuhr ich, dass er in Varna wohnte! Dort lebte er seit kurzem im Exil. Als Folge von Anschuldigungen aus den Reihen der orthodoxen Kirche musste er Sofia verlassen. Bischöfe, die in ihm einen gefährlichen Häretiker sahen, hatten bei König Ferdinand erreicht, dass er Sofia, wo er die Weiße Bruderschaft gegründet hatte, verlassen musste. Er war nach Varna gegangen, begleitet von einigen treuen Schülern.

Nach einem ersten Besuch beim Meister begann ich, seinen Vorträgen beizuwohnen, die er im Hotel London hielt, wo er wohnte. Aber ich hatte mich ihm noch nicht vorgestellt mit der Bitte, als sein Schüler angenommen zu werden. Eines Tages beschloss ich, ihn um ein Treffen zu bitten. Ich ging dort hin, begleitet von einem Jungen und einem Mädchen meines Alters, die, so wie ich, seiner Lehre folgen wollten.

Sobald wir uns in der Gegenwart des Meisters befanden, gab es zunächst einen Moment großer Stille. Dann sagte ich mit Ergriffenheit und der ganzen Aufrichtigkeit meines Herzens zu ihm: »Oh, Meister, erlauben Sie uns, Ihnen zu folgen?« Aufs Neue war Stille; etwas Heiliges schwebte im

Raum. Ich werde niemals den Ausdruck des Meisters vergessen. Er betrachtete uns intensiv, durchdringend… Schließlich antwortete er mit großem Ernst und viel Liebe, als ob er allein die Bedeutung dieses entscheidenden Augenblicks kennen würde: »Wer kann euch hindern, mir zu folgen? Niemand.« Das war alles, mehr sagte er nicht. Es herrschte wieder Stille, in der ich spürte, dass ich bereits mit seinem Geist kommunizierte. Ströme durchzogen mich, als ob er Türen und Fenster in mir öffnete, als ob er den Geistern des Lichts auftrug, sich um uns zu kümmern.

Auf dem Tisch lag eine Bibel; und ich beobachtete in der Folge, dass der Meister immer eine Bibel bei sich hatte. Er nahm diese Bibel und blätterte darin, als ob er etwas suchte. Und wir standen da, ganz klein und ein wenig ängstlich. Wir begaben uns auf einen Weg, ohne das Geringste von den Prüfungen zu wissen, die dort auf uns warteten. Die Schwester ist sehr jung gestorben. Was den Bruder angeht, was mit ihm später geschah, darüber kann ich nicht sprechen.

Der Meister suchte also einen Moment in der Bibel, dann nannte er jedem von uns einen Psalm und sagte: »Lest ihn, der ist für euch.« Mir gab er den Psalm 116. Wie viele Male habe ich danach diesen Psalm wieder und wieder gelesen! Ich lernte ihn sogar auswendig. Da der Meister ihn mir gegeben hatte, lag darin mein Leben. Wie sollte ich nicht begreifen, dass er mir schreckliche Prüfungen ankündigte?

»Stricke des Todes hatten mich umfangen,
des Totenreichs Schrecken hatten mich getroffen;
ich kam in Jammer und Not.
Aber ich rief an den Namen des HERRN:
Ach HERR, errette mich«.

Diese in dem Psalm – den mir der Meister an diesem Tag gegeben hatte – erwähnten Prüfungen ereigneten sich neun Jahre nach meiner Ankunft in Frankreich.

Im Laufe dieses ersten Jahres, in dem ich seine Bekanntschaft machte, lud der Meister mich manchmal ein, ihn zu besuchen. Eines Tages sagte er zu mir: »Der Weg steht Ihnen offen, Sie haben alle Voraussetzungen, um voranzuschreiten. Der Himmel ist mit Ihnen und wird Ihnen viel geben. Aber eine Zeit wird kommen, in der die ganze schwarze Loge sich vor Ihnen aufbauen wird, um Ihnen den Weg zu versperren.« Ich war zu dieser Zeit weit davon entfernt, zu wissen, was die schwarze Loge und ihre Macht, Schaden zuzufügen, ist. Ich lächelte und sagte: »Wir werden durchkommen.« Was er mir dann antwortete, das bewahre ich sorgsam in meinem Gedächtnis. Dann fragte ich ihn: »Zu welcher Zeit wird das geschehen?« »Im sechsundzwanzigsten Jahr.« Nun, so glaubte ich, dass er sagen wollte: in meinem sechsundzwanzigsten Lebensjahr. Als ich dann sechsundzwanzig Jahre alt war, hatte ich lediglich Schmerzen im Knie. Es war sehr schmerzhaft und ich war lange Zeit beeinträchtigt, aber das war nur ein krankes Knie.

Jahre später, als ich all die Ereignisse meines Lebens Revue passieren ließ, erinnerte ich mich dieser Worte des Meisters. Ich rechnete: 1918 hat er mir diese Prüfungen angekündigt. Sechsundzwanzig Jahre später, 1944, hat er die Erde verlassen. Ich war seit sieben Jahren in Frankreich und es ist richtig, von diesem Moment an begann die schlimmste Periode meines Lebens! 1947-1948 hatte ich den Tiefpunkt erreicht. 1950 endlich, fing der Himmel an, sich aufzuklären.

Während dieser dunklen Periode, in der ich bekämpft, bedroht und schließlich in Folge erlogener Anschuldigungen eingesperrt wurde, erinnerte ich mich der Worte des Psalmes und der Prophezeiungen des Meisters. *»Stricke des Todes hatten mich umfangen, des Totenreichs Schrecken hatten mich getroffen...«* Besonders in einer Nacht hatte mich eine Angst ergriffen, wie ich sie bis dahin noch nicht gekannt hatte, eine Todesangst. Ich starb in diesem Moment nur deshalb nicht, weil mich niemals der Glaube und das Vertrauen in den Ewigen verließen und auch nicht meine Liebe zu Ihm. Ich klammerte mich verzweifelt an den darauffolgenden Vers, den Vers des Heils, der Befreiung: *»Ich werde wandeln vor dem Herrn im Lande der Lebendigen.«* Aus meiner tiefsten Not heraus sagte ich mir, dass ich nach dieser Qual wissen würde, was das Leben ist, das wahre Leben, das ewige Leben.

»Ich werde wandeln vor dem Herrn im Lande der Lebendigen.« Als ich diesen Psalm gelesen hatte, nachdem mir der Meister gesagt hatte, dass er für mich sei, war ich sehr beeindruckt von der Schönheit dieses Verses und auch von seinem geheimnisvollen Charakter. Was ist das, »die Erde der Lebendigen«? Ich hatte ihn in Hebräisch gelernt und ihn sogar auf ein dünnes Goldplättchen gravieren lassen, das ich immer bei mir trug.

Für gewöhnlich erzähle ich nichts von dem, was ich durchlebe, das ist nicht notwendig. Ich riskiere nur, nicht verstanden zu werden, und Gott allein weiß, was man noch alles ersinnen wird! Dennoch glaube ich, dass manche unter euch mich verstehen werden, und auch andere, die nach euch kommen werden. Für sie spreche ich, das wird sie erhellen und ihnen eines Tages helfen können. Denn in einem bestimmten Moment ihrer Entwicklung, nach Jahren der Arbeit und der Läuterung, muss die Seele ihr noch unbekannte Regionen durchqueren, die man nicht anders als mit Hölle bezeichnen kann. Diese Prüfung ist Teil jeder Einweihung.

Im Verlaufe dieser Nacht, in der ich von Todesangst ergriffen wurde, geschah etwas, das ich mir nie erklären konnte. Vielleicht sollte ich sterben, vielleicht war ich bereits tot. Ich war ins Höllenfeuer eingetaucht, ein schreckliches Feuer; ich hatte vor mir Flammen, von denen kein irdisches Feuer eine Vorstellung vermitteln kann, es war das Schauspiel des Todes in all seinem Schrecken. Ich spürte meine Haare zu Berge stehen. Wieso sind sie nicht alle in dieser Nacht weiß geworden, das frage ich mich. Und auch ich habe geschrien: *»Oh Ewiger, rette meine Seele!«*

Danach fiel ich erschöpft in einen tiefen Schlaf. Aber zwischen ein und zwei Uhr morgens gab es ein Geräusch, als ob man an meine Tür klopfte. Dieses Geräusch weckte mich und da fühlte ich mich von Lichtwesen umgeben, von sehr mächtigen Wesen, die lange mit mir, an mir für den Rest der Nacht arbeiteten. Und plötzlich geschah die Auferstehung. Ich war auf der Erde der Lebendigen angekommen! Danach wurde mir klar, dass dieser Tag der Geburtstag des Meisters war. Er war an einem 11. Juli am Morgen geboren worden.

Im spirituellen Leben folgt dem Tod immer die Auferstehung. Man stirbt nur, damit man wieder aufersteht. Von den Mysterien von Ägypten und dem alten Griechenland bis hin zum Christentum: Wie viele Religionen erwähnen diesen Tod, dem eine Auferstehung folgt! Nachdem Osiris von seinem Bruder Seth aus Eifersucht getötet worden war, findet seine Gattin Isis seinen Körper wieder und lässt ihn mit der Hilfe des Gottes Anubis wieder auferstehen. Genauso rettet Athena das Herz von Dionysos, den die Titanen gekocht und seinen Körper gegessen hatten, und sie gibt ihm das Leben wieder. Die Herstellung des Steines der Weisen beruht genauso auf dem Prinzip des Todes, dem eine Auferstehung folgt.[2] Und wie ist der Tod und die Auferstehung von Jesus zu interpretieren?[3]

Nach Jahren der Prüfungen konnte auch ich sagen: »*Oh Herr, du hast meine Seele vom Tod errettet.*« Endlich wandelte ich auf der Erde der Lebendigen. Und was ist diese Erde der Lebendigen? Die Sonne. Ja, die Sonne, aber ein Aspekt der Sonne, den wir noch nicht kennen. All das, was wir auf der Erde und im Himmel sehen, stellt nur einen winzigen Teil der Realität dar: Hüllen, Schalen… Die Wirklichkeit, das ist die Unermesslichkeit der unsichtbaren Welt. Ihr fragt: »Was? Das Universum ist bereits derart ausgedehnt: das Sonnensystem und darüber hinaus all diese Galaxien, diese Nebel!…« Ja, aber das ist nichts neben all dem, was wir nicht sehen.

In ferner Vergangenheit waren die Astronomen Eingeweihte, und wenn sie von Jupiter, Merkur, Mond, Venus und so weiter sprachen, dachten sie an Wesenheiten, die diese Regionen bewohnen, Wesenheiten, die ihren eigenen Charakter haben, und die eine bestimmte Arbeit im Universum verrichten. Die zeitgenössischen Astronomen haben diese Wissenschaft verloren und sie verbinden mit diesen Namen nur materielle Realitäten: Planeten, die sie erforschen hinsichtlich ihrer Atmosphäre, dem Feuchtigkeitsgrad, der Oberflächengestaltung und der Natur der Elemente, aus denen sie bestehen, um anschließend zu erklären, dass es auf ihnen kein Leben gibt. Aufgrund der gleichen Vorgehensweise wissen sie ebenso nicht, was die Sonne wirklich ist.

Die Sonne ist die in dem Psalm erwähnte »Erde der Lebendigen«, und auf dieser Erde der Lebendigen werden wir eines Tages leben. Aber schon jetzt hindert uns nichts daran, das Tal der Tränen und des Todes zu verlassen, das momentan unser Aufenthaltsort ist, um uns auf die Erde der Unsterblichen zu versetzen. Jedes erhellte Bewusstsein lebt bereits in der Sonne. Sobald wir beginnen, im Licht zu leben, leben wir in der Sonne: Unsere Füße wandern auf der Erde, aber unser Kopf besucht die Sonne. Und weil wir uns wünschen, für immer auf dieser Erde der Lebendigen zu leben, streben wir jeden Morgen danach, uns ihr anzunähern. Indem wir die aufgehende Sonne betrachten, beginnen wir, unsere Schritte dorthin zu lenken.[4]

Weiterführende Literatur

1. Siehe Band 225 der Reihe Izvor »Harmonie und Gesundheit«, Kapitel 1: »Das Wesentliche ist das Leben«.
2. Siehe Band 241 der Reihe Izvor »Der Stein der Weisen – Von den Evangelien zur Alchimie«, Kapitel 11: »Die Regeneration der Materie: das Kreuz und der Tiegel«.
3. Siehe Band 240 der Reihe Izvor »Söhne und Töchter Gottes«, Kapitel 10: »Jesus, tot und auferstanden?«.
4. Siehe Band 323 der Reihe Broschüren »Meditationen beim Sonnenaufgang«.

Kapitel 9

FRANTSIA, FRANKREICH

Im großen Park von Varna über dem Meer gab man während des Sommers oft am Abend Konzerte. An diesen Abenden ging ich an den verlassenen Strand, streckte mich auf dem Sand aus und hörte der Musik zu, die von oben kam. Das Orchester spielte die Ouvertüren von Wagner-Opern: *Lohengrin, Tannhäuser, Parzifal…* aber ich erinnere mich auch an *Dichter und Bauer* von Franz von Suppé und an andere Musik, die man heute nicht mehr oft hört. Die Nacht fiel, die Glühwürmchen schwebten um mich herum und ich betrachtete träumerisch den mit Sternen übersäten Himmel…

Und wisst ihr, wovon ich träumte? Von Frankreich: *Frantsia.* Ich sprach diesen Namen aus, den ich sehr poetisch fand, und ich spürte ein großes Verlangen, dorthin zu reisen. War das eine Eingebung aus der Zukunft? Zu jener Zeit jedenfalls, in meinem damaligen Alter und den Bedingungen, unter denen ich lebte, war das unmöglich. Nun, ich träumte weiter von diesem Land, das ich mir großartig vorstellte, und besonders von Paris mit der Prachtstraße, die einen paradiesischen Namen trägt: *die Champs-Elysee, die elysischen Gefilde.* Was für ein wunderbarer Ort das sein musste! Und wenn ich daran dachte, verspürte ich eine wirkliche, spirituelle Freude.

Erst zwanzig Jahre später, im Jahre 1937, verwirklichte sich mein Traum. Aber dann handelte es sich nicht nur um einen Aufenthalt von ein paar Wochen, um anlässlich der

Weltausstellung euer Land zu besuchen. Ich blieb. Nachdem ich in Bulgarien Lehrer gewesen war, wurde ich Direktor einer Schule, und jetzt bat mich Meister Peter Danov, Bulgarien endgültig zu verlassen, um nach Frankreich zu gehen. Mit großer Hellsicht sah er einen zweiten Weltkrieg kommen und er ahnte auch voraus, wie der Kommunismus sich der östlichen Länder bemächtigen und alle Formen von Religion und Spiritualität bedrohen würde. Er bat mich, nach Frankreich zu gehen, um seine Lehre zu bewahren, von der er vermutete, dass sie in Bulgarien verboten würde. Und genau das geschah: Jahrzehnte lang durften die Schüler des Meisters sich nicht mehr versammeln, und sie mussten sogar ihre Bücher verstecken, damit sie nicht konfisziert und sie selbst verfolgt und verurteilt würden.

Ich bin also auf Bitten des Meisters nach Frankreich gekommen, um seine Lehre am Leben zu erhalten. Natürlich hat er mir nicht befohlen zu gehen, ein wahrer Meister fordert niemals Gehorsam und Unterwerfung von seinen Schülern. Ich selbst spürte, dass das, um was er mich bat, für das Gute war und stimmte zu. Aber ich war mir der Schwierigkeiten, die auf mich warteten, durchaus bewusst. Ich konnte ein wenig Französisch, ich konnte es lesen, aber nicht sprechen, und ich verließ ein kleines Land, wo ich ein Leben führte, das mich nicht auf eine solche Veränderung vorbereitet hatte. Ihr könnt euch nicht vorstellen, was Bulgarien zu dieser Zeit war. Wie würde ich in Frankreich leben? War ich dazu bereit?…

Als ich am 22. Juli 1937 ankam, war es leicht, an meinem Akzent zu erkennen, dass ich Ausländer war. Und wenn man mich fragte, aus welchem Land ich käme, merkte ich, dass man meistens nichts über Bulgarien wusste, nicht einmal, wo es liegt, man verwechselte es mit Rumänien oder Serbien oder einem anderen Nachbarland, und ich musste jedes Mal Erklärungen abgeben. Inzwischen kennt man es natürlich besser, dank seiner Rosen und seinem Joghurt. Später gab es da auch noch diese Affäre mit dem bulgarischen Regenschirm,* dann das Attentat auf Papst Johannes-Paul II...**

Nach meiner Ankunft begann ich sogleich, Paris zu erkunden. Ich verbrachte einen großen Teil meiner Zeit damit, die Straßen zu durchstreifen, um die Häuser zu betrachten, die Monumente, die Geschäfte, die Leute... Alles war so neu!

Ich wollte alles sehen: Nôtre Dame, den Eiffelturm, den Triumphbogen, die Museen und so fort. Eines Tages nahmen Freunde mich mit zum »Luna Park«. Da dieser Ort schon lange nicht mehr existiert, wisst ihr vielleicht nicht, dass der Luna Park eine Art Vergnügungspark war, den man an der Porte Maillot errichtet hatte. Viele kamen dorthin, um sich zu vergnügen. Es gab da zum Beispiel ein Spiel, das darin bestand, mit einem Gewehr auf einen Punkt auf einer Mauer zu zielen. Wenn man diesen Punkt traf, kippte ein Bett, auf dem eine Frau lag; dann fiel sie natürlich heraus, stand gleich wieder auf, brachte das Bett wieder in Stellung und legte sich hin, dann begann das Ganze von vorn. Es gab dort auch das sogenannte » Palais du rire«, eine Art »Lachlabyrinth«, mit Gängen, wo starke Luftströme die Hüte fort trugen und die Röcke flogen, Schaukeln, die man genau in dem Moment anhielt, wo die Leute sich kopfüber befanden... Ich war wirklich begeistert von dem Erfindungsgeist der Franzosen. Nie hatte ich in Bulgarien derartiges gesehen.

Und dann gab es da den »Butterteller«, das war interessant. Dieser Butterteller war eine große, runde Holzplatte, groß genug, um mehreren Personen gleichzeitig Platz zu

* 1978 wurde ein Repräsentant des bulgarischen Fernsehens in Paris ermordet, durch einen Stich mit der Spitze eines Regenschirms, die vergiftet war.

** im Mai 1981 in Rom, worin der bulgarische Geheimdienst verwickelt gewesen sein soll.

bieten. Waren alle aufgestiegen, begann die Scheibe, sich zu drehen, zunächst langsam und dann nach und nach immer schneller. Und was sah man dann? Diejenigen, die sich an der Peripherie befanden, unterlagen der Wirkung der Zentrifugalkräfte: Sie kamen aus dem Gleichgewicht und wurden von der Scheibe geschleudert. Aber jene, die sich im Zentrum befanden, konnten sich halten, denn die Zentrifugalkräfte waren dort gering; sie wurden nicht umgeworfen.

Ich schaute einen Moment zu, dann sagte ich zu meinen Freunden: »Seht euch diesen Butterteller an, der einzig dazu da ist, die Leute zu belustigen; er verdient unsere Aufmerksamkeit. Die physischen Gesetze, die dort wirken, sind identisch mit denen, die unsere Psyche regieren.« Sie waren erstaunt und ich erklärte ihnen: »Der Mensch ist vergleichbar mit diesem Butterteller. Manche psychischen Regionen in ihm repräsentieren die Peripherie, andere das Zentrum, und durch sein Bewusstsein ist er vergleichbar mit all diesen Leuten, die auf die Plattform steigen. Wenn er an der Peripherie herumspaziert, in Vergnügungen, Leidenschaften und Intrigen, wird er zur Beute von Kräften, die ihn aus dem Gleichgewicht bringen und er stürzt. Um in Sicherheit zu sein, das Gleichgewicht zu wahren, muss er das Zentrum in sich selbst suchen. Meditation, Sammlung und Gebet sind Methoden, die es uns ermöglichen, dieses Zentrum zu finden, diesen Punkt in uns, wo uns nichts mehr ins Wanken bringen kann.« Wie viele Dinge können uns auf diese Weise etwas lehren! Aber ja, ihr seht, selbst der Butterteller im Luna Park.

Paris war für mich wirklich eine Schule, etwas Einzigartiges. Ich staunte über alles, ich begeisterte mich für alles – was die Menschen, denen ich begegnete, manchmal zum Schmunzeln brachte. Aber was soll ich über die Champs-Elysee sagen?... Diejenigen, die dieser Straße den Namen des Ortes gegeben haben, wo der griechischen und römischen

Mythologie nach die glückseligen Seelen leben, wollten sicher jeden zum Träumen anregen. Bei mir hatten sie jedenfalls Erfolg, es ist mir unmöglich zu sagen, wie ich sie mir vorgestellt habe. Darum war ich erstaunt und enttäuscht, dort Cafés, Geschäfte und alle möglichen Leute zu finden, die dort herumspazierten, ohne das geringste Bewusstsein dafür, dass sie einen Boden betraten, dessen Name allein schon für mich heilig war.

Aber vor allem musste ich korrekt Französisch sprechen lernen, und das so schnell wie möglich! Daher beschloss ich, dass unter anderem das Kino eine gute Schule wäre. In den Filmen ging es in den Rollen um zahlreiche verschiedene Themen und genau das brauchte ich. Sechs Monate nach meiner Ankunft hielt ich, auf Bitten meiner Freunde, meinen ersten öffentlichen Vortrag.

Welch ein Ereignis für mich, mich zum ersten Mal an Franzosen in ihrer eigenen Sprache zu wenden! Ich wohnte damals bei Schwester Stella*, und an diesem Morgen, sie war bereits zur Arbeit aufgebrochen, stellte ich fest, dass, als ich den Wasserhahn von meinem Waschbecken öffnete, kein Wasser floss. Ich prüfte das am Wasserhahn von der Spüle in der Küche nach, vergaß aber, den am Waschbecken wieder zu schließen. Dann verließ ich die Wohnung… Bei meiner Rückkehr stellte ich fest, dass das Wasser wieder floss und die ganze Wohnung überschwemmt hatte, und ich begann es aufzuwischen. Als Schwester Stella von der Arbeit zurückkam, entdeckte sie die Überschwemmung und mich auf Knien beim Aufwischen. Sie war untröstlich, ich aber fing an zu lachen und sagte: »Aber nein, seien Sie nicht betrübt. Das Wasser, das ist die Liebe, der Überfluss, diese Überschwemmung ist ein wunderbares Vorzeichen!«

* Sie gehörte zu den ersten Schülern des Meisters. Sie war etwa vierzig Jahre lang seine Sekretärin.

Und so hielt ich weiterhin Vorträge. Manchmal fand ich nicht das gesuchte Wort, das mir vorschwebte, und dann stellte ich die Frage ans Publikum: »Wie nennen Sie dieses?... wie nennen Sie jenes?...« Die Antworten, die ich erhielt, waren manchmal amüsant, sie entsprachen ganz und gar nicht dem Wort, das ich suchte, und alle lachten. Jetzt, nach so vielen Jahren, drücke ich mich natürlich besser aus. Für manche nicht gut genug, das stimmt schon. Aber andere sagen, dass mein Wort nicht mehr genauso lebendig sei, wie zu der Zeit, wo man, so scheint es, die physische Gegenwart meines Denkens, das die Worte suchte, um sich verständlich zu machen, beinahe fühlte. Ihr seht, man kann nie alle zufrieden stellen.

Mehr und mehr Personen kamen, um mich zu hören. Der Saal war nicht immer groß genug, um alle aufzunehmen, und manche saßen auf dem Podium. Ich hatte da ein sehr unterschiedliches Publikum und das war für mich die Gelegenheit, alle möglichen, sehr interessanten Beobachtungen zu machen. Eines Tages, nach einem Vortrag, kam eine schöne, elegante, junge Frau auf mich zu, um mich zu sprechen. Sobald sie den Mund öffnete, merkte ich, wie oberflächlich sie war und fragte sie, was sie an den Themen, die ich behandelte, interessierte. Sie erzählte mir, dass eine Freundin ihr empfohlen hätte, mich zu hören, wobei sie ihr sagte, dass sie viele nützliche Dinge lernen würde. In Wirklichkeit hatte sie überhaupt keinen besonderen Wunsch zu lernen, aber sie war dennoch gekommen und kam weiterhin regelmäßig. Aus Neugier fragte ich sie nach dem Grund. »Oh«, antwortete sie, »Sie sind so ordentlich gekleidet, Ihre Manschetten und Ihr Kragen sind so weiß!« Mein Kragen und meine Manschetten! Ich war verblüfft. Das, was ich sagte, war ihr völlig gleichgültig. Ich erwartete, dass sie wenigstens ein Wort über das sagte, was sie gehört hatte, aber augenscheinlich hatte sie alles vergessen… und hatte sie überhaupt etwas gehört? Nur mein Kragen und meine Manschetten beeindruckten sie. Was war so außergewöhnlich daran, dass ich öffentlich Vorträge in präsentabler Kleidung hielt?

Auf diese Weise fand ich mich in der Situation des Pastors folgender Anekdote wieder. Ja, es war ein Pastor, der sich sonntags viel Mühe gab, die Zuhörerschaft zu bewegen, aber was er auch unternahm, er hatte nur gleichgültige, erstarrte Gesichter vor sich und war sehr enttäuscht. Eines Tages bemerkte er endlich im Hintergrund der Kirche einen armen Kerl, der schluchzte. »Aha«, sagte er sich ganz erfreut, »endlich habe ich doch jemanden rühren können!« Am Ende des Gottesdienstes lief er zur Tür, grüßte seine Schäflein und wandte sich an den Mann, der sich noch die Augen trocknete: »Mein Freund, was hat dich an meiner Predigt so sehr berührt?« – »Oh, Herr Pastor,« sagte er, »ich hatte eine Ziege, die ich sehr liebte, aber vor ein paar Tagen hat der Wolf sie gefressen… Ich war so gerührt, weil Sie mich mit Ihrem Bart und Ihrer Stimme an meine Ziege erinnerten!« So ist das. Und für mich bestand das Geheimnis meines Erfolges in meinem Kragen und meinen Manschetten.

Ein anderes Mal sah ich ein sehr hübsches junges Mädchen ankommen. Sie sollte an der Wahl zur Miss Europa oder Miss Welt teilnehmen, ich erinnere mich nicht mehr genau. Sie wollte einen sehr reichen Mann heiraten, der sie nicht liebte, und ihre Mutter – denn es war vornehmlich die Mutter, mit der ich zu tun hatte – kam zu mir. Sie glaubte, dass ich bereit wäre, magische Vorgehensweisen anzuwenden (und ich kann euch nicht einmal sagen welche, derart heikel war das), um diesen Mann zu beeinflussen. Sie versprach mir ein Vermögen, wenn ich Erfolg hätte. Natürlich weigerte ich mich, irgendetwas irgendwie zu unternehmen. Danach sind weder Mutter noch Tochter je wieder zu einem meiner Vorträge gekommen. Ich versichere euch, wenn ich all die Bitten dieser Art, die Männer und Frauen mir vorgetragen haben, erfüllt hätte, wäre ich schon lange Milliardär. Wann werden die Menschen begreifen, dass man niemals die Geister und Kräfte der Natur für persönliche Ziele benutzen darf, und schon gar nicht, um wen auch immer zur Liebe zu zwingen?[1]

Unter den Leuten, die zu meinen Vorträgen kamen, war auch eine recht sympathische Dame, deren Hauptbeschäftigung es war, Künstler in ihren Salon zu locken: Dichter, Musiker, Opernsänger, Theater- und Filmschauspieler. Eines Tages lud sie mich zu einem ihrer Empfänge ein. Ich kam in eine Gesellschaft von sehr unterschiedlichen Leuten. Alle kannten sich untereinander; und mich, noch unbekannt, musste sie vorstellen. Nun, was bekam ich da zu hören? »Meine Damen und Herren, wir haben die Ehre, heute einen sehr großen Eingeweihten zu empfangen, einen sehr großen Magier, einen sehr großen Hellseher. Er ist kürzlich aus Bulgarien gekommen und wird Ihnen außergewöhnliche Offenbarungen machen, er wird Ihnen die Zukunft vorhersagen usw., usw.« Welch eine Überraschung für mich! Ich hatte ihre Einladung angenommen, weil für denjenigen, der in ein Land kommt, das er nicht kennt, es immer interessant ist, neuen Personen zu begegnen. Aber da fühlte ich mich in eine Falle gelockt. Diese Dame hatte mir nicht angekündigt, welche Rolle sie mich spielen lassen wollte.

Als sie ihre Vorstellung beendet hatte, herrschte Stille. Die Gäste warteten offensichtlich darauf, dass ich das Wort ergreifen würde, um die sensationellen Enthüllungen zu machen, die angekündigt worden waren. Und ich – nichts, nicht ein Wort. Alle schauten mich fragend an, aber ich schwieg… Wirklich, ich wusste nicht, was ich tun sollte. Schließlich sagte ich: »Ich bin sehr geehrt, gnädige Frau, von ihnen eingeladen worden zu sein. Aber ich bin überrascht, ich hätte niemals gedacht, dass sie mich bitten würden, sensationelle Offenbarungen zu machen. Ich habe nichts Spezielles zu sagen, außer, dass ich glücklich bin, die Bekanntschaft ihrer Freunde zu machen.« Das war alles, dann schwieg ich. Was war das für eine Enttäuschung! Die einen oder anderen begannen, sich zu bewegen und miteinander zu flüstern. Viele gingen unzufrieden fort, aber manche blieben, und mit ihnen führte ich gute Unterhaltungen. Dafür war ich gekommen und nicht, um Aufsehen zu erregen.

Danach fragte mich diese Dame natürlich, verärgert durch mein Verhalten, das sie das Gesicht verlieren ließ, warum ich auf so kategorische Weise reagiert hätte. Ich hätte mich bei gewissen Personen in Misskredit gebracht, sagte sie, deren Umgang dazu hätte dienen können, bekannt zu werden. Ich antwortete ihr, dass ich nicht auf die Beachtung derjenigen zähle, die spirituelles Leben mit Spektakel verwechseln und dass auch sie diese Lektion begreifen müsse.

Ja, diese Zeit war für mich sehr lehrreich. In Bulgarien hatte ich nur im Schatten meines Meisters studiert und gearbeitet, ich war nie öffentlich aufgetreten. Und was ich da entdeckte, erstaunte mich. Ich fühlte mich ganz und gar nicht für das geschaffen, was viele Leute von mir erwarteten. Was für eine Vorstellung vom spirituellen Leben hatten sie sich zusammengezimmert?

Gelegentlich kamen nach einem Vortrag Männer und Frauen zu mir und sagten, sie seien Eingeweihte. Sie gaben sogar genau an, dass sie den siebten, achten oder neunten Grad der Einweihung erreicht hätten und fragten mich, welchen Grad ich selbst denn erreicht hätte. Ich war daher gezwungen, ihnen zu erklären, dass ein wahrer Eingeweihter niemals über diese Dinge spricht: Der wahre Eingeweihte bleibt geheim, dunkel, verborgen wie der Alte auf der neunten Tarot-Karte, der Eremit. Dieser in einen langen Mantel gekleidete Eremit wandelt in der Nacht. Er hält einen Stock in seiner linken Hand, und er verdeckt vor dem Blick in den Falten seines Umhangs die Lampe, die er in der rechten Hand hält. Die Kleidung, die er trägt, ist die Bedachtsamkeit, der Stock ist der Wille und die Lampe ist die Weisheit. Aber oft merkte ich genau, dass diese Personen nichts verstanden, dann sagte ich ihnen schließlich: »Sie meinen, Sie seien Eingeweihte? Ausgezeichnet, aber erzählen Sie es nicht überall herum. Lassen Sie es die anderen selbst spüren: durch Ihr Verhalten, durch das, was von Ihnen ausströmt.«

In dieser Zeit machte ich die Bekanntschaft von meinem Freund Krebs, einem sehr schöpferischen Menschen. Ich weiß nicht, wie er von mir erfahren hatte, aber auch er kam, um meine Vorträge zu hören. Er hatte eine Leidenschaft für die Geige und stellte Nachforschungen über die Herstellung der Stradivari an, insbesondere über den verwendeten Lack, mit dem das Instrument überzogen wurde und dessen Zusammensetzung verloren gegangen war. Er gab für diese Nachforschungen sein ganzes Vermögen aus, das beträchtlich war. Er ließ von weither Holz von bestimmten Tannenarten kommen, und ein Raum seiner Wohnung war fast vollständig von einer gigantischen Geige eingenommen, die er konstruiert hatte, und in die er sich hineinbegab, um die Gesetze der Akustik zu erforschen. Er stand dafür in Verbindung mit Mitgliedern der Akademie der Wissenschaften, und auf seinem Schreibtisch stapelten sich Berge von Blättern, voll von mathematischen Formeln. Bei ihm begegnete ich eines Tages dem Physiker Auguste Piccard, diesem genialen Erfinder, der den ersten Ballon fertigstellte, der sich in die Stratosphäre erheben konnte, sowie das Bathyskaph, ein Tiefseetauchgerät.

Ich fühlte mich sehr mit diesem Freund verbunden und besuchte ihn manchmal im Viertel Montmartre, wo er wohnte. Er war schon sehr alt, als ich ihn kennenlernte. Er hatte einen Schnurrbart und lange weiße Haare und zeigte eine gewisse Ähnlichkeit mit Saint-Yves d`Alveydre und vor allem auch mit Barbey d`Aurevilly, dem Autor der Novellensammlung »Die Teuflischen«. Eines Tages habe ich ihm das gesagt. Er lachte und antwortete: »Ja, vielleicht, und das missfällt mir nicht.« Er war sehr groß und immer in Schwarz gekleidet, mit einer schwarzen Fliege. Wenn wir zusammen in den Straßen des Viertels spazieren gingen, erzählte er mir von seinen Forschungen und von seinen Meinungsverschiedenheiten mit dem Physiker Luis de Broglie, zu welchem Thema, das weiß ich nicht mehr. Und zweifellos hatten wir etwas Pittoreskes an uns, er mit seinen weißen Haaren und seinem schwarzen Anzug und ich mit meinen schwarzen Haaren und eher heller Kleidung, denn oft blieben Leute stehen, um uns nachzuschauen.

Er war ein sich seines Wertes sehr bewusst. Im täglichen Leben ließ er die anderen kaum zu Worte kommen. Doch mir hörte er zu, und wenn er zu meinen Vorträgen kam, ging er manchmal traurig fort. Eines Tages fragte ich ihn nach dem Grund und er antwortete mir: »Ich glaubte, viel zu wissen, aber wenn ich Sie höre, merke ich, dass ich nichts weiß.« In Wirklichkeit wissen wir nicht dieselben Dinge. Ich wäre ziemlich unfähig gewesen, ihm in seinen Forschungen zu folgen, aber er kannte in seinem Leben gewisse Wahrheiten der Einweihungslehre nicht und es war zu spät für ihn, die verlorene Zeit aufzuholen. Ich weiß nicht, warum er sich in den Kopf gesetzt hatte, gegen alle Schwarzmagier von Paris und der ganzen Welt zu kämpfen. Ich hatte vorausgesehen, dass es gefährlich war: Man triumphiert nicht so leicht über die schwarze Magie. Und was ist eines Tages geschehen? Er starb ganz plötzlich. Ich war sehr traurig… Einige Zeit zuvor hatte er mir ein großartiges Geschenk gemacht. In Genf hatte er in einem Jahr mit mehreren Geigenbauern an einem Wettbewerb teilgenommen und die von ihm gebaute Geige hatte den ersten Preis gewonnen. Diese Geige hatte eine außergewöhnliche Klangfülle. Zweifellos weil ich ihm erzählte hatte, wie sehr ich es bedauerte, dass ich als Kind nicht das Geige spielen lernen konnte, schenkte er sie mir. Das berührte mich sehr. Leider war ich unfähig, darauf zu spielen.

Natürlich war Paris auch für mich eine großartige Gelegenheit zu lesen und Bücher zu entdecken. Aus Neugier war ich zwei- oder dreimal bei Auktionen im Hotel Drouot dabei. Ich erlebte, wie eine ganze großartige Bibliothek mit hervorragend gebundenen Büchern versteigert wurde! Und zu welchem Preis! Die Bücher, die ich hingegen suchte, hatten oft keinen Deckel mehr, das Papier war ganz vergilbt und die Seiten am Rand eingerissen.

Ich ging oft in die Buchhandlungen des Quartier Latin, einem Stadtviertel. Ich blätterte einen Moment in den Büchern auf den Regalen, dann fragte ich den Buchhändler: »Haben Sie keine anderen Bücher als diese da? – Nein. – Sind Sie sicher? – Haben Sie nicht noch andere irgendwo auf einem Dachboden? – Doch sicher, aber das ist Trödelkram, den niemanden interessieren kann. – Zeigen Sie sie mir trotzdem.« Dann blieb ich Stunde um Stunde und blätterte in der Dunkelheit. Und was habe ich alles an Staub geschluckt! Ich ging von dort mit Muskelkater wieder weg, weil ich mich immer gebeugt oder auf Knien halten musste, aber ich war derart glücklich, wenn es mir gelungen war, ein seltenes Buch zu finden! Wenn ich abends nach Hause kam, schwankte ich vor Müdigkeit. Ich glaube sogar, dass ich im Gehen schlief. Glücklicherweise hatte ich eine Art inneren Radar, mit dessen Hilfe ich alle Straßenlaternen auf dem Gehweg umgehen konnte!

In einer dieser Buchhandlungen im Quartier Latin erklärte ich eines Tages dem Verkäufer die Art der Bücher, die ich suchte, und er sagte zu mir: »Folgen Sie mir«. Er führte mich durch Stockwerke und dunkle, staubige Gänge und stellte mich einer alten Dame mit weißen Haaren vor. Sie hatte ein gutes, intelligentes Gesicht und als sie verstand, was mich interessierte, zeigte sie mir all die Bücher, die sie in ihren Regalen hatte. Ich verbrachte dort eine lange Zeit.

Als ich gerade wieder gehen wollte, begann diese Dame, von der ich nicht wusste, wer sie war, mir von ihrem Ehemann zu erzählen, einem sehr bekannten Esoteriker, Paul Vulliaud, der über die Kabbala geschrieben hat. Er hat auch eine Übersetzung des Buches *Sohar* geschrieben: die *Sifra Di-Tzeniutha*. Dann stellte sie mir einige Fragen über mich. Ich antwortete ihr, dass ich seit kurzer Zeit in Frankreich sei und auf Bitten meiner Freunde, die mich zu hören wünschten, kleine Vorträge hielte, in einem Saal am Boulevard Saint-Germain, dem Club de France… dass einige dieser Vorträge als Broschüren herausgegeben worden seien und so weiter. Sie bat mich, ihr diese Broschüren zu bringen, was ich das nächste Mal tat. Sie blätterte sie einen Moment lang durch und sagte mir dann, dass sie diese gerne ihrem Ehemann zeigen wolle. Und ich fragte mich, was er, der zahlreiche gelehrte Werke geschrieben hatte, von meinen schlecht gedruckten und kaum vorzeigbaren Broschüren halten würde. Doch als ich sie wiedersah, sagte sie zu mir: »Mein Gatte möchte Sie kennenlernen; da er sehr schwach ist, verlässt er kaum noch das Haus und lädt Sie zu uns ein.«

Ich war ein wenig beunruhigt, Paul Vulliaud zu begegnen: Wie hatte er diese kleinen Broschüren beurteilt, derer ich mich fast schämte? Was würde er mir sagen? Aber durch die Art, wie er mich empfing, war ich schnell beruhigt. Er hatte nur bei den Ideen verweilt und sagte zu mir: »Das ist auch das, was ich suche.« Wir sahen uns mehrmals wieder und führten lange Gespräche. Er gab mir viele Auskünfte über die Esoteriker, die er kannte oder die er gekannt hatte und machte mich mit dem einen oder anderen bekannt. Das war sehr interessant. Aber das, was mich an ihm am meisten beeindruckte, das war sein Gesicht und seine Haltung: Er ähnelte Meister Peter Danov; er hatte wie dieser einen weißen Bart und weißes Haar, aber vor allem lächelte er wie dieser, und machte dieselben Gesten. Oh, wie glücklich war ich, in Frankreich einem Menschen zu begegnen, der mich an meinen Meister erinnerte! Wir verstanden uns sofort und wurden gute Freunde.

Im Unterschied zu vielen anderen Esoterikern, entwickelte Paul Vulliaud keinen Hochmut aus seinem Wissen heraus, das sehr groß war, und er bediente sich dessen auch nicht, um andere niederzumachen. Er wies denjenigen, die sich zu überheblich zeigten, ihren Platz zu, aber in erster Linie bemühte er sich, diejenigen aufzuklären und zu unterstützen, die aufrichtig das wahre Wissen suchten. Leider habe ich ihn nicht lange gekannt, denn er war bereits sehr alt und krank. Wie gerne wäre ich noch mehr anderen Menschen wie ihm begegnet! Man stellte mir wohl einige andere berühmte Autoren vor, Spiritualisten, deren Bücher ich gelesen hatte, aber was bekam ich zu Gesicht? Opiumsüchtige, Morphiumabhängige, Kokainsüchtige… Nicht alle, sicher, aber wie viele unter ihnen benutzten Drogen, anstatt an sich selbst zu arbeiten, um in diese feinstofflichen, mysteriösen Welten vorzudringen, die sie entdecken wollten! Sie fanden wohl irgendetwas, aber den Zugang zu höheren Regionen der unsichtbaren Welt erreicht man nicht mit Drogen, und sie selbst waren dabei, sich zu zerstören.

Ich wollte auch manche dieser Kabbalisten, Astrologen, Magier, Alchimisten überzeugen, dass es nicht genügt, Bücher zu lesen und einige Methoden zu praktizieren, einige

Rezepte anzuwenden, um ein Ergebnis zu erzielen, aber das war schwierig. Ich machte die Bekanntschaft eines Alchimisten, der in der Zwischenzeit berühmt wurde. Wir trafen uns bei mir oder bei ihm, und er war so sehr mit seinen Forschungen beschäftigt, dass er in der größten Not lebte. Ich selbst hatte nicht viel, aber ich half ihm und empfahl ihn auch einigen meiner Bekannten. Er war sehr gelehrt und ich empfand viel Sympathie für ihn, denn er war auch ein sehr guter Mensch. Er schrieb Bücher und später lud man ihn ein, um im Fernsehen über Alchimie zu sprechen. Er hatte mir gesagt, er suche den Stein der Weisen, aber auf diese Art, wie er ihn suchte, war es offensichtlich, dass er ihn nicht finden konnte. Weil man den Stein der Weisen zunächst in sich selbst entdecken muss, bevor man ihn auf der physischen Ebene realisiert, und ihn in sich selbst zu entdecken, erfordert ganz außergewöhnliche Qualitäten.[2]

Ich legte keinen besonderen Wert darauf, auf Versammlungen eingeladen zu werden, aber wenn man mich einlud, nahm ich manchmal an und hatte natürlich Gespräche mit allen möglichen Leuten. Eines Tages stellte mir ein junges Mädchen Fragen über die Liebe und gewisse erotische Praktiken. Ich wusste nicht, warum sie mir diese Fragen stellte und ich fragte sie auch nicht. Ich erinnere mich nicht mehr, welche Antworten ich ihr gab, sondern nur, dass sie sehr zufrieden mit meinen Erklärungen von dannen ging.

Einige Zeit später, im Verlauf einer Versammlung, begann ein Schriftsteller, ohne dass ich wusste warum, mich vor allen zu beschimpfen. Ich fragte ihn, was ich ihm getan hätte, und er sagte mir schließlich, dass dieses junge Mädchen, das mir Fragen gestellt hatte, ihn verlassen hätte. Er machte mit ihr Sexualmagie, und nach den Erklärungen, die ich ihr gegeben hatte, war sie sich bewusst geworden, wie gefährlich diese Praktiken waren. Darauf sagte ich zu ihm: »Hören

Sie, Monsieur, ich wusste nicht, dass dieses junge Mädchen Ihnen gehörte und dass Sie so viele Rechte an ihm haben. Ich wusste nicht einmal, warum das Mädchen mir diese Fragen stellte. Wenn ich es, ohne es zu wissen, vor Ihren Tricks gerettet habe, wo ist da mein Verschulden? Die Sonne hat das Recht zu strahlen, und diejenigen, die keinen Hut tragen, setzen sich einem Sonnenstich aus. Man sollte einen Hut tragen…« Von dem Moment an wollte er natürlich nichts mehr erwidern. Aber Jahre später suchte er mich eines Tages auf. Das Leben hatte ihm Lektionen erteilt und er hatte verstanden.

Eine Zeitlang schickte ein bestimmter Pariser Club mir unablässig Einladungen; ich sollte an seinen Versammlungen teilnehmen und dort auch selbst Vorträge halten. Ich erhielt Programme und auf einem dieser Programme stand sogar, dass ich an dem und dem Tag über das und das Thema sprechen würde. Aber das war reine Erfindung. Nie hatte ich mein Einverständnis, für was auch immer, gegeben, und übrigens hat mich auch nie jemand darum gebeten. Als sie merkten, dass ich nicht antworten würde, schickten sie mir andere Einladungen, noch verführerische, wie folgende: Die Versammlungen werden in einem besonderen Hotel abgehalten, es werden dort Personen der High Society sein sowie Schriftsteller und berühmte Wissenschaftler. Um mich höflich zu zeigen, antwortete ich dennoch, dass ich überlegen würde. Aber es war alles überlegt, ich wusste, dass ich nicht gehen würde. Ich kontaktierte sie nicht mehr und schließlich ließen sie es sein.

Die Wahrheit ist, dass Versammlungen dieser Art nichts für mich waren, ich habe mich dort niemals wohlgefühlt. Ich will gerne zugeben, dass dies ein Mangel meinerseits ist, aber ich bin nicht dafür geschaffen. Über das spirituelle Leben in einem Hotelsalon zu sprechen oder an einem anderen öffentlichen Ort, vor Personen, die oft nur aus Neugier kommen, das kam mir immer ausgesprochen oberflächlich vor! Das Einzige, was mich interessierte, das war, eine fortlaufende Arbeit zu verrichten, in der Tiefe, mit denselben Personen, so, wie ich es begonnen hatte, nachdem wir ein Haus in Sèvres* haben konnten.

Während meiner ersten Jahre in Paris las ich also viel, aber ich konnte auch viel Musik hören, und da war ich wirklich sehr privilegiert. Bei meiner Ankunft war eine der ersten Personen, die ich kennenlernte, die Schwester einer zu der Zeit sehr bekannten Opernsängerin. Diese Sängerin war wiederum die Frau des Direktors der Komischen Oper und dank ihr bekam ich Freikarten für alle Konzerte, die ich besuchen wollte, oder für die Oper.

Es ist mir unmöglich, euch all die Komponisten und Interpreten aufzuzählen, die ich gehört habe. Ich hätte sehr gerne Adelina Patti gehört, aber sie war schon lange tot. Mit welcher Freude entdeckte ich eine der sehr seltenen Aufzeichnungen, die von ihr gemacht wurden!... Ich glaube, dass ich in jener Zeit fast alle Opern von Mozart, Puccini und Verdi besuchte. Verdi... als ich in Italien reiste, kam es vor, dass Leute mich anhielten, um mir zu sagen, wie sehr ich ihm ähnele, andere hingegen fanden, ich ähnele Garibaldi. Und als ich in Spanien war, hielt man mich sogar für Fidel Castro! Die Vorstellung der Leute ist schon erstaunlich!...

Natürlich wollte auch ich das Leben all dieser genialen Musiker kennenlernen, wie sie gearbeitet und gekämpft haben. Daher las ich viele Biographien. Und von all diesen Biographien ist mir besonders eine Anekdote bezüglich Paganini im Gedächtnis geblieben. Er gab eines Tages ein Konzert vor einem vollen Saal. Nach jedem Stück applaudierte das Publikum lange. Aber da saß in der ersten Reihe ein junger

* Izgrev, Sitz der Universellen Weißen Bruderschaft seit 1947.

Mann mit finsterem Gesicht, der nicht applaudierte. Paganini bemerkte das, und da er sehr empfindlich war, gefiel ihm das nicht. Zum Schluss, als dann alle immer weiter applaudierten, damit er noch ein letztes Stück spiele, sagte er: »Ich werde nur spielen, wenn der junge Mann dort in der ersten Reihe bitte herkommen möge, um mit mir zu sprechen.« Also holte man diesen jungen Mann. »Alle hier sind glücklich, mich zu hören und applaudieren, nur du nicht, sagte Paganini. Was gefällt dir nicht an meiner Musik oder an meinem Spiel? – Oh Meister, antwortete der junge Mann, ich bin Musiker und ich glaubte, Talent zu haben, aber als ich euch hörte, begriff ich, dass ich nicht viel tauge. Ich bin meiner Mittelmäßigkeit überdrüssig, deshalb konnte ich meiner Bewunderung für euch keinen Ausdruck verleihen. – Wie ist dein Name? – Vincenzo Bellini. – Gut, suche mich wieder auf, ich werde mich um dich kümmern.« Wenn ich diese Anekdote erzähle, bin ich, ich weiß nicht warum, sehr bewegt. Was wollt ihr, ich darf sentimental sein.

Neben dem Vergnügen, das ich beim Hören der Musik verspürte, versuchte ich, die verschiedenen Auswirkungen zu analysieren, die sie bei mir hervorrufen konnte. Mit den Kriterien, die ich besaß, konnte ich sehr interessante Beobachtungen machen. Es passierte mir oft, dass ich die Augen schloss, um besser zu erforschen, auf welches Zentrum die Klänge der Instrumente und die Stimmen der Sänger wirkten, und auch, wie ihre Schwingungen bestimmte psychische Fähigkeiten erwecken konnten.

Wenn ich an all die Aufführungen, an all die Konzerte zurückdenke, bei denen ich in jener Zeit zugegen war, und insbesondere an all die Bücher, die ich las, frage ich mich manchmal, ob ich nicht ein wenig meine Zeit vergeudete. Aber es ist richtig, ich lernte viele Dinge und wie es im Buch des Predigers Salomo heißt: *»Für alles gibt es eine Zeit, eine*

Zeit für alle Dinge unter dem Himmel«. Es gibt also eine Zeit, um Kenntnisse zu erwerben, indem man sich der äußeren Welt zuwendet, und es gibt eine Zeit, um sich in sich selbst zurückzuziehen und die Quintessenz aus allem, was man sehen, hören und lesen konnte, zu gewinnen.

Nur weil man einer spirituellen Lehre folgt, darf man nicht unbeachtet lassen, was die Weltliteratur an Meisterwerken enthält: die philosophischen Werke, die Romane, die Gedichte, die Theaterstücke. Selbst wenn ich jetzt viel weniger lese, weil ich nicht mehr so viel Zeit habe, habe ich mir seit meiner Jugend ein großes Interesse für Bücher bewahrt. Und wenn ich ein Haus betrete, werfe ich einen Blick auf die Bibliothek, sofern es mir möglich ist, ohne indiskret zu erscheinen. Ich sehe mir die Titel der Bücher genau an und das sagt mir einiges auch über ihren Besitzer. Oh ja, die Bücher seiner Bibliothek zu zeigen, ist so, als würde man sich vor den Blicken ihrer Besucher entblößen. Und überhaupt kein Buch zu besitzen, ebenso.

Diese ersten Jahre in Frankreich waren für mich sehr bereichernd, reich an Begegnungen, reich an Entdeckungen. Ich hatte nicht all die Verantwortlichkeiten, die ich heute habe, und ich war freier, die Buchhandlungen, die Bibliotheken, die Museen zu besuchen… Wie viele Stunden verbrachte ich im »Palais de la Découverte«, dem Museum für Naturwissenschaft und Technik! Und wisst ihr, dass ich sogar die Medizinische Fakultät besuchte? Ich hatte die Bekanntschaft von einigen Studenten gemacht, und da das Sezieren von Leichen ein Teilbereich ihrer Studien war, fragte ich sie, ob ich sie nicht begleiten und auch mit sezieren könne. Die Anatomie eines menschlichen Körpers ist ein solches Wunder! Ich wollte all diese Organe aus der Nähe sehen: das Herz, die Lungen, die Leber, die Eingeweide, um bestimmte Dinge zu verstehen, die ich euch im Moment nicht unbedingt mitteilen muss. Meine Freunde erwirkten für mich die Erlaubnis, sie zu begleiten, aber welche Schwierigkeiten hatte ich, diesen Anblick zu ertragen! Ich hörte schnell mit dem Sezieren auf.

Ich war also glücklich, in Frankreich zu sein, und vor allem deshalb, weil ich dort war, wohin mein Meister mich gesandt hatte. Aber meine Situation wurde kompliziert. Offiziell war ich nur nach Paris gekommen, um die Weltausstellung zu besuchen, und ich hätte danach nach Bulgarien zurückkehren müssen. So musste ich ständig meine Aufenthaltserlaubnis erneuern und war immer von Ausweisung bedroht. Wie viele Male meldete ich mich auf der Polizeipräfektur und wie viele Stunden verbrachte ich dort wartend auf den Gängen! Glücklicherweise gab es Menschen, die mich bei diesen Behördenbesuchen unterstützten. Es stand zweifellos geschrieben, dass ich in Frankreich bleiben sollte, aber was für Schwierigkeiten!

Und dann brach 1939 der Krieg aus, was meine Lage noch erschwerte, denn ich war ein Fremder in eurem Land.* Aber es war schrecklich für mich, wie für alle Franzosen, Frankreich besetzt zu sehen, die deutschen Panzer in den Straßen von Paris. All dieses Leid... Unter den Personen, die zu meinen Vorträgen kamen, waren einige Juden, und als ich sie mit dem auf ihre Kleidung genähten gelben Stern ankommen sah, schnürte sich mein Herz zusammen... Sie sind glücklicherweise nie belästigt worden. Ich empfing Besuch von Hellsehern und Medien, die mir ihre Vorhersagen präsentierten: Wie lange der Krieg dauern würde, wer siegen würde und so weiter, und sie fragten mich nach der Genauigkeit dieser Vorhersagen. Ich antwortete ihnen: »Wenn Sie nicht sicher

* Erschwerend war, dass Bulgarien sich auf die Seite Deutschlands stellte.

sind bezüglich dem, was Sie sagen, wie können Sie da sicher sein bezüglich dem, was ich Ihnen sagen werde?« Andere Personen fragten mich, ob sie Paris verlassen sollten, um sich in Sicherheit zu bringen. Ich sagte ihnen: »Nein, bleiben Sie, Sie sind noch weniger sicher auf den Landstraßen.« Manche vertrauten mir, aber andere gingen fort und kehrten nie zurück.

Wie viele Male musste ich während dieser Zeit meine Freunde lehren, die Angst zu besiegen, und besonders während der Bombenangriffe. Nahe unseres Hauses, im Stadtteil Sèvres, gab es eine Batterie der Flugabwehr, die jede Nacht feuerte, und das ganze Viertel schreckte jedes Mal aus dem Schlaf hoch. Also erklärte ich meinen Freunden, dass sie sich vor dem Einschlafen gut den Gedanken einprägen sollten, dass sie in dem einen oder anderen Moment in der Nacht durch Bombardements geweckt werden würden; so würden sie besser die Angst überwinden und weniger schmerzhaft empfinden, was jedes Mal zwangsläufig ein Schock für das Nervensystem war. Man kann die Angst nur besiegen, wenn man den bewussten Willen aufruft, sonst droht man panischen Reaktionen nachzugeben, die gefährlicher als die Gefahr selbst sind. Ich habe selbst diese Erfahrung gemacht.

Manchmal war ich gezwungen, nach Paris zu fahren, und wenn ich nach Sèvres mit dem Zug zurückfuhr, kam es beim Verlassen des Bahnhofs vor, dass ich unter Beschuss geriet. Glaubt mir, wenn ich euch sage, dass ich ruhig weiterging, ohne die geringste Unruhe zu spüren. Doch eines Tages, beim Verlassen des Bahnhofs, lief ich einfach los, um den Granatsplittern zu entkommen, die von allen Seiten fielen. Bis ich mir plötzlich bewusst wurde, dass diese Überstürzung eine Angst in mir ausgelöst hatte, die immer weiter zunahm. Unzufrieden mit dieser Feststellung, blieb ich abrupt stehen. Ich rief meinen Willen zu Hilfe, um die Ruhe wiederzufinden, und es gelang mir, aber nur schwer. Ich verstand, dass ich beim Laufen die am Grunde eines jeden menschlichen Wesens lauernde Furcht auslöste, und das brachte mich zum Nachdenken. Diejenigen, die man mutig nennt, sind nicht die, die keine Furcht spüren, sondern jene, die gelernt haben, sie zu beherrschen.[3]

Eines Tages informierte man mich, dass ich unter dem Verdacht stünde, ein Ustaschi zu sein.* Ich, ein Mitglied einer terroristischen Vereinigung? Das war eine schwerwiegende Anschuldigung, aber mein Gott, wie grotesk war das denn! Ich bin niemals diese Art von Revolutionär gewesen. So oft wie möglich erklärte ich denjenigen, die mir gut zuhören wollten, dass die einzige Revolution, die mich interessierte, diejenige war, die ein Mensch in sich selbst bewerkstelligen kann, dass ich daran arbeitete, diese Revolution in mir selbst herbeizuführen, dass ich mich seit Jahren darum bemühte, die wahre Ordnung, die göttliche Ordnung, in mir zu errichten. Und ich fügte hinzu: »Und wenn jetzt einige unter euch sind, die das wünschen, bin ich bereit, ihnen die Methoden zu vermitteln, auch in ihnen alles zu revolutionieren.«[4] Ich weiß nicht, ob sie mich verstanden, aber diese Anschuldigung, zu einer terroristischen Organisation wie der der Ustascha zu gehören, war sehr gefährlich für mich.

Wie oft musste ich im Laufe der Jahre die Verwaltung und die Polizei aufsuchen! Einmal wurde ich dorthin beordert, ein anderes Mal erhielt ich Besuch. All diese Leute interessierten sich in erster Linie für meinen Beruf: Entsprechend meiner Tätigkeit versuchten sie zu verstehen, wofür

* Die Ustaschas waren Mitglieder einer nationalistischen kroatischen Gruppierung, gegründet im Jahre 1929. Ihr Vorgehen wies terroristische Züge auf. Sie waren 1934 die Drahtzieher des Attentats in Marseille auf Alexander, den I. von Jugoslawien, bei dem ein französischer Minister, der ihn begleitete, ebenfalls den Tod fand.

ich eigentlich stand. Vorladung auf Vorladung, Besuch auf Besuch, was müssen sie für Berichte über mich angesammelt haben! Manchmal fand ich es trotzdem amüsant, denn es war die Gelegenheit, mit denen, die mich befragten, ein kleines Gespräch zu führen. Eines Tages sagte ich schließlich zu einem von ihnen: »Also ehrlich, Ihre Fragen erstaunen mich.« – »Warum?« – »Ich frage mich, wie viel Zeit man noch brauchen wird, um zu verstehen, wer ich bin. Wie viele Jahre wird es noch dauern, bis man genügend unterrichtet ist? Ich meinerseits kann Ihnen in fünf Minuten sagen, wer Sie sind.« Er war ein offener und sympathischer Mann; er lachte, wir plauderten einen Moment miteinander und gingen als gute Freunde auseinander.

Viele Jahre später begann Bulgarien, sich für mich zu interessieren. Dort stellte man sich Fragen über diesen Landsmann, dem es gelungen war, in Frankreich eine Bruderschaft zu gründen, wo auf Bulgarisch gesungen wurde, der Bücher herausgab, die in mehrere Sprachen übersetzt wurden, und der zahlreiche Fremde anzog. Eines Tages erhielt ich einen Brief vom bulgarischen Botschafter in Frankreich, in dem er den Wunsch äußerte, mich zu besuchen. Ich war ein wenig erstaunt, aber stimmte zu. Er kam dann in einem Wagen im Bonfin an, begleitet von drei Personen, von denen eine mir als Chauffeur vorgestellt wurde. Ich lud sie ein, an unserer Zusammenkunft mit der ganzen Bruderschaft teilzunehmen. Natürlich waren sie erstaunt und zufrieden zu hören, wie gut in bulgarischer Sprache gesungen und auch die Formel gesprochen wurde, die wir vor und nach den Mahlzeiten verwenden.

In einem Moment wurde meine Aufmerksamkeit auf denjenigen gelenkt, der mir als Chauffeur vorgestellt worden war, durch die Art, wie er mich betrachtete. Ich hatte sofort sein intelligentes Gesicht und seine Willensstärke bemerkt, als ich ihm die Hand drückte. Aber da, bei seinem scharfen, durchdringenden Blick habe ich begriffen, dass er gewohnt war zu beobachten, genau zu prüfen, und dass er da war, um auch mich genau zu prüfen. Da beschloss ich, ihm eine kleine Lektion zu erteilen, und ich begann, ihn auf eine Weise anzuschauen, die ihm klarmachte, dass ich fähig war, genauso wie er, und vielleicht besser als er, in das Innere von Menschen vorzudringen. Von dem Moment an war es vorbei, er hielt seine Augen gesenkt.

Mehrere Male suchte ich seinen Blick. Jetzt, da er verstanden hatte, dass ich ihn durchschaut hatte, wollte ich einen guten Austausch mit ihm haben, denn in Wahrheit war er mir eher sympathisch. Aber unmöglich, sein Blick wich mir aus. Zweifellos war dieser Mann ein Funktionär vom bulgarischen Geheimdienst, er machte seinen Job... Und wenn ich Menschen begegne, halte ich mich nicht damit auf, was sie in der Gesellschaft repräsentieren. Ob sie nun Bäcker, Maurer, Professoren, Polizisten, Minister... oder Geheimagenten sind, das ist mir egal. Es ist ihr Herz, ihre Seele, ihr Geist, die ich suche, um ihnen etwas Gutes zu geben. Aber in diesem Fall konnte ich es nicht. Er hatte zweifellos nicht erwartet, jemandem zu begegnen, der fähig ist, ihm auf diese Weise die Stirn zu bieten. Welch einen Bericht musste auch er wohl über mich verfassen? Ich werde es niemals erfahren.

Zwanzig Jahre lang hatte ich bei Meister Peter Danov studiert und gearbeitet, ohne zu wissen, worauf er mich vorbereitete. Er sagte es mir nicht und verbarg es auch vor den anderen. Als er den Entschluss fasste, mich nach Frankreich zu senden, setzte er nur seinen Sekretär davon in Kenntnis, denn er sah die Widerstände und die Eifersüchteleien voraus, die das verursachen würde. Es war jedoch unmöglich, meine

Abwesenheit und ihren Zweck lange zu verheimlichen. Die Weltausstellung, die der Vorwand meiner Reise gewesen war, hatte ihre Pforten geschlossen, und sehr schnell wurde Kritik laut. Was würde ich in Frankreich tun? Es war unmöglich, dass der Meister mich ausgewählt hatte, mich, einen so unbedeutenden Menschen, um seine Lehre bekannt zu machen. Einige beabsichtigten, mir bei meiner Aufgabe zu Hilfe zu kommen, und der Meister musste sich dem widersetzen. Als er nicht mehr da war, um mich zu schützen, sind einige gekommen, und ich wurde zum Objekt aller möglichen Intrigen und Verleumdungen.

Vor meiner Abreise hatte der Meister seinem Sekretär zwei Briefe diktiert, an zwei ihm bekannte Personen: eine polnische Dame, die er bat, mich zu empfangen und einen Bulgaren, den er bat, ein Zimmer für mich zu finden. Ich sollte ihnen diese Briefe bei meiner Ankunft in Paris aushändigen. Ich habe wohl den ersten ausgehändigt, aber mit dem zweiten konnte ich das nicht, weil der Bulgare, an den er adressiert war, schon nicht mehr dort war. Glücklicherweise habe ich ihn behalten, denn nach dem Scheiden des Meisters begann man, Lügen über mich zu verbreiten, er war der einzige Beweis, dass ich Bulgarien ganz auf seinen Wunsch verlassen hatte. Ein Jahrzehnt war bereits verstrichen… Wenn der Meister mich nicht darum gebeten hätte, wäre ich niemals nach Frankreich gekommen.

Trotz ihrer Unwahrscheinlichkeit überraschten mich all diese Angriffe, deren Gegenstand ich war, nicht. In gewisser Weise hatte ich es erwartet. Jedes Mal, wenn jemand für einen Posten, eine Aufgabe nominiert wird, gibt es Leute, die Kritik laut werden lassen; dann trachten sie danach, sich mit so vielen anderen wie möglich zu verbünden, die ihre eigenen Beweggründe haben, um denjenigen zu bekämpfen, der ausgewählt worden ist. Warum sollte ich da eine Ausnahme bilden? Aber was auch immer geschehen würde, das einzig Wichtige für mich war, mich der Wahl, die der Meister getroffen hatte, und dem Vertrauen, das er in mich gesetzt hatte, würdig zu erweisen (siehe Anhang 1 am Ende des Buches).

Weiterführende Literatur

1. Siehe Band 226 der Reihe Izvor »Das Buch der göttlichen Magie«, Kapitel 1: »Die Wiederkehr magischer Praktiken und ihre Gefahr« und Kapitel 15: »Die wirkliche Magie ist die Liebe«.
2. Siehe Band 241 der Reihe Izvor »Der Stein der Weisen – Von den Evangelien zur Alchimie«, Kapitel 10: »Der Stein der Weisen, Frucht einer mystischen Vereinigung«.
3. Siehe Band 221 der Reihe Izvor »Alchimistische Arbeit und Vollkommenheit«, Kapitel 5: »Die Angst«, und Band 242 der Reihe Izvor »Unerschöpfliche Quellen der Freude«, Kapitel 8: »Ohne Angst voranschreiten«.
4. Siehe Band 211 der Reihe Izvor »Die Freiheit, Sieg des Geistes«, Kapitel 8: »Anarchie und Freiheit«, Kapitel 9: »Über den Begriff der Hierarchie«, und Kapitel 10: »Die innere Synarchie«.

Kapitel 10

KEIN GEFÄNGNIS KANN DEN GEIST AUFHALTEN

Meister Peter Danov sagte einmal: »Ihr habt das Wort Gottes gepredigt, aber man hat euch angeklagt und ins Gefängnis geworfen, wo ihr Sträflingskleidung tragen müsst. Genügt das, um zu beweisen, dass ihr schuldig seid? Und müsst ihr euch überzeugen lassen, dass ihr ein Verbrecher seid? Nein! Wenn ich mich eines Tages in dieser Situation befinden sollte, würde ich das Gefängnis in einen Palast umwandeln, ich würde mit meinen Freunden sprechen, ich würde den Gefangenen Licht bringen, ich würde ihre Herzen entflammen. Wenn ihr Träger der Wahrheit seid, wird der, der euch bewacht, zu euch kommen, und ihr werdet einen Teil der Nacht miteinander reden. Am Morgen wird er bereitstehen, euch zu verteidigen. Und genauso wird sich der Gefängnisdirektor verhalten. Ihr werdet eingesperrt sein, aber ihr werdet euch frei fühlen.«

Ich weiß weder wann noch wo Meister Peter Danov diese Worte gesprochen hat. Er war schon nicht mehr am Leben, als ich eingesperrt wurde. Und doch habe ich den Eindruck, dass er mit mir ins Gefängnis gegangen ist, auf dass sich all das realisierte, was in diesen wenigen Zeilen gesagt ist. Ich habe dort zwei schreckliche Jahre* durchlebt, aber sie hätten noch schrecklicher sein können, wenn in bestimmten

* Vom 21. Januar 1948 bis zum 7. Februar 1950. Anfänglich galt die Verurteilung für vier Jahre.

Momenten der Direktor und einige Wärter mich nicht tatsächlich geschützt hätten. War es der Geist des Meisters, der sie beeinflusste? Und während draußen die Zeitungen mich als gefährlichen Verbrecher darstellten, betete ich, meditierte ich, tröstete und beriet ich die Gefangenen und hörte mir ihre Lebensgeschichten an. Ich führte auch Gespräche mit den Wärtern und dem Gefängnisdirektor.

Man muss selbst die Erfahrung einer Haft gemacht haben, um zu begreifen, wie schwer es ist, das zu ertragen: den Schmutz, die schlechte Nahrung, Hitze, Kälte, die Beengtheit, den Zigarettenrauch, die Bedrohungen, das Geschreie, die Streitereien… Aber das Schrecklichste für mich war die Entehrung. Wenn man sich in solch einer Situation befindet, spürt man, dass man, um nicht ganz ausgelöscht zu werden, im Inneren etwas suchen muss, das stärker ist als alles, und dieses etwas ist der Gedanke, der Geist. Wenn einem das gelingt, entdeckt man, was wahre Freiheit ist. Zwei Jahre lang hat man mich im Gefängnis behalten, doch je mehr ich physisch begrenzt war, desto mehr lernte ich, mich zu befreien. Jeden Tag arbeitete ich an meinen Gedanken und meinen Gefühlen, um weder Ungeduld noch Zorn noch Hass zu verspüren, denn diese Gedanken und diese Gefühle sind die wahren Gefängnisse und aus diesen Gefängnissen können allein wir uns befreien.

Der Meister hatte gesagt: »Wenn ich mich eines Tages in dieser Situation befinden sollte, würde ich das Gefängnis in einen Palast umwandeln.« Ein König geht frei von einem Saal in den nächsten seines großen Palastes, wenn er aber nicht gelernt hat, seine Gedanken und seine Gefühle zu beherrschen, ist es so, als wäre er in einer winzigen Hütte eingesperrt. Er zeigt sich umgeben von Ministern und Generälen, seine Diener verneigen sich respektvoll bei seinem Erscheinen, aber innerlich trägt er ein Kleid aus grobem Stoff, in dem seine Häftlingsnummer eingenäht ist. Ein Gefangener hingegen, der gelernt hat, die Kräfte des Geistes in Bewegung zu setzen, führt das Leben eines Prinzen.

Ich wünsche keinem unter euch diese schreckliche Prüfung des Eingesperrtseins, die dem Vorwand dient, dort die Macht des Geistes zu erproben. Doch bemüht euch, euch zu stärken, denn niemand durchläuft dieses Dasein ohne dass er Entbehrungen und Ungerechtigkeiten erdulden muss. Die kosmische Intelligenz, die den Menschen stark und frei machen will, ist unerbittlich. Sie hat ihm einen Willen gegeben, ein Herz, einen Intellekt, eine Seele und einen Geist, und sie erwartet, dass er sich ihrer bedient. Aber was macht er damit? Nichts Großartiges, und angesichts der Prüfungen glaubt er sich daher arm und mittellos. Um den Umfang und den Wert dessen zu ermessen, was er besitzt, muss er dazu gezwungen werden. Wir müssen also vorhersehen, dass wir Prüfungen haben werden und – selbst wenn es nicht das Gefängnis ist – die Vorstellung akzeptieren, dass gerade diese Prüfungen uns die wahre Freiheit und die wahren Reichtümer entdecken lassen.[1]

In gewisser Weise war ich auf das, was ich auszuhalten hatte, hingewiesen worden. Monate zuvor hatte ich gewisse Träume und die eindrücklichsten standen in Bezug zu den vier Elementen. Einmal sprang ich von einem Felsen zum anderen, während der Boden unter meinen Füßen nachgab. Einige Zeit später sah ich Überschwemmungen: Schlammige Wasser überschwemmten alles, aber es gelang mir, mich an dem Ast eines Baumes festzuhalten. Ein anderes Mal wurde ich von einem Tornado erfasst und suchte überall nach einem Unterschlupf. Schließlich war es das Feuer: Alles brannte. Für mich waren diese Bilder klar, denn symbolisch gesehen, stehen die vier Elemente in Beziehung zu unserem psychischen Leben und zu den Prüfungen, denen wir im Laufe unseres Lebens die Stirn bieten müssen.

Die Prüfungen der Erde gleichen Erdbeben, sie prüfen unseren Willen, unsere Ausdauer, unsere Standfestigkeit: Werden dem Bild der Pyramide entsprechend unsere Fundamente genügend tragfähig sein? Die Prüfungen des Wassers berühren die Welt der Gefühle, sie tauchen uns in schwarze Fluten von Hass und Verrat; aber die Liebe in uns muss all diese Gifte neutralisieren können. Die Prüfungen der Luft werden durch Tornados und Wirbelstürme hervorgerufen: Wird unser Intellekt seine Richtung verlieren oder wird er weiterhin klar sehen und korrekt urteilen? Die Prüfungen des Feuers sind die schrecklichsten, sie verbrennen all die Unreinheiten, die unsere Seele daran hindern, sich zu vereinen mit der Ersten Ursache, der Causa Prima, von der alles Existierende abhängt. Um Gott zu finden, müssen wir durch das reinigende Feuer hindurch.

Ich werde immer auf die eine oder andere Art auf die Gefahren hingewiesen, die auf mich lauern. Oder ich spüre sie kommen oder jemand warnt mich. Aber, ich weiß nicht warum, ich achte nicht besonders darauf, ich treffe keine Vorkehrungen, das liegt nicht in meinem Temperament. Jemand sagte eines Tages zu mir: »Sie sind tollkühn«. Ja, das ist möglich. Anschließend, wenn ich dann in Schwierigkeiten stecke, mache ich mir natürlich Vorwürfe, nicht umsichtiger gewesen zu sein, aber es ist zu spät.

Einige Zeit bevor ich von der Polizei verhaftet und eingesperrt wurde, spürte ich wohl, dass ich bedroht war. Im Verhalten gewisser Personen um mich herum gab es untrügliche Anzeichen.* Aber ebenso rief mich jemand abends gegen Mitternacht an. Er enthüllte mir alles, was sich zusammenbraute, um mich zu verderben: Ich würde Opfer eines wahren Komplotts werden, man sammelte gegen mich falsche

* Siehe Anhang 1 am Ende des Buches.

Zeugnisse, ich würde der Vergewaltigung und anderer perverser Handlungen angeklagt werden. Diese Person sagte mir: »Sie sind in großer Gefahr und Ihr Status als Ausländer erschwert vieles. Sie haben nur eine Möglichkeit, sich zu retten: abreisen. Verlassen Sie Frankreich so schnell wie möglich!« In der Tat hätte ich abreisen können, aber ich habe es nicht getan. Es gibt Fälle, in denen es sehr schwierig ist zu wissen, was man tun soll. Welche war für mich die beste Art und Weise, die Arbeit fortzusetzen, die mein Meister mir anvertraut hatte?... Ich entschied mich zu bleiben, welche Konsequenzen es auch immer nach sich ziehen würde.

Sobald ich die Schwelle des Gefängnisses überschritten hatte, spürte ich, wie sehr ich Vorsichtsmaßnahmen treffen musste, um nichts von dieser Gewalt, von dieser Grobheit, von dieser Hässlichkeit in mich eindringen zu lassen. Weder mein Glaube noch meine Liebe durften schwächer werden, damit ich meinem Weg folgen konnte. Selbst während der Nacht arbeitete ich, damit die belastete Luft, die ich atmete, mich nicht ansteckte. Ich durfte niemals in meiner Wachsamkeit nachlassen. Was ich dort erlebt habe, was ich gesehen und gehört habe, hat mich mehr gelehrt, als alle Kriminalromane und Kriminalfilme zusammen.

Aber selbst im Gefängnis kann man sich nützlich machen, und im Rahmen des Möglichen versuchte ich, meinen Kameraden zu helfen. Jeden Morgen gingen wir in den Hof, um etwas Luft zu schnappen und Übungen zu machen. Manche liefen und kehrten erschöpft zurück. Andere begnügten sich damit zu gehen, aber das bekam ihnen auch nicht besser, denn sie wussten nicht, wie man richtig geht. Daher schlug ich eines Tages vor, es ihnen beizubringen. Ich erklärte ihnen vor allem, wie man einen passenden Rhythmus findet, die Arme bewegt, atmet. Zu Beginn gab es nicht viele Kandidaten, aber nach einiger Zeit wurden sie zahlreicher.

In der Zelle sah ich diese Menschen hin und her gehen wie Tiere im Käfig. Sie wiederholten immer wieder dieselben Fragen: Warum ließen Sie sich fassen? Wer hat Sie verraten? Wie kommen Sie da heraus?... Und sie nährten Rachegelüste. Es war offensichtlich, dass einige, sobald sie frei sein würden, ihr Leben von früher wieder aufnehmen würden: Diebstähle, Überfälle, Morde und so weiter. Daher erklärte ich zunächst denen, die mir zuhören wollten: »Warum für die Lage, in der ihr euch befindet, andere Verantwortliche suchen als euch? Wenn ihr hier seid, dann deshalb, weil ihr zu viel Vertrauen in euch hattet. Ihr habt zu sehr an eure Fähigkeiten geglaubt: Ihr habt Pläne geschmiedet und euch eingebildet, dass man euch nicht verdächtigen wird oder wenn man euch verdächtigen würde, ihr geschickt genug sein würdet, um zu entkommen. Trotz all dieser Vorkehrungen hattet ihr keinen Erfolg, ihr habt euch fassen lassen. Wenn ihr ein wenig Zweifel an euch hättet, wenn ihr gedacht hättet: »Ich kann mich täuschen, ich habe vielleicht nicht alles bedacht, ich bin vielleicht nicht schlau genug«, dann wärt ihr nicht hier. In Zukunft lernt, an euch zu zweifeln, dieser Zweifel wird euch neue Fehltritte vermeiden helfen.«[2]

Und was gibt es nun über die Wirkung des Gefängnisses auf die Gefangenen zu sagen? Andere als ich haben lang und breit darüber gesprochen, aber ich möchte auf eine Frage eingehen, die noch nicht wirklich gestellt wurde. Die Personen, die anerkennen, dass sie für ihre Fehler bestraft werden müssen, sind nicht so selten. Etwas in ihnen sagt ihnen, dass sie eine Strafe verdient haben, aber auch und vor allem, dass sie etwas wiedergutmachen müssen. Doch darum kümmert sich die Justiz nicht so sehr; sie gibt sich damit zufrieden, die Gefangenen einzusperren. Und dann sind sie da, zwischen den vier Mauern ihrer Zelle, verfolgt von den Erinnerungen ihrer Taten, den Worten, den Bildern, die sie ständig an sich vorüberziehen lassen. Selbst wenn sie es nicht immer zugeben wollen, leben viele mit der Zwangsvorstellung des Bösen, das sie begangen haben, und sie ertragen es nur sehr schwer, sich hier eingesperrt und ohnmächtig wiederzufinden. Um sie wieder auf den richtigen Weg zu bringen, müsste man ihnen helfen, ihr Bewusstsein zu befreien, indem man sie in die Lage versetzt, ihre Fehler wiedergutzumachen. Ein gequältes Bewusstsein kann nicht dauerhaft beruhigt werden durch trostreiche Worte, Ermutigung oder Medikamente. Wenn man will, dass die Schuldigen ihrem Leben eine neue Ausrichtung geben, müssen sie, im Rahmen des Möglichen, die Mittel erhalten, ihre Fehler wiedergutzumachen.

Die meisten Unterhaltungen dieser Gefangenen drehten sich ums Geld, und für viele von ihnen war es natürlich die Obsession des Geldes, die sie ins Gefängnis gebracht hatte. Für sie war Geld das höchste Gut, das war ihr Gott, und sie schienen mir noch mehr Gefangene in ihrem Kopf zu sein, als zwischen den vier Mauern ihrer Zelle. Wenn ich ihnen zusah, ihnen zuhörte, empfand ich für sie ein großes Mitgefühl. Und eines Tages beschloss ich auch da wieder, dass ich versuchen würde, in ihnen die Idee von der Existenz einer anderen Gottheit zu erwecken, selbst wenn es nur ganz schwach wäre. Ich konnte nur sehr einfache Argumente verwenden, indem ich ihnen Fragen stellte, auf die der eine oder andere antwortete.

Ich fragte: »Glaubt ihr, dass es auf der Erde gerechte Menschen gibt? – Gerechte Menschen? Sicher nicht! Es gibt nur Ungerechtigkeit überall in der Welt. – Und ihr, seid auch ihr nicht gerecht? – Oh, doch, ich bin gerecht. – Gut, da haben wir`s. Und schöne Menschen, gibt es die? – Oh ja, wir haben Frauen gesehen, die waren echt schön! – Und intelligente Menschen? – Ja, die gibt es auch. – Ihr gebt also zu, dass die Gerechtigkeit, die Schönheit, die Intelligenz existieren. Und starke Menschen, seid ihr da jemandem begegnet? – Oh ja, ich trage noch die Spuren der Schläge, die mir so ein Muskelprotz in einer Prügelei verpasst hat. – Und glaubt ihr nicht, dass noch andere Qualitäten existieren, die ihr anerkennen müsst? – Ja, mehr oder weniger.«

»Gut, und jetzt stellt euch vor, dass all diese Qualitäten, deren Existenz ihr bestätigt habt, bis ins Unendliche ausgeweitet und verstärkt sind… Das können wir dann Gott nennen: die Gesamtheit all dieser bis ins Unendliche ausgeweiteten und verstärkten Qualitäten und Tugenden. Wir können diese Realität nicht leugnen, da ja jeder von uns einige Teilchen davon besitzt. Wenn dieses Wesen, das die Gläubigen Gott nennen, nicht existieren würde, von wem hätten wir dann diese Qualitäten und Tugenden bekommen? Einen Gott, dargestellt als Greis mit einem Bart, der all unsere Sünden in ein Heft einträgt, den könnt ihr ruhig leugnen. Aber die Tugenden sind unmöglich zu ignorieren und zu leugnen.« Da schwiegen meine Kameraden…

Dann fügte ich hinzu: »Dieses Wesen, dem ihr noch nie den geringsten Platz in eurem Leben eingeräumt habt, da kann ich euch zeigen, dass ihr in Wirklichkeit nur dieses Wesen sucht. – Aber das ist nicht möglich! – Doch. Sie, warum sind Sie hier? – Ich liebte eine Frau, sie hat mich betrogen, ich habe sie geschlagen und sehr schwer verletzt. – Nun, das heißt also, dass Sie die Liebe suchen.« Ich wandte mich an einen anderen: »Und Sie? – Ich wollte einen Konkurrenten beseitigen, der meinen Platz eingenommen hatte. Er entschied jetzt alles, ich hatte überhaupt keine Machtbefugnis mehr. – Dann strebten Sie also nach Macht… Und Sie, der eine Bank ausgeraubt hat, Sie strebten nach Reichtum… Nun, Liebe, Macht, Reichtum, wie auch Schönheit und Wissen, das ist Gott, all das kommt von Gott. Wir werden von etwas Unbegrenztem, Unendlichem angezogen, und in der einen oder anderen Form suchen wir nur Gott. Allein die Mittel, die Methoden, um Ihn zu erreichen, sind nicht immer die richtigen. Man muss sie überprüfen.« Ich weiß nicht, bis zu welchem Punkt sie mich verstanden und was sie behalten haben.

In Wirklichkeit denke ich nicht, dass man die Existenz Gottes rational beweisen kann: Die Argumente, über die man verfügt, sind so schwach! Und man beleidigt sogar den Herrn, wenn man sich einbildet, dass eine Überlegung, so geschickt sie auch sein mag, beweisen könnte, dass Er existiert. Wie könnte man Blinden die Realität des Lichts beweisen, wenn nicht dadurch, dass man sie sehend macht? Ich befasse mich daher weder damit, die Existenz Gottes zu beweisen, noch die Existenz einer Welt, die wir nicht sehen, jenseits unserer physischen Welt. Ich mache die Existenz Gottes und der unsichtbaren Welt zur stillschweigenden Grundlage meiner Arbeit, darauf baue ich auf.[3] Wenn ich zu euch spreche, frage ich mich nicht, ob ihr das glaubt oder nicht. Und weil ich auf diese Weise vorgehe, werdet ihr Gott eines Tages nicht mehr anzweifeln oder in Frage stellen, und ihr werdet in Kommunikation mit den Realitäten der unsichtbaren Welt treten. Ihr wendet ein: »Aber wie steht es mit der Beweisführung, die Sie diesen Gefangenen geben wollten?« Das war, um sie ein wenig zum Nachdenken zu bringen…

Jedoch gab es einen unter diesen Männern, denen jegliche Vorstellung von Gott fremd war, der mir eines Tages gestand, dass er jeden Abend vor dem Einschlafen ein Gebet spricht. Ich war erstaunt und sagte es ihm auch, denn ich wusste, dass er schwere Vergehen begangen hatte, für die er keine Reue spürte. Er antwortete mir, dass diese Gewohnheit aus seiner Kindheit stamme. Es war sein Vater, der ihn jeden Abend sein Gebet aufsagen ließ, und er hat es niemals vergessen. Was ihn nicht daran gehindert hat, ein Gauner zu werden.

Er sagte mir: »Ich würde mich gerne von dieser Gewohnheit befreien, aber ich kann es nicht.« Man darf daraus schließen, dass die guten Gewohnheiten genauso hartnäckig sind wie die schlechten. Er hätte gewiss noch Schlimmeres angestellt, wenn er nicht gebetet hätte.

Eines Tages sagte ein Gefangener zu mir: »Ich hasse Sie, ich kann Sie nicht ertragen. – Aber warum? Habe ich Ihnen etwas zuleide getan? – Nein. – Haben Sie gesehen, dass ich jemand anderem hier etwas zuleide getan habe? – Nein, im Gegenteil, aber es ist Ihre Anwesenheit, die mich stört. – Ach so, und warum? Erklären Sie es mir.« Da er mir nicht die geringste Erklärung geben konnte, fragte ich ihn: »Können Sie mir wenigstens sagen, bei wem Sie sich hier wohl fühlen?« Die Antwort, die er mir gab, verblüffte mich. Als ich hörte, wen er dort schätzte, Rohlinge ohne Moral, war ich sehr zufrieden, ihm dermaßen unsympathisch zu sein: Das war ein Diplom für mich.

Das muss man wissen: Die Leute spüren Sympathie oder Antipathie für euch nicht unbedingt aufgrund dessen, was ihr tut, sondern aufgrund dessen, was ihr seid, was von euch ausströmt und was mit dem harmoniert oder auch nicht, was sie selbst im tiefsten Inneren sind. Und was manchmal schrecklich ist, ist die Tatsache, dass, wenn ihr jemandem Gutes tut, der instinktiv Antipathie euch gegenüber empfindet, er seine Gefühle euch gegenüber nicht ändert, sondern ihr ihm dadurch immer unerträglicher werdet. Ich hatte einige Gelegenheiten in meinem Leben, über diese Aspekte der menschlichen Psychologie zu meditieren.

Aber unter diesen Gefangenen gab es einen, dem ich sehr sympathisch gewesen sein musste. Stellt euch das vor, er hatte sich in den Kopf gesetzt, dass, sobald wir aus dem Gefängnis entlassen wären, wir uns zusammentun könnten… natürlich um krumme Dinge zu drehen. Unterdessen gab er mir Lektionen, damit ich wüsste, wie ich mich dabei anstellen muss. Ich hörte ihm zu, all das war für mich sehr aufschlussreich. Verglichen mit ihm war ich in diesem Bereich natürlich von größter Unwissenheit. Er erklärte mir unter anderem, dass ich bei mir eine kleine Operation machen müsste, an Daumen, Zeigefinger und Mittelfinger, weil man so anscheinend sehr schwere Lasten heben kann, ohne dass sie einem aus den Händen rutschen. Für Einbrüche muss das in der Tat vorteilhafter sein.

Die erste Zeit wollte kein Wärter irgendein Gespräch mit mir führen. Die strengsten Anweisungen waren gegeben worden: kein Kontakt, kein Gespräch (ich wurde sogar heimlich überwacht), damit ich sie nicht hypnotisieren könnte und entfliehen, denn die Zeitungen hatten mich als einen Magier dargestellt, als einen Magier, der fähig war, Leute in Schlaf zu versetzen. Aber sobald sie begannen, sich bewusst zu werden, dass dieser seltsame Magier ganz und gar harmlos war, wichen bei manchen von ihnen Vorsicht und Argwohn einem gewissen Interesse und sogar einer Art Sympathie. Nicht nur, dass sie keine Angst mehr hatten, mit mir zu sprechen, nein, sie suchten mich sogar speziell dafür auf, mir Fragen zu stellen und mich um Rat zu bitten – was nicht oft in Gefängnissen vorkommen soll! Um sich nicht zu kompromittieren, riefen sie mich unter dem Vorwand aus der Zelle heraus, dass der Gerichtsschreiber nach mir verlangte, und sehr schnell wurde klar, dass dieser verflixte Gerichtsschreiber sehr oft nach mir verlangte! Einer von ihnen zeigte mir sogar Fotos von seiner Braut, damit ich ihm meinen Eindruck von ihrem Charakter gebe.

Eines Tages wurde ich vom Direktor des Gefängnisses gerufen. Warum? Weil ich es gewagt hatte, einem besonders böswilligen Wärter (man wechselte sie oft), der meine Bibel auf die Erde geschmissen hatte, ihm das heftig vorzuwerfen. Er hatte eine Klage vorgebracht, und ich wurde gerufen. Alle dachten, dass ich mit der Arrestzelle bestraft würde, diesem dunklen, schrecklichen Loch, wo man oft krank wurde. Umgeben von drei Wärtern, stand ich also vor dem Direktor. Sobald ich ihm erklärt hatte, was wirklich geschehen war, verurteilte er mich lächelnd zu – drei Monaten ohne Tabak und Wein. Als ich in die Zelle zurückkehrte, waren allerdings meine Kameraden enttäuscht, weil ich für gewöhnlich ihnen den Tabak und Wein gab, den ich erhielt. Die Armen, drei Monate mussten sie darauf verzichten!

Jetzt muss ich doch eine Schwäche eingestehen. Obwohl meine Liebe für die Menschen groß ist, selbst für die am meisten Verwahrlosten, gab es Momente, in denen ich an dem Punkt anlangte, meine Geduld zu verlieren. Denn während ich meditierte oder las, verhielten sich meine Kameraden um mich herum wie Verrückte. Ich bemühte mich, mir einzureden, dass sie Kinder wären, unfähig ihre Energien zu disziplinieren, aber in solchen Momenten beneidete ich die Eremiten, die in der Einsamkeit die Stimme der Stille hören, so reich und beredt für ihre Seele. Ich dachte: »In die Berge oder die Wälder gehen, um diesen Frieden zu kosten und mich mit den lichtvollen Wesen der unsichtbaren Welt unterhalten, die nichts als Harmonie und himmlische Musik ist, oh – welche Wonne!« Aber dann wurde ich mir plötzlich bewusst, dass ich wie ein Dieb handelte, der dabei ist, sich eines Gutes zu bemächtigen, das ihm im Moment nicht zusteht, und ich sagte mir: »Nein, der Wald und die Berge mit ihren klaren Seen, die musst du hier finden«, und ich konzentrierte all meine Kräfte auf die Schönheit der Lehre, auf die Macht dieses Egregoriums, die Universelle Weiße Bruderschaft. Dann sah ich nicht mehr die Hässlichkeit meiner Umgebung, roch nicht mehr den beißenden Geruch des Tabaks, hörte nicht mehr den

Lärm, und die Schreie und diese groben Gesichter wurden zu Gesichtern von Menschen. Alles verwandelte sich, dank des magischen Einflusses dieses Gedankens.

Bei der größten Kälte, mit offenen Fenstern, spürte ich eine wohltuende Wärme, weil mir in meinem Kopf die Wahrheiten der Lehre als Heizung dienten. Alle anderen bibberten und stampften mit den Füßen, um diese zu wärmen, ich hingegen saß im Schneidersitz auf meinem Bett, betete und meditierte. Dabei bin ich besonders kälteempfindlich und das offene Fenster zeigte genau auf mein Bett. Ich habe das ertragen, ohne krank zu werden, weil ich die Lehre hatte und die Idee der Bruderschaft immer in meinem Kopf gegenwärtig war. Ich fühlte mich durch ein unzerreißbares Band mit dieser großen Familie verbunden, die nicht nur auf der ganzen Erde verbreitet ist, sondern auch auf den anderen Planeten, bis hin zu den Sternen.

So sage ich es auch euch: Was immer auch geschieht, ob ihr euch völlig entkräftet fühlt, im tiefsten Abgrund, in der größten Mittellosigkeit oder ob euer Haus abgebrannt ist, ob ihr von eurer Familie verlassen worden seid, von euren Freunden verraten oder von allen abgelehnt werdet, vergesst niemals, dass ihr durch eure Seele und euren Geist einer anderen Welt angehört, wo keines dieser Mühsale euch treffen kann. Und sendet Signale, um Hilfe zu erhalten. Ihr glaubt, dass niemand euch sieht und euch zu Hilfe kommen kann? Ihr täuscht euch: In Wirklichkeit gibt es tausende Wesenheiten, die da sind und euch in Obhut nehmen.

Stellt euch kleine Boote vor, die des Nachts auf dem Ozean unterwegs sind. Wenn ihre Besatzungen sich in Gefahr fühlen, senden sie Notrufe, Lichtsignale, und man kommt ihnen zu Hilfe. Genau das tat ich während dieser langen Nächte im Gefängnis: Ich rief die himmlischen Wesenheiten zu Hilfe, indem ich Licht ausstrahlte, das heißt, meinen Glauben, meine Liebe, meine Hoffnung. Was haben die Menschen mit ihren Urteilen und ihren Verurteilungen für ein Gewicht im Hinblick auf die himmlischen Wesenheiten? Wenn es uns gelingt, die Aufmerksamkeit dieser Wesen anzuziehen, sind sie fähig, in uns Türen und Fenster zu öffnen, um ihren Frieden und ihre Freude dort eintreten zu lassen. Es ist derart einfach für sie, uns wahrzunehmen und zu uns zu kommen, um uns zu helfen! Selbst wenn sie mit umfangreichen Arbeiten beschäftigt sind, alarmieren die Wellen, die ein inniges Gebet hervorruft, sie sofort. Denjenigen, der sich beklagt, der sich von Auflehnung, von Hass oder anderen negativen Gefühlen überwältigen lässt, den sehen diese Wesen nicht, denn er bleibt in der Finsternis, er verschmilzt mit der Dunkelheit. Wenn er aber Lichtsignale zum Himmel sendet, trennt er sich von der Finsternis und wird sofort wahrgenommen.

Die lichtvollen Geister, die wir anziehen konnten, werden unsere Freunde und sie verlassen uns nicht mehr, sie sind hartnäckig, genauso hartnäckig wie die finsteren Geister, die man oft so schwer wieder los wird. Warum sollten die Freunde nicht genauso hartnäckig sein wie die Feinde? Sie kommen, um uns zu unterstützen, uns aufzuklären, uns zu beraten, und wenn wir ihren Ratschlägen folgen, werden wir immer gut inspiriert sein. Darum darf man selbst in der schlimmsten Lage nicht die Hoffnung aufgeben: Eines Tages wird sie sich zu unserem Vorteil wenden, weil wir gut inspiriert werden.

Wenn man jedoch von allen Seiten attackiert wird und sieht, wie die Menschen, auf die man glaubte, sich verlassen zu können, sich derart unbeständig, unaufrichtig oder unzuverlässig zeigen, dann gibt es doch auch Momente, wo man sich sagt, es lohnt sich eigentlich nicht weiterzumachen. Was tun gegenüber dem Unverständnis derjenigen, die glaubten, dass sie der Gesellschaft einen Dienst erwiesen, indem sie mich ins Gefängnis schickten? Aber, auch wenn es schwer ist, die Verleumdungen und den schrecklichsten Verrat ertragen zu müssen, so ist es ebenso schwierig, dass nach einer gewissen Zeit nicht mehr nur die anklagenden Stimmen von außen laut werden; sie verschaffen sich auch von innen Gehör und umnebeln schließlich das Bewusstsein. Wie oft tauchten diese inneren Stimmen auf und quälten mich! Sie sagten zu mir: »Selbst wenn du keines dieser Verbrechen, derer man dich anklagt, begangen hast, musst du in gewisser Weise schuldig sein und Vorwürfe verdienen.« Nun, wie soll man in diesen Fällen reagieren, um nicht vernichtet zu werden?

Schließlich fand ich eine Methode heraus: Ich rief mir all die Momente voller Licht, Inspiration und spiritueller Freude in Erinnerung, die ich erlebt hatte, und antwortete diesen Stimmen: »Ich kann nicht solche Momente gekannt haben und zugleich dessen schuldig sein, was ihr mir vorwerft.« Und diese Stimmen entfernten sich. Natürlich kamen sie nach einiger Zeit zurück – bis zu dem Tag, an dem sie endgültig verstummten. Es gelang mir, ihnen die Stirn zu bieten, weil ich die weihevollen Minuten im Gedächtnis bewahren konnte, die ich zuvor im Innersten des Geistes durchlebt hatte.

In Wirklichkeit wäre das Schlimmste noch nicht gewesen, dass ich an mir zweifle, sondern dass ich an der Lehre zweifle, an der Philosophie der Eingeweihten, dem zu folgenden Weg oder an meinem Meister, der mir einige Zeit nach meiner Ankunft in Frankreich geschrieben hatte: »Schreite weiter voran mit Glaube und Liebe. Habe keine Angst.« Dass ich an mir zweifle, ja, warum nicht? An sich zweifeln zwingt uns, immer weiter fortzuschreiten. Es gibt nichts Gefährlicheres, als sich für unfehlbar zu halten. Darum verbrachte ich auch während dieser Periode sehr viel Zeit damit, mein Leben zu überprüfen, um die Verflechtung all der Fäden zu verstehen, aus denen es bis dahin gewoben worden war. Der Vorteil des Gefängnisses ist, wenn man das so sagen kann, dass es nicht an Zeit mangelt! Daher suchte ich, mich an all die Personen zu erinnern, denen ich begegnet war, ich analysierte die Eindrücke, die sie auf mich gemacht hatten, die Beziehungen, die ich mit ihnen hatte, und was sich daraus ergeben hatte. Ich verstand, wie wichtig das war, weil es mir eine Art Anhaltspunkt für die Zukunft gab.

Und das gilt auch für euch, es wäre gut, wenn ihr von Zeit zu Zeit auf die Ereignisse, die ihr in eurem Leben erlebt habt, zurückschauen würdet, und auf die Art, wie ihr sie erlebt habt, sowie auf die Menschen, denen ihr begegnet seid, auf die, die euch Gutes gebracht haben, und auf die, die euch Schwierigkeiten bereitet haben. Selbst wenn diese Menschen dem Anschein nach keine Übereinstimmung untereinander aufweisen, können sie in ihren Emanationen etwas Gemeinsames haben. Wenn ihr euch also daran gewöhnt, das, was von ihnen ausströmt, zu spüren und zu analysieren, werdet ihr, sobald ihr euch anderen Unbekannten gegenüber seht, wissen, woran ihr euch halten könnt. Das Gleiche gilt für Ereignisse: Viele wiederholen sich in anderer Form, und wenn ihr sie nicht gründlich studiert habt, wenn ihr keine Lehren daraus gezogen habt, werdet ihr immer wieder in dieselben Sackgassen geraten und nie wissen, warum das geschieht.

Das Dasein gehorcht einer Art periodischer Bewegung: Alles wiederholt sich, aber nie auf die genau gleiche Weise, und es ist an uns, unser Unterscheidungsvermögen zu entwickeln. Aber man sollte auch vorsichtig sein und nicht irgendwelche Erinnerungen der Vergangenheit wachrufen, unter dem Vorwand, sie wiederzubeleben, um sich mit ihnen näher zu befassen. Es ist nicht gut, den Bodensatz aufzuwühlen. Alle Ereignisse, die wir erleben, sind aufgezeichnet und irgendwo in uns eingeordnet. Man kann sie mit chemischen

Produkten vergleichen, die in Fläschchen verschlossen auf einem Regal lagern. Man muss diese Fläschchen mit Vorsicht behandeln und vermeiden, bestimmte von ihnen zu öffnen, aus Furcht vergiftet zu werden.

Es war auch im Gefängnis, dass ich mich dazu entschloss, ernsthaft mein eigenes Horoskop zu studieren. In Bulgarien und auch in Frankreich baten mich viele Menschen, ihnen ihr Horoskop zu erstellen, und alle waren damit zufrieden; was ich ihnen mitgeteilt hatte, hatte ihnen geholfen. Aber wenn ich mein eigenes Horoskop studierte, schien es weder dem zu entsprechen, was ich war, noch den Ereignissen, die ich erlebte oder erlebt hatte. Nach Jahren kam ich schließlich zu dem Schluss, dass dieses Horoskop nicht das meine war. Ich muss sogar hinzufügen, dass es das eines wirklich mittelmäßigen Menschen war – und noch schlimmer als das! So sehr, dass ich mich manchmal fragte: »Aber wie ist es mir gelungen, mich so weit umzuwandeln? Es ist richtig, ich habe jahrelang gearbeitet, habe Anstrengungen unternommen, hatte einen Meister, aber trotzdem!« Das bekümmerte mich sehr, es musste da etwas geben, was ich nicht wusste. Also beschloss ich, meinem Bruder Alexander in Bulgarien zu schreiben, damit er unsere Mutter frage, und ich fand Folgendes heraus.

Als unser Dorf in Mazedonien niedergebrannt worden war, konnten wir nichts aus unserem vollständig zerstörten Haus retten; wir verloren alles, einschließlich unserer Ausweise. Als meine Mutter und ich dann in Varna ankamen, mussten wir neue besorgen; mein Vater kümmerte sich darum, neue Papiere zu beantragen, und diese Papiere wurden auf seine Angaben hin ausgestellt. Ich war im Januar geboren, und da er befürchtete, dass ich, sobald er mich für die Schule anmelden wollte, ich nicht für die Klasse, für die er mich einschreiben wollte, angenommen würde, machte er mich um ein Jahr älter. Und ich hatte bis dahin nichts davon gewusst. Warum musste es sein, dass ich fast fünfzig Jahre lang nicht mein wahres Geburtsdatum kannte? Damit ich nichts im Voraus von den Prüfungen erfahren konnte, die mich erwarteten, und ich nichts tun würde, um ihnen zu entgehen?...

Während ich im Gefängnis war, hatten gewisse Leute, die meinen Geburtsort und das (falsche) Geburtsdatum herausfanden, mein Horoskop erstellt und daraus geschlossen, dass ich wohl dieser Verbrecher wäre, der verurteilt worden war. Als ich wieder frei war, begegnete ich eines Tages einer dieser Personen, die in abfälligem Ton zu mir sagte: »Oh! Mit diesem Horoskop haben Sie wohl Glück gehabt, da herauszukommen. Aber warten wir auf das nächste Mal...« Ich antwortete: »Wie haben Sie mein Geburtsdatum herausbekommen? Noch vor kurzem kannte ich es selbst nicht. Das Horoskop, das sie studiert haben, ist nicht meins.« Ich konnte daraufhin großes Erstaunen in seinem Gesicht ablesen, aber auch eine Art Furcht.

Es würde zu nichts führen, wenn ich jetzt auf all diese Ereignisse zurückkäme, um mich zu fragen, ob – und wie – ich sie vermeiden hätte können. Denn zu der Zeit, als ich vor dem, was sich gegen mich anbahnte, vorgewarnt wurde, haben mir meine Freunde von oben nicht die Entscheidung eingegeben zu fliehen, und das bedeutete, dass ich mich stellen musste. Ich hatte immer das größte Vertrauen in diese Freunde, sie wussten: Ich würde wieder auferstehen, selbst wenn die Entehrung, die mir auferlegt würde, für mich schlimmer wäre als der Tod. Ja, und sobald man wieder aufersteht, ist man lebendiger, als wenn man nicht tot gewesen wäre! Und ich war nicht der Einzige, der von diesem neuen Leben profitierte, ihr genauso.

Oft fühlte ich mich während dieser Periode in den Händen Gottes so wie ein Steinblock in den Händen eines Bildhauers. Wie arbeitet ein Bildhauer? Mit einem Hammer ausgerüstet schlägt er auf einen Meißel, um damit Formen herauszuarbeiten. Gott macht dasselbe mit uns, und wir müssen das akzeptieren, indem wir sagen: »Herr, ich danke Dir, dass Du all diese überflüssige Materie aus mir entfernst. Ich danke Dir, dass Du aus mir einen behauenen Stein machst.« Ja, selbst inmitten von größten Leiden kann man, ja, muss man danken.[4]

Unter den schrecklichen Bedingungen des Gefängnisses habe ich auch verstanden, wie sehr ich dem Himmel danken musste, dass er mich seit meiner Jugend darauf vorbereitet hat. Hätte ich eine Kindheit und eine Jugend in Komfort und Leichtigkeit verbracht, wie hätte ich ertragen können, was ich dort gezwungenermaßen durchlebte? Natürlich las ich viel, und die Bücher waren mir eine große Stütze. Aber glücklicherweise hatte ich schon gelernt, auch in meinem Inneren all das zu suchen, was mir äußerlich fehlte. Jede schlechte Bedingung im Leben ist wie ein Gefängnis, in das wir eingesperrt sind, und wir haben in uns die Kraft, uns zu befreien.

Es ist vorgekommen, dass gewisse Personen zu mir sagten: »Aber Sie haben sehr jung gelernt, Ihre Gedankenkräfte zu entwickeln, warum haben Sie diese Kräfte nicht benutzt, um Ihre Feinde zurückzuschlagen und zu neutralisieren?« Weil die wahre Macht darin liegt, sich dieser Kräfte niemals gegen die anderen zu bedienen, sondern allein dazu, Angriffen gegenüber immer unverwundbarer zu werden, um nicht zu unterliegen und um die Steine, die man auf uns wirft, in Edelsteine zu verwandeln. Kenntnisse und Kräfte zu besitzen und sich weigern, sie zum eigenen Profit zu nutzen, das ist wahre Größe, wahre Macht. Und der Himmel, der uns ermöglicht hat, sie zu erlangen, beobachtet uns. Diese Kenntnisse und diese Kräfte dürfen wir nur für unseren spirituellen Fortschritt oder den von anderen benutzen, nicht um uns durchzusetzen, um auf Angriffe zu antworten oder uns zu rächen. Ist das nicht das Beispiel, das Jesus uns gegeben hat?[5]

Und außerdem ist das Leben in Wahrheit eine Schule, in die man uns geschickt hat, und in dieser Schule wissen wir tatsächlich nicht, wer die Lehrer und wer die Schüler sind. Kinder und Bettler können uns etwas lehren, aber auch unsere Feinde. Ja, sogar und vor allem unsere Feinde, denn sie sind es, die uns zwingen, die größten Anstrengungen zu unternehmen. Manchmal wäre es ziemlich leicht, auf Verleumdungen oder Angriffe zu antworten, aber all die Arten zu antworten, sind nicht gut. Ich habe immer die Gefahr gespürt, die damit verbunden war, mich auf das Niveau derjenigen herabzulassen, die mich angriffen, denn ich hätte mich mit ihnen beschmutzt. Durch meine Antwort wollte ich in der Lage sein, mich sehr weit oben zu halten, mich nicht in der Kleinlichkeit, der Boshaftigkeit meiner Gegner wiederzufinden, denn dann hätte ich, selbst wenn ich scheinbar den Sieg davongetragen hätte, in Wirklichkeit viel verloren.

Es ist ohnehin fast unmöglich, sich gegen ungerechte Anklagen zu verteidigen. Einige Zeit nach meiner Entlassung aus dem Gefängnis kam ein Freund zu mir und sagte, dass er um meine Sicherheit fürchte, denn es gäbe in Paris Leute, die überzeugt waren, ich sei ein Ungeheuer und davon sprachen, mich zu beseitigen. Sie hatten, ich weiß nicht wie, die Banknote, auf der der Astronom Le Verrier abgebildet war, hundertfach kopiert und sein Gesicht durch meines ersetzt. Darunter hatten sie geschrieben: »Michaël Ivanhoff, gefährlicher als Hitler«, und diese Kopien verteilten sie in den Straßen. Als ich das hörte, habe ich natürlich gelacht, so grotesk war das! Mein Freund sagte darauf: »Sie sollten nicht lachen, es gibt Leute, die sind verrückt.«

Aber verrückt oder nicht, wenn sie überzeugt sind, dass ihr schuldig seid, wenn sie wollen, dass ihr schuldig seid, ist nichts zu machen: In allem, was ihr sagt, finden sie ein Argument, um es gegen euch zu verwenden. Wie oft fand ich mich in dieser Situation! Aber eines Tages, als jemand gerade wieder einmal dabei war, mich zu beschuldigen, ich würde Menschen in die Irre führen, Frauen verführen, Familien entzweien, Leute in den Selbstmord treiben und so weiter, hörte ich einen Moment lang nur zu. Wenn ich versucht hätte, mich zu rechtfertigen, wäre mir das natürlich nicht gelungen, warum also meine Zeit vergeuden? Nach einem Moment schaute ich ihn an, lächelte und sagte zu ihm: »Aber das ist gar nichts, ich habe noch viel Schlimmeres als das getan, und Sie wissen nicht, wozu ich sonst noch alles fähig bin…« Der andere riss verblüfft die Augen auf und verstummte. Wenn man ungerecht angeklagt wird, muss man Methoden finden, um sich nicht erschüttern zu lassen.

Wir zahlen es unseren Feinden mit Liebe heim, mit Liebe häufen wir glühende Kohlen auf ihr Haupt.[6] Ich weiß, dass all diejenigen, die mir Böses zugefügt haben, sich eines Tages ihrer Taten schämen und mich um Verzeihung bitten werden. Manche haben es schon getan, und andere, die jetzt die Erde verlassen haben, tun es auch. Ich spüre ihre Anwesenheit in meiner Nähe: Sie bedauern, sie flehen mich an, ihnen zu vergeben…

Ich könnte euch in allen Einzelheiten von all den Prüfungen erzählen, die ich im Gefängnis durchmachen musste, von all den Angriffen, deren Ziel ich war, und von all dem, was sogar noch Jahre später versucht worden ist, um mich zu zerstören, obwohl ich inzwischen als unschuldig erklärt worden war (im September 1960). Aber das wäre nicht sehr nützlich. Wenn ich diese Prüfungen manchmal erwähne, so um euch die Schlussfolgerungen mitzuteilen, die ich daraus gezogen habe und die Methoden, die ich angewandt habe, um sie zu überstehen.

Diese Bewährungsprobe im Gefängnis habe ich natürlich nicht gewollt, aber sie war zweifellos unabwendbar und ich habe dort Erfahrungen gemacht, die ich nirgendwo sonst hätte machen können. Sie waren für mich ein Test. Ich war gezwungen, mich all meiner inneren Kräfte zu bedienen, sie zu sammeln, sie zu beherrschen und sie nach oben zu projizieren. Auf alle Fälle sollt ihr wissen, dass ich es niemals wagen würde, so zu euch zu sprechen, wie ich es seit Jahren tue, wenn die Schwierigkeiten, die ich überwinden musste, mich nicht geschult hätten – und wie! –, indem sie mir zeigten, dass der Geist über alles triumphieren kann: Kein Gefängnis kann ihn aufhalten.*

Betrachtet die Bäume im Wald. Sie stehen eng beieinander, und wenn einer von ihnen sich ausbreiten will, wird er von seinen Nachbarn daran gehindert. Daher entschließt sich der Baum in seiner Weisheit, nur dem Himmel entgegenzustreben, wo der Raum offen ist. Warum nicht von den Bäumen lernen? Jedes Mal, wenn man uns begrenzen will, müssen wir uns zu den Höhen emporschwingen, uns in die Welt des Lichtes flüchten, zu Gott. Selbst einsam, selbst krank, selbst im Exil oder im Gefängnis haben wir alle Macht über unser inneres Leben. »Ich werde das Gefängnis in einen Palast verwandeln« hatte der Meister gesagt. Es ist meine Seele, die ich in einen Palast verwandeln muss, denn es ist die Seele, die ein Gefängnis oder ein Palast sein kann.

Und es ist sinnlos, dem Herrn die Schuld zuzuschieben, wenn wir leiden. Da Er uns die Mittel gegeben hat, die Prüfungen zu überwinden, will Er sicher nicht, dass wir immer

* Siehe Anhang 2 am Ende des Buches.

Opfer bleiben. Und eines Tages, wenn die Bedingungen sich bessern, wird die Arbeit, die wir geleistet haben, uns tatsächlich zugutekommen. Wir werden Nutzen aus der neuen Situation ziehen, und zwar mehr noch, als wenn wir uns nicht in den Schwierigkeiten hätten entwickeln müssen.

Meister Peter Danov hatte mich gebeten, nach Frankreich zu kommen, um seine Lehre zu retten und bekannt zu machen. Um diesen Auftrag zu erfüllen, konnte ich erhoffen, dass man mit den besten Worten über mich sprechen würde, denn wie kann eine Botschaft angenommen werden, wenn der Botschafter kompromittiert, beschmutzt, entehrt ist? Aber ich musste die Ereignisse akzeptieren, so wie sie sich ergaben, indem ich dem Himmel vertraute, der in dem einen oder anderen Moment die Wahrheit immer wieder herstellen wird.* Man muss durchhalten und den bitteren Kelch trinken, während man darauf wartet, dass der Himmel sich manifestiert. Es heißt im Psalm 91:

»Er begehret mein, so will ich ihm aushelfen...
Er ruft mich an, so will ich ihn erhören.
Ich bin bei ihm in der Not,
ich will ihn herausreißen und zu Ehren bringen...
und will ihm zeigen mein Heil.«

Der Psalm verspricht nicht, dass wir verschont bleiben, sondern dass am Ende der Herr uns in Seinem Licht empfangen wird.

* Siehe Anhang 3 am Ende des Buches.

Wenn wir die Arbeit, die uns der Himmel anvertraut hat, gewissenhaft ausführen, werden immer Ereignisse geschehen, die die Wahrheit zum Vorschein bringen und die Situation bereinigen. Sonst werden wir keinen Erfolg haben, was immer wir auch tun. Auch da spreche ich nicht allein für mich, sondern für euch alle. Um welche Schwierigkeiten es sich auch handelt, man muss weitermachen, bis der Himmel eingreift, denn er kennt den günstigen Moment, und dann werden die Ereignisse einen ganz anderen Verlauf nehmen.[7] Wenn der Frühling kommt, welch ein Wandel in der Natur! Das Eingreifen der göttlichen Welt gleicht dem Kommen des Frühlings: Ein warmer Hauch weht über die Erde und die guten Samen, die wir gesät haben, beginnen zu keimen.

Weiterführende Literatur

1. Siehe Band 242 der Reihe Izvor »Unerschöpfliche Quellen der Freude«, Kapitel 3: »Das Leiden als Antrieb«.
2. Siehe Band 239 der Reihe Izvor »Die Liebe ist größer als der Glaube«, Kapitel 3: »Der heilsame Zweifel«.
3. Siehe Band 238 der Reihe Izvor »Der Glaube versetzt Berge«, Kapitel 5: »Der Glaube geht immer dem Wissen voran«, Kapitel 11: »Gott ist das Leben« und Kapitel 12: »Gott in der Schöpfung«.
4. Siehe Band 243 der Reihe Izvor »Das Lächeln des Weisen«, Kapitel 12: »Dank: Quelle von Licht und Freude«.
5. Siehe Band 226 der Reihe Izvor »Das Buch der göttlichen Magie«, Kapitel 16: »Ihr solltet niemals versuchen, Rache zu üben«, und Band 215 der Reihe Izvor »Die wahre Lehre Christi«, Kapitel 7: »Vater vergib ihnen, denn sie wissen nicht, was sie tun« und Kapitel 8: »Wenn dich jemand auf deine rechte Backe schlägt…«.
6. Siehe Band 210 der Reihe Izvor »Die Antwort auf das Böse«, Kapitel 9: »Das Böse durch Licht und Liebe besiegen«.
7. Siehe Band 239 der Reihe Izvor »Die Liebe ist größer als der Glaube«, Kapitel 7: »Bewahrt euren Glauben an das Gute«.

Mikhaël, im Alter von 11 Jahren, mit seiner Mutter Dolia

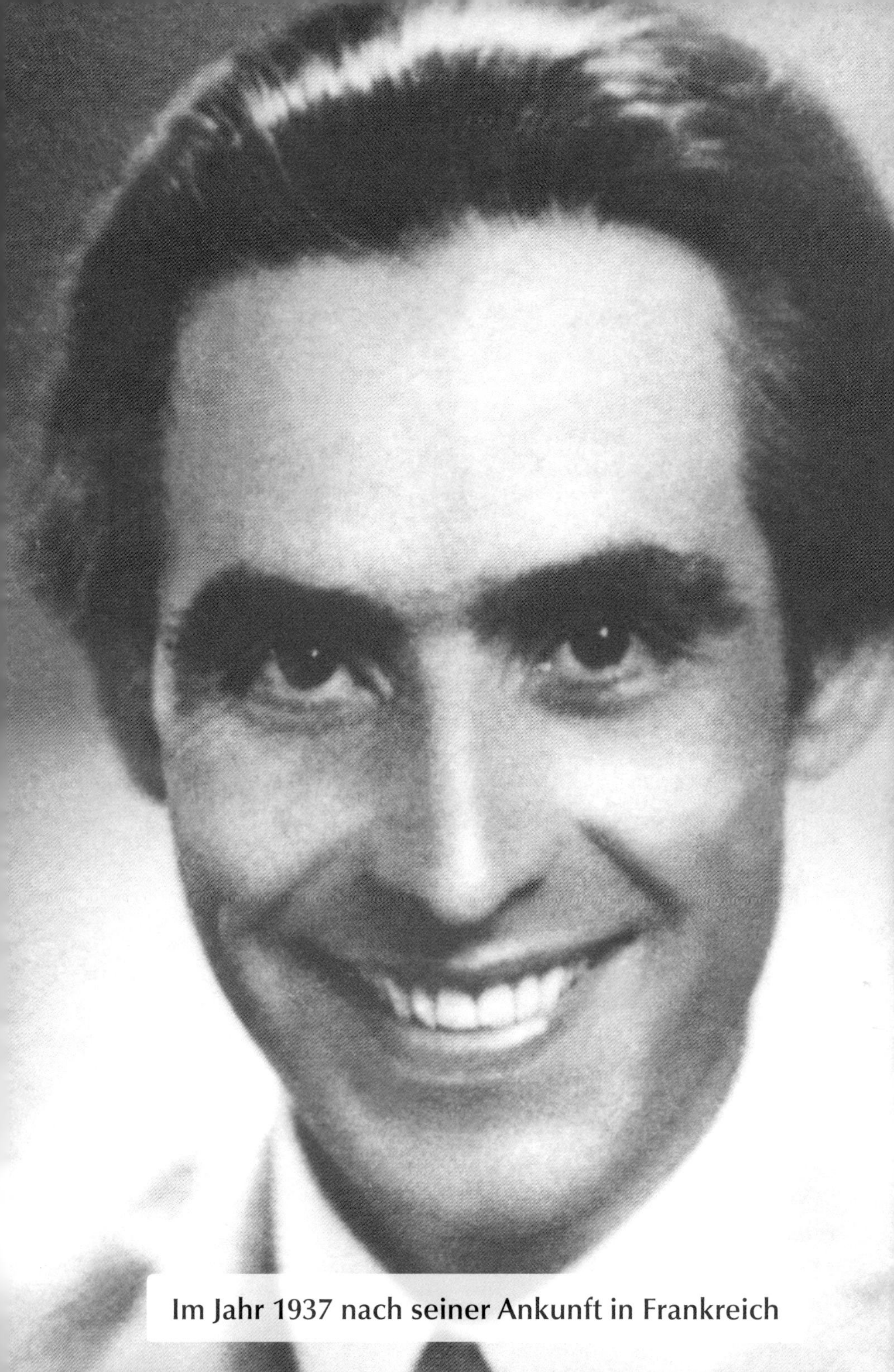

Im Jahr 1937 nach seiner Ankunft in Frankreich

Meister Peter Danov zur Zeit seiner Begegnung mit Mikhaël

Im Bonfin (Fréjus, Südfrankreich) am 29. September 1958 vor seiner Abreise nach Indien

1958 in Villeneuve (Schweiz), Episode mit der kleinen Katze, siehe Kapitel 15.

1971 im Bonfin

1976 in Izgrev (Sèvres, Pariser Vorort)

Sonnenaufgang im Bonfin

Der Große Saal im Bonfin

Im Bruderschaftszentrum Vidélinata in der Schweiz

Der Meister mit Swami Shivananda im Jahr 1959

Der Meister mit Zen-Meister Deshimaru im Jahr 1977

Feuer im Bonfin zum Sankt-Michaels-Fest

Das Gelände des Bonfins in Südfrankreich

Die Mystische Rose, siehe Kapitel 6.

Kapitel 11

EIN JAHR IN INDIEN: FEBRUAR 1959 BIS FEBRUAR 1960

Nach Indien reisen… Das ist der Traum einer immer größer werdenden Zahl von Menschen des Okzidents, für die dieses Land den Gipfel der Spiritualität darstellt. Weil sie einige Bücher über den Hinduismus, den Buddhismus, die verschiedenen Yogas und die spirituellen Meister gelesen haben, stellen sie sich vor, sie würden, indem sie den Fuß auf indischen Boden setzen, sofort dem großen Weisen, dem großen Eingeweihten begegnen, der ihnen die Erleuchtung verschaffen wird. Und ohne vorausgehende Vorbereitung, einfach so, fahren sie los… Selbst wenn sie von dem Elend, dem Mangel an Hygiene, dem Schmutz, dem man in diesem Land begegnet, gehört haben, begreifen sie nicht immer, wie schwierig dies für Europäer auszuhalten ist. Manche werden sagen, dass die materiellen Bedingungen wenig zählen, sobald man sich auf die Suche nach einem spirituellen Meister macht. Gut, einverstanden. Aber was für eine Vorstellung machen sie sich von der Suche nach einem Meister? Selbst wenn sie glauben, ihn gefunden zu haben, sind sie sicher, dass er sie akzeptieren wird?… Und wie werden sie sich bei jemandem verhalten, der stundenlang in der Stille verweilt? Werden sie fähig sein, in dieser Stille mit ihm in Verbindung zu treten?… Wenn, wie viele vorgeben, sie keine spirituelle Nahrung im Okzident gefunden haben, werden sie diese auch nicht im Orient finden.

Sei es in der Religion, in der Philosophie, in der Literatur, der Musik, der Architektur – in all diesen Bereichen hat Indien die universelle Kultur mit enormen Schätzen bereichert, die es wert sind, dass man sie kennenlernt. Aber arme Europäer, die sich unter so viele Traditionen und Praktiken wagen, in der Annahme, diese würden ihnen das bringen, was das Christentum ihnen nicht bringen kann! Schon allein die Tatsache, so viele Gottheiten in fremdartigen Formen zu entdecken, die sie nicht zu interpretieren wissen: Kali, die mit einer Kette aus menschlichen Schädeln um den Hals tanzt, Avalokiteshvara mit tausend Armen und elf Köpfen, Indra, der sich in Form von Regen manifestiert, Ganesha mit dem Elefantenkopf, Hanuman der Affe und viele mehr. Das hinduistische Pantheon ist ein undurchdringlicher Wald, in dem der westliche Mensch sich umso mehr zu verlieren droht, als er nicht mit der Welt der Symbole vertraut ist.

Versteht mich richtig, ich unterschätze nicht den Wert der Religionen und der Spiritualität Indiens, ganz im Gegenteil; ich möchte nur die Menschen des Westens vorwarnen, die, den Kopf voller Illusionen, dorthin aufbrechen und sich vorstellen, sie würden erleuchtet zurückkehren, nachdem sie den Segen von einigen Yogis empfangen und einige heilige Stätten besucht haben. Ich bin einigen dieser aus Indien zurückgekommenen »Pilgern« begegnet, und sie gestanden mir, dass sie sich verloren fühlten. Das ist keineswegs erstaunlich: Wenn man seinem Leben noch keinen Sinn verleihen konnte, ist die Vorstellung immer riskant, man werde ihn endlich finden, indem man die Kultur und die Traditionen, in denen man aufgewachsen ist, hinter sich lässt. Bevor man sich in solche Abenteuer stürzt, sollte man nachdenken. Ich hatte manchmal die Gelegenheit zu prüfen, wie weise manche Hindu-Yogis sind. Sie fragen die westlichen Menschen: »Ihr seid Christen? – Ja. – Dann bleibt Christen.« Sie wissen, dass eine Kultur, eine Überlieferung das ist, was für einen Baum dessen ursprüngliche Erde ist. Wie viel Zeit braucht ein umgepflanzter Baum, um anderswo Wurzeln zu schlagen!

Alle Religionen sind aus derselben Quelle hervorgegangen, ihre Unterschiede rühren daher, dass sie in unterschiedlichen Epochen erschienen sind, bei unterschiedlichen Völkern mit unterschiedlichen Mentalitäten. Darum muss man sehr gut überlegen, bevor man seine Religion wechseln will, man passt sich nicht so leicht anderen Mentalitäten an. Die Hindu-Tradition ist außergewöhnlich tiefgründig, reichhaltig und poetisch, ich wiederhole das, aber, von einigen Ausnahmen abgesehen, riskieren die Menschen aus dem Westen, die sich darauf einlassen, in erster Linie, sich darin zu verirren. Oder aber sie halten sich nur bei den Erscheinungen, den Formen, den oberflächlichen, exotischen Details auf, und das ist nicht respektvoll gegenüber all diesen großen Geistern der Vergangenheit, die, nach langer Arbeit und Forschung, die Früchte ihrer Erfahrungen ihrem Volk hinterlassen wollten. Man darf nicht glauben, dass die Weisen und die spirituellen Meister Indiens sich besonders geehrt fühlen, wenn sie all diese Christen sehen, die ihre eigene Religion unbeachtet lassen, um sich mit kahl rasiertem Haupt und oranger Robe als Yogi zu verkleiden, einige Sanskrit-Worte stammeln und Mantras rezitieren, während sie Räucherstäbchen verbrennen.

Seit meiner Rückkehr weiß ich, wie ungeduldig ihr darauf wartet, dass ich euch von meinem Aufenthalt in Indien berichte. Sicher, ich werde es tun, aber meine Absicht ist nicht, euch zu beeindrucken, indem ich euch all das erzähle, was ich erlebt habe. Ich finde sogar, dass ihr dem schon zu viel Bedeutung beimesst, so, als ob das, was ich euch in Zukunft bringen werde, wertvoller, wesentlicher sein müsse, als das, was ich euch über Jahre vor dieser Reise gegeben habe.

Ihr mögt mir nicht glauben, aber diese Erfahrung in Indien war für mich auch deshalb so reichhaltig, weil sie den Wert unserer westlichen Überlieferung nur noch unterstrichen hat. Seit meiner Rückkehr erscheint mir dieser Wert noch klarer, weil ich jetzt wirklich vergleichen kann. Ich sage nicht, dass die westliche Überlieferung überlegen ist, sondern dass die Menschen des Westens darin alles finden können, was sie für ihre spirituelle Entwicklung brauchen.*

Seit Beginn meiner Ankunft in diesem Lande wollte ich verstehen, was die Inder heutzutage sind, ihre physische Erscheinung, ihre Mentalität, ihre Verhaltensweisen. Ich habe Indien in allen Richtungen, mit allen möglichen Fortbewegungsmitteln durchquert, von Srinagar im Himalaya bis nach Trivandrum im äußersten Süden, wo die Erde ganz rot ist, und von Bombay nach Kalkutta. Ich habe mich in allen Milieus bewegt, ich habe große Meister getroffen, aber auch Politiker, Bankiers, Universitätsangehörige, Künstler, Bettler… Ich habe beobachtet, wie die Leute kaufen und verkaufen, wie sie sich ernähren und kleiden, wie sie schlafen und

* Vor seiner Abreise, am 11. Februar 1959, hatte der Meister diese Botschaft hinterlassen:

»Geliebte Brüder und Schwestern der Universellen Weißen Bruderschaft, an diesem Ort Izgrev in Frankreich beauftrage ich die Naturgeister, die Vögel, die Bäume, die Gegenstände und alle Dinge, durch die Verpflichtung, die ich ihnen auferlegt habe, die Übermittler von Kräften der Inspiration und des Schutzes für euch zu sein.
Mögen die Sonnenaufgänge, begleitet von unsichtbaren Wesen, die euch umgeben und zu euch sprechen, euch auf den aufsteigenden Weg der göttlichen Evolution führen.
Seid durch die Liebe vereint, die jede Handlung, jedes Wort und jeden Gedanken verbindet und fruchtbar macht.
Ich bin nicht da, und doch bin ich immer da.
Ein höheres Wesen als ich nimmt euch unter seinen Schutz.
Lebt euer irdisches Leben auf göttliche Weise.
Halleluja!«

beten. Ich habe auch die Anstrengung unternommen, mental sehr weit in der Zeit zurückzugehen, um herauszufinden, wie damals das Leben dieses Volkes gewesen ist, seine Praktiken, seine Sitten.

Das Schauspiel in den Straßen der Städte Indiens ist wirklich etwas Außergewöhnliches, und ich habe Stunden damit verbracht, darin herumzuspazieren und diese so lebendige und bunte Menge zu beobachten. In allen Ländern der Welt, die ich besuche, bringt das Schauspiel der Menge in den Straßen mich immer wieder auf denselben Gedanken: Diese Männer und Frauen haben jeder ihr eigenes Dasein, ihre Geschichte, ihre zu lösenden Probleme, ihre Leiden, ihre Liebschaften… Sie kommen und gehen wie sich selbst überlassene Individuen, aber in Wirklichkeit gibt es ein Wesen, das sie alle unterstützt, weil Es in ihnen lebt. Und ich versuche, allen wenigstens in Gedanken etwas Gutes aus meinem Herzen und meiner Seele zu geben.

Es bringt nichts, wenn ich euch über Indien berichte, was viele Reisende bereits besser berichtet haben, als ich es könnte; aber natürlich war ich, wie alle, die zum ersten Mal dort hingehen, sofort überrascht von all dieser Armut, die sich dort neben einem außerordentlichen Überfluss zeigt. Ich sah riesige Paläste mit Nebenanlagen, wo hunderte Pferde aufgezogen und versorgt wurden, und vor diesen Palästen eine Menge an Bettlern, die am Verhungern waren. In Bombay, New Delhi, Lucknow, Kalkutta oder Madras ging ich in Tuchgeschäfte, um diese ganze Fülle von Seide in leuchtenden Farben zu bewundern. Wie wunderbar! Ich glaube nicht, dass man Vergleichbares bei uns in Europa finden kann. Und wenn ich diese feenhaften Orte verließ, waren die meisten Männer und Frauen, an denen ich vorüber kam, in Lumpen gekleidet… Man fragt sich auch, warum so viel Landfläche unkultiviert bleibt.

Alle Welt hat von diesem Elend gehört, das in Indien herrscht, aber es ist eine Sache, davon zu hören und eine andere, es zu sehen. In Kalkutta musste ich eines Tages eine Brücke überqueren. Auf beiden Seiten kauerten oder lagen Kranke, Bettler und Krüppel. Manche waren vielleicht schon tot. Hände reckten sich mir beim Vorübergehen entgegen und ich verteilte all die Geldstücke, mit denen ich mir die Taschen gefüllt hatte. Aber, auch wenn ich mich zu beherrschen bemühte, war ich von dem Anblick einer solchen Bettelarmut, einem solchen Leiden, einer solchen Verlassenheit derart überwältigt, dass ich am anderen Ende der Brücke angekommen, Tränen vergoss.

Ebenso wie das Schauspiel dieses Elends, ertrug ich auch den Lärm nur sehr schwer. Zu Beginn meines Aufenthaltes war ich wirklich schockiert, als ich entdeckte, dass die so religiösen und mystischen Inder unablässig Lärm machen, selbst in den Tempeln und in den Ashrams. Man muss in die Wälder oder in die Berge gehen, um endlich Stille zu finden. Ich wohnte dem Fest bei, mit dem sich das Land seiner Unabhängigkeit erinnert. Die gesamte Bevölkerung war auf den Straßen unterwegs, es war ein nicht enden wollender Aufmarsch von Kindern, Erwachsenen und alten Leuten, die zu Fuß oder mit dem Auto unterwegs waren. Viele hatten kleine Trompeten, in die sie ständig hineinbliesen. Ein Heidenlärm! Das Fest dauerte drei Tage und drei Nächte.

Durch gewisse Charakterzüge, durch ihre Geduld, durch die Akzeptanz ihrer harten Lebensbedingungen, spürt man, dass die Hindus sehr alte Seelen sind, aber andererseits sind sie wie Kinder: Sie lieben den Lärm. Auf alle Fälle scheint der Lärm sie nicht zu stören; und genau das macht oft auch den Aufenthalt in den Hotels unerquicklich. Um ein oder zwei Uhr morgens wurde ich oft durch ein Kommen und Gehen und durch Stimmen in den Fluren geweckt. Einmal, nach einem Moment des Abwartens, ging ich aus dem Zimmer und fand vor der Tür drei oder vier Burschen in lebhaftem Gespräch vor. Ich sagte zu ihnen: »Die europäische Kultur ist wenigstens in einem überlegen, und das ist, dass man ab zehn Uhr abends aufhören muss, Lärm zu machen, um die Leute nicht am Schlafen zu hindern. Und Sie – sehen Sie, wie viel Uhr es ist! Sie haben nicht den geringsten Respekt und keinerlei Liebe…« Ich erwartete, dass sie protestierten, aber ganz und gar nicht; einer von ihnen fiel mir sogar, sich entschuldigend, um den Hals und versprach mir, dass sie damit aufhören würden. Und in der Tat, von dem Moment an machten sie keinen Lärm mehr.

In den Hotels, in denen ich mich aufhielt, betrachteten mich diejenigen, die mich allmählich kennenlernten, als eine Art Yogi, aber als einen seltsamen Yogi. Warum? Weil ihrer Meinung nach ein Yogi alles ertragen muss. Nun, dann muss ich wohl kein Yogi sein, denn ich ertrage nicht alles, und schon gar keinen Lärm. Aber sie verhielten sich sehr freundlich, sie akzeptierten mich, wie ich war.

Eines Tages ging ich einfach so, aus Neugier, in die Küche eines Hotels. Und was sah ich? Ratten, die frei herumliefen. Von dem Moment an bat ich um die Erlaubnis, mir meine Mahlzeiten, so weit wie möglich, selbst zubereiten zu dürfen. Man ließ mich gewähren und sagte, ich sei ein Brahmachari – so nennt man die ledigen Männer, die sich dem Dienst an Gott geweiht haben. Und wisst ihr, welches Gemüse ich in Indien am meisten schätzte? Die weiße Rübe. Ja, noch nie habe ich so milde, zarte und auch schmackhafte Rüben gegessen.

Ich wurde also überall gut empfangen. Dank ihrer Jahrtausende alten Kultur erkennen die Hindus instinktiv die Menschen, die ihr Leben der Spiritualität geweiht haben. Sie gehen spontan auf sie zu und bitten sie um ihren Segen. Wie oft, nicht nur in den Hotels, sondern auch auf den Straßen und in Bussen, wurde ich von Männern und Frauen aufgehalten, die mich darum baten, sie zu segnen, was mir in Europa natürlich nie passiert ist. Sie knieten sogar vor mir nieder. Es war mir sehr peinlich und anfangs bemühte ich mich, sie zum Aufstehen zu bewegen. Später musste ich das aufgeben, denn dieses Verhalten war Teil ihrer Traditionen, aber ich konnte mich nie daran gewöhnen. Einige stellten mir Fragen und wollten mich in ihr Haus zum Essen einladen oder mich sogar mehrere Tage beherbergen. Sehr oft war ich gezwungen, Ausreden zu erfinden, um all diesen Einladungen zu entgehen.

Unter denen, die mich auf diese Weise aufhielten, entdeckte ich manchmal sehr bedeutende Persönlichkeiten. Sie schlugen mir sogar vor, mich in ihrem Wagen mitzunehmen, um mir die Stadt und ihre Monumente zu zeigen, ebenso berühmte Stätten in der Umgebung. Ich war wirklich sehr überrascht von diesem Respekt, von dieser, ja, fast Verehrung, die so viele Personen mir bezeugten, und zwar in jeglichem Milieu.

Selbst wenn man bereits vorgewarnt ist, erstaunt einen schon die Vertrautheit, in der die Inder mit den Tieren leben. Sie akzeptieren sie in ihrer Mitte, als würden sie keine wohl definierten Grenzen zwischen dem Menschenreich und dem Tierreich ziehen. Es ist zwar so, dass von einem bestimmten Gesichtspunkt her gesehen, diese Grenzen nicht existieren, aber es ist auch so, dass für sie Tiere wie Kuh, Affe, Schlange und so weiter, etwas Mystisches, also Heiliges bewahren. Deshalb lassen sie die Kühe auf den Straßen der Städte herumspazieren, wo sie dann den Verkehr behindern. Die Schlangen bilden auch einen Teil des täglichen Schauspiels: Wo auch immer kann es sein, dass ein Mann mehrere Schlangen aus einem Sack kriechen lässt, die sich dann zum Spiel einer Art Flöte aufrichten und bewegen.

Was die Affen angeht, sie bevölkern die Tempel, wo sie Schäden anrichten und allen möglichen Schmutz hinterlassen. Und es sieht so aus – wenn auch seltener –, dass in manchen Tempeln Ratten leben, die man füttert und wie heilige Gäste schützt. Aber den Affen begegnet man überall, nicht nur in den Tempeln, sondern auch in der Stadt, wo sie auf die Tische der Händler springen und sich die Früchte schnappen, die sie auf die Köpfe der Passanten werfen. Man hat mir erzählt, es könne vorkommen, dass sie einem ein Baby entreißen und es hoch hinauf auf einen Baum tragen. Den Eltern bleibt dann nichts anderes übrig, als ihnen Nahrung anzubieten, damit sie wieder herunterkommen und das Kind zurückbringen.

Was die Stadt Bombay (Mumbai) angeht, so ist sie voller Raben; auf den Bäumen und den Hausdächern krächzen sie den ganzen Tag lang, das ist unerträglich. Die Fremden beklagen sich, aber die Inder selbst stört das nicht, sie verjagen sie nicht. Ich war eines Tages so sehr gereizt, dass ich einige kleine Steinchen nach ihnen warf, um sie zu vertreiben, und dann geschah etwas Erstaunliches: Als ich später das Hotel verließ, um im Wald spazieren zu gehen, folgten sie mir: Man hätte meinen können, sie hätten mich erkannt, und sie begleiteten mich bis in den Wald. Aber was dort geschah, ist eine andere Geschichte. Die Raben sind sehr intelligent und es würde sich lohnen, sie besser zu erforschen.

Ich wanderte viel in den Wäldern Indiens, doch ich musste vorsichtig sein. Eines Tages kam eine ganze Truppe von Affen auf mich zugestürzt. Sie waren nicht sehr groß, aber ihr Biss kann gefährlich sein und es waren viele. Einer von ihnen kam besonders nahe und pfiff auf bedrohliche Weise. Ich habe ihn daher fest angesehen und den Stock geschwungen, den ich in der Hand hielt, und er machte sich davon, gefolgt von seinem Trupp. In diesem Wald gab es anscheinend auch Tiger, aber ich begegnete nie einem von ihnen. Vielleicht fanden sie, dass ich noch gefährlicher sei als sie, und wagten es nicht, sich zu zeigen! Und als ich in Kaschmir war, warnte man mich, dass der Ort, den ich für gewöhnlich aufsuchte, von Schlangen heimgesucht würde, von ganz kleinen, sehr giftigen Schlangen, deren Biss zu einem blitzartigen Tod führt. Auch da hatte ich nicht die Gelegenheit, wenigstens eine dieser kleinen Schlangen zu sehen. Aber ich war erstaunt, wie viele Arten von Beeren und sehr süßen Früchten ich in diesen Wäldern fand. Das reichte mir als Nahrung für den ganzen Tag.

Während meiner Jugend, obwohl ich Meister Peter Danov noch nicht begegnet war, und ich meinen Weg suchte, hatte ich die Gewohnheit angenommen, mich mit all den Weisen und hochentwickelten Menschen zu verbinden, die laut der Bücher, die ich las, in Indien lebten, vor allem im Himalaya. Als ich nach Indien aufbrach, wusste ich nicht, wem ich begegnen würde. Jetzt hatte ich nicht mehr das Bedürfnis, eine Richtung zu finden, ich hatte sie schon lange gefunden, aber ich hatte das Bedürfnis, mich einzuschätzen. Ja, ich hatte von mir und von meiner Arbeit eine gewisse Vorstellung, und ich hatte das Bedürfnis, mir dies zu bestätigen. So besuchte ich ein Jahr lang zahlreiche Ashrams, wurde in Heiligtümern empfangen, wo kein Fremder zugelassen wurde, und begegnete großen Meistern. Manche waren bekannt, andere nicht. Unter den großen Meistern hatte ich das Privileg Neem Karoli Maharaj Babaji zu treffen. Vor meiner Abreise wusste ich natürlich um die Existenz von Babaji, von dem Yogananda Paramahansa in seiner *Autobiographie eines Yogi* berichtet. Ich wusste nicht, ob ich ihm begegnen würde, denn er wechselt beständig den Ort, und kündigt niemals den Ort an, an dem er sich aufhalten wird. Man kann ihn jahrelang vergeblich suchen, und es ist umso schwieriger, ihn zu finden, da er verschiedene Erscheinungsformen annimmt: die eines Bettlers in der Menge oder die eines Reisenden. Es gelingt einem kaum, ihn in dem Yogi zu erkennen, dem man zufällig über den Weg läuft.

Ich wünschte mir jedoch sehr, Babaji zu treffen. Als ich dann in Almora war, sandte ich ihm in Gedanken eine Botschaft, und er antwortete mir, indem er am 17. Juni von sich aus auf mich zukam. Er schickte einen seiner Schüler, mich zu ihm zu führen. Der 17. Juni war genau das Datum, das mir Doktor Bindu, ein großer Hellseher und Schüler Babajis, angekündigt hatte, als ich ihm meinen Wunsch anvertraute, seinem Meister zu begegnen.

Ihr erwartet, dass ich euch von Babaji erzähle, aber das Wesentliche lässt sich nicht mit Worten sagen. Übrigens erzählt er selbst nichts, was ihn angeht, und man kennt nicht einmal sein Alter. Greise, die ihn schon in ihrer Kindheit gekannt haben, versicherten mir, dass sein Gesicht sich seitdem nicht verändert hat. Aber lassen wir die Frage seines Alters beiseite… Dem Anschein nach unterscheidet Babaji nichts von anderen Yogis. Er trug eine so alte und abgenutzte Kleidung, dass ich ihm eines Tages ein neues Dhoti anbieten wollte. Ich wählte es sehr sorgfältig aus, und als ich es ihm brachte, dankte er mir, nahm es aber nicht an. Wenn er bereit ist zu einer Begegnung, ist er sehr umgänglich. Oft findet man ihn vor in ungezwungener, halb ausgestreckter Sitzhaltung. Aber was man vor allem bemerkt, ist sein Blick, grandios, tiefgründig, voller Liebe.

Ich war überrascht von dem Empfang, den mir Babaji sofort bot. Sein Blick, sein Lächeln erinnerte mich auch an meinen Meister. Und was für Austausche hatten wir in der Stille! Als ich ihn am 21. Juni wieder sah, verließen wir Almora gemeinsam per Auto, um bis nach Bareilly zu fahren.

In Almora, wo ich einige Zeit wohnte, ließ ich Freunde zurück: Doktor Bindu ebenso wie Anagarika Govinda, einen großen Spezialisten für tibetische Mystik und seine Frau Li Gautami.

Ich führte lange Gespräche mit Babaji, aber es blieben noch viele Fragen offen, und da er fort musste, brachte er mich in Kontakt mit einem seiner Schüler, der in den Bergen lebte, in Nainital, wohin mich ein anderer Schüler mit dem Zug brachte. Nainital ist ein sehr schöner Ort, sehr malerisch mit seinen fünf auf den Höhen errichteten Tempeln, und dort hat Babaji seinen Ashram. Bei meiner Ankunft wurde ich von einem ungefähr 35-jährigen Mann empfangen, der sich Hanuman Baba nannte (in dem Epos *Ramayana* ist Hanuman der Affenkönig, Minister des Gottes Rama). Er hatte ein großartiges, reines, intelligentes Gesicht und es ging etwas sehr Spirituelles von ihm aus. Ohne mich vorgestellt zu haben, doch ich erfuhr später, dass Babaji mich ihm angekündigt hatte, verabschiedete sich mein Reisegefährte von mir und Hanuman Baba führte mich in ein Haus, wo er mir das Zimmer gab, das für gewöhnlich Babaji belegte, wenn er sich in Nainital aufhielt. Ich blieb dort einige Zeit. Das Fenster blickte auf die schneebedeckten Berge: In der Ferne erblickte ich den Gipfel des Nanda Devi, und während dieser Zeit konnte ich jeden Tag vor dieser großartigen Landschaft meditieren.

Ich blieb also einige Zeit in Nainital, und das war für mich die Gelegenheit, zu forschen und sehr interessante Erfahrungen zu machen. Zunächst, weil ich jeden Tag Hanuman Baba traf, der ein außergewöhnlicher Mensch war. Babaji unterwarf ihn einer sehr strengen Disziplin, die er aber offensichtlich sehr leicht ertrug. Seit mehreren Jahren musste er sich des Sprechens enthalten; kein Wort kam aus seinem Munde. Was er zu sagen hatte, schrieb er auf eine

Schiefertafel. Es war ihm auch auferlegt, in einer Art dunklem Loch zu schlafen, mit gerade genug Platz, um sich hinzulegen. Warum? Weil in der Dunkelheit, in der absoluten Stille, es keinerlei Nahrung mehr gibt für die fünf Sinne, die der Yogi sich außerdem bemüht, durch Meditation zum Schweigen zu bringen. Wenn die fünf Sinne zu funktionieren aufhören, absorbieren sie keine psychische Energie mehr, und in dem Moment erwachen andere Sinne, dank derer der Yogi allmählich die fluidischen Elemente von höheren Regionen sieht, hört, fühlt und berührt.

Jeden Morgen begab sich der schweigende Schüler in die Stadt, wo er eine Anstellung in einer Verwaltung innehatte. Nach seiner Rückkehr um siebzehn Uhr übernahm er den Dienst in einem kleinen Tempel nebenan. Dann suchte er mich auf und beantwortete meine Fragen, indem er auf seine Schiefertafel schrieb. Ich verbrachte ganze Stunden mit ihm; ich sprach mit ihm und er antwortete mir schriftlich. Er konnte gut Englisch und manchmal blieben wir zusammen bis zwei oder drei Uhr morgens auf. Für seine Ernährung gab er sich mit einem halben Liter Milch pro Tag zufrieden und war doch voller Energie. Bekleidet mit einem einzigen Kleidungsstück, im Sommer wie im Winter, ging er barfuß, aber er ging so schnell, dass ich Mühe hatte, ihm zu folgen. Von Babaji unterrichtet und geführt, hatte er die Kundalinikraft erweckt, die sein Stirnchakra, das Ajna Chakra, erreichte.[1] Die Yogaübungen, die er mir zeigte, offenbarten seinen hohen Entwicklungsgrad, und ich lernte viel bei ihm. Auf Bitten von Babaji, lehrte er mich einige Übungen des Shabda-Yoga, dem Yoga des Wortes, deren Wirksamkeit ich feststellen konnte.

Hanuman Baba zeigte mir bereitwillig seinen Garten, in dem er alle möglichen Pflanzen kultivierte, vor allem Heilkräuter. Aber es gab auch andere, von denen er mir versicherte, dass sie großartige Eigenschaften besäßen: Eine von ihnen würde es ermöglichen, wochenlang ohne Nahrung zu leben; eine andere, tagelang der Kälte im Schnee des Himalaya zu widerstehen. Ich habe es nicht ausprobiert, aber es ist möglich, ich glaube an die Macht der Pflanzen. Eines Tages zeigte er mir, wie man eine Paste aus der Wurzel einer bestimmten Pflanze und den roten Blättern einer anderen herstellt: Man zerkleinert sie zusammen, indem man sie auf einem Stein reibt; das ergibt eine Mischung, die man dann auf die Stirn aufträgt, zwischen den beiden Augenbrauen, um das dritte Auge zu erwecken. Ich notierte die Namen dieser Pflanzen und ich könnte sie euch geben, aber es wäre schwierig für euch, sie zu finden. Hanuman Baba sagte mir, dass zahlreiche Yogis und Sadhus in Nainital vorbeikämen, und dass er auch von ihnen viele seiner Kenntnisse über die Pflanzen oder Drogen erhielte, derer sie sich bedienten, um psychische Kräfte zu entwickeln.

Vor diesem Aufenthalt in Indien hatte ich natürlich viel über die Praktiken von Yogis gelesen, deren Hauptziel offensichtlich darin besteht, den physischen Körper der Psyche zu unterwerfen. Nichts darf ihm widerstehen. Und genau das bestätigte mir Hanuman Baba, indem er sagte, dass für die Yogis alles oder fast alles möglich erscheint. Eine dieser Praktiken nennt sich »Tummo«. Durch Übungen in Konzentration und verlängerter Atmung erweckt der Yogi das Chakra Muladhara[2] am unteren Ende der Wirbelsäule; das ist dann wie ein Feuer, das er in seinem Körper entzündet. Dann entzündet dieses Feuer, das im Kanal Sushumna entlang der Wirbelsäule aufsteigt, die anderen Chakras und sein Körper ist wie in Glut getaucht. Auf diese Weise sind gewisse Yogis fähig, in ihrem Körper eine solche Wärme freizusetzen, dass, nachdem sie im Wasser eines gefrorenen Sees untergetaucht waren, sie sich in feuchte Tücher hüllen und diese durch ihre Körperwärme trocknen. Aber wie viele Jahre sind nötig, damit ihnen diese Übung gelingt! Ich finde, es gibt Besseres zu tun, als für die Verwirklichung einer solchen Art von Leistung so viel Zeit zu investieren.

Und was ist von denen zu halten, die sich darin üben, rohe Eingeweide von Tieren oder sogar Exkremente zu essen? Wieder andere sind in der Lage, bestimmte Flüssigkeiten ihres Körpers (Urin, Sperma), nachdem sie diese ausgeschieden haben, durch dieselbe Öffnung wieder zu absorbieren.

Im Grunde ist für diese Yogis, die man Siddhis nennt, nichts unrein, und wenn man darüber nachdenkt, scheint es, dass alle Inder mehr oder weniger von dieser Philosophie beeinflusst sind. Zweifelsohne haben sie deshalb eine ganz andere Auffassung von Schmutz als wir Europäer. Ich habe oft daran gedacht, wenn ich sah, wie sie das, was ich wirklich abstoßend fand, akzeptierten, ohne angeekelt zu sein. In mehreren Städten (Rishikesh, Benares, Patna usw.) ging ich an den Ufern des Ganges spazieren. Der Ganges ist ein heiliger Fluss, einverstanden, aber ich hätte niemals inmitten von Abfall und Tierkadavern, die man dort schwimmen sah, gebadet. Als ich die Grotten von Elephanta besuchte, eine Insel nicht weit von Bombay (Mumbai), sah ich am Eingang einer dieser Grotten Pilger, die andachtsvoll fauliges und grünliches Wasser aus einem Bassin schöpften und tranken. Ich musste mich zurückhalten, um nicht zu ihnen zu sagen: »Aber nicht doch, trinken Sie das nicht!« Sie betrachten auch diese Grotten als heilige Orte und daher als rein; wie dem auch sei, das Wasser ist verschmutzt, die Mikroben haben nicht den geringsten Respekt vor heiligen Orten. Das Reine und das Unreine – zu diesem Thema gäbe es vieles zu sagen.[3]

Eines Tages ließ Babaji mir eine Botschaft zukommen. Er lud mich ein, ihn an einem Ort zu treffen, wo ich nach einer langen Busreise ankommen sollte. Aber in der Zwischenzeit musste er noch woanders hin, und er setzte mich an einer Busstation davon in Kenntnis. Die Busse in Indien sind in einem derart desolaten Zustand, dass ich mir beim Aussteigen meine Hose zerriss. Glücklicherweise fand ich in dem Ort einen Schneider, um sie flicken zu lassen, während ich in einem kleinen Abstellraum wartete. Und dort sagte mir der Schneider nach beendeter Ausbesserung, wo ich Babaji treffen sollte, und er fuhr mich selbst im Auto dort hin. Denn allein beim Hören des Namens Babaji tut jeder sein Möglichstes, um einem zu helfen. Auch an einem anderen Tag, als mich jemand im Auto zu ihm fuhr, mussten wir an einer Tankstelle halten, um vollzutanken; man nahm keine Bezahlung von uns an.

Der Ort, wo Babaji mich hingebeten hatte, war das Haus eines Bankiers. Als ich ankam, war dort eine Gruppe junger Leute, die lachten und sangen. Während des Mahles gab man mir den Platz an der Seite von Babaji, anschließend sprachen wir beide lange miteinander. Danach fuhren wir gemeinsam im Auto los, und auch da saß ich wieder neben ihm. Es strömte von seinem Körper etwas derart Feinstoffliches, derart Köstliches aus, dass ich in einem Moment meine Hand auf sein Knie legte. Da begann er in einer unbekannten Sprache zu singen. Ja, Babaji sang… und wir tauschten Blicke voller Licht und Liebe aus.

Aber ich lege keinen großen Wert darauf, euch von meinen Begegnungen mit Babaji zu erzählen, denn ich möchte nicht, dass ihr jetzt von meiner Seite außergewöhnliche Handlungen oder Manifestationen erwartet. Jeder sollte von seinen eigenen Anstrengungen Wissen und Kräfte erwarten. Wir dürfen uns nicht mit dem Wissen und den Kräften eines Meisters schmücken. Das Wissen und die Kräfte eines Meisters bleiben die seinen, er selbst profitiert davon und wendet sie an. Wenn ich mein Prestige auf den Wert eines anderen gründe, sei es mein Meister Peter Danov oder Babaji, was gewinne ich damit? Das, was zählt, ist das, was ich selbst bin, was ich weiß, und was ich kann.

Man hat mir gesagt, dass manche bezweifeln, dass ich dem großen Babaji begegnen konnte. Es ist wahr, es existieren zahlreiche Babajis, da dieses Wort »kleiner Vater« bedeutet. Sie vermuten daher, dass ich nur einen Yogi mit diesem Namen gesehen habe. Und selbst, wenn das stimmen würde, was ändert das? Ich bin das, was ich bin und derjenige, dem ich begegnete, ist von außergewöhnlicher Größe. Suchen wir nicht nach den Gründen, aus denen er kam, um mich zu sehen, während andere ihn jahrzehntelang vergeblich suchten, ohne ihm begegnen zu können. Manchen kamen die Tränen, als sie mir von ihrer jahrelangen Suche berichteten. Sobald ich seinen Namen aussprach, hatten sowieso all diejenigen, die ihn kannten, mir nur wunderbare Berichte über ihn mitzuteilen.

Ich erinnere mich besonders an einen Professor aus Neu Delhi, den ich gebeten hatte, mich in die Buchstaben des Sanskrit-Alphabetes einzuweihen. Und auch an jenen Mann, der einen großen Tempel auf seinem Grundstück besaß, und bei dem Gandhi starb, nachdem er von einem fanatischen Hindu erstochen worden war: Beim Thema Babaji kamen sie nie zum Ende. Es kam sogar vor, dass Menschen, die ein Schweigegelübde abgelegt hatten, mich empfingen und dieses Gelübde ausnahmsweise brachen, um mir von ihm zu erzählen. In Kaschmir ist der Minister, bei dem ich empfangen worden war, mir um den Hals gefallen, um mich zu umarmen, als er erfuhr, dass ich Babaji gesehen hatte. Überall bot man mir an, mich zu beherbergen. Ich hatte verstanden, dass in Indien der Name Babaji ein Schlüssel ist, der alle Türen öffnet, und wenn ich die Gelegenheit hatte, so vielen

Personen zu begegnen, dann, weil das Gerücht zirkulierte, dass ein »französischer Sadhu«, der auf der Durchreise war, mehrere Begegnungen mit Babaji gehabt hatte.

Aber ich war nicht nach Indien gefahren, um überall empfangen und eingeladen zu werden. Was ich bei Babaji mehr als alles andere schätzte, ist, dass man die Liebe spürte, die ihn erfüllte, im Unterschied zu vielen anderen Meistern und Yogis, denen ich begegnet bin, und die im Wesentlichen am Erlangen von Kräften arbeiteten: Sie herrschten über ihre Schüler wie Gottheiten über Sklaven; sie hatten nicht einmal einen Blick für diejenigen, die sich ihnen näherten und sich ihnen zu Füßen warfen. Es ist der Brauch in Indien, sich vor seinem Meister niederzuwerfen, aber dennoch…

In Benares empfahl man mir, einen Yogi aufzusuchen, der große Kräfte besitzen sollte. Ich fand ihn, umgeben von einigen Schülern. Er hatte ein wunderbar strukturiertes Gesicht, aber was für ein Hochmut, was für eine Kälte gegenüber Personen, die sich ihm näherten! Wir begannen uns zu unterhalten, aber sobald ich den Mund öffnete, setzte er an, um mir zu widersprechen. Nach einer Weile sagte ich zu ihm: »Ich habe Sie nicht aufgesucht wegen Ihres Wissens oder Ihrer Kräfte. Ich suche Menschen, die sich ihres Wissens und ihrer Kräfte nicht bedienen, um sich anderen aufzudrängen, sondern fähig sind, Liebe, Güte Sanftmut zum Ausdruck zu bringen.« Er war wütend und sagte zu mir: »Wenn Sie wüssten, wer ich bin, würden auch Sie sich vor mir niederwerfen.« Ich antwortete mit einem Lachen: »Und wenn Sie wüssten, wer ich bin, wären Sie es vielleicht, der vor mir niederknien würde… Ich will gerne glauben, dass Sie mächtig sind, aber derjenige, der die wahre Macht hat, demonstriert diese nicht, er lässt die anderen sie erahnen.« Und ich verließ ihn.

Ich musste ihn am folgenden Tag wiedersehen, denn bevor er sich über mich erzürnte, hatte er mir vorgeschlagen, mich seinem eigenen Meister vorzustellen. Ins Hotel zurückgekehrt, sagte ich mir, dass er mir niemals verzeihen würde, ihn vor seinen Schülern gedemütigt zu haben. Daher konzentrierte ich mich während der Nacht und versuchte in Gedanken, ihm bestimmte Wahrheiten, deren Kenntnis er benötigte, begreiflich zu machen, damit er sie akzeptierte. Ich wusste nicht, wie das Ergebnis aussehen würde. So war ich am nächsten Morgen selbst erstaunt: Als wir uns wieder trafen, empfing er mich warmherzig und entschuldigte sich für sein Verhalten vom Vorabend. So konnten wir schließlich eine gute Unterhaltung führen.

Dann brachte er mich zu seinem Meister. Dort fand ich einen bewundernswerten Greis von großer Sanftmut vor! Ich fragte mich, warum dieser Schüler sich nicht besser bemühte, ihm zu gleichen. Was hatte er bei ihm gelernt? Aber es ist wahr, die Schüler gleichen nicht immer ihrem Meister... Er war ein reiner, befreiter Mensch, fern aller menschlichen Begehrlichkeiten, man spürte, dass er nur noch auf der Erde war, um anderen zu helfen, man könnte sogar sagen, dass sein Körper transparent war. Ich habe mich vor ihm niedergesetzt, und für einen langen Moment haben wir uns in Stille betrachtet... Ich hätte ihn in die Arme schließen mögen. Um den Hals trug er eine Blumenkette, die er abnahm und mir um den Hals legte. Ich habe sie sorgsam aufbewahrt. Danach bat er, da er kein Englisch sprach, einen seiner Schüler zu übersetzen, was er mir sagen wollte. Er sprach großartige, prophetische Worte, die ich nicht wiederholen kann, ich möchte nicht einmal, dass die Geister sie hören. Diese Worte müssen geheim, verborgen bleiben, bis zu dem Moment, da sie sich realisieren.

In Kalkutta besuchte ich den Ashram von Anandamayi Ma. Das ist eine bemerkenswerte Frau, man spürt, dass der Heilige Geist über ihr ist. Sie ist nicht sehr gelehrt, aber Pandits, brahmanische Gelehrte, und Politiker konsultieren sie, und sie hat immer einen guten Rat parat. Sie empfing mich mit viel Liebe, und welche Blicke haben wir ausgetauscht! Aber auch dort herrschte viel Lärm!

Etwas außerhalb von Bombay* besuchte ich den Ashram von Sadhu Nityananda, von dem man mir sagte, dass er ein großer Hellseher sei. Ich kam dort an und fand mich in einer großen Menschenmenge wieder. Nityananda saß dort, kaum bekleidet, und ich setzte mich vor ihm nieder. Er hatte die Augen geschlossen, und nach einem langen Moment, als würde er von sehr weit weg zurückkommen, sah er mich an und sagte auf Englisch: »Ein reines Herz, der Friede in seiner Seele und alle Macht ist ihm gegeben.« Da muss ich sagen, hatte ich meine Zweifel. Alle Macht?… Aber ich verstand, in welchem Sinne er es sagte. Dann sprach er einen Namen aus, dessen ich mich jetzt nicht mehr erinnere, den Namen eines großen Weisen, der in ferner Vergangenheit in Indien gelebt hatte: Ihm zufolge wäre ich die Reinkarnation dieses Weisen.

Später, als ich ins Nainital in den Bergen zurückkehrte, um Hanuman Baba wiederzutreffen, stellte ich ihm Fragen bezüglich dieser Person, deren Namen Nityananda erwähnt hatte. Er holte ein sehr großes Buch hervor, in dem er mir einen Eintrag zeigte: einen Mann im Lotussitz, über ihm eine Kobra mit sieben Köpfen; diese sieben Köpfe bedeuteten, dass er alle Macht besaß. Als wir uns dann trennten, machte mir Hanuman Baba eine Kette mit hundert und acht Muscheln zum Geschenk, denn Hundert und acht ist die Zahl von Babaji. Das war ein königliches Geschenk.

* Ganeshpuri

Als er von mir sprach, hatte Nityananda gesagt: »Der Friede in seiner Seele«… und das war mir am wichtigsten. Friede, Harmonie – nur danach suche ich, und nicht allein in mir und für mich, sondern um sie auch anderen bringen zu können. Man muss sich gut erforscht und analysiert haben, um zu entdecken, wie schwierig dieser Friede, diese Harmonie zu verwirklichen ist, im ganzen Wesen, bis in die geringste Zelle hinein.

Eines Tages, als ich gerade in Bombay war, begegnete ich großen Sadhus und meditierte lange. Als ich dann meine Hände auf einige Gegenstände legte, spürte ich, wie sehr angespannt sie waren. Warum? Das brachte mich zum Nachdenken. Also bemühte ich mich sehr, sie zu entspannen, wobei ich mir vornahm, in Zukunft besser auf sie zu achten. Ihr werdet fragen: »Ist das denn so wichtig?« Ja, weil je nachdem, ob sie angespannt, verkrampft oder entspannt sind, die Energien, die den Fingern entströmen, unterschiedlich sind, und die Wirkungen, die sie hervorrufen, auch unterschiedlich sind. Man hinterlässt immer einen fluidalen Abdruck auf den Gegenständen, die man berührt, ebenso wie auf den Wesen, mit denen man in der Nähe oder in der Ferne in Kontakt tritt.

Wenn ich euch zum Beispiel grüße, bemühe ich mich immer, etwas Gutes in meinen Blick zu legen, aber auch in meine Hand, um euch Teilchen meines Lebens, meiner Liebe zu übermitteln.[4] Doch es ist leichter, den Blick zu beherrschen als die Hände, und ich möchte, dass auch meine Hände euch nur Segensreiches bringen. Man kann seine Hände entspannen, ohne sie unbedingt bewegungslos zu machen. Wenn ihr mich manchmal einen Gegenstand oder eine Frucht sanft streicheln seht, solltet ihr wissen, dass ich damit eine Übung mache: Ich entspanne meine Hände. So bemüht auch ihr euch, euch darin zu üben.

Auf dem Weg nach Nainital, um Hanuman Baba wiederzusehen, besuchte ich den Ashram von Shivananda in Rishikesh. Er empfing mich sehr warmherzig. Deshalb nutzte ich im Verlaufe eines Gespräches die Gelegenheit, um ihm zu sagen: »Den ganzen Tag hört man hier einen Lautsprecher, man kann keinen Moment der Stille haben. Warum nutzen Sie nicht Ihre Autorität, um Ihre Schüler dazu zu bringen, von Zeit zu Zeit zu schweigen, aber auch, dass sie sich waschen und nicht überall Abfälle liegen lassen? Ihr Verhalten ist abstoßend, sie werfen Müll weg und spucken überall hin…« Ich dachte, ich würde ihn verärgern, aber nein. Daher fuhr ich fort: »Während der Versammlungen bitten Sie Schüler, auf die Bühne zu steigen, um etwas zu rezitieren oder zu singen, und in dem Moment fangen Sie an, mit anderen Personen zu reden. Warum? Die Hälfte der Zuhörer richtet ihre Aufmerksamkeit auf Sie, anstatt dem Gedicht oder dem Gesang zuzuhören, wohingegen die andere Hälfte Ihnen nicht zuhört. Das ist ein Verhalten, das ich mir niemals meinen Schülern gegenüber erlauben würde.« Er hörte mir zu, und da er immer noch keine Verstimmung zeigte, fügte ich hinzu, dass, selbst wenn es eine Jahrtausende alte Tradition ist, es schockierend sei, Schüler zu sehen, die sich vor ihrem Meister niederwerfen wie vor der Statue einer unbewegten Gottheit. Ich blieb sehr kurze Zeit in Rishikesh und weiß nicht, was danach geschah.

Aber die Wahrheit ist auch, dass ich in den Ashrams Menschen des Okzidents begegnet bin, bei denen man sich fragen konnte, was sie dort taten… Später würden sie nachhause zurückkehren, wo sie sich damit brüsten würden, in Indien gewesen zu sein, um für große Spiritualisten gehalten zu werden, und außerdem nicht den Verstand verloren zu haben… Und ich erinnere mich an eine reiche, übrigens sympathische Amerikanerin, die mir erzählte, wie ihr Bedürfnis nach Spiritualität sie nach Indien gezogen hätte. Sie hatte mich zu sich eingeladen, weil sie wünschte, dass ich ihr den Unterschied zwischen der Lehre Buddhas und derjenigen von Jesus erklärte. Zwar gibt es in diesem Land aufgrund des ganzen Schmutzes oft Fliegen; aber wie wollt ihr den Unterschied zwischen der Lehre Buddhas und der Lehre Jesu jemandem erklären, der ständig aufsteht und eine Fliegenklatsche schwingend, in seinem Salon hin und her geht, um Fliegen zu erschlagen? Ich habe das einmal, zweimal ertragen, aber danach habe ich Ausreden gefunden, um diese Einladungen zu umgehen.

Selbst wenn ich seit meiner Jugend aufgehört habe, aus den Handlinien zu lesen, interessierte ich mich doch weiter für die Handlesekunst, weil die Hand die Zusammenfassung nicht allein des Menschen, sondern auch des Universums ist. Viele Personen, die die Handlesekunst praktizieren, behaupten, dass wir in den Händen die Wissenschaft aller Wissenschaften tragen. Sie gründen diese Behauptung auf den Vers aus dem *Buch Hiob: »Aller Menschen Hand hat er versiegelt, dass die Leute erkennen, was er tun kann« (Hi 37,7)*. Und da ich in den großen Städten Indiens, durch die ich kam, die Buchhandlungen und Bibliotheken aufsuchte, hatte ich in einer Bibliothek in Kalkutta die Gelegenheit, ein Buch mit dem Titel *Samudrika Shastra** zu lesen und darin zu Kenntnissen über Punkte zu gelangen, die von der westlichen Handlesekunst vollständig vernachlässigt werden. Aber es gibt so viele Details und subtile Kombinationen, dass man sich darin verliert. Was gibt es nicht alles allein über den Daumen zu lernen!

In einer Hand ist nichts aus Zufall entstanden. Wie ist die Tatsache zu interpretieren, dass jeder seine eigenen Fingerabdrücke hat? Eine Hand ist ein offenes Buch, alles darin ist

* Das ist in Indien der Name für die Handlesekunst oder auch Chiromantie.

bedeutsam: die Länge der Finger, ihre Ausrichtung in Bezug auf die Handfläche… Und die Linien in der Handfläche können tief oder oberflächlich sein, breit oder schmal, gerade oder gebogen, durchgehend oder unterbrochen, das muss man aufmerksam beobachten. Aber es gibt dort auch Punkte, Ketten, Kreuzungen, Unterbrechungen, Quadrate, Kurven, Erhebungen mit ihren vielfältigen Bedeutungen. In diesem Buch, das ich gelesen habe, heißt es, dass die Hand von Buddha, ebenso wie die anderer großer Weiser, Symbole trug, wie Kreuz, Tempel, Swastika, Lotus, Baum des Lebens… Ich habe dieses Buch benutzt, um ein wenig meine Hände zu studieren. Einige Zeit später, in dem Ort Udagamandalam*, begegnete ich einem Astrologen, der ebenso Handleser war, und ich bedauerte es, meinen Aufenthalt nicht verlängern zu können, um mit ihm zu sprechen. Er schien fähig, so viele Dinge in einer Hand lesen zu können!

Ich hielt mich auch eine gewisse Zeit in Kalkutta auf und fand dort eine Kopie von einem Buch über Jesus, das ich bereits einige Zeit zuvor in einem Kloster in Ladakh gelesen hatte. Um es lesen zu können, musste ich mich jeden Tag ins Kloster begeben, denn die Mönche erlaubten nicht, dass man dieses Werk mit hinaus nahm. Ich las diesen Text in einer englischen Übersetzung. Man berichtet dort, wie ein sehr junger Mann, genannt Issa, mit einer Karawane aus Palästina in Indien angekommen war. Mehrere Jahre war er der Lehre der Bramahnen gefolgt, aber schließlich hatte er sich ihnen widersetzt, ihnen ihren Kastengeist vorgeworfen, ihre Härte, ihren Mangel an Liebe, und die Bramahnen machten sich wütend an seine Verfolgung. Nach einigen Jahren ist er nach Palästina zurückgekehrt und von dem Moment an gibt

* Auch bekannt unter der englischen Bezeichnung Ootacamund, kurz Ooty oder seinem tamilischen Namen Udhagamandalam.

dieser Bericht nur das wieder, was wir bereits aus den Evangelien über Jesus wissen, bis hin zur Kreuzigung. Aber er ist dort nicht zu Ende. Er berichtet, wie Issa, der die Marter des Kreuzes überlebt hatte, nach Indien zurückkehrte, begleitet von seiner Mutter und dem Apostel Thomas und in Kaschmir lebte, wo er in sehr hohem Alter starb.

Eines Tages werden Forscher offenbaren, wie die Dinge tatsächlich abgelaufen sind und wie das Leben Jesu aussah. Ich lasse sie diese Entdeckungen machen; die Geschichte ist nicht meine Berufung, es gibt Themen, die mich viel mehr interessieren. Mögen Spezialisten ihre Zeit der Suche nach Manuskripten und archäologischen Spuren widmen! Ich meinerseits konzentriere mich auf die Prinzipien und ich sage, was ich gemäß der wahren Einweihungswissenschaft weiß. Anderen sei es überlassen, Bestätigungen mithilfe historischer Zeugnisse zu finden.

Als ich mich in den Süden Indiens begab, machte ich Halt in Madras, wo ich die Theosophische Gesellschaft besuchte, die dort wunderschöne Anwesen besitzt, deren Parks sich bis zum Meer erstrecken. Darauf fuhr ich nach Pondicherry in den Ashram von Sri Aurobindo, den ich gerne kennengelernt hätte, denn er war ein bemerkenswerter Mann. Aber er war schon einige Jahre zuvor gestorben. Eine Französin, wie alle wissen, übernahm seine Nachfolge. Man nennt sie die Mutter. Jeden Morgen, vor dem Sonnenaufgang, erscheint sie auf dem Balkon vor einer großen Menge, die sie mit Verehrung betrachtet. Sie grüßt mit einer Geste und zieht sich dann zurück.

Eines Tages gab es ein Fest. Bei dieser Gelegenheit saß sie in einem Saal und diejenigen, die es wünschten, schritten einer nach dem anderen an ihr vorüber. Jedem gab sie ein Taschentuch. Ich mischte mich also unter die Menge. Als ich vor ihr stand und sie mir das Taschentuch gereicht hatte, sah ich ihr tief mit viel Liebe in die Augen. Da sie ja Französisch sprach, wollte ich ihr wenigstens sagen, dass ich glücklich war, sie kennenzulernen und ihren Ashram zu besuchen. Aber in dem Moment, ich weiß nicht, was geschehen ist, fing sie plötzlich an zu zittern, und ich las eine Art von Angst in ihrem Blick; ihre Glieder und sogar ihr Kiefer zitterten. Nun, da habe auch ich es mit der Angst zu tun bekommen. Es erfasste sie eine solche Erregung, dass ich mich fragte, ob sie nicht in Ohnmacht fallen würde. Was für einen Skandal hätte das hervorgerufen! Ihre Umgebung hätte darin einen Affront gegenüber dieser Frau gesehen, die alle als eine Gottheit betrachteten. Darum nahm ich wortlos das Taschentuch, das sie mir reichte und ging schnell weiter. Warum fing sie so sehr an zu zittern, als ich sie angesehen habe?… Von diesem Moment an spürte ich, dass ich nicht mehr willkommen war.

Etwas weiter, in Tiruvannamalai, besuchte ich den Ashram von Ramana Maharshi, den Paul Brunton in seinem Buch *Verborgene Weisheit Indiens* eingehend erwähnt hat, wobei er darauf hinwies, dass ihm ein solches Licht, eine solche Liebe und Freude entströmte, dass die Farbe seiner Haut wie Gold war. Leider war auch Ramana Maharshi bereits tot, als ich seinen Ashram besuchte. Aber ich fand seine Schüler vor, und diese waren wahrlich wie ihr Meister voller Liebe, voller Licht, voller Lächeln, und wie haben sie mich empfangen! Sie bewahrten das Zimmer ihres Meisters als einen heiligen Ort, den niemand betreten durfte, aber sie ließen mich dort hinein, um so lange zu meditieren, wie ich es wünschte, und ich konnte mit seiner Seele kommunizieren. An diesen Ashram bewahre ich eine unvergessliche Erinnerung. Jahre später begegnete ich Paul Brunton, der mich im Bonfin aufsuchte. Es bereitete mir viel Freude, mit ihm zu sprechen.

Für eine gewisse Zeit lebte ich danach in den Nilgiri Bergen, besonders in Udagamandalam (Ootacamund). Nicht weit von der Stadt erstreckte sich ein Eukalyptuswald, in dem ich oft spazieren ging. Diese Eukalyptusbäume sind riesig, sie haben enorme Stämme und ein sehr dichtes Blätterwerk, und die Atmosphäre ist so stark von ihrer Essenz erfüllt, dass es nach einer Weile fast unerträglich wird. Nicht weit von dem Ort, wo ich wohnte, steht der Palast eines Rajah, der zu dieser Zeit nicht anwesend war, denn er lebte meist in Hyderabad. Die Wächter dieses Palastes, mit denen ich mich gelegentlich unterhalten hatte, gestatteten mir, ihn zu besichtigen. Ich war überrascht von dem Luxus, der sich dort zeigte. Das gesamte Mobiliar kam aus England, und die kostbarsten Materialien wurden für die Salons, die Zimmer und die Bäder verwendet. Ich habe niemals irgendwo Kristalllüster von derartiger Schönheit gesehen. Auch die Gärten waren wunderbar, und man hatte von dort einen Ausblick über den Dschungel.

Ich hatte Jahre zuvor das Buch *Au pays des montagnes bleues** von Helena Blavatsky gelesen. Diese blauen Berge, das sind eben diese Nilgiri (von nil: blau und giri: Berge), die sie berühmt gemacht hat, indem sie von den beiden Engländern erzählte, die eines Tages ein außergewöhnliches Volk entdeckten. Dieses Volk, nicht sehr zahlreich, besteht aus zwei Stämmen: dem der Toda und dem der Mullu Kurumba. Ganz im Gegensatz zu den Toda, die groß, schön und von großer Güte sind, sind die Mullu Kurumba klein, hässlich und mit unheilvollen Kräften ausgestattet: derjenige, auf den sie ihren bösartigen Blick werfen, kann dem Tod nicht entrinnen. Allein die Toda zwingen ihnen Respekt auf; sie fürchten sie und gehen ihnen aus dem Weg. Aber ich werde nicht ins Detail gehen, ihr könnt das Buch lesen.

* In deutscher Sprache auszugsweise enthalten im Buch »Erzählungen und Reiseberichte« (im Kapitel »Rätselhafte Volksstämme in den Blauen Bergen«) von Helena Blavatsky.

Von einem Dolmetscher begleitet, begab ich mich in das Gebiet der Toda. Als Erstes sah ich einen auf der Erde ausgestreckten Mann, den Rücken der Sonne ausgesetzt. Mein Führer sagte mir, dass das ein Priester sei. Er erhob sich und hielt eine gewisse Distanz zu mir. Ich näherte mich mit meinem Dolmetscher, um mit ihm zu sprechen, aber er entfernte sich ein wenig mehr. Zweifellos fürchtete er, dass ich ihn berühren würde, was gegen ihre Regeln ist. Man darf einen Priester nicht berühren; aber das war nicht meine Absicht.

Ich war erfreut, dieses Volk zu sehen, das noch immer etwas Mysteriöses bewahrt. Männer wie Frauen äußern sich mit viel Zurückhaltung. Sie weisen Fremde nicht zurück, aber man spürt, dass sie es nicht schätzen, als Kuriositäten betrachtet zu werden. Dank meines Dolmetschers konnte ich mit einigen von ihnen sprechen. Ich sah ihre Häuser, ihre Tempel, die die Form eines Bienenkorbes hatten, und auch ihre Büffel, welche die Neugier all derer weckten, die sie besuchten.

Man kann nicht sagen, dass die Toda eine Religion in unserem Sinne haben, aber sie empfinden tiefe Ehrfurcht vor ihren Büffeln, die sie als ihre Lehrer betrachten, denn wie sie sagen, manifestieren sich durch diese Tiere ihre Meister, die Rishis. Wenn sie eine wichtige Entscheidung treffen müssen, halten sie Zeremonien ab, die sie geheim halten, im Verlaufe derer sie ihre Büffel befragen. Für die Menschen aus dem Westen, denen bestimmte Aspekte der Tierwelt unbekannt bleiben, erscheint das völlig unsinnig. Sie wissen nicht, dass die Seelen reisen und von einem Tierkörper Besitz ergreifen können. Ein Tier hat natürlich einen von einer Tierseele bewohnten Körper, aber ein Körper ist wie ein Gebäude, eine Behausung, in der zumindest zeitweise verschiedene Seelen miteinander leben können. Ein Tier kann so von einer Menschenseele bewohnt sein oder sogar von der Seele einer höheren Wesenheit. So ist es zu erklären, dass in manchen Religionen Tiere in den Rang von Gottheiten erhoben werden, die man dann kultisch verehrt.

Anstatt diese Praktiken zu kritisieren oder ins Lächerliche zu ziehen, sollte man sie erforschen und anerkennen, dass die Tierwelt noch etwas Mysteriöses ist, und bestimmte Aspekte uns nicht bewusst sind. Die Toda meinen daher, dass durch die Vermittlung ihrer Büffel Seelen einer höheren Evolution zu ihnen kommen, um sie zu unterrichten. Sie verehren auch die Sonne als Gottheit, und wenn man sie fragt, wohin sie nach ihrem Tod gehen, antworten sie: »Unser Körper geht unter die Erde, die ihn zu Gras umwandelt, um die Büffel zu ernähren. Unsere Seele geht in die Sonne, von wo sie alle Geschöpfe erhellt und erwärmt.«

Ich hätte mich auch gerne auf dem Gebiet der Mullu Kurumba umgesehen, nur konnte ich mich nicht ohne Führer in den Dschungel wagen, ich hätte mich verirrt. Aber selbst für Geld konnte ich niemanden dazu bringen, mich zu begleiten. Alle sagten: »Nein, nein, Sahib, das sind gefährliche Geschöpfe, wir haben Angst vor ihnen, sie haben sogar einige von uns getötet.« Das bestätigte, was Madame Blavatsky über sie geschrieben hat.

Von der Stadt Udagamandalam bleibt mir eine besonders poetische Erinnerung. Eines Tages wurde mein Blick in einer Straße von einem kleinen Mädchen von fünf oder sechs Jahren angezogen. Es lief schmutzig und in Lumpen gekleidet an der Seite seiner Mutter, die genauso schmutzig und schlecht gekleidet war wie sie. Die beiden saßen da und aßen, ich weiß nicht was, das aber auch nicht viel sauberer schien. Das kleine Mädchen hatte ein hübsches, längliches Gesicht, aber das Außergewöhnlichste waren seine Hände, und ich blieb stehen, um es zu betrachten: in der Art, wie es die Nahrung mit seinen Fingern nahm, um sie zum Mund zu führen, lag etwas derart Ausdrucksvolles, Feines, Anmutiges! Woher brachte dieses Mädchen eine solche Wissenschaft der Gesten mit? Ich war überwältigt, noch nie hatte ich jemanden so essen sehen. Es hatte auch einen kleinen Holzlöffel, und auch da, wenn es mit ihm das Essen auf den Teller legte, war seine Handbewegung derart anmutig! Man hätte fast sagen können wie eine Prinzessin, und vielleicht ist keine Prinzessin der Welt fähig, mit so viel Anmut zu essen. Wie gerne würde ich so viel Harmonie und Poesie in meine Gesten legen, wenn ich esse!

Tatsächlich war ich oft erstaunt über die Feinheit der Hände von Indern. Viele Männer und Frauen, die nicht besonders schön und deren Gesichtszüge eher grob waren, hatten feine Hände, lange schlanke Finger, mit etwas Spirituellem. Ich beobachtete dies selbst bei Bettlern, die mit ihren Händen sehr feine, geschickte Bewegungen machten. Aber dieses kleine Mädchen, das ich in Udagamandalam gesehen hatte, war wirklich außergewöhnlich, und noch immer denke ich manchmal an es.

Ich hatte viel Gelegenheit, die Kinder in Indien zu beobachten. Wie viele streifen durch die Straßen! Man weiß nicht, ob sie Eltern haben oder wenigstens Erwachsene, die sich um sie kümmern. Da die meisten kein Englisch sprachen, konnte ich sie nicht fragen. Aber eines Tages sprach ich lange mit einem Jungen. Das war in Benares, der Stadt, in der Buddha begonnen hatte zu lehren.* Es gab dort Tempelruinen, wo Archäologen Ausgrabungen machten. Die Stätte war Touristen zugänglich, und ein Junge von etwa zwölf Jahren war beauftragt, Erklärungen zu geben. Sicher, man hat ihm beigebracht, was er sagen sollte, aber er tat es auf eine so intelligente Weise und in so makellosem Englisch, dass ich

* Sarnath

auch von ihm sehr beeindruckt war: die historischen Ereignisse, die Namen, die Daten, er zählte das alles so unbefangen auf, als ob er es schon immer gewusst hätte. Ich stellte ihm Fragen über ihn und seine Familie. Auch er gehörte einer sehr armen Familie an, die weit entfernt wohnte. Was würde später aus ihm werden?

Ich erinnere mich besonders an diese beiden Kinder, aber ich begegnete noch vielen anderen. Und ich fragte mich, wie vielen unter all denen, die so schön waren und so begabt erschienen, es wohl gelingen würde, aus dieser Armut, diesem Elend und diesem Schmutz herauszukommen. Die meisten waren fröhlich, lebhaft, lächelnd, ja, aber welch ein Leben erwartete sie?

Im Laufe dieses Jahres, das ich in Indien verbrachte, beeindruckte mich eines, unter vielen anderen Dingen natürlich: die kleinen Altäre in den Häusern. Reich oder arm, die Hindus reservieren bei sich zuhause einen Platz für einige Bilder, einige Figuren von Gottheiten. Manche haben nicht einmal ein Zuhause, sie leben draußen auf den Gehsteigen, am Straßenrand, und dort bauen sie mit Kartons oder Holzkästen und einigen Bildern einen Altar auf, vor dem sie sich zu verschiedenen Tageszeiten verneigen und beten. Bei uns im Westen, werdet ihr dort in den Häusern einen der Gottheit vorbehaltenen Ort finden?[5] Und im Gegensatz zu dem, was ebenso mit den christlichen Kirchen geschieht, die immer weniger besucht werden, sind die Hindutempel niemals leer.

In den meisten dieser Tempel, die ich besuchte, sah ich das Symbol von Shiva dargestellt, den Lingam, eine Art Stengel, auf einem horizontalen Untergrund. Die Hindus verneigen sich und verharren andächtig vor ihm, und die Frauen legen oft Blumen nieder. Gelegentlich fragte ich sie bezüglich dieses Symbols und mir ist klar geworden, dass die meisten nur eine sehr oberflächliche Vorstellung davon hatten. Es ging für sie nur um den aufgerichteten, den Phallus repräsentierenden Stab, das Zeugungsorgan, das männliche Prinzip. Aber ich erklärte ihnen: »Nein, das ist unvollständig, unter dem aufgerichteten Stab könnt ihr genau sehen, dass es dort eine horizontale Basis gibt: Sie repräsentiert das weibliche Prinzip. Das männliche Prinzip, das ist der Geist, der auf das weibliche Prinzip, die Materie, einwirkt. Die gesamte Schöpfung ist nur das Ergebnis dieser Arbeit des Geistes an der Materie. In diesem Symbol haben eure Rishis die beiden Prinzipien vereint, um euch zu zeigen, dass die beiden Prinzipien, Männlich und Weiblich, damit es eine Schöpfung gibt, nicht getrennt sein dürfen, sondern vereint sein müssen.«

Diese Vereinigung des Männlichen und des Weiblichen sieht man sehr deutlich auf den äußeren Mauern mancher Tempel dargestellt, wie in Khajuraho zum Beispiel, wo vor Jahrhunderten sehr suggestive erotische Szenen herausgemeißelt wurden. Aber dort sind es Männer und Frauen, die sich vereinigen, das Symbol des Lingam hingegen stellt einen Vorgang im spirituellen Leben dar. Die beiden Prinzipien sollen sich in unserem Inneren vereinen; bis dahin sind wir unvollständige Wesen. Ein Eingeweihter ist deshalb ein vollständiges Wesen, weil er die Vereinigung der beiden Prinzipien in sich verwirklicht hat, er braucht sein ergänzendes Prinzip nicht mehr außen zu suchen. Darum ist er auch ein freies Wesen, frei und schöpferisch.

Jahre nach diesem Aufenthalt in Indien, luden mich Freunde nach Griechenland ein. Sie schlugen mir vor, den Berg Athos zu besuchen, und so fuhren wir dorthin, aber nur mit den Brüdern, denn dort ist es noch etwas anders! Im Verlauf von Jahrhunderten sind zahlreiche Klöster auf dem Berg errichtet worden und die orthodoxen Mönche, die dort leben, sind so ablehnend gegenüber allem, was an das weibliche Prinzip erinnern kann, dass nicht nur keine Frau ihren Fuß auf dieses Territorium setzen darf, sondern sie haben auch alle weiblichen Tiere verbannt. Sie haben nicht einmal das Recht, eine Ziege zu besitzen. Wie spirituell kann ihr Leben mit solch einer engen Auffassung sein? Sicher, es gab in diesen Klöstern manch bewundernswerte Kunstwerke, Fresken, Gemälde, aber ich behielt von meinem Besuch einen starken Eindruck von Überdruss und Traurigkeit zurück. Wenn man beschließt, aus seinem Bewusstseinsfeld eines der beiden Schöpfungsprinzipien auszuschließen, was für ein Leben bleibt dann?[6]

Man kann in der Reinheit, der Keuschheit leben, ohne Frauen und weibliche Tiere ausschließen zu müssen. Wie sollte man nicht sehen, dass die ganze Natur von den beiden Prinzipien, Männlich und Weiblich, zu uns spricht, die zusammenwirken, um zu erschaffen? Es gibt sogar Pflanzen, die diesem Symbol des Lingam entsprechen. Im Ashram von Sri Aurobindo, in Pondicherry, gab es Blüten, die die exakte Darstellung dessen waren, und ich sah, wie Kobras ihren Kopf in diese Blüten steckten. Ich war voller Bewunderung für die Intelligenz und das Wirken der Natur.

Natürlich waren diese Hindus, denen ich in den Tempeln begegnete, ein wenig darüber erstaunt, dass ein Mensch des Okzidents kommt und ihnen Erklärungen über die Symbole gibt, die zu ihrer Jahrtausende alten Tradition gehören, aber sie hörten mir aufmerksam zu. Und ich sprach zu ihnen auch über die Kundalinikraft und die Chakras. Diese Worte sind ihnen vertraut, sie gehören gleichermaßen zu ihrem spirituellen Erbe, aber auch da stellte ich fest, dass sie nicht viel wussten. So sagte ich zu ihnen: »Ihr malt euch einen roten Punkt zwischen die Augenbrauen, dort sitzt das Ajna

Chakra, das Zentrum der Hellsicht, der spirituellen Vision. Aber wenn ihr euch darauf konzentriert, müsst ihr euch auch auf das Sahasrara Chakra konzentrieren, das Chakra auf dem Scheitel. Da das Zentrum der spirituellen Vision, Ajna Chakra, empfänglich, rezeptiv, weiblich ist, müsst ihr auch mit dem Sahasrara Chakra arbeiten, das seinerseits aussendend, emissiv, männlich ist. Indem ihr diese beiden Prinzipien vereint, werdet ihr zum lebendigen Lingam.« Ja, was gibt es alles kennenzulernen und zu verstehen! Es genügt nicht, sich vor dem Symbol von Shiva in den Tempeln zu verneigen oder Blumen hinzulegen oder einen roten Punkt zwischen seine Augen zu malen.

Über wie viele dieser Themen habe ich euch mehr Wissen vermittelt, als die meisten Hindus haben! Um die beiden Prinzipien in euch zu entwickeln und die Chakras zu erwecken, braucht ihr also nicht nach Indien zu fahren. All die Übungen, die wir in der Bruderschaft ausführen, haben genau dasselbe Ziel, und sie stellen für euch keine Gefahr dar. Die von den Yogis gelehrten Techniken hingegen, die manche westlichen Menschen glauben ohne jegliche Vorbereitung praktizieren zu können, führen sie oft in Sackgassen mit allen psychischen und physischen Störungen, die daraus folgen können.

Überall, wo immer ich in Indien gewesen bin, stieß ich auf die Gegenwart des Lingam und erinnerte mich an die Realität der beiden Prinzipien, an denen ich seit so vielen Jahren arbeite. Das Symbol des Lingam ist identisch mit dem des hebräischen Buchstaben Schin --. Als ich in Kaschmir war und im Angesicht der Gipfel des Himalaya meditierte, hatte ich weitere Offenbarungen bezüglich dieses Symbols. Diese Offenbarungen hat vielleicht ein Zeichen angekündigt. Im Bonfin, am Michaelstag, vor meiner Abreise nach Indien und während des Vortrags, den ich nach dem Essen hielt, machte jemand ein Foto. Und welch eine Überraschung für mich: Als man mir dieses Foto zeigte, entdeckte ich den Buchstaben Schin ש, der über meiner rechten Schulter strahlte! War das nur ein Lichteffekt?… Wie viele Dinge habe ich noch über die beiden Prinzipien verstanden, als ich angesichts dieser Gipfel des Himalaya meditierte! Von da an habe ich nicht aufgehört, zu euch darüber zu sprechen, um euch an meinen Entdeckungen teilhaben zu lassen, und euch meine staunende Bewunderung für die Herrlichkeiten der Natur zu vermitteln, die ich vor Augen hatte. Eines Tages wird sich euch das alles auch offenbaren.

In der Nähe von Srinagar, in Kaschmir, gibt es einen durch einen Fluss gespeisten See.* Häuser sowie Boote, um auf den See zu gelangen, stehen den Touristen zur Verfügung. Als ich dort vorbeikam, hatte ich überhaupt nicht die Absicht, mich dort aufzuhalten, sondern nur weiterzumarschieren, um auf die Höhen zu gelangen, die von herrlichen Wäldern bedeckt sind. Als ich jedoch den See sah, hielt ich an. Er war an manchen Stellen von Lotusblumen in allen Farben und von eindrucksvoller Größe bedeckt; und ihre Blätter waren so groß, dass man ein kleines Kind darauf hätte schlafen legen können. Diese großen Blüten auf dem Wasser, mit so feinen Farbnuancen, nie zuvor hatte ich ein solches Schauspiel gesehen; ich war wie verzaubert, und ich habe sie eine ganze Weile betrachtet. Der Lotus, der auf dem Grund eines Sees oder eines Teiches wurzelt, strebt empor und breitet sich an der Oberfläche des Wassers aus, und die reine Materie seiner Blütenblätter, ihr leuchtender Farbton und ihr Duft haben nichts mehr gemein mit dem Schlamm, aus dem sie hervorgehen. In diesem Augenblick spürte ich wirklich, warum diese

* Der Dalsee

Blume im Orient ein Symbol des spirituellen Wachstums ist: Man kann dies als den Übergang von den niederen Ebenen zu den höheren Ebenen des Bewusstseins interpretieren.

In Kaschmir fuhr ich auch bis Pahlgam und noch weiter bis Gulmarg. Eines Tages, nachdem ich bestimmte Konzentrationsübungen gemacht hatte, brach ich zu einer Wanderung in die Berge auf. Und erstaunlicherweise kann ich nicht einmal die Entfernung, die ich auf den Höhen zurückgelegt habe, nennen und das ohne jede Müdigkeit. Ich hatte den Eindruck zu fliegen, meine Füße berührten kaum mehr den Boden, mein Körper hatte kaum noch Gewicht. Ich war so erstaunt darüber, so schnell laufen und klettern zu können – und das mit so viel Leichtigkeit! Das war das erste Mal, dass ich so etwas erlebte. Als würde ich Levitation erleben.

Alexandra David-Neel, die in Tibet lebte, erzählt in ihren Büchern von vergleichbaren Tatsachen bei tibetischen Lamas, die auf diese Weise sehr große Entfernungen zurücklegten und sogar über Flüsse und Seen liefen. Sie sagt, dass sie selbst einmal diese Erfahrung gemacht hätte. Ich hatte die Gelegenheit, Alexandra David-Neel in Lyon zu begegnen… Diese Frau war wirklich außergewöhnlich.

Das, was ich in den Bergen erlebte, war sehr interessant, aber es geschah, ohne dass ich es wollte, und ich unternahm nichts, um diese Erfahrung zu wiederholen. Das hätte mich zu viel Zeit und Energie gekostet, und ich fand es nützlicher, sie einer Arbeit zu widmen, die Ergebnisse für die ganze Welt bringen wird. Levitation ist ein natürliches Phänomen, das aus einer Schwingungsänderung, einer Umkehrung der Polaritäten resultiert. Es ist ein Zustand, den manche Mystiker, unabhängig von ihrem Willen, erleben können, aber er kann auch durch intensive Konzentrationsübungen hervorgerufen werden, und das ist nicht wirklich von Interesse. Die Zurschaustellungen der Fakire und Yogis interessieren mich nicht. Das Denken, diese außergewöhnliche Kraft, mit der die kosmische Intelligenz den Menschen ausgestattet hat, darf nicht dafür verwandt werden, sich in Szene zu setzen.

Seit Gulmarg kontemplierte ich jeden Tag den Nanga Parbat. Ich hätte so gern den Gipfel bestiegen und noch andere im Himalaya! Nur war ich nicht ausgerüstet und ich stieg nie höher als 5000 Meter hinauf, das wäre zu gefährlich gewesen. Aber Kraft meiner Gedanken begab ich mich auf all diese Gipfel und verweilte dort stundenlang, in diesem jungfräulichen Schnee, in Kommunion mit all den großen Geistwesen, die sie bewohnen.[7]

Vor dem Verlassen dieser Region hätte ich mich noch gerne in das Gebiet der Hunza* begeben, um sie kennenzulernen. Ihr habt vielleicht schon etwas über die Hunzas gehört. Sie wurden über Nacht berühmt, als man ihre außergewöhnliche Langlebigkeit, dank einer bestimmten Ernährungsweise, entdeckte, hauptsächlich aus Aprikosen bestehend. Man gab mir ein kleines Buch zu lesen über dieses Volk, das in einem Tal von Kaschmir** lebt. Noch bevor ich zu lesen begann, allein durch die Fotos, war ich beeindruckt von der Ähnlichkeit dieser Männer und Frauen mit dem mazedonischen Volk. Und in der Tat, beim Lesen des Vorwortes, erfuhr ich, dass sie Nachkommen von Soldaten Alexanders des Großen waren, der seine Armee bis zum Indus geführt hatte. Einige Soldaten hatten die Armee verlassen und sich in diesem Tal niedergelassen. Welche Überraschung für mich, in diesem Buch über die Hunzas bestimmte Bräuche und Überlieferungen zu entdecken, die ich aus meiner Kindheit in Mazedonien kannte!

* Auch Hunzukuc genannt.

** Im Norden von Pakistan. Heute ist diese Region von Jammu-Kaschmir aufgeteilt zwischen Indien und Pakistan. Das Gebiet der Hunza, Haupstadt Baltit, wird von Pakistan kontrolliert.

Ich dachte, sie in Indien besuchen zu können, aber das war weit entfernt, ganz im Norden von Kaschmir, die Straßen waren sehr schlecht und die Bedingungen waren nicht dafür geeignet. Jetzt bedauere ich es.

Und ich bedauere auch, dass ich nicht bis zum Berg Kailash gehen konnte, denn die Chinesen verboten das Reisen nach Tibet. Aber Menschen, die zuvor dort gewesen sind, gaben mir Kräuter und Reliquien, die von diesem Berg stammten, der als noch heiliger gilt als der Everest, den ich von Darjeeling aus kontempliert hatte.

Darjeeling… Als ich dort ankam, war ich überrascht, wie freundlich und lächelnd die Frauen dort waren. Ja, mehr als in allen anderen Städten Indiens, jung oder alt, sie trugen die Freude in ihrem Gesicht. Und dabei sind sie überlastet mit Arbeit. Sie kümmern sich sogar an den Bahnsteigen um den Transport des Gepäcks. Es war mir peinlich, sie meine schweren Koffer tragen zu lassen, aber sie bestanden darauf, und so verdoppelte ich die Summe, die sie verlangten, was sie erstaunte.

Darjeeling ist berühmt für seinen Tee. Bis dahin habe ich, wie die meisten Bulgaren, nur Kaffee getrunken, aber während dieser Indienreise lernte ich den Tee schätzen, dessen Verwendung sich durch den Einfluss der Engländer überall verbreitet hat. Menschen, die mich zu treffen wünschten, luden mich ein mit den Worten: »Kommen Sie einmal auf einen Tee vorbei«, und manchmal nahm ich ihre Einladung an. Auf diese Weise ist mir auch die poetische Erinnerung an eine Dame geblieben, die, nachdem sie mir Tee serviert hatte, im Garten die Blüte eines Zitronenbaumes pflückte, und sie anmutig in meiner Tasse deponierte. Aber mehr als den durch die Zitronenblüte parfümierten Tee, bewahre ich von Darjeeling die Erinnerung an den Blick auf den Mount Everest, den Gauri Sankar, den Kangchendzönga…

Ein Aufenthalt von einem Jahr ist natürlich unzureichend, um alles zu sehen, was es in Indien zu entdecken gibt: nicht nur die Vielfalt und den Reichtum an Menschen; sondern auch den der Natur und der Baudenkmäler. Ich besuchte die Grotten von Ajanta, berühmt für ihre Malereien und ihre Skulpturen. Ich besuchte Ellora und seine in den Fels gehauenen Heiligtümer. In Mysore spazierte ich in dem großartigen Zoologischen Garten herum und so fort. Ich kann nicht alles aufzählen…

Aber ich möchte noch Agra erwähnen, wo ich natürlich von der Schönheit des Taj Mahal überwältigt war. Dort begreift man, wie die Proportionen bestimmter Baudenkmäler, die Klarheit ihrer Linien, die Materialien, die zu ihrem Bau verwendet wurden, aus ihnen eine Nahrung für die Seele machen können. Indem man bestimmte Meisterwerke betrachtet, spürt man etwas in sich, das sich allmählich mit ihnen identifiziert, um sich diese Schönheit und Harmonie zu eigen zu machen. Das kann den Anfang einer großen inneren Arbeit bedeuten. Wie viele Baudenkmäler können uns zu dieser Arbeit anregen und sie begleiten! Manche wurden sogar speziell in dieser Absicht von Eingeweihten entworfen, die sie mit Strahlung und Energie anfüllten. All diejenigen, die diese Meisterwerke der Kunst betrachten, empfinden diese Schönheit als Nahrung für ihr spirituelles Leben.

Aber inmitten all dieser Herrlichkeiten, litt ich weiterhin unter dem Anblick von Millionen von Menschen im Elend und im Schmutz. Und dann war ich auch enttäuscht festzustellen, dass unter all diesen sogenannten Yogis und Sadhus, denen ich begegnete, nur sehr wenige etwas wirklich Spirituelles an sich hatten. Viele verwechseln Untätigkeit, Trägheit mit Spiritualität. Und selbst diejenigen, die die Ashrams aufsuchen, was suchen sie genau? Bei manchen von ihnen habe ich begriffen, dass ich wachsam sein musste. Da es der Brauch ist, die Schuhe auszuziehen, zog auch ich meine Schuhe aus, und eines Tages fand ich sie nicht wieder. Das war nicht weiter schlimm, und ich dachte, es wäre eine Art des Zehnten, den ich zahlte... Vielleicht haben diese Schuhe jemandem gefallen, weil sie anders aussahen als die, welche gewöhnlich dort getragen werden. Ich ging eine Weile barfuß, bis meine Begleiter, ganz verlegen, mir neue Sandalen besorgten. Und das war nicht das einzige Mal, dass ich in einem Ashram bestohlen wurde.

Mich machte auch ein wenig die Trägheit der Inder ärgerlich, ihre Annahme des Schicksals, und ich konnte kaum ihren Mangel an Pünktlichkeit ertragen, so, als ob für sie die Zeit nicht existieren würde. Ich muss allerdings anerkennen, dass die meisten Menschen, denen ich begegnete, mir viel Respekt und Freundlichkeit entgegenbrachten. Sie waren immer bereit, mir zu helfen, ich musste nur etwas Geduld aufbringen. Manche baten mich sogar, sie als Schüler anzunehmen. Ja, gebildete Leute, Ärzte, Anwälte wollten meine Schüler werden. Ich antwortete ihnen: »Aber nein, Sie haben hier genügend Yogis und Weise, Sie brauchen nicht mich als Meister.« Sie bestanden darauf: »Aber mit Ihnen ist es anders, akzeptieren Sie uns. – Nein, ich kann nicht...!« Manchmal war ich gezwungen, mich sehr standhaft zu zeigen.

Und wie vielen großartigen Menschen bin ich auch auf den Straßen begegnet! Asketen in Lumpen, die niemand kannte. Sie zogen dahin, fern aller Öffentlichkeit und menschlichen Belangen. Manche schienen sehr alt! Es war unmöglich, ihr Alter zu bestimmen. Manchmal blieben sie vor mir stehen, sahen mich an und sagten: »Oh, ihr, Mahatma!« Überrascht antwortete ich ihnen: »Aber nein«, während sie ihren Weg fortsetzten. Ich begegnete anderen, die ganz mit Staub bedeckt am Straßenrand saßen. Ich setzte mich zu ihnen und sprach mit ihnen... Und selbst, wenn sie nicht immer Englisch verstanden, und ich ihre Sprache nicht konnte, spürte ich, dass sie mir Schätze ihrer Seele überließen.

Ihr fragt euch vielleicht, warum ich nicht in Indien geblieben bin, da ich dort doch so gut aufgenommen wurde. Nun, meine Aufgabe liegt ganz einfach nicht dort. In gewissem Sinne wäre das sogar zu einfach gewesen. Ja, zu einfach... Meine Arbeit ist hier, mit euch. Darum erwartet von mir keine verblüffenden Offenbarungen und seid nicht erstaunt, dass ich immer wieder auf dieselben Themen zurückkomme. Ich werde weiterhin, wie ich es immer getan habe, die wesentlichen Wahrheiten hervorheben, damit ihr euch entschließt, sie zu vertiefen. Wenn ihr nicht begreift, dass ich pädagogisch vorgehe, dann habe ich Pech gehabt...

Ich verbrachte also ein außergewöhnliches Jahr in Indien, im Verlaufe dessen ich in einzigartigen Bedingungen gelebt habe, eine einzigartige Arbeit und einzigartige Erfahrungen gemacht habe, einzigartigen Menschen begegnet bin, einzigartige Dinge gelernt habe. Ich danke der göttlichen Mutter und all jenen, die mir geholfen und mich geführt haben. Ich habe Quellwasser getrunken und die so reine Luft der Berge geatmet! Aber ich musste auch andere Bräuche annehmen, eine andere Sprache sprechen, und ich hätte nicht gedacht, dass ich bei meiner Rückkehr so viele Schwierigkeiten haben würde, mich wieder anzupassen. Dort war ich ständig in Gedanken mit euch verbunden, und ich sandte euch Botschaften. Aber ich verlor den Rhythmus des Lebens hier und auch die Lust am Sprechen. Ich brauche Zeit, um mich wieder daran zu gewöhnen.

Nach meiner Rückkehr erfuhr ich von der Katastrophe, die Fréjus kurz zuvor getroffen hatte: den Bruch des Staudamms von Malpasset*, und ich machte einen kurzen Besuch im Bonfin. Ich wollte an diese Orte gehen: Sie waren noch von Entsetzen und Leiden geprägt. So viele Männer, Frauen und Kinder fanden dort schonungslos den Tod! Wieder zurück, war ich krank, nicht so sehr wegen des Anblicks der Verwüstung, die sich mir zeigte, sondern weil ich all diese Seelen gespürt habe, die noch um die Ruinen ihres Hauses irrten und Hilfe suchten. Wer war sich ihrer Not bewusst? Diese Seelen stürzten sich auf mich, und ich verausgabte all meine Energien, um ihnen zu helfen. Es gelang mir, ich unterstützte sie, beruhigte sie, und einige Zeit später kam ich wieder zu Kräften.

Jetzt werde ich mich für einige Tage zurückziehen... Aber bevor ich gehe, werde ich euch einen Talisman geben, damit ihr in eurer Arbeit inspiriert und unterstützt seid. Dieser Talisman ist ein Name, den ich erhalten habe, und der ihn mir gegeben hat, ist größer als Babaji. Dieser neue Name lautet Omraam. In Zukunft nenne ich mich Omraam Mikhaël. Om ist ein Klang, der das auflöst, was schädlich, finster ist, er entspricht dem »solve« der Alchimisten, er schickt alles zur Quelle zurück, indem er es in Licht transformiert. Raam hingegen hat durch seine Schwingungen die Macht zu kondensieren, alles Feinstoffliche greifbar zu machen; das ist das »coagula« der Alchimisten. So finden sich in meinem Namen die beiden alchimistischen Prozesse vereint: solve und coagula.

* Talsperre des Flusses Reyran, oberhalb von Fréjus im französischen Departement Var. Ihr Bruch in der Nacht des 2. Dezember 1959 führte zum Tod von mehr als 400 Personen.

Diese beiden Silben meines neuen Namens wirken auf die beiden oberen Chakras, Ajna und Sahasrara. Indem ihr ihn aussprecht, löst ihr das, was euch begrenzt und belastet, auf und verdichtet das, was ihr an Gutem, Lichtvollem wünscht. Das ist ein magischer Name, sprecht ihn aus, wenn ihr das Bedürfnis habt. Aber benutzt ihn niemals, um euren egoistischen Interessen zu dienen oder um irgendjemandem zu schaden, denn ihr werdet nichts erhalten und riskiert sogar, streng zur Ordnung gerufen zu werden. Namen wirken auf geheimnisvolle Weise auf Menschen, das ist eine umfassende Wissenschaft, die mit der der Zahlen verwandt ist, denn Name und Zahl repräsentieren ein und dieselbe Wirklichkeit.

Das Geschenk, das ich euch heute mache, ist nicht greifbar, aber ihr könnt es spüren. Bis jetzt habt ihr euch an mich gewandt, sobald ihr Aufklärung oder Unterstützung brauchtet, aber ich bin begrenzt. Von nun an wendet ihr euch, wenn ihr meinen Namen aussprecht, an ein anderes »Ich«, das reich ist, stark, unerschöpflich. Der Himmel hat mir diesen Namen gegeben, um mir zu helfen: Omraam, und euch und mir wird geholfen werden. Jetzt liegt es an euch, zu lernen, euch dieses Namens zu bedienen.

Weiterführende Literatur

1. und 2. Siehe Band 219 der Reihe Izvor »Geheimnis Mensch – Seine feinstofflichen Körper und Zentren«, Kapitel 5: »Die Kundalinikraft« und Kapitel 6: »Die Chakras«.
3. Siehe auch Gesamtwerk Band 7 »Die Reinheit, Grundlage geistiger Kraft« Teil 1: »Wie die Reinheit zu verstehen ist«.
4. Siehe Band 226 der Reihe Izvor »Das Buch der göttlichen Magie«, Kapitel 12: »Die Hand« und Kapitel 13: »Der Blick«.
5. Siehe Band 244 der Reihe Izvor »Dem Licht entgegen«, Kapitel 12: »Im Dienste des göttlichen Prinzips« und Kapitel 13: »Zum Altar des Herrn aufsteigen«.
6. Siehe Band 214 der Reihe Izvor »Liebe, Zeugung und Schwangerschaft«, Kapitel 2: »Mann und Frau – Abbild des männlichen und weiblichen Prinzips« und Band 237 der Reihe Izvor »Das kosmische Gleichgewicht – Die Zahl 2«, Kapitel 15: »Die Vereinigung des Ichs mit dem physischen Körper«, Kapitel 16: »Der Mythos des androgynen Menschen« und Kapitel 18: »Die Verschmelzung mit der universellen Seele und dem kosmischen Geist«.
7. Siehe Band 229 der Reihe Izvor »Der Weg der Stille«, Kapitel 6: »Die Bewohner der Stille« und Band 232 der Reihe Izvor »Feuer und Wasser, Wunderkräfte der Schöpfung«, Kapitel 7: »Das Gebirge, Mutter des Wassers«.

Kapitel 12

ICH BIN EIN SOHN DER SONNE

»Warum verbergen Sie sich? Warum sagen Sie uns nicht, wer Sie sind?« Diese Frage wurde mir eines Tages gestellt. Ich entgegnete: »Und was möchten Sie gerne wissen?« – »Ob Sie wirklich ein Eingeweihter sind.« – »Nun gut! Nehmen wir an, dass ich Ihnen antworte, was würde Ihnen dann beweisen, dass das, was ich sage, wahr ist?… Und wenn ich sage, dass ich ein Eingeweihter bin, was wird das ändern? Wird dieser Titel ›Eingeweihter‹ dem, was ich bin, etwas an Wert hinzufügen? Wird er meiner Arbeit mehr Wert geben? Ich brauche mich nicht öffentlich zu präsentieren und zu sagen, wer ich bin. Und übrigens habe ich selbst kein Interesse daran, es zu wissen. Sie möchten ein Etikett, das Ihnen Auskunft gibt. Sie möchten auf meiner Stirn lesen können: ›Ich bin ein Eingeweihter‹ oder etwas anderes, und schlafen Sie dann ruhiger? Ich habe Ihnen jedoch zu diesem Thema nichts zu sagen.« Was diese Person von meiner Antwort verstanden hat, das weiß ich nicht.

Zwei Verrückte begegneten sich eines Tages durch Zufall in einem Zug. Sie stellen sich vor: »Ich bin Christus«, sagt der eine. Und der andere antwortet: »Ah, du bist Christus? Nun gut, ich bin der Antichrist!« Ihr seht, man kann sich rühmen, Christus zu sein und man kann sich rühmen, der Antichrist zu sein… Man kann sich auch rühmen, ein Eingeweihter zu sein, aber wozu ist das gut? Daher werde ich es nicht tun.

Ihr denkt vielleicht, dass mir das mehr Ansehen verschaffen würde? Das ist keinesfalls sicher; sicher dagegen ist, dass ich meine Freiheit verlieren würde. Indem ich nichts über dieses Thema sage, bleibe ich frei. Und dann solltet ihr wissen: Sobald man beginnt, die Menschen klassifizieren zu wollen, wird man sie schließlich auf den Regalen einer Bibliothek zurücklassen. Ihr braucht also keine Liste von Eingeweihten, eingestuft nach ihren Verdiensten, sondern einen lebendigen Menschen, der euch anspornt, der euch mitreißt.

Ich weiß nicht, ob ich ein Eingeweihter bin, und es ist auch gut, dass ihr es ebenso wenig wisst. Es ist besser, dass ich für euch ein Kind bleibe, ein Träger einiger verborgener Schätze. Gäbe ich mich als Eingeweihter aus, würde ich mir eine Last aufbürden, und Lasten beschleunigen das Altern. Darauf lege ich keinen Wert, das Alter kommt von selbst und schnell genug, warum soll man ihm noch zur Hand gehen? Man sollte sich die Zeit nehmen, Kind zu sein. Die Jungen haben es zu eilig und die Spiritualisten ebenso. Die Kinder wollen zu schnell den Erwachsenen gleichen, und die Spiritualisten wollen sich zu schnell den Anschein von Autorität geben. Diese Einstellung interessiert mich nicht, selbst wenn ihr euch wünscht, dass ich sie mir zu eigen mache, damit ihr euch danach brüsten könnt, einem großen Meister zu folgen. Ich halte nichts davon, dass ihr mich als Dekoration herumtragt.

Ich gebe ganz bewusst nicht vor, ein Eingeweihter zu sein, das würde dem, was ich bin, nichts hinzufügen und mich in Zukunft nur in Schwierigkeiten bringen. Ich sage also nur, dass mein Herz von Liebe erfüllt ist, von dem Bedürfnis, den Menschen zu helfen, sie zu unterstützen, sie glücklich zu sehen. Was mein Wissen angeht, so habe ich es in langen Jahren des Studiums und der Arbeit erlangt, nicht nur in diesem Leben, sondern auch in meinen vorangegangenen

Leben. Der Name, den man diesem Wissen gibt, interessiert mich nicht; für mich zählen allein die Ergebnisse. Empfangt ihr ein Licht, einen Elan, indem ihr mir zuhört? Erblühen eure Seelen?… Ja? Nun, was wollt ihr mehr? Wenn ich euch sagen würde, dass ich ein Eingeweihter bin, und sich nichts in euch ändert, wozu wäre das gut? Was zählt ist das, was ihr selbst lebt. Was zählt ist das, dass ihr richtig denken lernt, euch besser kennenlernt und euch der Wahrheiten bewusst werdet, die euch bis jetzt unbekannt waren.

Und genauso wie ich mich euch gegenüber nicht mit dem Titel eines Eingeweihten oder womit auch immer präsentiere, so werde ich auch für euch keine Einstufungen oder Rangordnungen einführen, wie es in manchen spirituellen Gemeinschaften oder religiösen Orden der Fall ist. Ich spreche zu euch, und ich werde immer zu allen auf die gleiche Weise sprechen. Ich weiß, dass viele darauf warten, dass ich wenigstens eine spezielle Klasse für fortgeschrittenere Brüder und Schwestern einrichte, denen ich Mysterien enthüllen würde… Ihr habt keine Vorstellung von den Komplikationen, die eine solche Entscheidung nach sich ziehen würde. Es ist besser, dass ihr alle zusammen hier seid, und dass allen dieselben Kenntnisse vermittelt werden, mit Worten, die jeden, je nach seinem Verständnis, berühren. Wenn es nötig ist, habe ich Methoden, um an manchen eine besondere Arbeit auszuführen, und das geschieht nicht unbedingt auf der physischen Ebene. Ich kann zu jedem sprechen, indem ich mich an seine Seele wende. Wo immer ihr euch auch befindet, ich weiß, wie ich eure Seele vor mich holen kann, und ich offenbare ihr, was ich für sie für gut erachte.

Glaubt mir, anstatt euch Fragen über meine Person zu stellen, bemüht euch, die Lehre, die ich euch gebe, zu studieren und auszuprobieren. Und vergeudet nicht eure Zeit damit, sie mit dem zu vergleichen, was ihr bereits kennt und in einigen Büchern gelesen habt. Wenn ihr in dem, was ich euch sage, eure Bestrebungen, eure Hoffnungen, euer geheimes Ideal wiedererkennt, dann folgt mir. Sonst seid ihr natürlich frei, ich halte niemanden gegen seinen Willen zurück. Ihr urteilt als Einzige darüber. Damit ihr wisst, ob ein Gericht salzig oder süß ist, probiert ihr davon, ihr schaut nicht in einem Buch nach. Als ihr Kind wart, probierte eure Mutter eure Suppe, damit ihr euch nicht verbrennt; jetzt seid ihr erwachsen und es ist an euch, sie zu probieren.

Ich weiß wohl, dass manche, was immer ich auch sage, sich weiterhin Fragen über mich stellen werden, genauso wie über meine verschiedenen Inkarnationen. Warum? Um herauszufinden, wieweit ich ihnen von Nutzen sein kann. Bewusst oder unbewusst stellen sie Berechnungen an: Wenn ich aus meiner Vergangenheit von Wissen und Kräften berichte, werden auch sie davon profitieren können. Und um was tun zu können? Um an sich selbst zu arbeiten? Um wahre Söhne und Töchter Gottes zu werden? Da täuscht ihr euch! Die einen, weil sie sich bei mir für geschützt halten, die anderen, weil sie hoffen, dass ich ihnen einige Geheimnisse verraten werde, um ihren Ehrgeiz, ihre Begehrlichkeiten und anderes mehr zu befriedigen. Wie nur ihnen begreiflich machen, dass das, was ich ihnen zu geben habe, unendlich viel kostbarer ist, als all dies!

Derjenige, der von mir die Mittel erwartet, auf einfache Weise das zu erlangen, was nur durch Intelligenz, Arbeit und Geduld erlangt werden kann, der vergeudet seine Zeit: Diese Mittel habe ich nicht. Warum? Weil ich sie niemals gesucht habe. Ich hätte sie finden können, wenn – was für viele Okkultisten gilt – ich das gewollt hätte. Das hat mich jedoch nie interessiert; ich habe im Gegenteil Armut, Geringschätzung, Hohn, Feindseligkeit ertragen, um mich auf das zu konzentrieren, was ich als grundlegend betrachtete: an mir selbst arbeiten, um eines Tages die anderen aufklären und ihnen helfen zu können. Und mit welchem Ziel? Um zur Verwirklichung des Reiches Gottes und seiner Gerechtigkeit beizutragen, wie Jesus es verlangte mit den Worten: *»Suchet zunächst das Reich Gottes und seine Gerechtigkeit, dann wird euch alles andere dazu gegeben werden« (Mt 6,33).*[1]

All diejenigen, die in dem Glauben zu mir kommen, ich würde ihnen Talismane, magische Geheimnisse, magische Kräfte weitergeben, haben nicht besonders viel Intuition. Ich habe euch erzählt, wozu ich schon in jungen Jahren fähig war. Aber ich habe euch auch gesagt, dass ich die Vision von zwei Wesen hatte, die sich mir zeigten: Das eine verkörperte die Macht, das andere verkörperte die Liebe, und ich habe den Weg der Liebe gewählt, nicht den der Macht, und schon gar nicht den jener Macht, die sich auf Geld und materiellen Erfolg stützt.

Natürlich werde ich manche niemals daran hindern können, sich mit meinen vergangenen Leben zu befassen. Wie viele sogenannte Hellseher erzählten mir, dass ich in anderen Inkarnationen der und der Weise gewesen sei, jener Magier, Alchimist, Kabbalist, König, Prophet und ich weiß nicht, was noch alles: Hohepriester, Hierophant und so weiter. Das ist die Vergangenheit, und die Vergangenheit interessiert mich nicht. Für mich ist wichtig, was ich jetzt bin und was ich jetzt tue, was ich sein werde und was ich später tun werde. Und auch ihr: Sagt euch dasselbe. Sucht keine Hellseher auf, um von euren vergangenen Leben zu erfahren. Übrigens ist eure Vergangenheit nicht schwer zu erkennen. An dem, was ihr heute darstellt, an euren guten Eigenschaften und euren Fehlern, an euren Fähigkeiten und euren Wissenslücken könnt ihr erkennen, was ihr gewesen seid, ohne natürlich in die

Details zu gehen. Was ihr in dieser Inkarnation seid, ist euch nicht aus Zufall zugefallen. Befasst euch daher jetzt lieber mit der Gegenwart, um die Zukunft vorzubereiten.[2]

Nun, denkt was ihr wollt, ich jedenfalls interessiere mich nicht für meine vergangenen Inkarnationen. Ich weiß nur, dass ich eine Jahrtausende alte Erfahrung habe. Wo und wann ich diese Erfahrung erlangt habe, das ist unwichtig. Ich kann euch einfach nur sagen, dass alles, was ich gelernt habe, in der Lehre von der Sonne zusammengefasst ist, die ich euch bringe. Über wie viele Dinge spreche ich zu euch, die ich in keinem Buch gelesen habe! Ich habe sie nicht einmal aus dem Munde von Meister Peter Danov vernommen. Wie habe ich sie also herausgefunden? Es ist die Sonne, die sie mir offenbart hat.

Für mich steht die Sonne über allen anderen Meistern. Sie ist mein Meister, sie erleuchtet mein mentales Universum, und sie ist nicht nur mein Meister, sondern sie ist auch mein Vater. Ja, und wenn ihr wirklich wissen wollt, was ich bin: Ich bin ein Sohn der Sonne. Ich fühle mich als Sohn der Sonne. Ihr wendet ein: »Sohn der Sonne, das ist der Titel des japanischen Kaisers.« Ich weiß. Was ich nicht weiß ist, welche Bedeutung dieser Titel für ihn hat, und ob er noch eine andere hat. Doch was es für mich bedeutet, Sohn der Sonne zu sein, das weiß ich.

Jesus sagte: »Seid vollkommen wie euer Vater im Himmel vollkommen ist« (Mt 5,48).[3] Aber welches Wissen können wir über die Vollkommenheit unseres himmlischen Vaters haben? Wir haben Ihn niemals gesehen! Die Antwort befindet sich in der Sonne: Indem wir sie betrachten, entdecken wir, dass der himmlische Vater Licht, Wärme und Leben in Fülle ist. Und wenn Jesus weiter sagt: »Ich bin das Licht der Welt« (Jh 8,12), was ist das Licht der Welt, wenn nicht die Sonne? Offensichtlich ist die Sonne, mit welcher sich Jesus identifizierte, nicht die Sonne, die wir am Himmel sehen, es ist der Christus, die kosmische Sonne. Unsere Sonne ist nur dessen Repräsentant. Aber selbst, wenn sie nur sein Repräsentant ist, nähern wir uns – wenn wir sie betrachten – der Vollkommenheit unseres himmlischen Vaters, Seinem Leben, Seiner Liebe, Seiner Weisheit an.

Durch die Sonne teilt Christus, der die Emanation des Vaters ist, unablässig seine Segnungen aus: Jeden Tag strömt sein Leben, sein Blut, zur Erde. Die Erde wird niemals im Stich gelassen. Die Christen suchen den Christus, sie erwarten den Christus; aber er ist bereits da, direkt vor ihnen, und er segnet und belebt alle Geschöpfe. Er ist gleichzeitig im ganzen Universum, in allen Gestirnen des Himmels, und für uns Menschen manifestiert er sich im Besonderen durch die Sonne. Glücklich sind diejenigen, die ihr Verständnis von Christus erhöhen und erweitern, denn sie erhöhen und erweitern damit ihre Seele. Natürlich manifestiert sich Christus auch in all den kleinen Dingen, in jeder noch so kleinen Liebesgeste, aber er manifestiert sich auch in der Unermesslichkeit des Universums, und wer sich weigert, ihn in der Sonne zu erkennen, die alle Geschöpfe erhellt, erwärmt und belebt, wird niemals erfahren, was der Christus ist.

»Ich bin das Licht der Welt«, sagte Jesus, und das Licht der Welt, das ist die Sonne. Aber Jesus sagte auch: »Ihr seid das Licht der Welt.«[4] Und ich nach ihm, sage euch: »Ich bin ein Sohn der Sonne«. Und da ich ein Sohn der Sonne bin, seid auch ihr Söhne und Töchter der Sonne, auch wenn ihr es noch nicht wisst. Ja, auch ihr seid Söhne und Töchter der Sonne, und um euch bis zu ihr führen zu können, habe ich eines Morgens auf dem Felsen die Bruderschaft der Sonne geweiht. Was ich in dem Moment mit euch getan habe, werdet ihr später verstehen. Selbst diejenigen, die abwesend waren, und diejenigen, die in der Zukunft kommen werden, wurden der Sonne geweiht. Ein riesengroßes Wesen war da zugegen und hat meine Worte aufgenommen.

Manche werden fragen: »Aber hatten Sie das Recht, uns der Sonne zu weihen? Sie fragten uns nicht, ob wir damit einverstanden sind.« Seid versichert, ihr besitzt einen freien Willen, und wenn ihr kein Sohn der Sonne sein wollt, werdet ihr es auch nicht sein. Ich kann euch nicht dazu zwingen und habe nicht die geringste Absicht, es zu tun. Innerlich habt ihr das Recht zu wählen, wessen Söhne und Töchter ihr sein wollt. Ich habe euch der Sonne geweiht, aber diese Weihung wird nur für diejenigen wirksam sein, die es wünschen – und ich weiß, dass sie zahlreich sind. Die anderen mögen einen anderen Vater suchen; die Sonne, mit den Wesen, die sie bevölkern, wird sich ihnen nicht aufdrängen.

Das ist ein Gesetz der spirituellen Welt: Die lichtvollen Wesen treten nur dort ein, wo man ihnen die Tür öffnet. Selbst wenn ihr das Opfer von finsteren Wesen seid, sagen die Engel, die manchmal einen Blick auf die Menschen werfen: »Wir haben nicht das Rccht, uns diesem Geschöpf aufzudrängen: Es hat uns um nichts gebeten.« Sie respektieren die Freiheit der Geschöpfe, sie dringen nicht einmal in ihr Zimmer ein, wenn ihnen der Eintritt verboten ist. Allein die boshaften Geister nehmen sich heraus, ohne Erlaubnis einzudringen. Und genau das unterscheidet die lichtvollen Geister von den finsteren Geistern. Die finsteren Geister respektieren nichts; ein lichtvoller Geist erwartet, dass man sich ihm öffnet, dass man ihn einlädt.

Ich habe die Bruderschaft der Sonne geweiht, aber jeder von euch muss sich nun entscheiden, ob er von den Wesen der Sonne bewohnt sein will. Wenn ihr es akzeptiert, welche Freude für sie! Sie werden in euch einen erwachten Menschen sehen, und sie werden singen: »Endlich können wir, die Mächte des Himmels, in diese Seelen einziehen und mit ihnen arbeiten. Nun, da diese Seelen das Licht in sich tragen, können wir uns durch sie manifestieren«, und sie werden eure Handlungen, eure Worte, euren Blick und euer Lächeln inspirieren. Aber vergesst nicht: Ihr seid lebendige Geschöpfe und keine Gegenstände, nichts in euch bleibt unbeweglich. Das Leben, das vorüberzieht, setzt euch allen möglichen Strömungen aus, es stößt euch herum, und ihr könnt dadurch die Richtung verlieren. Ich habe euch der Sonne geweiht, Gott hat meine Worte gehört und empfangen, die Geister, die Ihn umgeben und Ihm dienen, haben sie gehört und geantwortet, aber in Zukunft seid ihr es, die jeden Tag durch eure Gedanken und eure Wünsche diese Weihung erneuern müsst, damit ihr eure Ausrichtung auf die Sonne beibehaltet.

Ihr fragt euch vielleicht, was mich die Sonne besonderes gelehrt hat. Nun, sie hat mich zuallererst gelehrt, zwischen falschen und wahren Reichtümern zu unterscheiden, zwischen Eitelkeit und göttlichem Ruhm. In meinem Leben wurden mir eine Unmenge von Anliegen vorgebracht! Manche Personen hatten zweifellos keine bösen Absichten, aber wenn ich mich hätte überreden lassen, wäre ich auf Wege geraten, auf denen ich mich schließlich verirrt hätte.

Selbst wenn man aus einem sehr bescheidenen Milieu stammt, wie es bei mir der Fall war, ist es nicht sonderlich schwierig, eine gewisse soziale Anerkennung zu erlangen. Schwieriger ist es jedoch, auf diese soziale Anerkennung zu verzichten, sobald einem bewusst wird, dass man – um sie aufrechtzuerhalten – zwangsläufig alle möglichen Kompromisse akzeptieren muss und schließlich sein Ideal verrät. Ich weiß nicht, wie man in gewissen Kreisen von mir erfahren hat, aber ich wurde eines Tages von einem echten Prinzen gebeten, sein Horoskop zu überprüfen, um herauszufinden, ob er eines Tages den Thron besteigen würde, auf den er Anspruch erheben könne. Ein sehr vornehmer Herr trat an seiner Stelle mit dieser Bitte an mich heran. Ich stimmte zu und musste ihm nach eingehendem Studium seines Horoskops antworten, dass nichts darauf hindeutete, dass er eines Tages einen Thron besteigen würde. Wie gewohnt, hatte ich sein Horoskop natürlich gratis erstellt. Und glaubt ihr, dass ich auch nur ein Dankeschön erhalten hätte? Mitnichten, ich habe nie wieder etwas von ihm gehört. Ein anderes Mal hatte ich es mit einer Gräfin zu tun, die dachte, dass es mir durch einige magische Handlungen gelingen würde, sie in den Besitz eines Erbes zu bringen, das ihr zustünde, und als ich ihren Salon verließ, begegnete ich der iranischen Prinzessin Soraya… Ich weiß wohl, dass die Monarchen und die Großen dieser Welt oft Astrologen, Magier, Alchimisten bei sich hatten, aber diese Rollen waren nicht für mich bestimmt, und selbst wenn man mich darum bat, zog ich es vor, davon Abstand zu halten.

Ich sage nicht, dass es unter den Aristokraten, den Reichen und den Berühmtheiten niemanden gibt, der ein Bedürfnis nach Spiritualität empfindet. Doch, gerade weil sie auf sozialer oder materieller Ebene alles haben, kommt es vor, dass sie in sich eine Leere spüren, die weder ihre Titel, ihr Besitz, noch ihr Ruhm füllen könnte. Daher entwickeln sie manchmal ein Interesse an der Spiritualität. Aber Spiritualität ist nicht beschränkt auf die Lektüre einiger Bücher, das Hören einiger Vorträge oder einige Gespräche mit einem Weisen; sie erfordert Anstrengungen, Übungen, Verzicht, Durchhaltevermögen, zu dem sie selten fähig sind, und so kehren sie bald zu ihrem oberflächlichen Dasein zurück. Ich hingegen, wenn ich in der Frische und der Reinheit des Morgens lange den Sonnenaufgang kontempliert hatte, wenn ich dieses Licht getrunken hatte, mich in den Farben der Morgenröte gebadet hatte, ich spürte, dass mein ganzes Leben darin lag. Ich brauchte nicht in den Salons zu verkehren, dort hätte ich am Ende meine Seele verloren.

Freimaurer aus verschiedenen Logen schlugen mir vor, Mitglied bei den Freimaurern zu werden. Das war eine große Ehre, aber ich lehnte ab. Mitglied der Universellen Weißen Bruderschaft zu sein, genügte mir. Und dann diese Tempel, diese Zeremonien, diese Rituale, diese Roben, diese Grade – ich spürte, dass auch dies alles nichts für mich war. Ich lege Wert darauf, zur Morgendämmerung hinaus zu gehen, einfach gekleidet, im Tempel der Natur, wo der Oberpriester, der seines Amtes waltet, die Sonne ist.

Es wurde mir sogar vorgeschlagen, in den Malteserorden einzutreten. Ein Königspaar im Exil, das diesem Orden angehörte, wollte mich dort einführen. Der Malteserorden ist eine angesehene Gesellschaft; auch das war für mich wieder sehr ehrenvoll, dass man an mich als Mitglied gedacht hatte, aber ich lehnte aus denselben Gründen ab. Und wenn ich akzeptiert hätte, wie hätten all diese Persönlichkeiten reagiert, wenn ich ihnen gesagt hätte, dass für mich die einzig wahre Religion die Sonnenreligion ist?

Aber was mich am meisten überraschte, das war, dass vor dem Stattfinden des zweiten vatikanischen Konzils ein französischer Bischof, der daran teilnehmen sollte, mir den Vorschlag unterbreitet hatte, mich mitzunehmen. Er las seit Jahren meine Bücher, er schätzte sie und dachte, es könnte auch mich interessieren, all diesen Debatten beizuwohnen. Mein Gott, was hätte ich denn da schon groß tun können? Zehnmal, hundertmal hätte ich für meine Ideen exkommuniziert werden können. Ja ich hätte exkommuniziert werden können, obgleich ich mich niemals außerhalb der Kirche gefühlt habe. Ich würde mir einfach nur wünschen, dass sie die Wahrheiten besser erklärte, denn sie hat den Auftrag, diese zu lehren, und sie würde sie besser erklären, wenn sie sich bei der Sonne kundig machen würde. Erinnert euch, was ich euch über das Mysterium der heiligen Dreifaltigkeit sagte. Die Sonne ist die einzige Antwort auf dieses Mysterium, dessen einzige Erklärung.[5]

Ich nahm also nicht am Konzil teil. Als ich später die Reportagen darüber im Fernsehen sah, fand ich, dass ich damit recht hatte, diesen Monseigneur, der mich eingeladen hatte, nicht zu begleiten. Früher oder später hätte ich mich nicht zurückhalten können, meine Meinung zu äußern. Und warum diese schon sehr alten tapferen Leute beunruhigen? Sie brauchten Ruhe. Sie trugen wunderbare Gewänder, das stimmt, welch ein Glanz! Aber ich erwartete, auch auf ihrem Gesicht ein Licht zu sehen, etwas Strahlendes. Aber nein, alle saßen da, ernst, gesetzt, tiefgründig… müde. Zu viel Arbeit, zweifellos. Ich betrachtete sie und konnte nicht anders, als ihnen nur gute Gedanken senden, um sie zu unterstützen, sie zu ermutigen in ihrer schweren Aufgabe.

An manchen Morgen gelingt es mir nicht, mich vom Anblick der aufgehenden Sonne loszureißen, von dieser Sonne, der Quelle des Lebens. Es ist seltsam, dass man uns wegen dieser Praxis mit so viel Unverständnis begegnet, wohingegen man ohne Erstaunen tausende von Leuten Kerzen anzünden sieht, vor gemalten Bildern, vor Statuen aus Holz oder Stein oder wie sie Medaillons der Jungfrau um den Hals tragen… oder wie sie ein Stück Holz vom angeblich »wahren Kreuz« küssen! Ein ganzer Wald ist seitdem bereits verschwunden, um Stücke von diesem »wahren Kreuz« zu produzieren, aber niemand ist schockiert darüber. Sind wir also Spinner, wenn wir uns, um uns mit dem Schöpfer zu verbinden, an das reinste Symbol von Licht, von Liebe und ewigem Leben halten?

Jeden Morgen nähre ich mich von den Strahlen der aufgehenden Sonne, denn das Licht ist die allerbeste Nahrung. Aber auch die Luft, die Erde, die Bäume ringsherum bringen mir Elemente, die ich zuzubereiten lerne. Ja – zubereiten. Mithilfe meiner Gedanken und meiner Liebe bereite ich aus all diesen Elementen köstliche Gerichte. Wie oft habe ich euch gesagt, dass spirituelles Leben Ernährung bedeutet! Aber all die Elemente müssen zubereitet werden, damit sie in Weisheit, Güte, Kraft und Frieden umgewandelt werden. Wir tragen zu dieser Transformation bei, indem wir unsere ganze Aufmerksamkeit auf die aufgehende Sonne richten. Und danach, wenn wir zu unseren täglichen Aktivitäten zurückkehren, fühlen wir uns jedes Mal gesättigt, stärker und bereichert. Ja, bereichert, denn dieses Sonnenlicht, das wir empfangen haben, ist aus Gold, aus ätherischem Gold, und dieses Gold ist mehr wert als all die Goldbarren, die in den Banken lagern. Es wurde mir gegeben, die Geheimnisse zu kennen, wie man Gold anzieht, aber es liegt mir nichts daran, mich ihrer zu bedienen. Vor vielen Jahren schon habe ich eines ausprobiert, um zu sehen, ob es funktioniert. Einige Zeit später fand ich vor meiner Tür eine Schachtel, die einige Goldmünzen verschiedener Länder enthielt. Ich fand nie heraus, wer sie mir gebracht hatte. Aber da ich keine Goldstücke brauche, habe ich sie an andere als Erinnerungsstücke weggegeben.

Da ich Methoden kenne, um Gold anzuziehen, fragt ihr euch, warum ich sie nicht nutze, das wäre doch so nützlich für die Bruderschaft! Wir würden Land kaufen, Gebäude errichten… Nein, das ist nicht wünschenswert, und es wäre sogar gefährlich. Materieller Überfluss, ebenso wie Komfort, ist ein Hindernis für das Leben des Geistes. Ich müsste mich nur noch darum kümmern, Reichtümer für die Bruderschaft anzuhäufen, um ihre Besitztümer zu vermehren und die materiellen Bedingungen zu verbessern. Meine Arbeit ist es, euch das Licht zu bringen. Und wenn ihr spürt, dass es sich lohnt, etwas für dieses Licht zu tun, ist es an euch, euren Mitteln entsprechend materiell etwas beizutragen. Ich will euch nicht Land und Gebäude eines Tages als Erbe hinterlassen, sondern allein das Licht. Vergesst das niemals.

Begreift ihr allmählich, warum ich euch sage, dass ich mich von der Sonne unterrichten lasse? Sie ist es, die mich gelehrt hat, dass das Licht das wahre Gold ist, das wir morgens schon bei der Morgenröte suchen müssen. Zu diesem Zeitpunkt schleudert die Sonne einen Überfluss an Goldteilchen in den Raum; und mit diesen Goldteilchen können wir uns nicht die Taschen füllen… oder vielmehr doch, wir können all diese »Taschen« füllen, als da sind unser Geist, unsere Seele, unser Verstand und unser Herz und auch unser physischer Körper. Von diesem Gold kann unser ganzer Organismus profitieren, vom Gehirn bis zu den Füßen.

Es existieren verschiedene Arten von Licht. Das, welches unser Nervensystem und unser ganzer Organismus am meisten braucht, ist das Licht der Sonne, bevor sie aufgeht, denn das ist das subtilste, das spirituellste Licht. Dieses Licht wirkt auf unsere psychischen Körper. Wenn wir es verstehen, die Sonne richtig zu betrachten, öffnet sich etwas in unserem Solarplexus, und wir beginnen das Licht zu trinken. Es ist, als würde sich ein Reservoir mit einer kostbaren Quintessenz füllen; und wenn das Reservoir überfließt, spürt man nur noch das Bedürfnis, dieses Elixier an alle lebenden Geschöpfe zu verteilen. Es gibt keine größere Freude, als das, was man von der Sonne empfangen hat, weiterzugeben; deshalb bemühe ich mich, nachdem ich sie am Morgen lange kontempliert habe, euch etwas von ihr zu geben mittels meiner Worte, meines Blickes und meiner Hand – jedes Mal, wenn ich euch grüße.

Die Freude zu geben – auch dies lehrte mich die Sonne. Sie sagte zu mir sogar: »An dem Tag, an dem du imstande bist, so wie ich zu geben, wirst du unsterblich.« Da fragte ich sie: »Aber seit Milliarden von Jahren verbreitest du dein Licht und deine Wärme, wie schaffst du es, dass du noch nicht ausgebrannt bist?« Sie antwortete mir: »Das Geheimnis liegt in dem Wissen, wie man gleichzeitig nimmt und gibt, einatmet und ausatmet.« Und das ist möglich, ich demonstrierte euch das einmal. Ich brachte einen kleinen Strohhalm und eine Kerze mit, zündete die Kerze an und blies durch den Strohhalm auf die Flamme (man sah, dass sie immer ein wenig geneigt blieb), zeitgleich atmete ich durch die Nase Luft ein, um weiterhin blasen zu können. Das ist schwierig, aber möglich, das tun übrigens auch die Glasbläser. Und das macht auch die Sonne, die zugleich gibt und aufnimmt, in einem fort. Um geben zu können, muss man lernen, wie man etwas aufnimmt; man muss lernen, das, was man aufgenommen hat, weiterzugeben.[6] Darum sollte man, nach welcher Meditation oder spirituellen Übung auch immer, den anderen etwas Gutes bringen können, durch den Blick, durch ein Licht auf dem Antlitz, ein Licht, das bezeugt, dass wir Kontakt zum Geist hatten. Aber in Indien und auch in Japan, sah ich mit Erstaunen, dass, selbst nach Gebet und Meditation, die Gesichter vieler Mönche verschlossen und ausdruckslos blieben.

In Japan wurde ich zusammen mit der Person, die mit mir reiste, in einem Kloster empfangen. Damit ich nicht durch den Lärm gestört würde, brachte man mich in einem kleinen Tempel unter, der mir zur Verfügung stand. Ich war also in Gesellschaft aller Gottheiten des Shintoismus; das war neu für mich. Besonders nachts spürte ich ihre Anwesenheit und sprach dann mit ihnen. Wir führten sehr originelle Unterhaltungen. In diesem Kloster gab es etwa ein Dutzend sehr freundliche, sehr sympathische Mönche, die den Zen-Buddhismus praktizierten. Der Tag begann mit Meditationsübungen, dann, vor versammeltem Kloster, spielte man zu Ehren dieser zwei Besucher aus Frankreich die französische Nationalhymne, die Marseillaise, und hisste die französische Flagge! Ja, jeden Morgen fand eine kleine Zeremonie von einigen Minuten statt, im Verlaufe derer man eine Platte mit der Marseillaise abspielte, dann die Japanische Nationalhymne und die beiden Flaggen hisste. Es waren auch viele Leute aus dem Ort gekommen, die die Marseillaise hörten und die französische Flagge sahen. Das war natürlich unerwartet und in dem Moment verstand ich, dass ich Franzose war, und dies sogar, bevor man meiner Einbürgerung zustimmte.

Aber kommen wir auf die Meditationsübung oder den Za-zen zu sprechen. Sie wird in einem Raum mit vollständig kahlen Wänden abgehalten. Jeder saß, der Mauer zugewandt, im Lotussitz auf einem Kissen. Ich werde euch keine Details über die Haltung schildern, wie man den Kopf hält, die Schultern, die Hände usw., das ist nicht dienlich. Interessant war die Anwesenheit eines mit einem Stock bewaffneten Mönches. Er hatte die Funktion, demjenigen einen Schlag auf die Schulter zu geben, der schläfrig wurde oder nicht in der richtigen Haltung blieb. Es schien, als ob wir auf der Schulter ein wichtiges Nervenzentrum besitzen, und der Schlag mit dem Stock auf diese Stelle dient dazu, die Energien zu harmonisieren, also denjenigen zu wecken, der am Einschlafen ist oder denjenigen zu beruhigen, der innerlich zu aufgeregt ist, um sich zu konzentrieren. Ich wollte die Erfahrung machen, wie sich der Schlag mit diesem Stock auswirkt und bat den Mönch, mir einen Schlag zu verpassen, bevor ich mit der Übung begann. Zunächst weigerte er sich unter dem Vorwand, dass ich das nicht bräuchte. Ich bestand darauf, und schließlich akzeptierte er.

Ich spürte nichts wirklich Außergewöhnliches – vielleicht gerade deshalb, weil ich es nicht brauchte –, aber dennoch hat es etwas gebracht.

Heute muss ich sagen, dass das, was mich bei den Mönchen dieses Klosters erstaunte und auch bei der Mehrheit der Mönche, denen ich begegnete und die den Zen praktizieren, die Ausdruckslosigkeit ihres Gesichts nach den Meditationsübungen ist: kein Licht erhellt sie, kein Leben belebt sie, und bei manchen sind die Gesichtszüge sogar von großer Härte. Natürlich werde ich mich nicht zu einer Disziplin äußern, die ich nicht gut kenne; aber aus der Sicht der wahren Einweihungswissenschaft ist eine Meditation, die keine Berührung mit dem Licht hat, eine Meditation, die keine Spur von Licht und Liebe auf dem Gesicht hinterlässt, die nicht etwas Vibrierendes, Lebendiges vermittelt, nicht sehr nützlich. Man wird mir sagen, das Ziel des Za-zen sei es, das Denken anzuhalten, Leere zu schaffen. Nun, ja, ich finde, dass in manchen Fällen diese Leere zu sehr zu spüren ist. Was kann man anderen Gutes tun, wenn man sich so ausdruckslos zeigt? Man kann nur Gutes tun, indem man Leben, Wärme, Licht mitbringt.

Geben wie die Sonne, lieben wie die Sonne… ich weiß nicht, ob es mir eines Tages gelingen wird, aber ich lebe mit diesem Verlangen. Und wenn ich angesichts des Schauspiels, das die Menschen liefern, Verärgerung spüre oder mich Entmutigung überkommt, wende ich mich ihr zu, die dort oben unablässig, unbeeinflussbar weiterhin strahlt, und ich fasse wieder Mut. Ihr wendet ein: »Aber es ist einfach für die Sonne, unbeeinflussbar zu bleiben: Sie ist so weit weg, nichts erreicht sie.« Ja, aber auch wir haben etwas in uns, das immer außer Reichweite bleibt: Unser höheres Selbst, denn unser höheres Selbst ist in der Sonne. Und indem wir die Sonne betrachten, wird es uns eines Tages gelingen, uns wieder mit unserem höheren Selbst zu vereinen, und so, wie dieses, in einem Frieden zu leben, den nichts stören kann.[7]

Unser höheres Selbst wohnt in der Sonne, wo es an der göttlichen Arbeit teilnimmt. Sobald wir die Schwingungen unseres irdischen Selbst mit denen unseres höheren Selbst zu harmonisieren wissen, werden wir die Schätze entdecken, die der Schöpfer in uns hineingelegt hat. Wir sind die Erben dieser Schätze, aber wir besitzen sie noch nicht: Wir werden erst an dem Tag von ihnen Besitz ergreifen, an dem es uns gelingen wird, mithilfe von Meditation, Gebet und Kontemplation die Verbindung zwischen unseren beiden »Ichs« wiederherzustellen. Nach und nach werden wir spüren, wie Teilchen unseres großen Erbes, das unser Vater, die Sonne, für uns bereithält, zu uns kommen. Es ist ein Erbe an Liebe, an Weisheit und an Kraft, die Attribute der Gottheit sind.

Mein größter Wunsch ist es, die Menschen zur Sonne zu führen, aber im Augenblick, das stimmt, werde ich nicht richtig verstanden. Es gibt diejenigen, die sich entrüsten, es gibt diejenigen, die sich lustig machen, es gibt diejenigen, die nicht wissen, wie sie die Dinge richtig darstellen sollen und irgendetwas erzählen… Und was soll man zu den Journalisten sagen, die doch wissen sollten, wie man Tatsachen objektiv berichtet? Es gibt da einen, der mich eines Tages im Bonfin aufsuchte, weil er gehört hatte, dass man uns die »Sonnenverrückten« nennt, die »Sonnenanbeter«. Er wollte wissen, was es damit auf sich hatte. Ich beantwortete seine Fragen, und er ging zufrieden von dannen. Doch was musste ich danach in seinem Artikel lesen? Kaum einige belanglose Zeilen über meine Antworten; was ihn beeindruckte, haltet euch fest, das waren zwei elektrische Straßenlaternen in meinem Garten. Was hatte er sich vorgestellt? Dass ich in der Dunkelheit nichts zu sehen brauche? Dass die Sonne mir insbesondere in der Nacht leuchtet? Er war erstaunt, schrieb er, dass die Moderne bis zu mir vorgedrungen sei. Nun, ich meinerseits war allerdings noch erstaunter über sein Erstaunen.

In dem Jahr, als ich nach Jugoslawien reiste, erhielt ich nach meiner Rückkehr Zeitungsausschnitte, die mich als König der Sonne präsentierten: *kral na slanzeto*. Wo haben die Journalisten das herausgesucht? Ich hielt mich sehr kurze Zeit in diesem Land auf und habe niemandem etwas über die Sonne gesagt. Man hat mir auch eine italienische Zeitschrift geschickt, in der ich als »reinkarnierte Gottheit der Sonne« dargestellt bin. Was bedeuten all diese Lügengeschichten? Ich brauche es nicht, aufgrund der Sonne zu einer Berühmtheit zu werden; ich brauche es nicht, dass man von mir spricht. Bekanntheit bringt immer mehr Nachteile als Vorteile. Ich wünsche mir nur, dass meine Ideen bekannt werden, denn ich weiß, dass sie viel Gutes bewirken können. Aber diese Zeitungsartikel, die mich als König oder Gottheit der Sonne darstellen: Also wirklich, das ist grotesk.

Dass empfindsame Menschen spüren, dass ich eine sehr starke Verbindung zur Sonne habe, das verstehe ich. Das ist mit manchem geschehen, der jedoch nichts von mir oder meinen Aktivitäten wusste. Eines Tages besuchte mich ein englischer Schriftsteller, dem ich nur sehr kurz in Indien begegnet war, mit seiner Frau in Izgrev. Kaum hatte er meine Schwelle übertreten, sagte er zu mir: »Das ist seltsam, Herr Aïvanhov, ich sehe die Sonne hinter ihnen.« Ja, das ist möglich, denn ich lebe mit dem Bild der Sonne, mit dem Gedanken an die Sonne, in der Gegenwart der Sonne, und sie bringt mir jeden Tag etwas Neues. Denn glaubt mir, das Einzige, was wirklich jeden Tag neu ist, das ist die Sonne. Ihr wendet ein: »Doch für die Astronomen ist sie viele Milliarden Jahre alt!« Ja, das ist möglich, aber sie ist immer jung und neu.

Einmal wurde ich eingeladen, eine Ausstellung zu besuchen, die den jüngsten archäologischen Entdeckungen in der Umgebung von Fréjus gewidmet war. Ich wusste, was mich erwartete, aber um die Person, die mich eingeladen hatte, nicht zu verärgern, ging ich hin… Und was gab es dort schon groß zu sehen? Einige Steine, die zu einem Haus gehörten, das vor zweitausend Jahren von den Römern erbaut worden war, sowie einige zerbrochene Tonkrüge… Für diese Leute, die diese Ausstellung vorbereitet hatten, waren diese Gegenstände wertvoll, und sie erzählten alle möglichen Dinge hinsichtlich dieser Steine und Scherben. In Wirklichkeit war das völlig bedeutungslos; aber es war römisch, und man soll sich von der Geschichte dieser staubigen Trümmer nähren. Warum klammern sich die Leute so sehr an all diese Kleinigkeiten der Vergangenheit? Sie erfreuen sich nicht am Licht und an der reinen Luft, die Gott ihnen jeden Tag gibt, sondern an einigen Tonscherben, die eine zweitausendjährige Geschichte haben, ja, das ist großartig, welch ein Wunder! Und sie präsentieren sie euch mit lateinischen und griechischen Wörtern… eine großartige Wissenschaft! Wie kann man da nicht Lust verspüren zu lächeln, wenn man diese Gelehrten sieht, wie sie sich treffen, sich gratulieren und derart stolz sind, sich um einen Haufen Scherben versammeln zu können?

Wann werden die Menschen begreifen, dass das Leben immer neu, immer sprudelnd sein muss? Wie die Sonne, die immer neu ist. Das Leben von gestern ist schon Vergangenheit, die Sonne von heute ist nicht die Sonne von gestern. Sie erneuert ebenso unsere Reichtümer, sie bringt uns jeden Tag etwas, das es am Vortag nicht gab. Indem sie sich jeden Morgen erhebt, lädt sie uns ein, ganz neues Leben aufzunehmen, uns in einen anderen Rhythmus zu begeben, uns in Einklang zu bringen mit dem Licht, mit der Ewigkeit; das ist der wahre Jungbrunnen. Man kann überall hören: »Das Leben muss sich ändern.« Und doch vergräbt man sich weiterhin in das alte Leben. Man sieht, wie überall untergegangene Zivilisationen ausgegraben werden, man begeistert sich für all das, was man in den Sarkophagen entdeckt, man hat mehr Interesse an dunklen Katakomben, an Mumien und an im polaren Eis konservierten Resten eines Mammuts, als an der strahlenden Sonne, die uns jeden Morgen frisches und neues Leben sendet.

Wie viele Leute spazieren inmitten von Ruinen herum und haben keine Ahnung, dass sie mit deren ständigem Betrachten ihnen ähnlich werden! Dass sie sie erforschen, das ist gut, aber warum heben sie nicht den Kopf, um auch die Sonne zu betrachten? Eine sehr gebildete Frau erzählte mir kürzlich, dass sie sich deshalb auf ägyptische Archäologie spezialisiert habe, weil sie in einer anderen Inkarnation die Frau eines Pharao gewesen sei. Nun gut, wenn sie es glaubt, ich habe nichts dagegen. Aber, was ist sie heute? Ich sah sie so ohne Ausstrahlung, so erloschen! Da ich höflich und freundlich bin, habe ich ihr nicht gesagt, dass ihr ehemaliger Ehemann, der Pharao, bestimmt nicht bereit wäre, sie aufs Neue zu heiraten, wenn sie ihm heute begegnen würde. Wann werden all diese Gelehrten und Gebildeten begreifen, dass sie auch in den himmlischen Bibliotheken nach ihrem Wissen suchen müssen, nach ihrer Nahrung in einem ewigen Restaurant und ihrem Trinken an der einzigartigen Quelle, der Sonne? Und ihr ebenfalls.

Im *Buch von Jesaja* sagt Gott: *»Ich werde einen neuen Himmel und eine neue Erde schaffen.«*[8] Wie sind diese Worte zu interpretieren? Wird Gott den Himmel und die Erde, die Er am Anfang erschuf, zerstören? Nein. Dieser neue Himmel und diese neue Erde sind Bilder, die ausdrücken, dass das Leben sich beständig erneuert, es ist immer in Bewegung und wir müssen dieser Bewegung folgen, ohne rückwärtsgehen zu wollen. Deshalb darf man auch nicht die verschwundenen Religionen und Einweihungen wiederbeleben, wie das manche versuchen. Dass sie sich mit diesen eingehend befassen, einverstanden, aber ohne den Versuch, sie wieder zu beleben. Wenn sie untergegangen sind, gibt es dafür einen Grund. Was sucht man jetzt in den Religionen des alten Ägypten und Griechenland? Was sucht man bei den Druiden, den Inkas, den Azteken oder sogar den Katharern? Von diesen Religionen und Einweihungen konnte eine bestimmte Anzahl von Wahrheiten weitergegeben werden, weil es sich dabei um ewige Wahrheiten handelt. Aber man darf nicht in den Überresten alter Kulte herumwühlen, um sie wiederzubeleben.9 Man kann sich dafür interessieren, das tue ich auch. Auf meinen Reisen in Ägypten, im Libanon, in Griechenland habe ich zahlreiche Heiligtümer der Vergangenheit besucht. Ich habe in den Pyramiden meditiert, in Baalbek, in Eleusis, in Delphi und vielen anderen. Aber meine Nahrung werde ich bei der Sonne suchen. Jeden Tag macht sie mir Offenbarungen, weil ich an sie glaube, weil ich sie liebe, und sobald ich ein schwieriges Problem zu lösen habe, frage ich bei ihr nach, und sie antwortet mir.

Wenn die Sonne aufgeht, spürt ihr dann nicht, dass auch in euch, im tiefsten Grund eures Wesens etwas aufgeht? Lasst für einen Augenblick eure ganze Seele der Sonne gleich werden. Wendet dieses wunderbare Gesetz an, das die Natur uns zur Verfügung stellt: das Gesetz des Mimikry, der Nachahmung, dieser Möglichkeit der Identifikation mit dem, was wir betrachten. Um euch dabei zu helfen, werde ich euch jetzt einige Formeln angeben, die ihr aussprechen könnt, während ihr die Sonne aufgehen seht. Ihr wartet auf den ersten Sonnenstrahl und sprecht mit Liebe innerlich folgende Worte:

»So, wie diese Sonne über der Welt aufgeht, so möge die Sonne der Wahrheit, der Freiheit, der Unsterblichkeit und der Ewigkeit in meinem Geist aufgehen.«

»So, wie diese Sonne über der Welt aufgeht, so möge die Sonne der Liebe, der Unermesslichkeit in meiner Seele aufgehen.«

»So, wie diese Sonne über der Welt aufgeht, so möge die Sonne der Intelligenz, des Lichtes und der Weisheit in meinem Intellekt aufgehen.«

»So, wie diese Sonne über der Welt aufgeht, so möge die Sonne der Freude, des Glücks und der Reinheit in meinem Herzen aufgehen.«

»So, wie diese leuchtende, strahlende Sonne über der Welt aufgeht, so möge die Sonne der Kraft, der Stärke, der Energie, der Dynamik und der Aktivität in meinem Willen aufgehen.«

»So, wie diese leuchtende, strahlende, lebendige Sonne über der Welt aufgeht, so möge die Sonne der Gesundheit, der Vitalität und der Lebenskraft in meinem ganzen Körper aufgehen.«

»Amen. So sei es. Für das Reich Gottes und seine Gerechtigkeit. Amen. So sei es. Zum Ruhme Gottes.«

Das ist eine mächtige, magische Formel.

An dem Tag, da es den Menschen gelingen wird, sich mit der Sonne zu identifizieren, werden sie in solch einem Licht leben, wird von ihnen ein solches Strahlen ausgehen, dass man nicht mehr wissen wird, ob sie bekleidet oder ob sie nackt sind. Man wird ihre Kleidung nicht mehr sehen, man wird ihre Nacktheit nicht mehr sehen, man wird nicht einmal mehr ihr Gesicht sehen. Wie in einer sehr fernen Vergangenheit, im irdischen Paradies, wird das Licht sie besser bekleiden, als irgendeine Kleidung.

Sicher werden einige einwenden: »Aber im Sommer muss man so früh aufstehen, um auf den Felsen hinaufzusteigen und den Sonnenaufgang zu erleben! Wir sind müde, wir nicken ein.« Nun, schlaft! In all den Jahren, die wir uns auf diesem Felsen versammeln, ist er zu einer Art Heiligtum geworden, und man sollte besser dort ein Nickerchen halten, als schlafend in seinem Bett zu bleiben. Auf dem Felsen empfangt ihr wenigstens einige gute Dinge von den Naturgeistern, die von allen Seiten ankommen, um im Augenblick des Sonnenaufgangs eine Arbeit auszuführen.

Im antiken Griechenland gab es Tempel, die Äskulap, Apoll und anderen geweiht waren. Und diejenigen, die eine Antwort des Gottes erhalten wollten, kamen zum Schlafen dorthin, in der Hoffnung, prophetische Träume zu haben: Der Gott würde ihnen die Zukunft offenbaren, ihnen die Mittel aufzeigen, um wieder gesund zu werden und so weiter. Warum also sollte der Felsen am Morgen für euch nicht auch so ein Tempel sein? Natürlich wäre es besser, wach zu bleiben, um eine bewusste Arbeit zu machen und die Segnungen von all den Naturgeistern zu empfangen, die auf den Strahlen der Sonne reisen, aber selbst wenn ihr schlaft, werden sie euch etwas geben.

Eine neue Philosophie erscheint jetzt in der Welt, die der aufgehenden Sonne. Eines Tages werden alle in den ersten Morgenstunden hinausgehen, um ihr zu begegnen, und es wird eine Veränderung der Sichtweisen stattfinden, die Umgestaltungen in allen Bereichen herbeiführen wird: psychologisch, familiär, sozial, politisch, ökonomisch… Alle werden die geozentrische Sichtweise aufgeben, um die heliozentrische anzunehmen: die Sichtweise der Sonne. Ist es nicht unaufrichtig von Seiten der Menschen, all das, was sie der Sonne schulden, nicht anzuerkennen? Sie, die doch ständig fordern, dass man sie anerkennt, sie respektiert, ihnen dankt, sie lobt – sie lassen die Sonne unbeachtet, sie ignorieren sie. Außer wenn es darum geht, zu wissen, wie das Wetter wird; dann ja, das ist wichtig für ihre Felder und ihre Gärten, fürs Spazierengehen, am Strand liegen und so fort. Aber die Sonne, die Schweigsame, die Großzügige, sie verlangt nichts von uns, sie denkt: »Ich werde diese Undankbaren weiterhin erhellen und erwärmen. Sie sind bittere und saure Früchte, aber ich werde sie süß und milde wie Honig machen, bis sie erkennen, dass sie meine Söhne und meine Töchter sind.«

Es heißt, dass der Mensch eines Tages die Engel und die Erzengel an Herrlichkeit übertreffen wird. Doch noch ist er eine unreife Frucht; er zeigt sich dickköpfig, eigensinnig, verhärtet. Aber diese Frucht hängt am kosmischen Baum und die Sonne, die sie betrachtet, die ihr ihr Licht und ihre Wärme sendet, lässt sie reifen, damit sie eines Tages als eine köstliche Frucht auf dem göttlichen Tisch serviert werden kann. Dann wird sie als spirituelle Essenz in den Kopf des Schöpfers einfließen, und das Denken des Menschen wird zu dem des Schöpfers, der Großen Sonne. Die Bestimmung des Menschen ist es, eines Tages von der Großen Sonne absorbiert zu werden.

Die Generationen lösen einander ab, die Weltreiche vergehen, aber nicht das der Sonne. Die Sonne ist immer da, beständig, unverrückbar, treu, darum habe ich sie als Vater* auserwählt, und als sie meine Hartnäckigkeit sah, adoptierte sie mich: wie der Vater, so der Sohn. Vielleicht bin ich in ihrer Familie noch sehr jung. Für sie, die so viele Milliarden Jahre alt ist, bin ich vielleicht erst einen Sonnenmonat alt oder auch nur einen Tag, aber ich bin ihr Sohn.

Und da ich ein Sohn der Sonne bin, will ich eine Stimme sein, die das neue Leben, das neue Licht ankündigt. Sagen wir mal, wenn ihr so wollt, dass ich eine Sendestation besitze, und dass ich mit Hilfe von vielen anderen Wesen, auf der Erde und sogar auf fernen Planeten, mich bemühe, die Atmosphäre mit den Gedanken des neuen Lebens zu tränken. Diese Wellen durcheilen den Raum und werden im Unterbewusstsein der Menschen aufgezeichnet. Meine Sendestation hört nicht auf zu funktionieren und sie wiederholt: »Öffnet euch den Strahlen der aufgehenden Sonne. Erfreut euch an diesem Überfluss an Licht und Leben.«

Einmal, ich war in den Pyrenäen, ging die Sonne gerade auf, und ich hatte einmal mehr diese Botschaften ausgesandt, als Adler kamen und über mir kreisten. Ich war so glücklich! Denn die Adler gelten als die einzigen Wesen, die sich in den Himmel bis in schwindelerregende Höhen aufschwingen und in die Sonne schauen können, ohne sich die Augen zu verbrennen. Das war, als würden sie mir sagen: »Wir sind deine Freunde, wir unterstützen dich.«

Ihr fragt euch, ob meine Botschaften gehört werden? Ja, wenn auch nicht in dem Maße, wie ich es mir wünschen würde. Wie käme es sonst, dass der 23. Juni 1979 zum »Tag

* Im Deutschen ist die Sonne weiblich, im Französischen, wie in vielen anderen Sprachen, jedoch männlich.

der Sonne« erklärt wurde? In der ganzen Welt haben Astronomen, Physiker, Schriftsteller, Künstler von der Sonne gesprochen, die Sonne gefeiert, die Sonne verherrlicht. Und vor allem, wie viele Menschen haben an diesem Tag dem Sonnenaufgang beigewohnt! Wie die Wellen sich ausbreiten, wie das Licht und die Töne sich ausbreiten, so breiten sich auch die Gedanken aus. Es ist natürlich viel Zeit nötig, damit sie aufgefangen werden, aber ich habe Vertrauen.

Ich erhalte manchmal Briefe von Brüdern und Schwestern, die mir sagen: »Oh, Meister, wir würden Ihnen so gerne gleichen! Sie sind ein Vorbild für uns.« Aber ich rate euch, eher die Sonne als Vorbild zu nehmen, so wie ich selbst es tue. Ich blicke zur Sonne und in ihre Richtung strecke ich meinen Arm, damit ihr auf sie zu geht. Verweilt nicht bei mir, geht bis zur Sonne, durchdringt euch mit ihrem Leben, ihrer Wärme und ihrem Licht, um ihr zu gleichen. Was mich angeht, merkt euch in erster Linie, dass ich eine Art Wegweiser bin: Ich zeige euch den Weg, damit ihr bis zu ihr geht. Bleibt also nicht neben dem Wegweiser stehen. Wenn ihr am Straßenrand ein Schild seht, auf dem zum Beispiel Paris oder Fréjus steht, dann bleibt ihr nicht bei ihm stehen, um es zu umarmen und ihm zuzuflüstern: »Oh, wie liebe ich dich, mein liebes Schild, welch schöne Inschrift du trägst, wie wunderbar dein Pfeil die Richtung anzeigt!« Ihr fahrt weiter bis nach Paris oder bis nach Fréjus.

Was antwortete Johannes der Täufer seinen Schülern, die ihn über Jesus befragten: »Ich taufe euch mit Wasser, der aber nach mir kommt, ist mächtiger als ich, und ich bin nicht genug, ihm die Schuhe zu tragen. Er, er wird euch mit dem Heiligen Geist und mit Feuer taufen« (Mt 3,11 und Lk 3,16). Als er eines Tages Jesus auf sich zukommen sah, sagte er: »Siehe, das ist das Lamm Gottes, welches der Welt Sünde trägt. Dieser ist`s, von dem ich gesagt habe: Nach mir kommt ein Mann, welcher vor mir gewesen ist, denn er war eher als ich« (Jh 1,29). Und ich sage euch: Da ist die Sonne, geht zu ihr, sie ist so viel größer als ich! Ich selbst kann euch nur den Weg weisen bis zu ihr, indem ich euch erkläre, wie ihr sie betrachten und lieben sollt, wie ihr euch von ihr durchdringen lassen und euch mit ihr identifizieren könnt, um eines Tages so zu werden, wie sie.

Brecht jeden Morgen zur Begegnung mit der Sonne auf, mit wachem Bewusstsein, sonst werdet ihr bei der Rückkehr gerade einmal sagen können, dass der Himmel blau war, dass es einige Bäume und in der Ferne Berge gab. Aber dafür seid ihr nicht gekommen! Ihr steigt auf den Felsen, um zu spüren, dass die Sonne euch die Herrlichkeit der Schöpfung offenbart, die Macht Gottes und Seine Liebe. Ohne dieses Erwachen des Bewusstseins ist es unmöglich, zum Bürger der spirituellen Welt zu werden, man durchquert sie nur wie ein Ausflügler.

Jeden Morgen steige ich bis zur Sonne hinauf, und ich möchte auch euch mitnehmen bis zur Sonne, die das Heimatland unserer Seele ist, die Erde der Lebendigen. Und darum habe ich euch ihr geweiht. Indem ich euch weihte, bin ich Verpflichtungen gegenüber der Sonne eingegangen. Diese Weihung hat euch ein Tor geöffnet – entschließt euch hindurchzuschreiten.

Weiterführende Literatur

1. Siehe Band 215 der Reihe Izvor »Die wahre Lehre Christi«, Kapitel 4: »Suchet das Reich Gottes und seine Gerechtigkeit«.
2. Siehe Band 244 der Reihe Izvor »Dem Licht entgegen«, Kapitel 5: »Allein die Gegenwart gehört uns« und Kapitel 6: »Bevor die Sonne untergeht«.
3. Siehe Band 215 der Reihe Izvor »Die wahre Lehre Christi«, Kapitel 3: »Seid vollkommen wie euer Himmlischer Vater vollkommen ist«.
4. Siehe Band 241 der Reihe Izvor »Der Stein der Weisen«, Kapitel 6: »Ihr seid das Licht der Welt«.
5. Siehe Band 10 Gesamtwerk »Sonnen Yoga – Surya-Yoga – Die Herrlichkeit von Tiphereth«, Kapitel 6: »Wie man die Heilige Dreifaltigkeit in der Sonne wiederfindet« und Kapitel 15: »Die Sonne ist Gottes Ebenbild«.
6. Siehe Band 11 Gesamtwerk »Der Schlüssel zur Lösung der Lebensprobleme«, Kapitel 4: »Vom Nehmen und Geben (Sonne, Mond und Erde)«.
7. Siehe Band 10 Gesamtwerk »Sonnen Yoga – Surya-Yoga – Die Herrlichkeit von Tiphereth«, Kapitel 4: »Unser höheres Ich wohnt in der Sonne«.

Kapitel 13

ZWISCHEN WORT UND STILLE

Wie oft habe ich schon gedacht: »Ah, das ist ein wichtiges Thema, das ich in meinem nächsten Vortrag behandeln sollte«, und ich überlege ein wenig, auf welche Weise ich es präsentieren könnte. Aber wenn es so weit ist, habe ich alles vergessen. Das ist so oft geschehen, dass ich beschlossen habe, nichts mehr im Voraus zu planen, denn es kommt niemals so, wie ich es erhoffte, und ich bin enttäuscht. Damit ich das Bedürfnis verspüre, zu euch zu sprechen, muss sich mir das Thema ganz plötzlich präsentieren wie eine Inspiration, eine Suggestion, die von anderswo zu mir kommt. In dem Moment fließt es, trotz der Wissenslücken, dem fehlerhaften Französisch und allem, was nicht akademisch ist.

Als ich aus Bulgarien ankam, das habe ich euch schon gesagt, sprach ich kein Französisch, obwohl ich einige Kenntnisse besaß, weil ich einige Bücher gelesen hatte. Ich lernte allein dadurch, dass ich den Leuten oder dem Radio zuhörte oder ins Kino ging. Ich saß ganz hinten, und ich machte es wie die Kinder, die sprechen lernen, indem sie dem, was um sie herum gesagt wird, zuhören, aber ein Kind, das später nie zur Schule gegangen ist!... Später habe ich weder richtig die Grammatik studiert noch die korrekten Redewendungen, aber ich mochte es immer, neue Worte zu lernen.

Den Beweis habt ihr hiermit: Eines Morgens, in Sèvres, ging ich auf den Markt, um Früchte zu kaufen. Neben mir, vor den ausgebreiteten Früchten, standen zwei elegante junge Frauen von eher vornehmem Äußeren. Ohne zuhören zu wollen, hörte ich, was sie sich erzählten. Da sagte die eine zur anderen: »Ich habe nichts mehr zu mampfen.« Zu der Zeit hatte ich das französische Vokabular noch nicht genügend erforscht, um dieses Wort »mampfen« zu kennen. Aber da es von einer vielsagenden Geste begleitet wurde, habe ich es verstanden. Ich sagte mir: »Oh, das ist ein neues Wort!«, und da diese jungen Frauen ein vornehmes Äußeres hatten, dachte ich, dass dies auch für »mampfen« gilt. Daher benutzte ich es eines Tages in einem Vortrag, in dem Glauben, dass ich meinen Brüdern und Schwestern durch meine Fortschritte imponieren würde. Oh weh, als ich sah, wie sie die Augen aufrissen!… Ich fand mich in der Lage eines Kindes wieder, das ein Wort wiederholt, das es gehört hat, ohne zu wissen, was es bedeutet, und zu dem man sagt: »Nein, nein, das ist nicht gut, dieses Wort darfst du nicht mehr benutzen.«

Als ich einige Monate nach meiner Ankunft in Paris begonnen habe, öffentlich Vorträge zu halten, war ich dennoch gezwungen, sie ein wenig vorzubereiten. Aber ich hatte den Eindruck, einen Text zu rezitieren. Es fehlte die lebendige Seite, die durch Improvisation vermittelt wird, und ich fand es langweilig! Sogar ich selbst langweilte mich, als ich mir zuhörte… Was ich brauche, ist, dass das, was ich sagen werde, auf natürliche Weise von oben herabströmt. Bevor ich daher das Wort ergreife, muss ich konzentriert bleiben, damit im richtigen Moment die Quelle in mir ihr Wasser strömen lässt. Das erfordert natürlich eine andere Form der Vorbereitung.

Ein Redner, der mit seinem abgefassten Text kommt, ist unbesorgt, er braucht ihn nur aus seiner Tasche zu ziehen. Bevor er sich an seine Zuhörer wendet, kann er sich unterhalten, lachen oder sogar ein Wortgefecht mit jemandem haben, das wird nichts an dem ändern, was er sagen wird. Bei mir ist das anders. Da es mir unmöglich ist, irgendetwas im Vorhinein vorzubereiten, muss ich mich schon zeitig vor der Ankunft innerlich vorbereiten, um zu erspüren, was ihr braucht. Das, was ich euch bringen werde, jetzt, in diesem Moment, was ich euch mitgeben werde, womit ihr fortgeht, und ob ihr euch erhellt, gestärkt, bereichert fühlt – das ist es, was mich beschäftigt.

Schon bevor ich aufbreche, bereite ich mich vor. Ich segne diesen Tag, der uns wieder die Möglichkeit einer Zusammenkunft gibt, ich danke dem Herrn und sage zu Ihm: »Mein Herr, Du weißt alles, was in der Seele meiner Brüder und Schwestern vor sich geht, Du weißt, was sie alles brauchen. Lege die passenden Worte in meinen Mund.« Da ich nicht vorbereite, was ich euch sagen werde, muss ich zuerst die atmosphärischen Strömungen auffangen, die mich über eure Beschäftigungen und Erwartungen in Kenntnis setzen. Ihr sagt mir, dass ich oft auf Fragen antworte, die ihr euch stellt, während ihr mir zuhört. Das kommt daher, weil ich kein anderes Bestreben verfolge, als euch nützlich zu sein. Ich verbinde mich mit dem Himmel und werde zu einer Art Antenne, ich empfange Hinweise zu Themen, über die ich heute zu euch sprechen soll – nicht an einem anderen Tag, heute.

Wenn ich zu meiner Tür hinausgehe, habe ich ungefähr hundert Meter bis zum Vortragssaal zu gehen, und auf diesem Weg lasse ich mich von niemandem anhalten, um mit mir zu reden. Warum? Weil ich mich auch da noch vorbereite, euch zu begegnen. Auf diesem Weg spreche ich für gewöhnlich innerlich Formeln und Gebete, um euch das Beste aus meinem Herzen und meiner Seele geben zu können. Wenn ihr mir etwas zu sagen habt oder mich etwas fragen wollt, wählt einen anderen Moment; aber da möchte ich nicht gestört werden. Wenn eine Person sich nähert, um mit mir zu sprechen, darf sie sich nicht wundern, dass ich meinen Weg fortsetze, ohne zu antworten. Das ist nicht der Moment, mich von meiner Arbeit abzulenken, indem man mir persönliche Probleme vorträgt.

Manche sagen mir, dass sie mich nur begleiten möchten. Das ist sehr freundlich, ich weiß, dass ich diesen Wunsch als ein Zeichen der Zuneigung betrachten muss, aber ich habe nicht das Bedürfnis, begleitet zu werden; auf diesem Weg möchte ich allein sein. Mit Hilfe des Denkens und der Worte, die ich ausspreche, bereite ich mich vor, um der ganzen Bruderschaft etwas Reines, Lichtvolles, Samen des Himmels zu bringen. Vielleicht seid ihr euch dessen noch nicht bewusst, vielleicht glaubt ihr, dass ich einfach so komme und an nichts denke. Egal was ihr glaubt, ich jedoch muss konzentriert bleiben, und ich vermeide alles, was euch daran hindern könnte, all das zu empfangen, was ich euch bringen will.

Selbst die reichste Sprache hat eine begrenzte Anzahl an Worten, aber was man in die Worte legen kann, das ist unbegrenzt. Und für mich ist es in diesem Fall nicht allein von Bedeutung, die Worte zu benutzen, die so genau wie möglich dem entsprechen, was ich euch mitteilen will, sondern ganz besonders, sie mit einer feinstofflichen Quintessenz zu füllen, die auf eure Seele wirken und den Funken zum Hervorsprühen bringen wird. Und dafür bereite ich mich auf dem Weg weiter vor. Und doch, in dem Moment, da ich an unserem Versammlungssaal ankomme, bin ich niemals wirklich unbesorgt, ich sage mir: »Ich werde lebendigen Menschen begegnen, sie senden mir ihre Gedanken, sie haben Sorgen, sie erwarten etwas von mir. Die Hilfe von himmlischen Wesenheiten vorausgesetzt, werde ich auf ihre Erwartungen zu antworten wissen!«

Wenn ich dann den Saal betrete, ergreife ich nicht sofort das Wort, wir beginnen mit meditieren, um die besten Voraussetzungen zu schaffen – für mich, der zu euch sprechen wird, und für euch, die ihr mir zuhören werdet. Denn entsprechend dem Ort, von dem jeder kommt, und den Aktivitäten, die er ausgeübt hat, kommt jeder von euch mit seinen eigenen Beschäftigungen, und der Saal ist voll von ungleichen Gedanken und Gefühlen. Ich spüre das, denn die psychische Arbeit, die ich seit Jahren verrichte, hat mich schließlich sehr sensibel für die Art der Atmosphäre gemacht. Das ist zweifellos eine wertvolle Eigenschaft. Aber wie viele Anstrengungen muss ich manchmal unternehmen, damit es gelingt, diese Atmosphäre zu verändern und euch in den Zustand der Harmonie zu versetzen, damit ihr mit den spirituellen Wahrheiten mitschwingen könnt, die ich euch bewusst machen möchte, und ihr mit den korrektesten Gedanken und den besten Gefühlen nachhause zurückkehrt.

Um zu euch zu sprechen, muss ich Harmonie im Saal spüren. Ich kann es nicht so machen wie irgendein beliebiger Redner, der sich nicht um den Zustand seiner Zuhörer zu kümmern braucht. Bevor ich zu euch spreche, bereite ich mich vor; aber ihr, sorgt ihr euch um den Zustand, in dem ihr kommt, um mir zuzuhören?... Darum ist es so wichtig, auch die Versammlungen mit Liedern zu beginnen, damit jeder im eigenen Inneren Harmonie herstellt und sich auch mit den anderen und mit mir harmonisiert. Und in dieser Harmonie finde ich die Nahrung, die eure Seele und euer Geist an diesem Tag am meisten brauchen. Singen erfordert natürlich eine Technik, die Einhaltung bestimmter Regeln, aber der Gesang hat noch andere Kräfte als nur die, für das Ohr angenehme Klänge zu produzieren: Wenn wir mit unserer ganzen Seele singen können, formen sich Wellen, Kräfte, die zirkulieren, und diese Wellen und Kräfte ziehen lichtvolle Gegenwarten an.[1] Und eben diese Gegenwarten sind es, die mir Inspiration vermitteln.

Die Harmonie kann eine Art Rausch bewirken, keinen Rausch, der den Geist beunruhigt, im Gegenteil, einen Rausch, der bewusst und klar macht. Denn diese Harmonie ist nicht nur die der Stimmen, sondern auch die von Seele und Geist. Eben diese Harmonie suche ich, um meine Worte mit einer Quintessenz zu durchtränken, die von sehr weit herkommt und die wahre spirituelle Nahrung ist. Mit mir sind so viele andere Wesenheiten der unsichtbaren Welt bereit, euch ihr Licht zu bringen, damit ihr endlich spürt, was erfülltes, unbegrenztes Leben ist.

Wir singen, um in Verbindung mit dem Himmel zu treten, der uns Ströme von reinen Energien sendet. Und wir verweilen deshalb nach jedem Lied einen Moment in der Stille, um uns länger mit diesen Energien durchdringen zu können und sie für unsere Arbeit zu nutzen.[2] Aber anstatt sich in dem Moment zu sammeln, richten manche ihre Blicke auf mich und fragen sich, was ich wohl gerade tue. Was ich tue? Ich denke an euch, ich bemühe mich, meine Seele der euren anzunähern, ich bitte den Himmel, eure Fenster zu öffnen, damit das neue Leben in euch eindringt. Anstatt mich daher in meiner Arbeit mit ihren Blicken zu stören, schließt euch meinen Gedanken, meinen Gebeten an; indem ihr eure Augen auf mich fixiert, werdet ihr nicht herausfinden, was ich bin, wo ich bin und was ich tue. Denkt auch an die Freunde von oben, die dank der Harmonie, die wir hier schaffen können, bestrebt sind, euch Offenbarungen zu machen. Wozu dient es euch, hierherzukommen, wenn nicht dazu, von diesen heiligen Momenten zu profitieren, in denen ihr den Geistern der Liebe, der Weisheit, der Schönheit begegnen könnt?

An dem Tag, an dem ihr gelernt haben werdet, an meiner Arbeit teilzunehmen und diese Momente der Stille, die wir hier gemeinsam erzeugen, immer lebendiger, immer vibrierender zu machen, wird es uns gelingen, eine Lichtpyramide zu errichten, die sich bis zum Thron Gottes erheben wird. Ich erlebe in diesen stillen Momenten Zustände, von denen ihr nicht einmal eine Ahnung haben könnt. Seid daher geduldig und denkt, dass auch ihr bereits davon profitieren könnt; weil ihr in meiner Nähe seid, an meiner Seite, prägen sich euch diese Zustände ein, und eines Tages werdet auch ihr sie durchleben.

Bevor ich das Wort ergreife, beten, meditieren und singen wir unter anderem auch deshalb, weil ich lebendige, ausdrucksvolle Gesichter vor mir haben will, und keine maskenhaften Gesichter. Ich sehe euch an, einfach so, und ich bin glücklich. Ihr fragt: »Aber warum? Was sehen Sie?« Vieles, was ihr nicht erahnen könnt. Ich sehe, dass ihr Söhne und Töchter Gottes seid, das ist das Einzige, was mich interessiert. Und wenn ich spüre, dass ich unter Söhnen und Töchtern Gottes bin, wie sollte ich da nicht glücklich sein?

Nun, wenn ich wollte, könnte ich natürlich auch alle möglichen anderen Dinge sehen, weniger erfreuliche Dinge. Aber ich will sie nun mal nicht sehen, ich gebe mich mit dem Wissen zufrieden, dass sie existieren, ich betrachte sie nicht, ich will einzig das sehen, was es an Göttlichem an den Menschen gibt. Der göttliche Funke in jedem Geschöpf, den sollte man suchen. Manchmal muss man sehr tief graben, um ihn zu finden, aber dieser Funke ist da, verborgen in jedem, und an ihn wende ich mich, wenn ich das Wort ergreife.

Wenn ich nicht auf einem Podest wäre, würdet ihr mich von der dritten oder vierten Reihe aus nicht mehr sehen, aber ich bin nicht gerne auf einem Podest. Während ich euch betrachte, bitte ich daher innerlich: »Zeige mir ein Mittel, Herr, um zu meinen Freunden herabzusteigen. Ich suche kleine Pfade, um mich euch zu nähern, und wie oft finde ich, während ich euch so anschaue, das Thema, worüber ich zu euch sprechen werde. Ihr seid es, die mir die Themen bringen. Aber ihr seid euch dessen nicht bewusst, was meine Aufgabe schwieriger macht. Damit ich die Themen finde, über die ich zu euch sprechen soll, müsst ihr mir helfen…

Wenn ich das Wort ergreife, möchte ich verstanden werden, aber ich möchte zunächst diejenigen verstehen, die ich vor mir habe. Wenn mich daher jemand bittet, ihn zu empfangen, verharre ich ebenso, bevor ich das Gespräch beginne, einige Sekunden in der Stille und schließe die Augen. Ich weiß, das ist ungewöhnlich, aber ich brauche diesen Moment der Konzentration: Ich bereite mich vor, dieser Person zuzuhören, zu spüren, noch bevor sie spricht, was sie braucht, ihre Schwierigkeiten, ihre Leiden, um ihr helfen zu können. Ihr wendet ein: »Aber sie ist da, um es Ihnen zu erklären!« Ja, aber es ist nicht sicher, dass sie es in der richtigen Weise zu tun vermag: Nur wenige können klar darlegen, was sie beschäftigt oder sie leiden lässt. Darum nehme ich mir einige Sekunden, um ihre Seele zu ergründen, und es ist wünschenswert, dass auch sie sich vorbereitet, um so klar wie möglich darzulegen, was sie mir sagen will. Diese wenigen Minuten der Stille haben den Zweck, uns zu harmonisieren, um das gegenseitige Verstehen zu begünstigen. Denkt auch ihr daran, wenn ihr ein Gespräch mit irgendjemandem führen müsst. Ich verstehe, dass man sich nicht immer konzentrieren kann, indem man die Augen schließt, aber es ist sehr wichtig, sich innerlich vorzubereiten, bevor man das Wort an jemanden richtet oder zuhört, was er zu sagen hat.

Manche unter euch finden, dass sie keine klare Vorstellung von meiner Philosophie und von meinem Denken haben können, denn oft werfe ich verschiedene Themen auf, ohne sie besonders zu vertiefen. Nun, das weiß ich sehr wohl, denn meine Absicht ist nicht, euch ein meisterliches Referat zu halten, indem ich euch ein wohlgeordnetes System präsentiere. Ich bin eine Art Maler vor einer riesigen Leinwand: An einem Tag malt er eine Person, an einem anderen Tag einen Baum, ein Tier, eine Säule, einen Berg und so fort, und lange Zeit erkennt man nicht das genaue Thema dieses Bildes. Auch mein Bild ist noch im Entstehungsprozess. Aber nach und nach, wenn ihr geduldig, ausdauernd, aufmerksam seid, wird es euch gelingen, klar zu sehen, wohin ich euch führen will. Ich spreche scheinbar ohne Logik, zusammenhanglos, aber jeder erhält eine Antwort, eine Aufklärung und fühlt sich gestärkt. Wenn ich mit einem gut vorbereiteten Vortrag käme (Einführung – Erster Teil – Zweiter Teil – Dritter Teil – Schlussteil), würde euch das, intellektuell gesehen, zweifellos eher zufriedenstellen. Aber ihr sollt nicht kommen, um euch zu unterrichten, ihr sollt kommen, um zu leben, um eine Inspiration zu empfangen, einen Elan. Wenn man Leben empfangen hat, lernt man zehn Mal mehr und besser.

Ich habe euch jeden Tag Dinge zu sagen, die für heute sind, für eure heutigen Beschäftigungen, für eure heutigen Probleme und Leiden, und es ist meine Seele, die das spürt, wenn ich euch dort vor mir sitzen sehe. Denn meine Arbeit, das seid ihr: Was braucht ihr an Orientierung, an Reinigung, an Belebung. Darin liegt mein Interesse, ich will euch nicht allein euer Gehirn garnieren und euch dann herumwaten lassen; ich will euch die Mittel geben, all die Schwierigkeiten zu überwinden, denen ihr in eurem täglichen Leben begegnet. Wenn ihr mir daher zuhört, solltet ihr wenigstens wissen, warum ihr kommt. Meine Worte sind eine Nahrung, die ich euch gebe, es sind Teile meines Herzens, meiner Seele, es ist mein Leben, es ist mein Blut, ich kann nicht anders handeln. Wenn ich zu euch spreche, atmet und berührt ihr mein Leben.

Manchmal merke ich, dass ich gerne ein reicheres Vokabular hätte. Aber Worte kann man immer finden, das ist nicht das Schwierigste, es genügt, ein Wörterbuch zu öffnen, dort gibt es zahllose Worte, die man gewöhnlich nicht verwendet oder deren Bedeutung man nicht kennt... Aber das Wichtigste ist nicht, andere Worte zu finden, sondern das Leben in sich aufrechtzuerhalten, denn wenn man das Leben entweichen lässt, bleiben die Worte nutzlos, wie leere Gefäße. Darum erzähle ich euch nur von dem, was ich lebe, damit ihr es eines Tages auch leben könnt. Und hört auf zu denken, das sei nicht zu verwirklichen, nicht anwendbar. Es ist ein sehr langwieriges Unternehmen, aber es ist nicht unmöglich: Es hängt von euch ab, eine neue Welt zu betreten, die an Schönheit all das übertrifft, was ihr bisher erlebt habt. Manchmal sehe ich beim Sprechen, wie sich plötzlich einige Gesichter erhellen, so, als sei eine kleine Lampe in ihnen angegangen – welch eine Freude ist das für mich!

Euer Geist verlangt nur danach, sich in die Räume des Lichts emporzuschwingen. Bemüht euch, diesem Bestreben des Geistes in eurem Inneren bewusst zu werden. Ich spreche nicht über Themen, die euch fremd sind, ich spreche von dem, was in euch ist, was sogar das Einzige ist, was wirklich ihr seid: euer Geist, dieser göttliche Funke. Aber ihr lasst ihn erlöschen, daher bin ich ständig gezwungen, euch zu sagen, wie er genährt werden muss, damit er wieder belebt wird.

Manche unter euch sagen mir: »Oh Meister, wir bewundern Ihr Wissen, wir bewundern Ihre Güte, Ihre Geduld, Ihre Selbstbeherrschung. Könnten wir doch wenigstens ein klein wenig von diesen guten Eigenschaften haben!« Aber was erhoffen sie sich? Dass ich mit einem Zauberstab auf einen Schlag diese Qualitäten in sie einziehen lasse? Das wirksamste Mittel gebe ich euch hiermit: dieses Mittel, das sind die Bedingungen, die Atmosphäre, die ich um mich und auch um euch herum erschaffe, wenn ich zu euch spreche. Aber ihr erlangt sie nur durch eure eigene Arbeit. Ich kann für euch ein Übermittler der göttlichen Welt sein, aber bringt euch in den inneren Zustand, der euch diesen Strömungen öffnen wird; lasst sie nicht vorbeiziehen, ohne etwas zu tun, ergreift sie, lasst sie in euch eindringen und eine ganze Welt wird sich vor euren inneren Augen öffnen.

Manchmal würde ich es vorziehen, im Wald spazieren zu gehen, anstatt zu euch zu sprechen. Denn immer zu sprechen, zu erklären, zu wiederholen – ihr könnt euch vorstellen, wie viele Anstrengungen das von mir erfordert. Das ist ein Leiden… In der Stille lebe ich außerhalb der Zeit, in der Glückseligkeit, mit all den ewigen Wahrheiten, von denen ich mich nähre. Wenn ich reden muss, falle ich in die Zeit. Ja, für mich ist Reden ein In-die-Zeit-Fallen, und dabei fühle ich mich derart begrenzt! Selbst wenn ich stundenlang zu euch spreche, damit meine Erklärungen klar und umfassend sind, spüre ich, dass es mir nicht gelingt. Ich tue es natürlich in der Hoffnung, euch dennoch nützlich zu sein, aber ich bin nur selten zufrieden.

In der Stille, ja, da würde ich gerne immer zu euch sprechen können, um mich an eure Seele zu wenden, und ich erwarte ungeduldig den Tag, an dem ich auf diese Weise zu euch sprechen könnte. Im Augenblick ist das unmöglich. Ihr akzeptiert durchaus die Stille einige Minuten lang, nehmt es als gegeben hin, während und nach dem Vortrag, aber wenn unsere Versammlungen so ablaufen müssten, dass ich kein Wort spräche, würden das nur sehr wenige ertragen. Das wird vielleicht eines Tages kommen. Bis dahin gebt euch, während dieser Minuten der Stille nicht damit zufrieden, keine

Geräusche zu machen, ihr müsst auch im Inneren Stille herstellen, um das zu hören, was ich zu eurer Seele sage und was sich nicht durch Worte ausdrücken lässt. In diesen Momenten der Stille suche ich euer Bewusstsein zu öffnen, es für die spirituelle Welt und ihre Gesetze zu erwecken.[3]

Ich spreche, weil ich glaube, dass euch das helfen kann. Ist das Eitelkeit?... Aber dann empfangt ihr dank meiner Eitelkeit sehr viele Dinge; und dann habe ich auch verstanden, dass, indem ich Honig für euch zubereite, ich genauso davon kosten kann. Ihr findet, dass ich da ein Mittel suche, um mich zu rechtfertigen? Das ist möglich, aber wenn man Schwächen hat, muss man sie einspannen, sie arbeiten lassen, damit sie anderen auch nützlich sind. Sagen wir, wenn ihr so wollt, dass ich eitel bin. Würdet ihr vorziehen, dass ich hochmütig wäre? Dann würde ich mich distanziert zeigen, geizig mit Worten wie all jene Eingeweihten, die eifersüchtig ihr Wissen bewahrten, davon ausgehend, dass die anderen nicht würdig seien, es zu empfangen. Ich für meinen Teil spreche, weil ich ungeduldig mein Wissen mit euch teilen will. Manchmal lasse ich mich sogar dazu hinreißen, Dinge zu sagen, die ich besser verschwiegen hätte. Anschließend zieht mir der Himmel die Ohren lang: »Warum bist du nicht vernünftiger? Warum offenbarst du ihnen Wahrheiten, die sie noch nicht verstehen und nutzen können? Wenn sie diese falsch anwenden, wird das dein Fehler sein.«

Wenn ich mit euch zusammen bin, sage ich euch oft in der Stille das, was ich euch mit Worten nicht offenbaren darf. Es ist mir untersagt, denn ihr seid noch nicht bereit, alles zu verstehen, und ich würde euch mehr schaden als nützen. Das sind Wahrheiten, die ich nur auf eine Art einflüstern kann, in der Hoffnung, dass es euch später gelingt, sie in euch zu entdecken. Der Gedanke ist eine unhörbare Stimme, natürlich, aber wer an seinen feinstofflichen Organen gearbeitet hat, dem wird es eines Tages gelingen, diese Stimme aufzufangen und zu entziffern, was sie sagt.

In den Zeiten der Stille habe ich eher die Möglichkeit, mich an eure Seelen, als an eure Ohren zu wenden. Um euch Wirklichkeiten der spirituellen Welt zu offenbaren, brauche ich nicht nach Worten zu suchen, die oft gar nicht existieren. Und selbst wenn diese Worte existieren, ist es nicht sicher, dass ihr akzeptieren werdet, was ich euch zu sagen habe; innerlich werdet ihr protestieren. Und dann werden diese Wahrheiten, die dafür bestimmt waren euch zu helfen, dies nicht tun, sondern bei euch außerdem nur negative Reaktionen hervorrufen und entweiht werden. Ich sage euch bereits so viele Dinge, die ihr mit Mühe akzeptieren könnt! Und sie werden irgendwo in eurem Kopf vergehen oder ihr löscht sie.

Selbst wenn ich Worte verwende, die alle kennen, ist es manchmal schwierig für mich, mich verständlich zu machen. Ihr sprecht das Französische seit Kindertagen und ganz spontan assoziiert ihr bestimmte Worte mit euren Erfahrungen. Sie haben daher für jeden von euch nicht allein die Bedeutung, die sie im Wörterbuch haben; wenn ihr sie hört oder aussprecht, mischt ihr etwas von euren Empfindungen mit hinein, von euren Wünschen, von euren Ängsten, von euren Leiden, von euren Freuden. Ich spreche zum Beispiel das Wort »Leben« oder das Wort »Liebe« aus: Bewusst oder unbewusst assoziiert jeder damit das, was er selbst vom Leben oder der Liebe kennt. Und wenn ich diese Worte ausspreche und ihnen ihre göttliche Dimension gebe, werde ich dann verstanden? Wenn ich jedoch in der Stille zu euch spreche, weiß ich, dass – selbst wenn ihr mich im Moment nicht hört – sich das, was ich euch sage, euch einprägt. Eines Tages werden meine Worte in euer Bewusstsein aufsteigen, und ihr werdet sie nicht nur wie eine Erhellung spüren, sondern wie segensreiche Energien.

Und außerdem, kann man die Wirkung eines gesprochenen Wortes messen? Die spirituelle Welt wird von Strömungen großer Kraft durchquert, die man aushalten können muss. Wenn ich zu euch über bestimmte Themen spreche, muss ich sehr aufmerksam sein. Ja, denn sprechen ist niemals ein Akt ohne Folgen. Sprechen, das ist nicht nur Worte aussprechen, Töne artikulieren, das bedeutet auch, sehr mächtige Strömungen aus dem Raum anziehen, durch die man niedergeschmettert werden kann. Was würde geschehen, wenn ich plötzlich vor euch zusammenbrechen würde? Wenn ich zu euch spreche, muss ich also gleichzeitig sehr aufmerksam sein. Manchmal, wenn ich einen Moment innehalte und die Augen schließe, geschieht dies, um Kräfte zu beherrschen und zu regulieren, die sonst drohen würden mich fortzutragen. Das würde gewiss nicht meinen Tod bedeuten, könnte mich aber einen Moment das Bewusstsein verlieren lassen. Ihr seid euch dessen zweifellos nicht bewusst, und es ist besser so, ich will euch nicht beunruhigen.

Durch das Wort bemüht sich ein spiritueller Meister, seine Schüler, so weit wie er kann, mitzunehmen, aber anschließend muss er schweigen. Es ist ihm unmöglich, all das zu offenbaren, was er in seinem Geist und in seiner Seele lebt. Gibt es Worte, um wahrhaft zu erklären, was eine Ekstase ist, dieser Moment, in welchem ein menschliches Wesen aus seinem Körper gezogen wird, um in schwindelerregende Höhen katapultiert zu werden? Ein Meister kann nur vor seinen Schülern die Realität, von für sie unvorstellbaren Erfahrungen, bestätigen. Und da diese Erfahrungen sein ganzes Wesen durchdringen, durchdringen sie auch all das, von dem er spricht. Welches Thema es auch sei, er überträgt ihnen etwas von sehr weit, sehr hoch oben Kommendes; und auf diese Weise vermittelt er ihnen das Verlangen, das zu leben, was er selbst gelebt hat. Und durch seine Erklärungen, durch die Methoden, die er ihnen gibt, bereitet er ihnen die Bedingungen, zeigt er ihnen den Weg.

Zählt daher nicht allein auf das, was ich euch auf der physischen Ebene sage, denn ich gebe offen zu: Das ist sehr wenig. Lasst die Überzeugung los, dass allein ein durch eure Ohren hörbares Wort zählt und fangt an, euch hier, wenn wir alle zusammen sind, euch darin zu üben, mich auf anderen Ebenen zu hören und zu verstehen. Anstatt, während verlängerter stiller Momenten, ungeduldig zu werden, lernt, eure Antennen zu entwickeln, zu spüren, dass euer Lehrer an euch, an eure Zukunft denkt; versucht zu erraten, was er für euch vorbereitet, wohin er euch führen will. Und wenn die Versammlung beendet ist, bemüht euch auch, den Saal in Stille zu verlassen. Seit Jahren warte ich darauf, dass ihr nach den Vorträgen nicht sofort zu Lärm und Geschwätz zurückkehrt. Seid ihr wirklich so unter Druck und unglücklich, wenn ihr zwei oder drei Stunden in Stille und Harmonie verbringt? Ihr verhaltet euch wie Kinder, die aus der Schule kommen und gleich ihre Bücher und Hefte in die Luft werfen: Es lebe die Freiheit!…

Ihr hört hier essentielle Wahrheiten für euer Leben, aber man könnte meinen, dass ihr etwas Tiefgründiges nicht lange aufrechterhalten könnt. Aus diesem Grund macht ihr nicht viele Fortschritte: Alles, was ihr gehört habt, ist schnell vergessen oder ausgelöscht. Lernt also von nun an, diese großen Wahrheiten in euch wirken zu lassen. Wenn ich zu euch spreche, lege ich mein ganzes Herz, meine ganze Seele, all meine Kräfte in meine Worte, damit sie auf euch wirken, aber ihr spürt es nicht. Morgen kommt ihr wieder, um einen neuen Vortrag zu hören, und euer ganzes Leben wird dahinziehen im Warten auf den nächsten Vortrag. Aber im nächsten Vortrag werde ich gezwungenermaßen dieselben elementaren

Wahrheiten wiederholen. Wenn ihr mich nicht mehr dieselben Wahrheiten ständig wiederholen hören wollt, so bemüht euch, sie anzuwenden; ich werde dann keinen Grund mehr haben, sie zu wiederholen und werde euch neue Themen präsentieren.

Aber welche Themen ich auch behandele, ich werde mich niemals von dem entfernen, was ich als das wichtigste Thema betrachte: eure Vervollkommnung. Ich sage das, ich unterstreiche das, erwartet nichts anderes von mir. In der Welt ist alles, die Literatur, die Wissenschaft, die Technik vor euch ausgebreitet, schwelgt darin so viel ihr wollt, aber wenn ihr hierherkommt, dann wisst, dass ihr immer dasselbe Thema zu hören bekommt: Wie ihr euch vervollkommnen könnt. Wenn ihr übrigens wahrhaft verstanden habt, worin das spirituelle Leben besteht, werdet ihr es niemals leid werden, dieselben Wahrheiten zu hören, weil ihr sie jedes Mal anders hören werdet. Die Wahrheiten der spirituellen Wissenschaft werden niemals ein für alle Mal verstanden, man muss wieder und wieder darauf zurückkommen, um darin immer neue Aspekte zu entdecken. Und wenn ich es nicht bin, der auf diese Wahrheiten zurückkommt, um euch daran zu erinnern, indem ich jedes Mal neue Argumente, neue Bilder zu verwenden suche, vergesst ihr sie. Ihr sagt, dass ihr neugierig auf andere Dinge seid. Nun, das weiß ich wohl. Aber die Neugier, dieses Bedürfnis, locker und oberflächlich von einem zum anderen Thema überzugehen, damit werdet ihr keine inneren Fortschritte machen.

Wer unter euch ist es niemals müde, seine Liebste oder seinen Liebsten sagen zu hören: »Ich liebe dich«? Und selbst wenn es jeden Tag und mehrmals am Tag ist, diese Worte klingen so, als wäre es das erste Mal, und immer mit unterschiedlichen Nuancen. Nun, die spirituellen Wahrheiten, die das Wertvollste sind was existiert, warum sie nicht so vernehmen, wie die Worte eines Menschen, der zu euch sagt: »Ich liebe dich«?… Versucht also zu spüren, dass das Leben, das ich euch über meine Worte vermittle, niemals dasselbe ist; es ist wie strömendes Wasser, jeden Tag lege ich neues Leben hinein. Wenn ihr empfindsam wäret, würdet ihr spüren, dass dieses Wasser, dieses Leben niemals aus denselben Regionen kommt. Ich bin mir selbst nicht besonders im Klaren darüber, woher es kommt, aber ich weiß, dass es von sehr hoch oben kommt.

Ihr geht ans Ufer eines Flusses. Er trägt einen Namen, immer denselben, das Wasser jedoch, das in seinem Bett fließt, ist niemals dasselbe und niemand kann wissen, woher es kommt. Vom schmelzenden Schnee, zum Beispiel auf den Hängen des Himalaya. Woher kommt dieses in Form von Schnee herabgefallene Wasser?… Dann schmilzt der Schnee aufs Neue und nährt zum Beispiel den Ganges. Nach einer langen oder weniger langen Zeit wird es verdunsten, wird Wolken bilden und dann eines Tages wieder herabfallen, man weiß nicht wo, in Form von Regen, Hagel oder wieder Schnee. So ist es auch mit allem, was wir von einem Menschen aufnehmen: seine Gedanken, seine Gefühle – man weiß nicht, woher sie kommen, welche Regionen sie durchquert haben. Und auch, was mich betrifft, hört ihr mich dieselben Wahrheiten wiederholen, aber das Leben und die Liebe, die ich in meine Worte lege, sind nie dieselben. Bemüht euch darum, zu verstehen und zu spüren, dass dieses Wasser, dieses Leben, diese Liebe aus himmlischen Regionen kommt, ihr werdet dann noch mehr davon profitieren.

Ihr habt wirklich genug davon, mich viele Wahrheiten ständig wiederholen zu hören? Sagt euch, dass ich es auch für mich tue, weil es mir gefällt, mir gut tut. Ja, ich liebe es, mir all diese Wahrheiten wieder zu vergegenwärtigen, deshalb wiederhole ich sie; sie nähren mich. Ihr mögt mir nicht zuhören, die Natur jedoch, sie hört mir zu: die Erde, die Gräser, die Bäume, die Blumen, die Vögel, der ganze Himmel… Und auch die Sonne ist glücklich, jedes Mal, wenn ich von ihr spreche.

Ich fühle mich wie ein Fluss, bereit euch aufzufüllen. Aber leider erscheint ihr mit ganz kleinen Behältern vor mir: kleine Töpfe, kleine Becher… Glaubt ihr, das reicht, um all das aufzufangen, was ich euch zu geben habe? Es ist schade, dass ich gezwungen bin, mich da zu verströmen, wo ihr nichts empfangen könnt oder doch so wenig. Bemüht euch, mit größeren Behältern zu kommen. Obwohl ich euch in Wirklichkeit nicht vor mir haben muss, um zu euch zu sprechen. Selbst aus weiter Ferne spreche ich zu euch. Und auch nach unseren Versammlungen, wenn ich in mein Haus zurückkehre, gebe ich euch weiter Erklärungen und Ratschläge. Ich bin frei, ich muss mich nicht um eine Familie kümmern, ich habe keine persönlichen Sorgen. Wenn ich also nach Hause gehe, denke ich weiter an euch, spreche ich weiter zu euch. Ja, ich spreche Tag und Nacht zu euch.

Manche Nächte kommt es vor, dass ich nicht schlafe, denn ich spüre, dass dann der richtige Moment für eine Arbeit ist. In diesen Nächten, in denen ich nicht schlafe, bete ich, meditiere ich, sende ich Gedanken der Liebe und des Lichts zu all meinen Brüdern und Schwestern und der ganzen Welt. Wenn der Morgen kommt, spüre ich überhaupt keine Müdigkeit, als wären meine Energien nach und nach durch neue Energien ersetzt worden, die ich von der göttlichen Welt empfangen habe. Also, selbst während der Nacht kümmere ich mich um euch. Ihr meint vielleicht, dass ihr nie etwas gespürt habt. Nun, weil ihr euch so dicke Panzer geschaffen habt, dass selbst der Herr nicht zu euch durchdringen könnte, um sich Gehör zu verschaffen.

Je mehr ihr eure spirituellen Wahrnehmungen verfeinert, desto mehr werdet ihr spüren, dass ich mit euch bin und zu euch spreche. Manche spüren es dennoch gelegentlich, selbst wenn sie fern in anderen Ländern sind. Beim Erwachen bleibt ihnen nur eine sehr vage Erinnerung. Sie schreiben mir, dass sie von mir geträumt haben, dass ich zu ihnen gesprochen habe, ohne dass sie sich immer an die von mir gesprochenen Worte erinnern. Natürlich hätten sie sich gerne an sie erinnert. Aber dazu muss man wissen, dass das Leben des Geistes nicht unabhängig von dem des Körpers ist. Das Leben, das ihr im Wachzustand führt, im Laufe eurer verschiedenen Aktivitäten, wirkt auf euren Geist, während ihr schlaft. Ihr müsst euch daher überwachen und eine gewisse Disziplin akzeptieren, nur unter dieser Voraussetzung werdet ihr während des Schlafes Instruktionen von spirituellen Wesenheiten oder von eurem Meister erhalten.[4] Und unter der gleichen Voraussetzung werdet ihr eines Tages selbst anderen Geschöpfen helfen können.

Auf der physischen Ebene habe ich nicht so viel Zeit, mich um jeden von euch zu kümmern. Wenn ich euch begegne, kann ich euch nur eine Nuss, eine Pistazie, ein Bonbon, ein Lächeln geben; drücken wir es einfach so aus. Steigt ihr jedoch höher hinauf, in den Bereich des Denkens, des Geistes, werdet ihr spüren, dass ich zu euch spreche, und dass ich mich dort um euch alle kümmere, zur gleichen Zeit und ohne Unterlass: Jeden Tag, jeden Augenblick des Tages und der Nacht empfangt ihr etwas von mir. Ihr fragt euch, wie das möglich ist. Es ist möglich, weil derjenige, der gelernt hat, mit seinem Denken zu arbeiten, mit seiner Liebe dazu fähig ist, auf den feinstofflichen Ebenen Kraftströme zu erschaffen: Er projiziert sich in den Raum und durchdringt mit seiner Quintessenz alle lebendigen Geschöpfe, bis hinauf zu den

Sternen… Die Liebe vermittelt die Gabe der Allgegenwart, sie ermöglicht es, sich an tausende von Seelen gleichzeitig zu wenden und in ihnen zu existieren. Es ist seine Liebe, die aus einem spirituellen Meister ein kollektives Wesen macht. Auf der physischen Ebene ist er begrenzt, aber durch seine Liebe existiert er überall im Universum, sogar bis auf die anderen Planeten, und er wird in seiner Arbeit von tausenden Geistwesen unterstützt, die ihn begleiten.

Manche werden sagen: »All das ist doch unsinnig!« Sollen sie sagen, was sie wollen. Wenn jemand im Radio spricht, wie kommt es, dass man in tausenden von Städten auf der Welt seine Stimme hören kann? Wie hat sich diese Stimme vervielfältigt? Weil die Leute in ihren Häusern Empfangsstationen eingerichtet haben. Im Unsichtbaren kann ein geistiger Meister sich an tausende von Seelen wenden, aber nur unter der Bedingung, dass sie auch eine »Empfangsstation« in sich eingerichtet haben. Ich kann überall auf der Erde sein und zur gleichen Zeit bei euch, es hängt nur von euch ab, es zu spüren.

Wenn ihr fähig seid, mich woanders, als auf der physischen Ebene zu suchen, werdet ihr entdecken, dass ich mich unaufhörlich an euch wende. Und wie? Das ist meine Angelegenheit; aber nur das allein interessiert mich: mich um euch zu kümmern… und noch um viele andere, die ihr nicht kennt. Ich sage es euch in aller Demut und Einfachheit: Ob ich nun zu Hause oder auf Reisen bin, ich finde immer Gelegenheiten zu euch zu sprechen, euch Ratschläge zu geben, euch an meinen Entdeckungen teilhaben zu lassen. Ich habe so viele Beschäftigungen, von denen ihr nichts ahnt! Bis jetzt habe ich euch nur von sehr wenigen etwas mitgeteilt. Es ist möglich, dass ich euch eines Tages mehr darüber sage, aber im Augenblick ist das nutzlos, ihr würdet es nicht verstehen.

Ihr meint, dass ihr zu mir kommt, um euch zu unterrichten? In Wirklichkeit kommt ihr, um euch zu ernähren. Ich betrachte mich als Küchenchef. In meinem Restaurant bereite ich euch jeden Tag verschiedene Gerichte zu und die Nahrung, die ich euch bringe, ist immer frisch, sie kommt dampfend aus dem Ofen, ich bereite sie nicht schon lange vorher zu, sondern erst in dem Moment, in dem ich sie euch gebe.

Und ich ernähre auch Millionen anderer Geschöpfe in der Welt. Wenn ich darauf warten müsste, Zuhörer vor mir zu haben, um etwas zu geben, was würde ich mit all dem tun, was aus meinem Kopf und aus meinem Herzen hervorströmt? Selbst wenn ihr nicht da seid, fahren aus meinem Kopf und aus meinem Herzen ganze Züge voller Nahrung los. Ihr seht, in gewisser Weise befasse ich mich nur mit der Kochkunst. Koch, ja, das ist ein Beruf, den ihr bei mir noch nicht kennt! Und doch bereite ich jeden Tag Gerichte mit allen möglichen Zutaten von sehr guter Qualität zu, die ich in kleinen Waggons bis zu den Grenzen der Erde sende – und sogar weit darüber hinaus.

Und auch ihr, wenn ihr euch entschließt, eure Aktivität zu erweitern, die Aktivität des Denkens und des Empfindens, werdet ihr eines Tages fähig sein, Nahrung in die ganze Welt zu senden, eine himmlische Nahrung. Ihr fragt euch, wie das möglich ist? Hier ein Beispiel. Ihr begegnet einem Mann oder einer Frau, die in euch Bewunderung, Liebe erwecken. Sagt euch, dass eure Gedanken und Gefühle im Unsichtbaren auf die Reise gehen, und sie berühren nicht allein diesen Mann oder diese Frau, sondern auch viele andere, die sich auf ihrem Weg befinden, und die sich plötzlich selbst von Liebe, Hoffnung und Freude bewohnt fühlen, ohne zu wissen wie oder warum.[5] Wie viele Wellen kreisen so im Raum, ohne das Wissen derjenigen, die sie aussenden und derjenigen, die sie aufnehmen! Bemüht euch in Zukunft, diese Wahrheit ernst zu nehmen, um fähig zu sein, allen die beste Nahrung aus eurem Herzen und eurer Seele zu geben.

Ihr empfangt meine Worte, und nicht nur ihr, sondern Millionen anderer Personen empfangen sie auch. Weder ihr noch sie sind sich ihrer bewusst, aber eines Tages, angesichts eines Ereignisses, steigen diese Wahrheiten in euer Bewusstsein auf und in ihres auch. Darum verliere ich nie den Mut. Und doch mache ich mir keine Illusion. Ich weiß wohl, dass ihr oft einige Minuten, nachdem ich euch etwas gesagt habe, dieses schon wieder vergessen habt. Vielleicht denkt ihr sogar in dem Moment, wo ich euch etwas sage, an etwas anderes. Aber meine Worte prägen sich in euch ein; ohne euer Wissen werden sie ihren Weg gehen und euch nicht mehr in Ruhe lassen: Von Zeit zu Zeit, zu einem Zeitpunkt, an dem ihr es am wenigsten erwartet, werden sie sich euch in Erinnerung bringen.

Ihr wendet ein: »Aber dann werden wir niemals Frieden haben!« Das hängt davon ab, was ihr Frieden nennt. Wenn ihr den Frieden als Möglichkeit versteht, euren Gedanken, euren Gefühlen, euren Launen unterscheidungslos freien Lauf zu lassen, dann seid nicht erstaunt, wenn einige Wahrheiten, die ihr bei mir gehört habt, euch warnen, dass ihr gerade auf Abwege geratet. Und diese Wahrheiten werden euch ein wenig stechen und beißen, euch an den Haaren ziehen. In diesem Fall ist das so, sie werden euch nicht in Ruhe lassen. Akzeptiert ihr sie jedoch, und schlagt ihr die richtige Richtung ein – welch einen Frieden werdet ihr dann kosten!

Wenn ich mich an euch wende, gehen all meine Bemühungen in dieselbe Richtung. Ich möchte, dass durch meinen Mund die göttliche Welt zu euch spricht, dass die größten Wahrheiten zu euch gelangen, um euren Hunger zu stillen und euren Durst zu löschen. Wenn ihr mir nicht glaubt, werde ich nicht beunruhigt sein, denn noch einmal, in diesen meinen Bemühungen bin ich es in erster Linie, der sich bereichert. Und außerdem kenne ich die Gesetze. Ich weiß, dass das Wort wirkt, der Gedanke wirkt, und dass sie Ergebnisse hervorbringen werden, in diesem oder in einem anderen Dasein.

Das ist meine Arbeit, ich habe keine andere, sie ist auf das physische Gesetz der Übertragung von Wellen gegründet. Es sind diese Schwingungen, diese Wellen, die anfangen, etwas in eurem Unterbewusstsein aufzurühren. Und eines Tages wird dies bis in euer Bewusstsein aufsteigen, ihr öffnet euch neuen Realitäten, als wären es eure eigenen Entdeckungen. Ihr erlebt eine Offenbarung und schlagt eine gute Richtung ein. Ihr wisst nicht, woher dieser Impuls kommt, aber was soll's, das ist nun mal die Natur meiner Arbeit. Wenn ich gewollt hätte, für all das, was ich tue, anerkannt zu werden, hätte ich einen anderen Beruf wählen sollen.

Und ich weiß auch, dass, wenn ich euch bestimmte Wahrheiten offenbare, meine Worte in euch manchmal eine solches Echo auslösen, dass ihr denkt: »Aber das alles weiß ich doch… ich habe es gewusst… ich habe es bereits irgendwo gelernt… wie habe ich es vergessen können?« Ihr habt es vergessen, weil ihr euch seitdem auf Wege verirrt habt, deren Staub diese Wahrheiten schließlich überdeckt hat. Sie sind immer da, aber vergraben, eingeschlafen in euch, und es muss jemand kommen, um sie zu wecken. Genau das tue ich, wenn ich zu euch spreche. Darum muss ich anerkennen, dass ich euch im Grunde nichts lehre oder nicht viel. Sagen wir, ich klopfe ein wenig an eure Tür, ich sende einige Lichtstrahlen – und schon steigen Jahrtausende alte Erinnerungen an die Oberfläche. Bei manchen geschieht dieses Aufsteigen sehr schnell, andere müssen sehr viel länger darauf warten.

Warum also sollt ihr kommen und mir zuhören? Um das wiederzufinden, was ihr bereits wisst. Ja, ich erzähle euch nur von dem, was ihr bereits wisst, und eines schönen Tages wird dieses Wissen wieder in euer Gedächtnis aufsteigen. Darum verliere ich auch nie den Mut. Und wenn die Wahrheiten, die ich euch darlege, euch helfen, so weiß ich auch, dass ich mir kein besonderes Verdienst zuschreiben kann, denn nicht ich, sondern die kosmische Intelligenz, der Schöpfer, hat sie in euch eingeschrieben. Meine Worte erwecken nur deren Echo.

Vergesst das nie, ich spreche nur von eurem Leben, von Realitäten, von Möglichkeiten, die in euch existieren. Selbst wenn ihr euch dessen noch nicht bewusst geworden seid, selbst wenn ihr nicht genau versteht, wo die Entsprechung liegt zu dem, was ich euch sage, weiß ich, dass ich durch meine Worte eine Wesenheit in euch berühre, die nur danach verlangt, ans Licht zu kommen. Diese Wesenheit kann man mit dem Lotus vergleichen, der zunächst unter Wasser wächst, bevor er zum Blühen an die Oberfläche kommt. Die Dinge entstehen, formen sich und beginnen in der Dunkelheit des Unbewussten zu wachsen. In dem Moment, wo sie im Bewusstsein erscheinen, sind sie nicht mehr an ihrem Anfang, sondern fast an ihrem Ende, denn sie waren bereits seit langem auf dem Weg der Verwirklichung. In gleicher Weise erwecken meine Worte in eurem tiefsten Inneren eine Existenz, eine spirituelle Wesenheit, die eines Tages wie eine Lotusblüte hervortreten wird, um über dem Wasser zu erblühen.

Weiterführende Literatur

1. Siehe Band 242 der Reihe Izvor »Unerschöpfliche Quellen der Freude«, Kapitel 18: »Der Besuch der Engel«.
2. Siehe Band 229 der Reihe Izvor »Der Weg der Stille«, Kapitel 5: »Die Stille, ein Energiespeicher«.
3. Siehe Band 229 der Reihe Izvor »Der Weg der Stille«, Kapitel 11: »Das Wort eines Meisters in der Stille«.
4. Siehe Band 228 der Reihe Izvor »Einblick in die unsichtbare Welt«, Kapitel 15: »Wie man sich im Schlaf schützen kann« und Kapitel 16: »Die Reisen der Seele im Schlaf«.
5. Siehe Band 224 der Reihe Izvor »Die Kraft der Gedanken«, Kapitel 4: »Leben und Kreisen der Gedanken«.

Kapitel 14

ICH SCHREIBE NUR MEIN EIGENES BUCH

Die physische und psychische Gesundheit, die Studien, die Berufswahl, die Ehe oder die Scheidung, die Erziehung der Kinder, der Kauf eines Grundstücks oder eines Hauses, die Beziehungen zu Nachbarn oder Arbeitskollegen und so weiter und so fort – ich könnte euch nie all die Themen aufzählen, zu denen manche von euch meine Meinung, meine Ratschläge oder mein Eingreifen erwarten. Und zugleich machen sie sich von mir und meinem Leben ein vollkommen irreales Bild: Sie glauben, dass ich weder Hunger noch Durst habe und keinen Schlaf brauche, dass ich nie erschöpft oder krank bin, dass ich tagelang meditiere, dass ich keine Emotion verspüre oder Kummer, dass ich keiner Versuchung unterworfen bin, dass ich nicht studieren muss für ein bestimmtes Wissen, dass ich hellsichtig bin und dass ich alle Fähigkeiten habe... Aber sie sollten ein wenig nachdenken! Wie könnte ich ihren Bedürfnissen, ihren Leiden meine Aufmerksamkeit widmen und ihnen helfen, wenn mein Leben so wenig dem ihren gleichen würde, wenn ich mich so sehr von ihnen unterscheiden würde? Und übrigens, wenn ich so wäre, wie sie es sich vorstellen, wäre das für mich gleichbedeutend mit dem Tod, schlicht und einfach. Doch ich will ein lebendiger Mensch sein, kein toter.

Wenn ihr zu mir kommt, würde ich mir wünschen, dass ihr vergesst, was ihr gelesen habt in bestimmten Büchern, die das Leben von spirituellen Meistern beschreiben. Um sie zu schreiben, haben ihre Autoren authentische Tatsachen mit hier und da gesammelten Anekdoten vermischt, ohne Unterscheidung, oder sie sind einfach das Produkt ihrer Vorstellungskraft. Erwartet auf alle Fälle nicht von mir, dass ich mich damit vergnüge, zu erscheinen und wieder zu verschwinden, auf dem Wasser zu gehen, durch die Luft zu fliegen, Festessen, Edelsteine oder Goldstücke zu materialisieren, Flammenmauern zu durchschreiten oder Paläste aus der Erde hervorkommen zu lassen. Und selbst wenn es so wäre, dass ich dazu in der Lage sein sollte, würde ich es nicht tun, denn, indem man solche Spektakel inszeniert, regt man die Menschen in keiner Weise dazu an, sich zu verbessern. Das Leben eines spirituellen Meisters ist keine Ausstellung für Schaulustige.

Ein geistiger Meister ist genau wie all die anderen Menschen geschaffen: Er hat dieselben Organe, die ihn dieselben Bedürfnisse, dieselben Begierden spüren lassen. Wenn ihr ihm ins Fleisch schneidet, werdet ihr sein Blut fließen sehen, und es wird rot fließen. Er kann auch erschöpft und krank sein. Der Unterschied liegt woanders, in seinem Bewusstsein, in seinem Ideal, in seinen Sichtweisen, in seiner Selbstbeherrschung und vor allem in der Überzeugung, dass es ständig, wie immer die Umstände aussehen mögen, eine Arbeit zu tun gibt.

Im Laufe eines Tages fühle ich mich gelegentlich erschöpft, wie jeder andere auch. Daher hier eine Übung, die ich ausführe, und die ich euch empfehle: Setzt euch hin und konzentriert euch auf das zwischen den Augen liegende Zentrum, das die Hindus Ajna-Chakra nennen.[1] Versucht, an nichts zu denken, atmet einfach und lasst euch wie auf einem

Lichtozean treiben. In diesem Zustand der Passivität, der in Wirklichkeit eine andere Form der Aktivität ist, werdet ihr nach und nach spüren, wie Frieden und Harmonie sich in euch ausbreiten. Dank diesem Frieden und dieser Harmonie, zieht ihr aus der Atmosphäre Energien, sehr feinstoffliche Fluida an und seid wieder aufgeladen, bereit, euren Verpflichtungen nachzukommen. Man ruht sich nicht aus, indem man nichts tut.

Genauso, dessen bin ich mir auch sehr bewusst, könnte ich während des zunehmenden Mondes nicht wirklich aktiv sein, wenn ich nicht wüsste, wie ich während des abnehmenden Mondes auf eine bestimmte Art passiv, rezeptiv bleiben kann, um Energien aufzunehmen. In der Zeit des abnehmenden Mondes, besonders an den letzten beiden Tagen, habe ich Mühe, physische Anstrengungen zu unternehmen, hinauszugehen, aus meinem Haus zu gehen und sogar zu sprechen. Aber nur, weil ich auf der physischen Ebene begrenzt bin, tue ich nicht einfach nichts. Die Passivität, die Rezeptivität, ich wiederhole es, kann auch eine Form von Aktivität sein. Auf der psychischen und der spirituellen Ebene sind so viele Aktivitäten möglich! Und diese Aktivitäten haben auch einen wohltuenden Einfluss auf den physischen Körper, der widerstandsfähiger wird.[2]

Damit das also klar ist: Wenn ihr zu mir kommt, werdet ihr nicht irgendein Phänomen vorfinden, sondern einen Menschen, der wie ihr den Naturgesetzen unterworfen ist. Daher arbeitet dieser Mensch jeden Tag, er übt sich, und er empfiehlt auch euch, Übungen zu machen.[3] Diese Übungen sind einfach, sie betreffen meist das tägliche Leben, auch wenn ich manche unter euch enttäuschen muss, die einige sogenannte tibetische Geschichten gelesen haben und sich vorstellen, dass ich ihnen notwendigerweise Prüfungen auferlegen werde, die sie viel eher als »initiatisch« betrachten. Wie dieser Meister, der einem Schüler einen Sack groben Salzes gab und zu ihm sagte: »Du sollst dies zu Pulver zerstoßen, aber währenddessen darfst du nicht an das Wort ›Rhinozeros‹ denken.« Natürlich gelang es dem armen Burschen, der bis dahin noch nie die Gelegenheit hatte, an ein Rhinozeros zu denken, nicht, dieses Wort aus seinem Kopf zu bekommen. Einem anderen trug der Meister auf, sich in eine Grotte zurückzuziehen und sich da in der Meditation mit einem Büffel zu identifizieren. Einige Zeit später erschien er vor der Grotte und rief seinen Schüler. Er bat ihn, herauszukommen und sich mit ihm zu unterhalten. »Ich kann nicht«, antwortete der Schüler, »die Öffnung der Grotte ist zu eng, meine Hörner hindern mich, über die Schwelle zu gelangen.« Er hatte sich so sehr mit dem Büffel identifiziert, dass er glaubte, es seien ihm wirklich große Hörner aus dem Kopf gewachsen! Für denjenigen, der das Licht sucht, gibt es gewiss sinnvollere Übungen auszuführen.

Ein geistiger Meister zeichnet sich durch gute Eigenschaften wie Weisheit, Liebe, Wille, Selbstbeherrschung aus.[4] Aber diese Qualitäten konnte er nicht in einem einzigen Leben erlangen, er musste Jahrhunderte, ja Jahrtausende lang arbeiten. Die Qualitäten, die ein Mensch durch seine eigenen Anstrengungen erwirbt, verschwinden nicht in dem Moment, in welchem er die Erde verlässt. Er kommt also jedes Mal mit diesen guten Eigenschaften zurück, an denen er weiterhin arbeitet. Auf diese Weise fügt er von Inkarnation zu Inkarnation neue spirituelle Elemente hinzu, bis zu dem Tag, an dem er zu einem wahren Übermittler von Licht und göttlichen Tugenden wird.

Ihr wendet ein: »Aber die hinduistische Philosophie lehrt uns, dass wir uns reinkarnieren, weil wir ein Karma zu bezahlen und Fehler wiedergutzumachen haben.« Ja, für die meisten Menschen ist das der Fall, aber unter denen, die ihre

Evolution beendet haben, könnte man fast sagen, dass manche genug haben von all der Freude, von all dieser Seligkeit, die sie im Schoß des Ewigen kosten dürfen. Sie können die Erinnerung an ihre Durchreise auf der Erde nicht vollkommen auslöschen: Von Zeit zu Zeit erfasst sie das Verlangen, einen Blick auf diese armen Menschen zu werfen, unter denen sie einstmals gelebt haben, und trotz der großen Distanz, die sie in Zukunft von ihnen trennt, fühlen sie sich ihnen verbunden. Nach Jahrhunderten und Jahrtausenden erinnern sie sich immer noch, und im Reichtum und der Überfülle ihres Herzens entschließen sie sich herabzusteigen, um ihre Schätze mit ihnen zu teilen.

Es war einige Zeit nach meiner Begegnung mit Meister Peter Danov, ich war noch sehr jung, als er eines Tages zu mir sagte: »Mikhaël, du musst wissen, dass du einen Vertrag unterschrieben hast, bevor du auf die Erde hinabgestiegen bist. Du hast dich vor den himmlischen Wesen verpflichtet, hier unten eine Arbeit zu verrichten. Und jetzt, was immer auch geschieht, musst du diesen Vertrag einhalten.« Das ist alles, er fügte nichts hinzu. Ich hätte mir gewünscht, dass er einige Details preisgegeben hätte, aber ich wagte es nicht, Fragen zu stellen. Zweifellos dachte er, diese Worte hätten mehr Gewicht, wenn er mich selbst herausfinden ließe, worin diese Verpflichtung, die ich eingegangen bin, bestünde. Und nach und nach hat die Art dieser Arbeit, die ich auf mich nehmen wollte, sich in mir durchgesetzt.

So bewahrte ich diese Worte des Meisters sorgsam, und sie ließen mich viel nachdenken. Um einen Vertrag zu unterzeichnen, muss man frei sein; denjenigen, der nicht frei ist, fragt man nicht nach seiner Meinung: Wohl oder übel muss er wieder herabsteigen. Ich habe also einen Vertrag unterschrieben, weil ich frei war. Aber jetzt, wo ich akzeptiert habe herabzusteigen, muss auch ich wieder einmal mehr den Schrecken der Materie ertragen, dieser Materie, die uns begrenzt, die uns einsperrt, die uns am Hören, Sehen, Verstehen hindert. Warum? Um uns zu zwingen, an ihr zu arbeiten, und ich weiß jetzt, dass all die Prüfungen, die ich bestehen musste, nur der Preis dafür waren, dass ich meine Mission erfüllen konnte. Man muss das Privileg, eine göttliche Mission zu erfüllen, teuer bezahlen.[5]

Selbst wenn ein geistiger Meister sich nicht reinkarniert, um karmische Schulden zu bezahlen, einmal auf die Erde zurückgekehrt, ist er denselben Schwierigkeiten, denselben Prüfungen ausgesetzt wie die anderen Menschen, und er kann keinen Rückzieher machen. Die höheren Wesenheiten, mit denen er einen Vertrag geschlossen hat, wachen darüber, dass er ihn erfüllt. Also muss er sich zu erinnern suchen, was seine Seele versprochen hat und es ausführen, ohne sich zu fragen, was es ihn an Anstrengungen kosten wird, an Erschöpfung, an Leiden. Nichts darf ihn aufhalten. Und seid nicht überrascht, wenn ich euch sage, dass die erste Prüfung für ihn darin besteht, in seinen physischen Körper einzutreten. Denn jedes Wesen, das sich inkarniert, empfängt für die Ausformung seines Körpers notwendigerweise Teilchen, die sehr viel von ihrer Widerstandskraft, ihrer Vitalität, ihrer Reinheit eingebüßt haben. Man muss verstehen, was diese Materie darstellt, die von Generation zu Generation Jahrhunderte durchlaufen hat. Wie könnte sie intakt und rein ankommen? Selbst, wenn er bei außergewöhnlichen Eltern geboren wird, muss ein Eingeweihter eine große Arbeit an der Materie seines Körpers ausführen, um sie zu reinigen, zu beleben, zu harmonisieren, damit er zu einem vollkommenen Instrument für seinen Geist wird.

Man sollte Schluss machen mit all den Geschichten über Eingeweihte und spirituelle Meister. Selbst die größten Geister müssen, wenn sie auf die physische Ebene herabsteigen, sich durch die Eltern einen physischen Körper aufbauen. Selbst die bemerkenswertesten Familien tragen immer Unvollkommenheiten in sich, die sie auf ihre Nachkommen übertragen. Und was wissen wir von unseren fernen Vorfahren?… Aber wahr ist auch, dass derjenige, der bei der Geburt einen Körper aus vollständig reiner Materie empfinge, nichts Bedeutendes verwirklichen würde. Demjenigen, der dazu vorherbestimmt ist, ein wahrer geistiger Meister zu werden, geben die Herren des Schicksals eine rohe, unbearbeitete Materie, wobei sie ihm erklären: »Also los, bemühe dich, etwas daraus zu machen!« Und wenn es ihm gelingt, diese zähe, rebellische Materie in eine gut bearbeitete Materie zu transformieren, die kein Hindernis mehr ist für die Aktivität des Geistes, wird er noch größer. Obgleich die meisten Menschen ihr ganzes Leben Mängel mit sich schleppen, Fehler, derer sie sich nicht entledigen können, und die sie an ihre Nachkommen weitergeben, sieht man bei den Eingeweihten den Geist an der Arbeit: Dank ihrer Geduld und ihrer Hartnäckigkeit gelingt es ihnen, die ererbten physischen und psychischen Schwächen zu besiegen.

Man kann daher sagen, dass ein Eingeweihter, wenn er sich inkarniert, einen Körper empfängt, der ihm in gewisser Weise fremd ist. Aber er weiß, dass dieser Körper die Materie für seine Arbeit sein muss; so unternimmt er jahrelang Anstrengungen, er erlegt sich eine Disziplin auf, und nach und nach reinigt und erhellt er jedes Teilchen seines Wesens, das er auf diese Weise mit neuen Schwingungen belebt. Bis zu dem Tag, wo er spürt, dass dieser Körper, der ihm fremd war, wirklich zu seinem Körper wird, das heißt, zur Wohnstätte seines Geistes, und innerlich findet er die Freiheit wieder, die er oben vor dem Herabsteigen besessen hat. Die Christen werden sagen: »Aber das ist nicht der Fall für Jesus, der der Sohn Gottes war, der durch das Wirken des Heiligen

Geistes empfangen wurde, der von einer Jungfrau, vor der Ursünde bewahrt, geboren wurde…« Mögen die Christen mir vergeben, wenn ich sage, dass selbst Jesus nicht vollkommen geboren wurde: Auch er musste sich unterrichten lassen und eine große Reinigungsarbeit ausführen, bevor er den Heiligen Geist empfing, im Alter von dreißig Jahren. Ich habe euch genügend Erklärungen bezüglich dieses Themas gegeben.[6]

Kein menschliches Wesen, selbst unter den größten, ist jemals umhüllt von göttlichem Licht aus dem Schoß seiner Mutter hervorgegangen. Durch wie viel Drangsal, wie viel Leiden muss er gehen, um seinen Weg zu finden, und wenn er ihn gefunden hat, nie davon abzuweichen! Auch er muss lange jammern und flehen. Die Ungerechtigkeiten, die Schmähungen, die Treuebrüche treffen ihn nicht so sehr; er jammert und fleht einzig darum, das Licht zu empfangen und zu bewahren, bis seine physische und psychische Materie sich diesem Licht beugt, damit sie von ihm durchdrungen wird. Aber, mein Gott – ist das langwierig, ist das schwierig! Einen Moment ist sie gefügig und lässt sich modellieren, dann plötzlich leistet sie Widerstand, lehnt sich auf und gewinnt die Oberhand. Dann muss alles wieder von vorn beginnen. Aber man darf nicht den Mut verlieren, denn nach und nach gibt diese Materie schließlich nach. Auch ich musste Jahre um Jahre an dieser Materie arbeiten. Seele und Geist sind von göttlicher Essenz, sie kennen sich und manifestieren sich oben als solche in der Welt, die die ihre ist, aber sie müssen sich auch durch die Materie des physischen Körpers kennen und manifestieren. Darin liegt das größte Mysterium des Daseins. Die Eingeweihten stellten dies mithilfe des Symbols der Schlange, die ihren Schwanz verschlingt, dar: Der Kopf, das höhere Selbst, der Geist, muss sich durch den Schwanz, das niedere Selbst, die Materie manifestieren. Der Geist, der oben allwissend und allmächtig ist, soll sich in der Materie wie in einem Spiegel betrachten können. Das ist das Ziel der Einweihung: die Materie so weit zu transformieren, dass sie dem Geist das eigene Bild zurück senden kann.

Da der Mensch auf die Erde kommt, um an der Materie zu arbeiten, sollte man sich nicht über all die Schwierigkeiten wundern, denen selbst die größten Meister auf ihrem Weg begegnen. Ich sage euch sogar, dass gerade ihnen die schwersten Aufgaben anvertraut werden, da sie die Mittel besitzen, diese Arbeit an der Materie in sich selbst und außerhalb ihrer Selbst auszuführen, und auch weil sie den Willen haben, es zu tun. Sie haben daher die größten Prüfungen zu bestehen, und sie gehen größer und stärker aus jeder dieser Prüfungen hervor.

Was nun einen Meister von anderen Menschen unterscheidet, das ist zunächst die Tatsache, dass er in der Lage ist, all die Fähigkeiten, die er vom Schöpfer empfangen hat, zu mobilisieren und weiter, dass er von allen Situationen, in denen er sich befindet, profitiert, um in jedem Augenblick einen weiteren Schritt auf dem Weg des Lichts zu machen. Er ist nie mit dem zufrieden, was ist. Nacht und Tag lässt er seinen Intellekt, sein Herz und seinen Willen arbeiten, um all das zu eliminieren, was noch dunkel, disharmonisch in ihm bleibt, um die reinsten Teilchen anzuziehen. Auf diese Weise schwingt nach und nach sein ganzes Wesen anders, seine ätherische Struktur verändert sich, neue Möglichkeiten sind ihm gegeben, subtilere Freuden suchen ihn auf, bis zu dem Punkt, dass er eines Tages sich selbst kaum wiedererkennt.

Aber damit er zu dieser Entscheidung kommt, sein Leben dieser göttlichen Arbeit zu weihen, muss ein geistiger Meister auch in dieser Hinsicht sich bereits sehr lange in vorangegangenen Inkarnationen vorbereitet haben. Sonst ist das unmöglich, selbst derjenige, der es wollte, könnte es nicht, sein Wesen schwingt nicht in Einklang mit dieser Idee, sie inspiriert ihn nicht; im Gegenteil, sie macht ihm in gewisser Weise Angst, er hat andere Bedürfnisse, andere Wünsche zufriedenzustellen. Allein derjenige, der diese Arbeit in seinen vorherigen Inkarnationen begonnen hat, spürt ein natürliches Bedürfnis, damit fortzufahren. Von diesem Moment an erhält er den Schutz des Himmels, er empfängt das Licht, um sich zu orientieren, er wird geführt und was immer ihm auch widerfährt, selbst in den größten Prüfungen, ist er immer geschützt und wird gerettet. Diese Prüfungen werden ihm nur geschickt, um ihn zu stärken, ihn die Gipfel erreichen, den Sieg davon tragen zu lassen. Der Himmel, der sich um ihn kümmert, überlässt ihn keinem einfachen Leben; nein, er setzt ihn Schwierigkeiten aus, in denen er sich entwickeln, sich erweitern wird, und die in ihm Möglichkeiten, Fähigkeiten, Kräfte erwecken werden, die er niemals hätte erwecken können, wenn er verschont geblieben wäre.

Natürlich denkt ihr jetzt: »Wenn Sie selbst sagen, dass die spirituelle Arbeit derart schwierig ist, was sollen wir dann erst sagen?« Ich werde euch mit einer Anekdote antworten, die ich zwei jungen Brüdern erzählte, die mich einmal besuchten.

Ich war noch Student in Sofia. Eines Nachmittags, als ich in meinem Zimmer mit Lesen beschäftigt war, hörte ich von der Straße her den Klang einer Geige. Der Klang dieser Geige war so außergewöhnlich, dass ich hinausging, um zu sehen, wer da so spielte. Und was sah ich? Einen Zigeuner, einen alten Kerl in Lumpen. Er war es, der spielte, und auf was für einer Geige! Ein seltsamer, wunderlicher Holzkasten, bespannt mit vier Saiten… dem entlockte er diese himmlischen Töne. So etwas hatte ich noch nie gehört, ich war sprachlos! Und alle kamen aus den Häusern oder auf den

Balkon, um zuzuhören. Als er mit dem Spielen aufhörte, ging ich zu ihm und fragte ihn: »Woher kommt diese Geige? – Ich habe sie gemacht. – Darf ich sie mir anschauen? – Ja.« Ich sehe sie an: Es war wirklich ein einfaches Stück ausgehöhltes Holz, ganz verdreht mit vier Saiten. »Verkaufen Sie sie? – Aber nein, niemals würde ich sie verkaufen!«

Diese Begegnung beschäftigte mich lange. Ich konnte nicht verstehen, wie dieser Mann so reine Töne aus einem so groben Instrument herausholen konnte. Was für eine Überraschung wäre das für Stradivari gewesen! Man konnte meinen, er habe diese Töne aus seiner Seele hervorgeholt. Ich überlegte und sagte mir schließlich, dass auch ich auf einer so unzureichenden Geige wie der meinen – das heißt, aus mir selbst – mit einiger Übung, einige schöne Töne hervorbringen könnte. Sicher, ich hatte keine sehr guten Bedingungen… sicher, das Holz meiner Geige war nicht das wertvollste, und die Saiten vibrierten nicht besonders harmonisch, aber mein Wille, mein Verlangen, meine Liebe zur Schönheit könnten triumphieren. Und ich machte mich noch eifriger an die Arbeit.

Dann fügte ich für diese jungen Brüder hinzu: »Macht auf alle Fälle niemals die Umstände verantwortlich. Selbst wenn ihr findet, dass sie nicht so gut sind, sagt euch, dass eure Beurteilung vielleicht nicht einwandfrei ist. Jeder macht sich eine Vorstellung davon, was gut oder schlecht für ihn ist, aber die Vorsehung selbst hat eine ganz andere Vorstellung… Am weisesten ist daher, die Bedingungen, die uns gegeben sind, als die besten für uns zu betrachten.« Auf diese Weise bemühe ich mich selbst, so zu handeln, in dem Wissen, dass die Bedingungen das sind, was wir daraus machen. Wenn wir sie nicht zu nutzen wissen, führen uns die besten Bedingungen in die Katastrophe, die schlechten Bedingungen hingegen, die wir zu nutzen wissen, werden zu den segensreichsten. Und auf diese Weise arbeiten wir an unserer eigenen Materie.

Ich werde euch sagen, wie ich überlege, um Ereignisse zu beurteilen, die sich mir jeden Tag präsentieren, und ich kann nur so zu euch sprechen, als würde ich zu mir selbst sprechen. Würdet ihr mich gerne sagen hören, dass ihr Grund habt, euch zu beklagen und in den Schwierigkeiten schwach zu sein?

Für mich ist die grundlegende Frage: wie soll man leben, und ich möchte euch begreiflich machen, was das wirklich bedeutet. Wenn ihr zum Beispiel einen Tag beginnt, erwartet ihr, dass er mehr oder weniger so abläuft, wie ihr euch das wünscht. Doch das ist nicht immer der Fall, es kann zu ganz unvorhergesehenen Begegnungen oder Ereignissen kommen, die euch verdrießen, euch beunruhigen. Dann überlasst ihr euch Regungen von schlechter Laune, von Ärger, von Entmutigung usw. In gewisser Weise ist das normal, aber auf diese Weise werdet ihr keine Lösung finden, um dem die Stirn zu bieten. Und ich habe Folgendes verstanden: Anstatt zu warten, dass das Leben sich meinen Wünschen anpasst, muss ich, bei wie auch immer gearteten Begegnungen und Ereignissen, die beste Art herausfinden, sie zu betrachten und danach handeln, damit sie den größten Segen bringen für mich und für die anderen. Ich würde nicht sagen, dass mir das immer gelingt, aber ich verliere nicht die Hoffnung.

Wir sind nicht auf die Erde gekommen, um zu sehen, wie sich die Ereignisse unseren Wünschen anpassen (zumal die Wünsche der einen selten mit den Wünschen der anderen in Einklang sind!), sondern um zu lernen, Lektionen aus allem zu ziehen, zu überlegen, zu analysieren und die Gesetze zu entdecken, die die Schöpfung und die Geschöpfe regieren. Wir müssen akzeptieren, uns auf die Bank dieser Universität zu setzen, die das Leben nun mal ist, und die uns alle Möglichkeiten eröffnet: Bibliotheken, Laboratorien, botanische Gärten, Tierparks und all das, was es braucht, um uns zu unterrichten, wenn wir genau beobachten und Notizen machen wollen. Und regelmäßig lässt uns das Leben auch Prüfungen durchlaufen, damit wir feststellen, wo wir stehen. Jeder ist aufgerufen, Prüfungen sowohl in den himmlischen Schulen als auch in den menschlichen Schulen zu durchlaufen, darum darf er keine Übung vernachlässigen. Selbst Sorgen, Kummer, Enttäuschungen – all das ist rohe, wilde, unbearbeitete Materie, an der wir zu arbeiten haben, um stark und kraftvoll zu werden.

Die ganze Zivilisation ist nichts anderes als eine Arbeit an der Materie, und diese Arbeit müssen wir auch auf der psychischen Ebene verrichten, nicht nur an den Wesen und Gegenständen, die außerhalb von uns sind, sondern auch an unserer inneren Materie. All unsere Instinkte, unsere Antriebe, unsere Gedanken, unsere Gefühle, unsere Wünsche stellen eine Materie dar, an der wir eine Arbeit auszuführen haben. Von einem bestimmten Standpunkt aus kann man sagen, dass es eine schöpferische Arbeit ist, vergleichbar dem künstlerischen Schaffen.

In meiner Jugend wurde ich von künstlerischen Aktivitäten sehr angezogen. Die Vorstellungen, die man in sich trägt, durch Malerei, Poesie, Musik, Tanz, Architektur usw. ausdrücken zu können, das erschien mir wunderbar. Aber ich habe keine günstigen Voraussetzungen vorgefunden. Bestimmt hatte ich auch nicht genügend Talent, um Künstler zu werden, und das bedauerte ich. Ich habe es von dem Tag an nicht mehr bedauert, als ich die wahre Einweihungswissenschaft entdeckte: Da begriff ich, dass die Gesetze der geistigen Schöpfung mit denen der künstlerischen Schöpfung identisch sind.[7] Indem ich also nach den Regeln der Einweihungswissenschaft an mir selbst arbeitete, wusste ich, dass ich nicht nur in der Schönheit, in der Harmonie von Klängen, Farben, Formen, Bewegungen leben, sondern auch andere auf diesen Weg führen könnte.

Die Künstler erschaffen Werke an einer Materie außerhalb ihrer selbst; sie konzentrieren ihre Anstrengungen auf diese äußere Materie und bringen Wunder zustande. Aber begegnet man ihnen, ist man manchmal enttäuscht, wenn man feststellen muss, dass das, was sie selbst ausmacht, oft all das entbehrt, was die Schönheit ihrer Schöpfungen ausmacht. Sie sind begabt, sie haben studiert, sie haben sich eine Technik angeeignet und das reicht, um Werke hervorzubringen, die vom Publikum bewundert werden. Ich liebe und bewundere die Künstler, aber für mich ist derjenige ein wahrer Künstler, der fähig ist, zuerst sich selbst als Materie seiner Schöpfung zu verwenden. Alle Methoden des spirituellen Lebens stehen so zu seiner Verfügung, damit sie ihm helfen und ihn bei dieser Aufgabe inspirieren.

In Izgrev bekam ich eines Tages Besuch von einem jungen Bildhauer. Er war sehr stolz, sich als Bildhauer vorzustellen! Er verhielt sich arrogant, die Hände in den Taschen und gab über alles seine kategorische Meinung ab. Ich dachte mir, dass er in seinem Alter eine Lektion bräuchte und sagte zu ihm: »Sie sind Bildhauer? – Ja. – So, so, und Sie kennen all die Regeln der Bildhauerei? – Und wie! – Nun, das glaube ich nicht. – Wie, das glauben Sie nicht? Ich habe Werke geschaffen. – Das ist möglich, aber wenn ich Ihr… (immerhin habe ich nicht »Fratze« gesagt)… Gesicht sehe und ihr Verhalten, muss ich gezwungenermaßen feststellen, dass Sie die Gesetze der wahren Bildhauerei nicht kennen, denn wenn Sie diese kennen würden, hätten Sie begonnen, diese bei sich selbst anzuwenden. Mich machen Sie nicht glauben, dass Sie Bildhauer sind, weder etwas an Ihnen noch an dem, was Sie ausströmen, weist darauf hin.« Natürlich war er überrascht und begann, die Segel zu streichen, er nahm die Hände aus seinen Taschen und ich erklärte ihm, dass er an dem Tag, da er beginnen würde, eine Arbeit an sich selbst auszuführen, dann ein wahrer Bildhauer wäre.

Aus dem, was ich euch da sage, solltet ihr keinesfalls den Eindruck gewinnen, dass ich die Künstler geringschätze. Im Gegenteil, all das, was sie in ihren Werken verwirklichen können, erweckt in mir den Wunsch, es auch in mir zu verwirklichen. Ich werde euch sogar anvertrauen, dass ich voller Bewunderung die Auftritte der Akrobaten im Zirkus anschaue. Was für Künstler sind auch sie! Ich bin beeindruckt von diesen Männern und Frauen, die vielleicht keine spirituelle Lehre haben, die aber dank ihrer Konzentration, ihrer Ausdauer und Hartnäckigkeit zu einer solchen Beherrschung ihrer Gesten in der Lage sind. Wenn ich sehe, wie sie jeden Abend ihr Leben riskieren, um ein Schauspiel zu bieten, sage ich mir: »Mein Alter, du, der du eine so viel wichtigere Aufgabe erfüllen sollst, als ein Publikum zu unterhalten, bist du zu derselben Ausdauer fähig, derselben Bemeisterung, demselben Mut?… Also los, an die Arbeit!«

Künstler sind Menschen, die fähig sind, sich Realitäten vorzustellen und auszudrücken, die sich den meisten Menschen entziehen: Wie sollte man sie da nicht bewundern? Selbst, wenn ihre Werke noch unvollkommen sind, sind sie für mich der unwiderlegbare Beweis, dass die Welt der Schönheit existiert. Und vielleicht ist sogar das Wort »Schönheit« ungenügend, um eine Vorstellung dieser Welt zu vermitteln, außer man begreift, dass in dem Moment die Schönheit mit der Wahrheit verschmilzt. Ja, denn es gibt Wahrheiten, die die Künstler besser ausdrücken konnten als Wissenschaftler, Philosophen und Theologen. Wie sollte man ihnen nicht dankbar sein für diese Offenbarungen?

Und doch wissen so viele Künstler nicht, wie es ist, wahrhaft zu erschaffen! Innerlich, was sind sie da, in welchem Zustand sind sie? Wenn man sich ihnen nähert, spürt man nichts, was erbaut ist, was bearbeitet ist. Die wahre schöpferische Arbeit ist die spirituelle Arbeit, denn sie betrifft die Gesamtheit unseres Wesens: Wir projizieren uns so hoch wie möglich hinauf, um eine Ordnung, eine Struktur zu entdecken und die reinsten, lichtvollsten Teilchen aufzufangen, die dann in die Materie unserer verschiedenen Körper einfließen: in unsere spirituellen Körper, unsere psychischen Körper und auch unseren physischen Körper. Das ist ein tägliches, unablässiges Bemühen. Jeden Tag fügen wir eine reine Farbe, eine harmonische Form, einen kristallinen Ton hinzu.

Aus der Sicht der Einweihungswissenschaft ist derjenige ein wahrer Künstler, der danach strebt, dass die Schönheit und Harmonie der Schöpfung ihn durchströmt, sich in ihm widerspiegelt. Ihr wendet ein, dass diese Schöpfungen niemand sehen oder hören kann. Das hängt davon ab, was man »sehen« und »hören« nennt… In Wirklichkeit bleibt nichts von dem, was wir innerlich verwirklichen, ohne Wirkung und zuallererst für uns selbst. Wenn wir mithilfe unserer Gedanken, unserer Gefühle, unserer Wünsche versuchen, das Paradies in uns zu erschaffen, werden wir als Erste darin leben. Und dann werden nach und nach all die Menschen, die sich uns nähern, zu spüren beginnen, dass es da sprudelnde Quellen gibt, singende Vögel, duftende Blumen, und sie werden zueinander sagen: »Kennt ihr diesen Garten? Was für eine Schönheit, welch ein Frieden, welche Reinheit, was für ein Segen!«[8]

Mögen all diejenigen, die künstlerische Gaben besitzen, sie pflegen, aber diejenigen, die solche Gaben nicht empfangen haben, sollten nicht bekümmert sein: Innerlich stehen ihnen alle Möglichkeiten offen, um zur Materie ihrer

Schöpfung zu werden. Also bereitet auch ihr euch vor. Und nehmt nicht zum Vorwand, dass ihr arm und bedauernswert wäret und nichts aus eurer Materie herausholen könntet. Man kann immer irgendetwas aus jeder beliebigen Materie herausholen, so wie dieser Zigeuner, der himmlische Klänge aus einem Stück grob bearbeiteten Holzes hervorgeholt hat. Was zählt, das ist der Wille zum Siegen, den Gipfel anzuvisieren, um wahre Schönheit zu erschaffen. Diese Idee der Schöpfung ist die Quintessenz unserer Lehre.

Auch in der psychischen Welt können wir Musiker, Poeten, Architekten, Bildhauer und vieles mehr sein. Alle diese Künste sind in der Arbeit des Schülers der Einweihungswissenschaft enthalten. Selbst der Tanz. Ja, denn Tanzen bedeutet nicht unbedingt, Pirouetten und Sprünge zu machen oder Posen einzunehmen. Wenn man darauf achtet, sie mit einem Gedanken zu begleiten, mit einfacher, maßvoller Gangart und Gesten, wenn man sie mit Geschmeidigkeit und Anmut durchdringt, die dem Tanz gleichkommt, dann fühlt man sich leichter, in Harmonie mit allen Geschöpfen im Raum.

Welch eine Entdeckung war das für mich, als ich eines Tages begriff, dass ich an einer Materie arbeiten könnte, die mir nicht fremd ist: meiner eigenen Materie, an der, die der Himmel mir gegeben hat, und die mir gehört. Ich fasse all das, was ich euch erkläre, zusammen, indem ich euch sage, dass ich nur mein eigenes Buch schreibe, das heißt mich, ich habe niemals irgendetwas anderes geschrieben als dieses Buch, das ich bin. Ihr wendet ein: »Aber was ist mit Ihren Büchern, die wir lesen?« Ich schreibe sie nicht, ich habe diese Arbeit bestimmten Personen anvertraut; wenn man schreiben muss, hat man keine Zeit mehr zu leben. Ich meinerseits befleißige mich nur, mein eigenes Buch zu schreiben, und egal wie viel Zeit mich das kosten wird. Ihr fragt euch, wie ich dieses

Buch schreibe? Indem ich lebe. Und darum bin ich ein Buch für euch. Natürlich seid auch ihr Bücher für mich; aber das ist ein anderes Thema…[9]

Wenn ich beginne, euch von mir zu erzählen, stelle ich fest, dass sofort eure Neugier erwacht. Aber wenn ich euch von mir erzähle, dann nicht, damit ihr mein Leben interessant, originell oder was weiß ich noch findet. Ich möchte euch damit das vermitteln, was es mich gelehrt hat, und wovon ihr profitieren könnt. Wozu wäre es sonst nütze? Man kennt einen Menschen nicht dadurch, dass man sich nur für die Ereignisse interessiert, die er durchlebt hat, sondern indem man begreift, wie er sie durchlebt hat, und welche Weisheit er aus seinen Erfahrungen gezogen hat. Diese Weisheit ist wie eine Quintessenz seines Lebens, etwas, das er ist, aber zugleich viel mehr als er, und mit dieser Quintessenz erhellt und nährt er diejenigen, die sich ihm nähern.

Ein Buch hat nur einen Wert, wenn sein Autor, durch sein persönliches Leben, den Ideen entspricht, die es dem Publikum präsentiert. Und er selbst nimmt dann einen noch viel größeren Wert an. Ein Schöpfer muss sich bemühen, immer mehr wert zu sein als seine Schöpfung. Die Menschen klammern sich an Werke, aber der Himmel hat nicht dieselbe Sichtweise. Er sagt: »Die Werke, das ist gut, aber wir wollen sehen, wem der Autor gleicht.« Daher lebe ich, das ist alles, und ich gebe mich damit zufrieden zu sprechen, da ich weiß, dass sprechen auch schreiben ist. Ja, ich spreche und bemühe mich dabei, euren Seelen himmlische Schriften einzuprägen. Vielleicht gelingt es mir noch nicht ganz und gar, aber ich übe mich, damit eines Tages all diese Wahrheiten mit unauslöschlichen Buchstaben in euch eingeschrieben sind, und das ist die Übung, die mir am meisten gefällt. Ihr fragt: »Aber dann brauchen Sie uns, um zu schreiben?« Brauchen, nein. Ob ihr nun da seid oder nicht, ich schreibe, ich kann überall schreiben, auf alle Geschöpfe, im ganzen Universum. Mit euch, ohne euch, ich mache weiter, aber ihr seid es vielmehr, die es nötig haben, anwesend zu sein, um von meinen Schriften zu profitieren.

Eines Tages, in dem kleinen Dorf in Mazedonien, wo ich geboren wurde, folgte ich meiner Mutter, die damit beschäftigt war, Wäsche aufzuhängen. Und da hielt ein Zigeuner an, um mit ihr ein paar Worte zu wechseln (zu der Zeit sah man viele Zigeuner in die Dörfer kommen und man gab ihnen Kessel und Töpfe zum Flicken). Dann wandte er sich mir zu und nahm meine Hand, betrachtete sie und sagte zu meiner Mutter: »Oh, Sie wissen nicht, was für eine Zukunft auf Ihren Sohn wartet: Ich sehe ihn an einem Tisch sitzen und schreiben… er wird eine Berühmtheit werden.« Ich war ungefähr sieben Jahre alt, und als ich das hörte, habe ich mir ausgemalt, dass an einem Tisch sitzen und schreiben etwas Glorreiches, Einzigartiges wäre. Wie enttäuscht war ich, als ich einige Zeit später in Varna ankam und überall in den Verwaltungen oder woanders Leute sah, die an einem Tisch saßen und mit Schreiben beschäftigt waren! Und ich – lange Zeit hatte ich keinen Tisch: Ich setzte mich auf den Boden mit einem Stück Karton auf den Knien als Schreibunterlage. Aber jetzt sitze ich an einem Tisch vor euch, und indem ich zu euch spreche, schreibe ich in eure Seelen. So hat sich also die Voraussage dieses Zigeuners verwirklicht.

Allein derjenige, der Erfahrungen gemacht hat, der gekämpft hat, der versucht hat, sich zu übertreffen, in welchen Prüfungen auch immer, ist ein interessantes Buch für andere. Selbst die himmlischen Geister ziehen ihn zu Rate. Ihr seid erstaunt: »Was? So weit fortgeschrittene Geister kommen, um ihn zu lesen?« Warum nicht? Zoologen, Botaniker, Mineralogen befassen sie sich nicht auch mit Tieren,

Pflanzen, Steinen, Kristallen, die den sogenannten niederen Reichen angehören? Sie betrachten sie, sezieren sie, klassifizieren sie, dann schreiben sie Werke über das, was sie dort entdeckt haben, und auf diese Weise gelingt es ihnen sogar, uns über Ereignisse aufzuklären, die in prähistorischen Zeiten stattgefunden haben. Obgleich die Menschen einer sehr viel höheren Hierarchie angehören als der der Steine, Pflanzen und Tiere, zögern sie nicht, diese jahrelang zu studieren, und uns die Ergebnisse ihrer Beobachtungen mitzuteilen.

All die lebendigen Geschöpfe können spannende Bücher sein und um wie vieles mehr die Menschen! Denn jeder ist ein Buch, ein Buch, das er selbst gerade schreibt: Seine Gedanken, seine Gefühle zeichnen die Zeichen einer Schrift, die sich in die Materie seiner feinstofflichen Körper eingraviert. Auf demjenigen, der niemals versucht hat, etwas Großes, Starkes, Edles zu vollbringen, liest man fast nichts, außer einigem Gekritzel. Die Geister von oben kümmern sich nicht sehr um ihn, sie betrachten lieber denjenigen, der gearbeitet hat, gedacht, geliebt, gelitten, um über sich hinauszuwachsen, und sie drängen sich um ihn, um ihn zu unterstützen, zu ermutigen… In diesem Menschen, der sich selbst erschafft, der daran arbeitet, selbst sein eigenes Buch zu schreiben, sehen sie einen Wohltäter für all seine Menschenbrüder, denn er ist für sie ein lebendiges Buch.

Und vielleicht wird man eines Tages Bücher über mich schreiben. Umso besser, wenn man gute Dinge über mich sagt, wird das die Leser dazu anregen, auch meine Bücher zu lesen, wo sie ein Licht, Ratschläge, Methoden entdecken werden, die ihnen dabei helfen, ihren Weg zu finden. Aber für mich ist das Wichtigste dieses Buch, das ich bin, und an dem ich beständig jeden Tag schreibe, um es lichtvoller, warmherziger, lebendiger zu machen.

Weiterführende Literatur

1. Siehe Band 219 der Reihe Izvor »Geheimnis Mensch – Seine feinstofflichen Körper und Zentren«, Kapitel 6: »Die Chakras: 2. Die Chakras Ajna und Sahasrara«.
2. Siehe Band 225 der Reihe Izvor »Harmonie und Gesundheit«, Kapitel 8: »Wie man unermüdlich werden kann«.
3. Siehe Band 13 der Reihe Gesamtwerk »Die neue Erde – Anleitungen, Übungen, Sprüche, Gebete« und aus der Reihe Izvor Band 227 »Goldene Regeln für den Alltag«.
4. Siehe Band 207 der Reihe Izvor »Was ist ein geistiger Meister?«, Kapitel 1: »Wie man einen wirklichen geistigen Meister erkennt«.
5. Siehe Band 242 der Reihe Izvor »Unerschöpfliche Quellen der Freude«, Kapitel 7: »Gegenüber himmlischen Wesenheiten eingegangene Verpflichtungen«.
6. Siehe Band 240 der Reihe Izvor »Söhne und Töchter Gottes«, Kapitel 6: »Jesus, Hohepriester nach der Ordnung Melchisedeks« und Kapitel 7: »Der Mensch Jesus und das kosmische Prinzip des Christus«.
7. Siehe Band 223 der Reihe Izvor »Geistiges und künstlerisches Schaffen«.
8. Siehe Band 231 der Reihe Izvor »Saaten des Glücks«, Kapitel 19: »Der Garten von Seele und Geist«.
9. Siehe Band 28 der Reihe Gesamtwerk »Die Pädagogik in der Einweihungslehre«, Kapitel 4: »Lesen und Schreiben«.

Kapitel 15

DIE GANZE SCHÖPFUNG SPRICHT ZU MIR, UND ICH SPRECHE ZU IHR

An der Ostseite unseres Versammlungssaales im Bonfin kann man ein farbiges Fenster in Form eines Pentagramms sehen. Tatsächlich sind es zwei Pentagramme: ein großes und in dessen Mitte ein kleineres. Was ist die Bedeutung dieser beiden Pentagramme, und warum wollte ich diese Symbole dort haben? Das große Pentagramm steht für das Universum, nach dessen Bild der Mensch – das kleine Pentagramm – geschaffen wurde. Der Mensch steht im Universum so, wie das kleine Pentagramm im großen Pentagramm; die fünf psychischen Prinzipien, die ihn ausmachen, Wille, Herz, Intellekt, Seele und Geist, machen aus ihm ein lebendiges Pentagramm, und durch diese fünf Prinzipien sind ihm alle Möglichkeiten gegeben, mit dem großen Pentagramm, dem Universum, in Kommunikation zu treten und in Harmonie mit ihm zu schwingen. Das kleine Pentagramm im großen Pentagramm, seht nur, man könnte sagen, ein Kind zusammengekauert im Schoß seiner Mutter; dort wird es genährt, ist es geschützt. So sollten auch wir uns fühlen, im Schoß der Mutter Natur.

Derjenige, der eines Tages beschließen würde, keinen Austausch mit der physischen Welt mehr zu pflegen, würde nicht lange leben, und das Gleiche gilt für denjenigen, der sich von der spirituellen Welt abschneidet. Das kleine Pentagramm offenbart uns auch, dass die Fähigkeiten, die wir besitzen, uns nicht nur ermöglichen, einen Austausch mit dem ganzen Kosmos zu führen, sondern auch mit der Seele, die ihn bewohnt, der Universalseele. Wenn wir nicht in Harmonie mit dieser großen Seele schwingen, wenn wir uns ihr widersetzen, werden wir leiden.

Das kleine Pentagramm, das wir sind, muss sich spontan, von ganzem Herzen, der kosmischen Ordnung unterwerfen, dem großen Pentagramm. Selbst wenn eine solche Philosophie zurzeit nicht sehr weit verbreitet ist unter den Menschen, solltet wenigstens ihr euch bemühen, diese Ordnung zu akzeptieren, euch mit ihr zu harmonisieren, mit ihr in Einklang zu schwingen. Die himmlischen Wesen werden euch dann als Söhne und Töchter der kosmischen Intelligenz betrachten, und sie werden euch all ihre Reichtümer geben. Nach und nach natürlich, denn wenn sich die Schleusen des Himmels für euch auf einen Schlag öffnen würden, würdet ihr fortgeschwemmt, ertränkt werden. Ihr seid noch nicht bereit, die Macht dieses Stromes von oben zu ertragen. In dem Maße, wie dieses kleine Pentagramm, ihr selbst, seine Linien und Winkel denen des großen Pentagramms anpasst, empfängt es das Licht, die Liebe, die Freude, die Hoffnung, die Kraft. Man kann all diese Segnungen sogar in einem Wort zusammenfassen: Leben. Denn das Leben, das wahre Leben, enthält alles.

Die Notwendigkeit, sich mit der kosmischen Ordnung zu harmonisieren, das war es, was ich schon sehr früh in meinem Leben verstanden habe. Darum höre ich auch nicht auf, ständig für euch zu wiederholen, was ich auch zu mir selbst sage: Wenn man groß werden will, muss man zuerst akzeptieren, klein zu werden, und klein werden bedeutet eben, sich der kosmischen Ordnung anpassen, sich bemühen, den Willen Gottes zu erfüllen. Erst in dem Moment werden wir groß, weil wir den Mächtigen, den Einzigen widerspiegeln, und eines Tages werden all die sichtbaren und unsichtbaren Geschöpfe uns als Autorität anerkennen. Durch uns, das kleine Pentagramm, spüren sie die Macht des anderen, des großen Pentagramms. Beschäftigt euch oft mit diesem Symbol und erinnert euch daran, was es euch sagt.

Angesichts der Unermesslichkeit des Universums repräsentieren wir nicht sehr viel, aber das ist kein Grund, um uns allein oder verirrt zu fühlen. Zwischen diesem Universum und uns existieren Entsprechungen, und die gilt es zu vertiefen. Das Gesetz der Entsprechungen ist der Schlüssel zur Selbsterkenntnis und Selbstbeherrschung. Weil die Eingeweihten diesen Schlüssel besitzen, bringen sie sich in Gleichklang mit den zahllosen Geschöpfen, die den Raum bevölkern, und sie empfangen im Gegenzug deren Botschaften. Auf diese Weise lernen sie unablässig: Jeden Tag öffnen sie neue Fenster ins Universum, um die Botschaften aus immer ferneren Regionen zu empfangen.

Austausche sind die Voraussetzung für das Leben. Dank dieser Austausche, die wir nicht allein mit anderen Menschen haben, sondern auch mit der Natur und den Wesenheiten der unsichtbaren Welt, gelingt es uns, in den physischen, psychischen und spirituellen Welten zu leben. Und darum sende ich gleich am Morgen, wenn ich mein Fenster öffne, mit der Hand meinen Gruß der ganzen Natur, den Bäumen, dem Himmel, der Sonne, allen lebendigen Geschöpfen, den vier Elementen und den Wesen, die sie bevölkern. Ich sage zu ihnen: »Ich gebe euch meine Liebe, ich möchte in Harmonie mit euch sein«, und ich spüre, wie sie sich freuen, weil endlich jemand daran denkt, sie zu grüßen. Indem auch ihr das tut, werdet ihr spüren, dass die ganze Natur bevölkert ist mit Wesen, die euch freundschaftlich gesonnen sind. Durch euren Gruß schenkt ihr Licht, Liebe und Kraft und empfangt dafür Licht, Liebe und Kraft. Wo immer ich auch hingehe, ich sende meinen Gruß hinaus, wenigstens in Gedanken. Denn Grüßen bedeutet, sich öffnen und indem man sich öffnet, empfängt man Leben.

In seinem Roman »Der Stein der Weisen« führt der dänische Schriftsteller J. Anker Larsen diese Kontakte vor Augen, die der Mensch mit der Natur haben kann. Er spricht von der »offenen Welt« und von der »verschlossenen Welt« und erklärt, auf welche Weise die Natur sich den empfindsamen, unschuldigen Menschen öffnet, insbesondere den Kindern. Für die meisten Menschen bleibt sie hingegen verschlossen, denn sie haben nicht gelernt, die Schwingungen und Wellen der feinstofflichen Welten aufzunehmen; Bäume, Seen, Flüsse, Berge sind für sie nichts mehr als Elemente ohne Leben, Kulisse, sie haben keine Verbindung zu ihnen. Diejenigen, die in einer offenen Welt leben, spüren, dass sie nicht nur Teil der Natur sind, sondern dass die ganze Natur auch Teil von ihnen ist. Wenn sie einen Felsen berühren, einen Baum, ein Tier oder ein beliebiges anderes Geschöpf, sind sie sich bewusst, dass sie in diesem Felsen, in diesem Baum, in diesem Tier, in diesem Geschöpf und ebenso in jeglicher Seele und in jedem Wesen existieren.

Die Natur spricht zu uns, die Schöpfung spricht zu uns, aber da sie nicht mit Worten spricht, hören die Menschen sie nicht. Doch wenn die Sonne aufgeht, spüren sie dann nicht, dass ihr Licht, ihre Wärme, ihre Schönheit ihnen viele Dinge sagt? Und wenn sie eine Frucht auswählen, sind ihre Form, ihre Farbe, ihr Duft nicht eine Sprache? Und welch eine Sprache ist ihr Geschmack, wenn sie hineinbeißen! Der Ton, die Bewegung sind genauso Sprachen, und manche sind leicht zu entziffern: Wenn jemand hustet oder niest, versteht man sofort, was das bedeutet; und wenn jemand langsam geht oder sich mühsam dahinschleppt, auch. Wenn ein Auto ein seltsames Geräusch macht oder nicht richtig auf Touren kommt, weiß man, dass man es zur Werkstatt bringen muss. Das sind nur einige Beispiele. Belebt oder unbelebt, alles, was existiert, spricht zu uns, aber alles kann uns auch hören und uns verstehen.

Um zu den Tieren, den Pflanzen, den Steinen zu sprechen, und von ihnen verstanden zu werden, müssen wir wissen, wo sich die Wesenheit befindet, die über das Naturreich herrscht, dem sie angehören. Die Wesenheit, die das Tierreich regiert, befindet sich auf der Astral-Ebene des Universums, diejenige, die das Pflanzenreich regiert, befindet sich auf der Mental-Ebene, und die, welche das Mineralreich regiert, befindet sich auf der Kausal-Ebene, also so weit entfernt, dass die Steine uns leblos erscheinen. Doch die Steine sind lebendig, ja, lebendig und bewusst. Woher ich das weiß? Ich erfuhr es auf dieselbe Weise wie auch ihr es erfahren könnt: indem ihr euch angewöhnt, mit ihnen in Kommunikation zu treten. Nehmt einen Stein in eure Hand und hört ihm zu: Nach und nach werdet ihr spüren, dass er euch die lange Geschichte der Erde erzählt, all die Ereignisse, die er miterlebt hat und die sich auf ihm aufgezeichnet haben, denn alles zeichnet sich auf. Und auch ihr könnt euch einem Stein zu Gehör bringen. Wie? Indem ihr mit Liebe zu ihm sprecht, denn die Liebe ist die universelle Sprache, welche die gesamte Schöpfung versteht. Berührt einen Stein mit Liebe, und er schwingt bereits anders und kann euch mit Liebe antworten. Sobald ihr zu den Steinen zu sprechen versteht, könnt ihr auch ihnen Botschaften anvertrauen. Ihr nehmt einen Stein und durchdringt ihn mit eurer Liebe, dann bittet ihr ihn, der Person, der ihr ihn geben werdet, Frieden und Freude zu bringen. Jedes Mal, wenn ich es so gemacht habe, spürte ich, dass der Stein glücklich war, dass ich ihm eine solche Aufgabe anvertraute.

Gewöhnt euch auch an, zu den Pflanzen und den Samen zu sprechen, wenn ihr sie in die Erde legt. Sagt ihnen einige Worte, die sie zum Wachsen und Blühen ermutigen. Wisst ihr, dass es Pflanzen gibt, die ihr darum bitten könnt, dass sie euch schützen? Der Kaktus zum Beispiel. Manche sind mit großen spitzen Nadeln ausgestattet, und wenn ihr einen bei euch habt, bittet ihn, die schädlichen und ungesunden Strömungen, die in der Atmosphäre zirkulieren, von euch wegzuleiten: Bevor euch diese Strömungen erreichen, werden sie von den Stacheln aufgelöst.

Was die Tiere angeht, selbst wenn wir ihnen nicht sehr viel Aufmerksamkeit schenken, sind sie Teil unseres Lebens, und manche führen an unserer Seite ein Leben, von dem wir viel zu lernen hätten. Aber wie betrachten die meisten Menschen die Tiere?… Und wie verhalten sie sich ihnen gegenüber? Die Art, wie sie bestimmte Arten ausbeuten, ist wirklich schändlich. Um ihr Fleisch, ihren Pelz, ihr Leder, ihre Hörner oder einen anderen Teil ihres Körpers zu bekommen, machen sie vor keiner Grausamkeit halt. Aber ich habe es euch schon einmal gesagt: Diese Grausamkeit den Tieren gegenüber werden die Menschen sehr teuer bezahlen müssen.

Selbst wenn dem Anschein nach Kriege nur politische, ökonomische und andere Gründe haben, sind sie in Wirklichkeit auch die Folge von all den Massakern an Tieren, derer sich die Menschen schuldig gemacht haben. Das Gesetz der Gerechtigkeit, das unbestechlich ist, zwingt sie, mit ihrem eigenen Blut das Blut zu bezahlen, das sie beim Töten der Tiere haben fließen lassen. Wie viele Millionen Liter Blut, auf der Erde vergossen, schreien zum Himmel nach Vergeltung! Und die Verdunstung dieses Blutes zieht eine Vielzahl von Larven und niederen Wesenheiten der Astralwelt an, welche die Erdatmosphäre vergiften und die Konflikte befeuern. Die

Menschen wollen angeblich Frieden, aber solange sie weiterhin die Tiere massakrieren, werden sie Krieg haben. Das ist eine Wahrheit, die man nicht kennt, und die man vielleicht nicht akzeptieren wird. Aber ob man sie nun akzeptiert oder nicht, ich muss sie euch mitteilen: Die Menschen werden so behandelt werden, wie sie die Tiere behandelt haben.[1]

Es heißt, dass in sehr alten Zeiten die ersten Menschen in Harmonie mit den Tieren lebten: Sie hatten nichts von ihnen zu befürchten und flohen nicht bei ihrem Herannahen. Aber heute, von einigen Ausnahmen abgesehen, ist die Verbindung durchtrennt, und die Tiere denken über die Menschen auf eine Weise, welche diesen selten zur Ehre gereicht. Wenn die Tiere Kriegsrat halten, was erzählen sie sich über die Menschen, welches Urteil fällen sie über sie! Die Menschen halten sich für sehr überlegen, die Tiere jedoch, die sie beobachten, sagen sich untereinander: »Sie halten uns für dumm, für unverständig? Wir klären sie nicht über ihren Irrtum auf, wir beobachten sie weiter.«

Ihr sprecht mit einem Tier und es scheint euch nicht zu verstehen: In Wirklichkeit kann es sehr wohl verstehen – aber nur wenn es ihm gefällt! Wir wissen nicht, was sich im Kopf von Tieren abspielt, aber vielleicht wissen sie besser als wir, was sich in unserem abspielt! Wir verstehen sie nicht, sie stehen wie eine Art Rätsel vor uns, sie jedoch verstehen uns – oder genauer gesagt, sie spüren uns. Viele der Menschen, die Hunde, Katzen, Pferde usw. lieben, haben Beweise dessen erfahren.

Manchmal, wenn wir versuchen, den Blick bestimmter Tiere aufzufangen, haben wir den Eindruck, dass sie uns etwas verbergen. Warum dieser Eindruck? Weil es wirklich vorkommt, dass sie von astralen Wesen bewohnt sind, die uns durch ihre Augen beobachten. Ja, andere lebendige, intelligente Geschöpfe können uns durch die Augen eines Hundes, einer Katze oder eines Pferdes betrachten. Und das vermittelt uns manchmal dieses seltsame Gefühl, dass sie mehr sind als einfach nur ein Tier. Ich wage jedoch kaum, dieses Thema anzusprechen, denn ich werde für einen Toren gehalten werden. Und doch ist es die Realität, es kommt vor, dass Wesenheiten in den Körper eines Tieres eintreten, und in seinen Augen begegnen wir dem Blick dieser Wesenheiten.

Diese Verbindung von Tieren mit der unsichtbaren Welt erklärt, warum bestimmte Religionen ihren Gottheiten die Form von Tieren gegeben haben. In der ägyptischen Religion beispielsweise wird Horus durch einen Falken dargestellt, Hathor durch eine Kuh, Toth durch einen Ibis, Sekmet durch eine Löwin, Bastet durch eine Katze… Bastet war eine weibliche Göttin. Und warum eine Katze?* Weil die Katze durch ihre Verbindungen zum Mond rezeptive und mediale Eigenschaften besitzt. Die ägyptischen Priester benutzten die Katzen als eine Art Radar, um die Strömungen des umgebenden Milieus aufzuspüren, aber auch als Übermittler, als Kommunikationsmittel. Sie konnten den Astralkörper dieser Tiere ablösen und ihn in den Raum projizieren, sie luden ihn mit Botschaften auf, die auf diese Weise zu ihrem Empfänger gelangten.

Und weil die Katze ein rezeptives Tier ist, fängt sie auch die guten oder schlechten Einflüsse auf. Sie wurde daher benutzt, und wird es noch heute, um die schlechten Einflüsse auf sich zu ziehen, die auf diese Weise umgeleitet werden. In Paris kannte ich Okkultisten, die mehrere Katzen hielten, um sich vor eventuellen Angriffen von Personen zu schützen, die sie als Feinde betrachteten. Das ist sicher ein wirksames Mittel, aber es ist nicht das, welches ich anwende. Ich kenne

* Im Französischen ist die Katze grammatikalisch gesehen ein männliches Tier. Französisch war die Originalsprache des Vortrags.

da bessere, die ich euch aufgezeigt habe, wie zum Beispiel an der Aura zu arbeiten, um sie zu reinigen und zu stärken. Die Aura, das ist der wirksamste Schutz.

Die Katze besitzt noch andere, sehr interessante Besonderheiten. Selbst wenn sie die Mäuse mit Haut und Eingeweiden verschlingt, ist sie sauber, sie säubert sich ständig und vergräbt ihre Exkremente; sie sieht in der Dunkelheit und hat ein sehr feines Gehör entwickelt; sie hat auch große Geduld und eine starke Konzentrationsfähigkeit (schaut ihr zu, wenn sie auf eine Maus lauert!). Schließlich, wenn eine Katze mit ihrem Schwanz spielt, reproduziert sie das große Mysterium des kosmischen Menschen.

Die Katze, die mit ihrem Schwanz spielt, weiß zunächst nicht, dass er Teil ihres Körpers ist. Aber wenn sie ihn fängt und beißt, entdeckt sie, dass er mit ihr verbunden ist, weil sie ja den Biss spürt. Es vollzieht sich daher in ihr bestimmt eine Art Bewusstwerdung… Katzen-Bewusstsein! Ich habe euch mehrfach das Symbol der Schlange, die sich in den Schwanz beißt, erklärt.[2] Aber hat auch nur einmal jemand zugesehen, als sich eine Schlange in den Schwanz biss? Ich glaube nicht, bei einer Katze hingegen, ja. Und der Schüler der Einweihung, der danach strebt, sich mit dem kosmischen Menschen zu identifizieren, ist wie die Katze, die versucht ihren Schwanz zu fangen: Er hat einen Kopf und er hat einen Schwanz, die sich an den beiden äußersten Enden des Universums befinden, und solange sie sich nicht vereinen, kennt er sie nicht.

Der kosmische Mensch ist nach dem Bilde Gottes gemacht, der durch alle Wesen lebt. Im Augenblick sind wir nur Sein Schwanz, aber Er, der Kopf, Er will sich durch uns erkennen. Denn Gott will sich durch jeden Menschen erkennen. Sobald Er sich in uns erkennt, werden wir die Vollkommenheit erreicht haben, und wir werden nicht mehr von Ihm getrennt sein. Auf diese Weise bemüht sich der indische Yogi, der die Formel »Ich bin Er« wiederholt, sich mit seinem höheren Selbst zu vereinen, das in Gott lebt. Er ist unten und sein höheres Selbst ist oben. Die Begegnung, die sich vollzieht, kann durch einen Kreis dargestellt werden. Warum? Weil sich in ihm das Unten nicht mit dem Oben vereinen kann, wenn es ihm nicht zuerst gelungen ist, das ganze Universum zu verstehen, zu umfassen und sogar in gewisser Weise zu umschließen, in einem Kreis. Und eine dieser Darstellungen ist der Tierkreis.

Ob man nun die Schlange oder die Katze nimmt, um diese Realität verständlich zu machen, das ist unwesentlich. Das Wesentliche ist zu verstehen, dass die Tiere nicht nur die Geschöpfe sind, für die der Mensch sich das Recht nimmt, sie zu ignorieren oder zu benutzen, wie es ihm gefällt, sondern sie sind auch Symbole von psychischen und spirituellen Vorgängen.

Es gäbe ebenso noch vieles darüber zu sagen, auf welch verschiedene Arten die Tiere an unserem Leben und sogar an unserem spirituellen Leben teilnehmen können. Eines Tages hielt ich mit einigen Brüdern und Schwestern in der Schweiz, in Villeneuve am Genfer See, eine Versammlung ab. Es gab einen Eichenwald in der Umgebung, aber ich hatte den Schatten eines Kirschbaums auf einer nahen Obstwiese gewählt. Wir meditierten einen langen Moment in tiefer Stille, als eine Katze auftauchte. Sie war hübsch, zierlich, und sie kletterte zunächst den Stamm des Kirschbaumes empor, um dann auf meine Schulter zu springen, wo sie lange angeschmiegt verweilte. Von dort betrachtete sie entspannt die Brüder und Schwestern. Dann sprang sie herunter und suchte sich woanders einen Platz, wo sie sich bewegungslos hinlegte.

Was bedeutete der Besuch dieser kleinen Katze? Wir waren fern jeglicher Behausung, warum war sie zu uns gekommen? Ich werde euch die Antwort mitteilen, die ich von der unsichtbaren Welt bekam. Selbst wenn ich weiß, dass ihr mir vielleicht nicht glauben werdet, muss ich es euch dennoch sagen, denn es ist die Wahrheit. Ihr seid hier in einer Einweihungsschule, und ihr müsst bestimmte Wirklichkeiten aus dem Reich der lebendigen Natur kennenlernen.

Also, hier ist die Antwort: Dank der Stille, dem Frieden und der Harmonie, die wir schaffen konnten, haben wir himmlische Freunde angezogen. In diesem Moment waren das Mineralreich, das Reich der Pflanzen, das der Menschen und das der lichtvollen Geister der unsichtbaren Welt anwesend. Allein die Tiere fehlten in dieser Kette von Geschöpfen, die an unserer Versammlung teilnahmen, und diese Katze wurde von den Geistern der Elemente geschickt: Sie baten sie darum, als Übermittler zu dienen, um die Botschaft dieser brüderlichen Harmonie dem Tierreich zu übermitteln, für sein Wohl. Ihr mögt mir nicht glauben, aber dass diese kleine Katze sich zu unserem Botschafter für das ganze Tierreich gemacht hat, ist die Realität. In anderen außergewöhnlichen Umständen ist es vorgekommen, dass es ein Hund war, der an einer Versammlung teilnahm. Man weiß nicht, welch eine Wesenheit in ein Tier eintritt, um uns durch dieses zu helfen, und dass auch wir ihnen helfen. Auf alle Fälle geschieht dies niemals aus Zufall.

Vor einigen Jahren hatten wir im Bonfin eine Katze, die sich mir gegenüber ganz erstaunlich verhielt. Jeden Morgen kam sie an meine Tür und wartete auf mich. Sobald ich hinauskam, folgte sie mir und begleitete mich bis auf den Felsen zum Sonnenaufgang. Ich setzte mich und sie sprang auf meine Knie, wo sie bewegungslos liegen blieb, solange ich meditierte. Dann begleitete sie mich wieder hinunter. Eines Tages war sie verschwunden. Ich habe auf sie gewartet, man hat sie gesucht… Und dann erzählte mir jemand, dass ein Bauer aus der Nachbarschaft, der sehr arm war, für gewöhnlich Katzen fing, um sie zu essen; ganz sicher hat er sie gefangen. Ich war traurig und denke noch manchmal an diese Katze, die wirklich etwas Besonderes an sich hatte. Ich bedaure, nicht ein Foto von ihr zu haben, wie sie schlafend auf meinen Knien liegt, wenn ich auf dem Felsen meditierte.

Welch ein Mysterium, die Tiere! Vielleicht tun sie nur so, als wären sie teilnahmslos, fremd… Vielleicht sind sie gegenwärtiger und wachsamer, als wir glauben, aber sie wollen nicht, dass wir es wissen. Man hat mir Geschichten von Hunden oder Katzen erzählt, die verschwunden sind, nachdem ihre Besitzer davon gesprochen hatten, sie loszuwerden. Wie haben sie das erahnt? Wissen sie Blicke zu interpretieren oder bemerken sie etwas in der Stimme, was sie über die Absichten aufklärt, die man ihnen gegenüber hat?

Eines Tages, in Izgrev, hat man uns einen Hund geschenkt, um das Gelände zu bewachen. Man musste einen Namen für ihn finden, und ich nannte ihn »Jafar«. Dann musste ich denen, die es nicht wussten oder vergessen hatten, manchmal erklären, dass Jafar eine Figur aus den Märchen von Tausend-und-eine-Nacht ist: der Großwesir des Kalifen Harun-al-Rachid. Und schon sah man Jafar eine andere Gangart annehmen, als wenn er sich plötzlich als Jemand fühlte. Er wurde eitel und launisch und hörte nicht mehr auf jemanden. Hatte er mich verstanden, als ich erklärte, woher sein Name kam? Das soll einer wissen…!

Eine Überlieferung erzählt, dass Salomon die Sprache der Tiere verstand, und man findet in bestimmten Büchern über Magie Methoden, um diese Gaben entwickeln zu können. Ich habe sie nicht ausprobiert, aber in gewissem Maße sollte das möglich sein. Auf alle Fälle bleiben auch für mich die Tiere ein Mysterium, selbst wenn ich manchmal von ihnen spreche, als wüsste ich ihre Ausdrucksweise zu interpretieren. Aber ich versuche von Zeit zu Zeit auszuprobieren, ob ich mit ihnen kommunizieren kann.

Als ich eines Tages unter einem Baum sitzend meditierte, ließen sich drei Vögel auf einem Ast über mir nieder. Da sie schwiegen, bat ich sie zu singen, und sie sangen. Als sie aufhörten, bat ich sie fortzufahren, und sie sangen weiter. Aufs Neue hörten sie auf, und zum dritten Mal bat ich sie zu singen… Dann, als sie wieder still waren, bat ich sie um nichts mehr, aber drei Mal antworteten sie gerne auf meinen Wunsch, sie zu hören.

Manchmal entdeckte ich im Frühling in unserem Garten in Izgrev ein Nest mit mehreren Eiern. Ich beobachtete sie, und sobald die Jungen geschlüpft waren, sah ich jeden Tag nach ihnen und brachte ihnen einige Krümel zum Fressen. Mein Gott, wie rührend waren sie! Anfangs waren die Eltern erschrocken, wenn ich mich näherte, aber sie spürten schnell, dass ich ihnen nichts Böses tun wollte. Und wenn ich mit ihren Kleinen sprach, betrachteten sie mich ruhig von einem benachbarten Ast aus. Das war so niedlich.

In meinem Garten im Bonfin gibt es Tauben. Sie wohnen in einer großen Voliere, aus der sie jeder Zeit herauskönnen, und sie kommen für gewöhnlich zu mir, um sich mit Körnern verwöhnen zu lassen. Wenn ich die Körner auf den Tisch lege, kommen sie alle, fünf oder sechs, auf diesen Tisch. Dann setze ich mich hin und spreche mit ihnen. Ich sage ihnen: »Oh, wie hübsch seid ihr! Ich liebe euch sehr und möchte euch gerne streicheln.« Ich nehme eine von ihnen, streichele sie und sie versucht nicht, mir zu entkommen. Manchmal sitzen sie im Gras, und wenn ich an ihnen vorbeigehe, fliegen sie nicht weg, sie haben keine Angst.

Ob wir uns dessen bewusst sind oder nicht, die Tiere und besonders die Vögel sind in unser Leben verstrickt. Sie kommen und gehen, ohne dass wir ihnen besondere Aufmerksamkeit schenken, und dabei sind sie manchmal Träger von Botschaften. Sie können uns gute Neuigkeiten ankündigen, aber auch den Tod eines Verwandten oder eines Freundes. Zunächst wissen wir nicht, wie wir das interpretieren sollen, was sie uns mitteilen, erst danach begreifen wir. Selbst in den Städten sind Vögel anwesend, sie hocken auf Bäumen, Terrassen, Hausdächern. Und ihr, es kann sein, dass ihr da in eurem Zimmer sitzt und Sorgen oder Kummer habt. Ihr fleht den Herrn an, euch zu helfen, und ihr glaubt, allein zu sein. Doch auf dem Fenstersims eures offenen Fensters sitzt ein kleiner Vogel, der euren Ruf gehört hat, euren Leidensruf, und er trägt euer Gebet gen Himmel…

Aber wartet nicht darauf, dass dies zufällig geschieht: Gewöhnt euch an, eure Wünsche den Vögeln anzuvertrauen. Ihr seht einen Vogel an euch vorbeifliegen? Formuliert eine Bitte, die schönste, die reinste, und tragt ihm auf, sie zu transportieren, er wird es tun. Selbst wenn ihr nichts Spezielles zu bitten habt, wenn ihr einen Vogel seht, könnt ihr ihn immer als Botschafter betrachten, der eure guten Gedanken durch die Welt transportieren wird. Nehmt ihn als eine Gelegenheit, in Kontakt mit all den geflügelten Geschöpfen zu treten. Wo werdet ihr eine poetischere Aktivität finden? Der Vogel ist ein Vermittler zwischen Erde und Himmel. Es würde zu lange dauern, euch zu erklären, warum das so ist. Seid also zufrieden damit, dass ich jetzt nicht mehr darüber sage.

Es gibt so viele Tiere, bei denen man bedauert, dass sie nicht vertrauensvoller sind, weil sie zunächst Angst haben, wenn wir herannahen! Die beste Art, sie anzuziehen und sie zu zähmen, ist natürlich das Füttern. Und das tat ich, als ich in der Wüste von Arizona war. In dieser Wüste gab es graue Eichhörnchen. Ich schaute ihnen gerne beim Laufen und Springen zu, aber sobald ich mich näherte, flitzten sie davon. Jeden Tag brachte ich ihnen ein wenig Fressen mit, und nach und nach ließen sie sich zähmen. Am Vorabend meiner

Abreise ging ich zu ihnen hin und sagte ihnen Lebewohl; sie hatten sich an mich gewöhnt, und ich wollte ihnen ankündigen, dass ich am nächsten Tag nicht mehr da sein würde, um ihnen Fressen zu bringen.

Mit Schlangen machte ich einmal eine sehr originelle Erfahrung. Das war in der Region von Luchon, Bagnères-de Bigorre. Als ich durch den Wald ging, war ich erstaunt, sehr vielen Schlangen zu begegnen, und sie flohen nicht, wo doch im Allgemeinen eine Schlange bei der geringsten Annäherung die Flucht ergreift. Von Zeit zu Zeit setzte ich mich zu Füßen eines Baumes zum Meditieren, und als ich die Augen öffnete, hatte ich eine große Anzahl von ihnen um mich herum. Manche waren sogar ziemlich groß. Man hatte mir erklärt, dass sie ungefährlich seien, aufgrund der Schwefeldämpfe, die dort aus der Erde treten. Übrigens hat man deshalb auch Thermalbäder in dieser Gegend eingerichtet, in denen man die Atemwege pflegt. Dort lernte ich also, dass Schwefeldämpfe das Gift der Schlangen ungefährlich machen können, und ich hatte mit einigen von ihnen sehr interessante Unterhaltungen. Die Schlange ist mit so vielen segensreichen und unheilvollen Bedeutungen belastet.

Mit Insekten, den Ameisen zum Beispiel, habe ich eine andere Art von Konversation. Im Sommer im Bonfin kommen gelegentlich Ameisen in mein Chalet. Ich könnte sie immer mit einem Insektizid beseitigen, aber da ich sie lieber nicht töte, nehme ich eine Ameise, so, zwischen Daumen und Zeigefinger, und sage zu ihr: »Hör mal, meine Alte, du wirst jetzt für mich zu Deinem Chef gehen (ja, denn man muss sich immer an den Chef wenden) und ihn darauf hinweisen, dass, wenn ihr ab jetzt in einer Stunde (ihr seht, ich räume ihnen immerhin eine Frist ein) nicht verschwunden seid, ihr dann vernichtet werdet.« Dann setze ich sie vorsichtig wieder zu

Boden und kümmere mich um meine Angelegenheiten. Eine Stunde später, wenn ich zurückkomme, sind alle Ameisen verschwunden. Die Botschaft wurde zuverlässig überbracht.

Und jetzt werde ich euch eine Geschichte über Grillen erzählen. Ich hatte in Paris einen bulgarischen Freund, der mich bei meiner Ankunft in Frankreich eingeladen hatte, einige Zeit bei ihm zu wohnen. Er lebte in einem kleinen Apartment im Norden der Hauptstadt und als wir uns wiedersahen, erzählte er mir folgende Begebenheit: Irgendwo in seiner Küche hinter der Spüle, hauste eine Zeitlang eine Grille, die jeden Abend zu singen anfing. Eines Abends, er war müde von der Arbeit gekommen, wurde ihm dieser schrille und anhaltende Ton unerträglich und er schrie: »Eh, das reicht jetzt!« Und mit einem kleinen Stock versuchte er, sie aus dem Loch zu vertreiben, wo er sie vermutete. Von dem Moment an hörte die Grille auf zu singen. Am nächsten Tag und an den folgenden hörte er sie nicht mehr, und er glaubte schließlich, dass sie fort oder tot wäre. Einige Zeit später, an einem Abend, als er sich allein und traurig fühlte, begann er zu seufzen: »Oh, hätte ich zu dieser kleinen Grille nicht so böse Worte gesagt, vielleicht würde sie noch singen, und ich hätte wenigstens ihre Gesellschaft.« Zu seiner großen Überraschung begann die Grille einige Augenblicke später wieder zu singen. Ihr meint, das sei ein zufälliges Zusammentreffen, ja, vielleicht, aber so erklärt man immer alles, was man nicht versteht.

Überall und ständig können wir mit lebendigen Wesen in Kontakt treten. Und in jeder beliebigen Sprache, denn der Gedanke, und umso mehr noch das Wort, rufen Wellen hervor, die auf die ganze Schöpfung wirken. Wer sich lange darin geübt hat, sein inneres Leben zu bemeistern, dem wird es gelingen, die Macht des Göttlichen zu besitzen.[3] Von seinem gereinigten und erleuchteten Leben strömt eine Kraft aus, die ihm erlaubt, das ätherische Doppel eines Baumes, einer Blume, eines Felsens, einer Quelle zu versetzen, um eine Arbeit in der Welt zu verrichten. Aber ja, er kann sich zum Beispiel an einen Felsen wenden und ihn bitten, zu einer schwachen Person zu gehen, um sie kräftiger, stabiler zu machen. Er kann sich auch an eine Quelle wenden und sie bitten, Freunde aufzusuchen, um sie zu reinigen und zu beleben. Eines Tages, auf dem Felsen im Bonfin, verbrannte ich Weihrauch und bat ihn, bis zu den Brüdern und Schwestern zu gehen, die in Paris und seiner Umgebung wohnen. Mehrere haben mir danach gesagt, sie hätten den Weihrauch gespürt. Ihr fragt euch, warum ich das nicht jeden Tag wiederhole? Ich tue es, wenn es stimmig ist. Und wisst ihr überhaupt, was ich alles tue?...

Überall, wo ich hingehe, spüre ich, dass die Natur und ihre Bewohner zu mir sprechen, und auch ich spreche zu ihnen. Im Verlaufe meiner Reisen hielt ich mich oft an der Küste von Meeren und Ozeanen auf, auf Hawaii, in Kalifornien, in Israel, im Libanon, in Thailand usw. Und oft sprach ich zu den Wassergeistern. Ich bat sie, all diejenigen segensreich zu beeinflussen, die an ihren Ufern leben und arbeiten, die im Wasser baden und die es mit Booten überqueren. Die ganze Zeit bin ich beschäftigt, darum langweile ich mich nie, ich finde immer etwas zu tun. Die Schöpfung ist derart umfangreich und bevölkert! Warum denkt man nicht daran, mit deren Bewohnern zu sprechen?

Um von den Naturgeistern gehört zu werden, ist es natürlich notwendig, sich in einen Zustand der Harmonie, der Reinheit, des Lichts zu versetzen. Und eben diese Bedingungen habt ihr am Morgen, wenn ihr dem Sonnenaufgang beiwohnt. Versetzt euch also schon auf dem Weg in ein Gefühl von Liebe und Dankbarkeit gegenüber dem Himmel, den

Bäumen, den Blumen, den Steinen, der Erde. Denkt auch an all die unsichtbaren Wesen, die den Raum bevölkern. Denn dank ihnen ist die Natur lebendig und bietet uns all das dar, was sie besitzt. Wendet euch an sie und sagt zu ihnen: »Oh, ihr liebenswerten Kinder der Erde, des Wassers, der Luft und des Feuers… ihr Gnome, Undinen, Sylphen, Salamander, ich liebe und danke euch, seid gesegnet für euer Wirken.«

Die Menschen kommen und gehen, sie scheinen wach zu sein, in Wirklichkeit jedoch schlafen sie. Sie gehen mit geschlossenen Augen durch das Leben und treten das Heiligtum der Natur mit Füßen. Sie fühlen weder die unsichtbare Gegenwart anderer lebendiger und intelligenter Geschöpfe um sich herum noch andere zirkulierende Kräfte. Sie begrenzen sich auf das, was ihren fünf Sinnen direkt zugänglich ist. Wachsein bedeutet, sich all der anderen Existenzen bewusst zu werden, die uns umgeben, und in Kontakt mit ihnen zu bleiben. Gibt es in der Welt noch Menschen, die diesen Kontakt nicht verloren haben? Ja, zweifellos, und sie lassen für diese unsichtbaren Geschöpfe Nahrung und Blumen übrig, denn sie spüren, dass diese Geschöpfe an ihrem Leben teilhaben. Sie sprechen mit ihnen, sie laden sie in ihre Wohnung ein, sie weisen ihnen einen Platz am Ofen zu und bitten sie, über die Familienmitglieder und besonders über die Kinder zu wachen. Es sind Freunde für sie. Manchmal ließ ich euch das Stück für Flöte und Harfe aus dem Oratorium von Berlioz »L'Enfance du Christ« (»Die Kindheit Christi«) hören. Eine solche Musik ruft auf wunderbare Weise die Anwesenheit von luftigen, durchscheinenden Geschöpfen herbei. Man spürt sie, man sieht sie beinahe unter uns tanzen.

Die Naturgeister warten nur darauf, dass ihr sie um ihre Hilfe und ihren Schutz bittet. Was sollen sie eurer Meinung nach tun, wenn ihr sie ignoriert? Wenn sie mich so reden hören, werden natürlich manche unter euch denken: »Aber was erzählt er uns denn da? Wir befinden uns im Jahrhundert der Wissenschaft und der Technik und er will uns jetzt glauben machen, dass wir in Verbindung mit den Geistern der Elemente treten können und dass sie uns helfen werden? Niemals werden wir so etwas glauben.« Nun, ich glaube daran.[4] Ich habe einmal ein sehr interessantes Buch gelesen, das von den Geistern der vier Elemente handelte, von ihrer Art, ihren Sitten, ihren Beziehungen zu den Menschen: »Der Graf von Gabalis, Gespräch über die geheimen Wissenschaften« von dem Abt Montfaucon de Villars. Bestimmte Passagen sind zweifellos schwer zu interpretieren, aber es lohnt sich, dieses Werk zu lesen. Warum wurde der Autor auf der Straße von Lyon nach dem Erscheinen dieses Buches ermordet? Man sagte, weil er Offenbarungen über ein Thema machte, die den Nichteingeweihten, den Weltlichen verborgen bleiben sollten.

Erde, Wasser, Luft und Feuer… Die meiste Zeit sehen die Menschen in ihnen nur rohe, unpersönliche Kräfte, derer sie sich in erster Linie bewusst werden, wenn sie Schäden anrichten. Nun, ich meinerseits behaupte, dass die vier Elemente von lebendigen und intelligenten Wesenheiten bewohnt sind, die uns bei unserer spirituellen Arbeit helfen können; und sie können auch auf Forderungen von denen antworten, die ihnen zu gebieten wissen, allein durch die Kraft und Ausstrahlung ihres Geistes. Ich weiß, dass die vier Elemente in der Natur ihre Aufgaben und ein Programm haben, das wir respektieren müssen. Deshalb störe ich sie nicht gerne. Aber von Zeit zu Zeit kommt es vor, dass ich ein Ersuchen an sie stelle. Man hat immer das Recht, nach etwas zu ersuchen, aber sie haben das Recht, uns nicht zu erhören. Man ist daher niemals ihrer Antwort völlig sicher.

Vor einigen Jahren kam ich aus Paris zurück, es war Sommer und schon lange dunkel. Die Metro fuhr nur bis zur Station »Pont du Sèvres«, es gab weder Bus noch Taxi und es regnete sehr stark. Ich hatte keinen Regenschirm mitgenommen, und bis zu unserem Haus in der Straße Rue Jeanne-d`Arc in Sèvres musste ich fast eine Stunde zu Fuß gehen. Das war ich gewohnt, aber an diesem Abend, bei diesem Regen!… Ich wandte mich daher an die Luftgeister: »Seht meine Situation. Wenn es möglich ist, bitte ich euch, diesen Regen ein wenig zu unterbrechen, bis ich zuhause angelangt bin.« Aber wie ich euch gesagt habe, man kann bitten und doch nicht erhört werden. Ich wusste daher nicht, wie die Antwort ausfallen würde. Zu meinem größten Erstaunen hörte der Regen plötzlich auf. Also ging ich schnell los, ich rannte sogar fast den ganzen Weg… Endlich erreichte ich das Tor des Gartens. Ich trat ein, und kaum hatte ich einen Fuß ins Haus gesetzt, fing es wieder an zu regnen, und mit welch einer Kraft! Ein Bruder, der gerade beim Brotbacken war, sah mich und zeigte sich sehr erstaunt darüber, dass ich nicht völlig durchnässt war. Ich antwortete nur: »Oh ja, so ist das eben!«

An manchem Morgen im Bonfin, wenn große Wolken die Sonne verbergen, sage ich zum Engel der Luft: »Wir sind hier auf dem Felsen wegen der Sonne, nicht wegen der Wolken. Darum bitte ich dich, kannst du sie nicht ein wenig beiseiteschieben? Es ist so viel Platz am Himmel!« Und ich dränge nicht weiter, ich konzentriere mich auf ein ganz anderes Thema. Oft, wenn ich einen Moment später die Augen öffne, dann strahlt da die Sonne. Aber der Engel der Luft erhört meine Bitten nicht immer, er hat seine Arbeit auszuführen; das verstehe ich und akzeptiere es. In einem Jahr, am Vorabend von St. Michael, Ende September, bat ich ihn für den nächsten Tag um sonniges Wetter, und dann regnete es nur – eine wahre Sintflut!

Als ich in Indien war, prophezeite mir ein Hellseher, dass ich eines Tages alle Macht haben würde, den Geistern der Luft zu befehlen. Ich behaupte nicht, diese Macht zu besitzen, und außerdem ist es so, dass ich wichtigere Dinge zu tun habe, als den Elementen zu befehlen. Wenn es Brände gibt, wie so oft im Sommer an der Côte d`Azur, muss nicht ich es auf mich nehmen, die Naturgeister darum zu bitten, dass sie die von unvorsichtigen, unbewussten oder kriminellen Leuten entzündeten Feuer löschen. Aber was geschah eines Tages?

Es war wieder im Bonfin, zu Herbstbeginn. Es wurde Nacht... Brüder klopften an meine Tür, um mir zu sagen, dass einige Kilometer entfernt Feuer ausgebrochen sei, in Richtung der Stadt Cannes, und dass der Wind in unsere Richtung wehe. Ich bat sie, mit mir auf den Felsen zu gehen, und von da aus sah man in der Tat die Flammen; daraufhin bat ich sie, mich allein zu lassen, und ich wandte mich an den Engel der Luft: »Engel der Luft, vor vielen Jahren ist mein Dorf in Mazedonien abgebrannt. Wir konnten uns mit meiner Mutter zusammen gerade noch so retten... Jetzt ist es der Bonfin und die Siedlung Capitou, gleich daneben, die abzubrennen drohen. Ich bitte dich, tu etwas, um dieses Feuer zu löschen.« Ich konzentrierte mich noch einen Moment und siehe da – welch eine Überraschung, welch eine Freude für mich, als kaum fünf Minuten später riesige Regentropfen zu fallen begannen! Zweifellos haben auch die Feuerwehrleute ihre Arbeit getan, aber der Regen hat ihnen sehr geholfen, und ich habe dem Engel der Luft lange gedankt.

In allen Ländern, die ich bereise, besuche ich natürlich viele Städte, aber ich suche auch die Wälder auf. Wenn ich schöne Bäume sehen kann, geschieht etwas in mir und ich kehre glücklich zurück. Bäume – welch ein Reichtum, welch ein Segen! Wenn ich unter ihnen entlanggehe, denke ich, dass all diese Bäume kondensiertes Sonnenlicht sind. Ja, diese Stämme, diese Äste, dieses Blattwerk, sie ernähren sich von Licht, sie sind kondensiertes Sonnenlicht, und ich bin überwältigt bei dem Gedanken, dass die Liebe der Sonne sich im Überfluss darin befindet. Die Bäume reinigen die Atmosphäre durch den Sauerstoff, den sie ausströmen, und damit sind sie unsere Wohltäter. Deshalb sind diejenigen, die nahe einem Wald wohnen, wahrlich privilegiert.

In Indien, in Sri Lanka, im Libanon, in England, in Schweden, in Norwegen, in der Schweiz, in Frankreich und in vielen anderen Ländern habe ich großartige Wälder gesehen. Natürlich auch in Kanada und den Vereinigten Staaten. In Kalifornien, im Yosemite Nationalpark, habe ich die berühmten Sequoia Wälder gesehen. Diese viertausend Jahre alten Bäume sind berühmt geworden aufgrund ihrer riesigen Stämme, die man durchbohrte, so dass ein ganzes Auto hindurchfahren konnte. Auch ich bin in einem Auto hindurchgefahren, es war beeindruckend. Ja, aber das Bedauerliche in diesem Wald ist, dass man ihn nicht mehr als sehr lebendig empfindet. Man möchte meinen, die Naturgeister hätten ihn verlassen.

Und dennoch ist ein Wald von Natur aus ein bewohnter Ort. Sobald ich anfange, unter den Bäumen zu gehen, fühle ich die Anwesenheit von etwas. Darum spreche ich mit den Bäumen. Ich weiß, auf welche Weise ich mich an sie wenden muss, wie ich mit ihrer Seele kommunizieren kann, und sie verstehen mich. Schon so lange habe ich eine Verbindung zu den Bäumen, dass es für mich ganz natürlich ist, ihnen zu sagen, dass sie meine Brüder sind. Ich nähere mich einem von ihnen, umarme ihn und flüstere ihm zu: »Ich betraue dich mit einer Botschaft für alle Bäume dieses Waldes. Sag ihnen, dass ich sie liebe, und dass ich sie gerne alle umarmen würde.« Er übermittelt meine Botschaft und all die anderen Bäume sind erfreut, sie tanzen fast, während ich meinen Weg fortsetze.

Ein Bruder überraschte mich eines Tages in meinem Garten dabei, wie ich gerade eine Zypresse umarmte, und er sagte mir danach, wie sehr ihn das erstaunt hatte. Warum? Es gibt daran nichts so Erstaunliches. Ich spreche mit den Bäumen und gelegentlich umarme ich sie auch; sie spüren, dass ich sie liebe, und sie antworten mir. Die Menschen wären glücklicher, wenn sie fähig wären, wahre Beziehungen zu den Bäumen zu unterhalten. Was ist eine Zypresse? Was ist eine Tanne? Was ist ein Eukalyptus?... Man muss stundenlang bei ihnen verweilt haben, um ihre Seele zu entdecken und mit ihr zu kommunizieren. Das tue ich oft, und es ist mir unmöglich, das zu beschreiben, was ich spüre oder die Offenbarungen, die ich empfange. In dem Moment ändert sich auch etwas an den Schwingungen dieser Bäume und sogar an ihren Farben.

Es gibt Wälder, die ihre Bewohner verloren haben, weil die lärmenden, respektlosen und groben Menschen, die sie aufsuchten, diese verscheucht haben. Aber es gibt in allen Ländern noch Orte, die noch nicht entweiht worden sind. Wenn ihr daher diese Wälder betretet, denkt daran, dass ihr ein Gebiet betretet, das den Naturwesen gehört, bringt euch in Harmonie mit ihnen und auch ihr werdet ihre Gegenwart spüren. Ich erzähle euch keine Geschichten: Die Feen existieren und der Zauberer Merlin ist nicht der Einzige, der sie im Wald von Brocéliande häufig besucht hat. Ich war einmal in der Bretagne eingeladen und habe selbst auch diesen Wald besucht.

Die ganze Schöpfung spricht zu mir und ich spreche zu ihr. Und wenn ich dann sehe, in welcher Prosa man uns leben lassen will, denke ich an Schriftsteller, die Märchen für Kinder geschrieben haben: Grimm, Andersen, Perrault und viele andere und auch an Filme von Walt Disney. Ihr fragt: »Wie, sie sehen noch Filme von Walt Disney und lesen Märchen?« Nein, ich lese schon lange keine mehr. Ich brauche sie nicht, um mit den Feen zu leben, ich lebe mit ihnen, ohne Filme zu sehen und Märchen zu lesen. Aber das, was ich euch da sage, erfordert natürlich einige genauere Angaben. Denn wenn manche das nun als Einladung interpretieren, ihre Verantwortungen und Pflichten zu vernachlässigen, um in die Märchen abzutauchen, würde das sehr schlecht für sie ausgehen. Ich meinerseits bewege mich in der Welt der Feen und behalte dabei die Füße auf der Erde. Seit meiner Kindheit weiß ich, dass jenseits von dem, was wir sehen, eine Welt existiert, die wir nicht sehen und die doch ebenso real ist. Ich lebe also in dem Bewusstsein von diesen beiden Realitäten, der sichtbaren und der unsichtbaren, die sich gegenseitig durchdringen.

Die Welt der unsichtbaren Geschöpfe ist für mich genauso real wie die der Menschen. Selbst wenn ich sie nicht sehe, spüre ich den Raum, den all diesen Wesen bewohnen, die man Feen, Naturgeister oder Geister der vier Elemente nennt. Von Zeit zu Zeit lassen sie sich auf mir nieder, auf meinen Schultern oder auf meinem Kopf, ja, wie die Vögel; aber ihr seht sie nicht; und sie können sich auch auf euch niederlassen. Es kommt vor, dass Kinder sie sehen.

Im Laufe ihrer ersten Jahre leben die Kinder in Kontakt mit den unsichtbaren Wesen, sie lächeln ihnen zu und unterhalten sich mit ihnen, sie hören zu und antworten. Aber wenn sie mit den Erwachsenen und besonders mit ihren Eltern darüber sprechen, schenken ihnen diese keine Aufmerksamkeit oder bringen sie zum Schweigen: Was sollen diese Erfindungen? Dann sagen die Kinder nichts mehr, da man ihnen ja nicht glaubt, und sie beginnen anzuzweifeln, was sie erlebt haben, bis sie es irgendwann ganz vergessen. Dieses Vergessen geschieht um das siebte Lebensjahr. Wenn die Erwachsenen bereit wären, den Erzählungen der Kinder zuzuhören und ihnen Fragen zu stellen, bekämen sie erstaunliche Offenbarungen zu hören; sie berauben sich da sehr wertvoller Dinge.[5] Aber wie viele Erwachsene wissen sich mit den Kindern nicht besser zu verhalten als mit den Tieren!

Kinder haben eine Verbindung zur unsichtbaren Welt: Wenn ihr einem Kind begegnet oder euch um ein Kind kümmern müsst, denkt daran. Denkt auch, dass dieses Kind vom Himmel gesandt wurde, um in euch etwas Feines, Poetisches, Spirituelles zu erwecken. Bei jedem Kind hält sich ein Schutzengel auf, der den besonderen Auftrag hat, über es zu wachen, und wenn er sieht, dass auch ihr achtsam mit diesem Kind umgeht, wird er euch seinen Segen geben.

Wenn Eltern ihre Kinder zu mir bringen, was glaubt ihr, was ich tue? Natürlich spreche ich mit den Eltern, aber ich spreche auch mit den Kindern, ich streiche ihnen über die Wange, ich nehme sie auf den Arm, aber das ist nur die äußere Seite. In Wirklichkeit, selbst wenn ich es nicht sage, vertraue ich diese Kinder unsichtbaren Wesenheiten an, ich wende mich an ihren Schutzengel, damit er gut über sie wacht. Ich weiß, dass diese Kinder vom Himmel nicht allein unter den Schutz ihrer Eltern gestellt sind. Unter den Engelsorden gibt es einen, dem speziell die Sorge um die Kinder anvertraut ist; das ist der Orden der Elohim in der Sephira Netzach,[6] und die Kinder fühlen sich bei ihnen in Sicherheit. Manchmal sprechen sie mit ihnen, und sie verstehen nicht, dass die Erwachsenen es nicht genauso machen. Für sie bilden diese Begleiter einen Teil der Familie, sie sind nicht erschreckt, ja nicht einmal erstaunt, wenn sie sie erscheinen sehen.

Die Kinder bringen Erinnerungen aus fernen Epochen mit, als die Menschen die gesamte Natur als einen lebendigen Organismus betrachteten, mit dem sie in beständiger Verbindung standen. Diese Erinnerungen überdauern bei manchen von ihnen, aber sie verblassen in dem Maße, wie die Kinder heranwachsen – aufgrund ihrer Erziehung, der Sprache und dem Verhalten von Erwachsenen – und später lachen sie sogar, wenn sie an das zurückdenken, was sie früher geglaubt haben und jetzt nur noch für das Produkt ihrer Phantasie halten. Dabei waren das die Überbleibsel einer in ihrer Seele eingeschriebenen Vergangenheit, und es ist schade, dass sie deren Auslöschen zulassen.

Sobald Eltern, Psychologen und Pädagogen bestimmte initiatische Kenntnisse besitzen, werden sie wahrhaft in der Lage sein, das Leben der Kinder zu erforschen. Sie werden in dem Buch ihrer Seele all das lesen, was sich dort bis zu einem gewissen Alter widerspiegelt. Sie werden entdecken, was die Kinder in ihrem Unbewussten wissen, bis zu einer ungeahnten Tiefe. Vielleicht spüren manche Mütter vage, dass sich ihnen mit ihrem Baby das ganze Leben des Universums offenbart; und in diesem Sinne kann man sagen, dass sie die Schüler ihrer Kinder sind. Die anderen, die sich nur zu ihren Lehrern machen, lernen nicht viel. Eine Mutter voller Liebe, Aufmerksamkeit und Weisheit erhält eine ganze Einweihung im Lauf der ersten Lebensjahre ihres Kindes.

Eines Tages hatte ich mit einem Baby von einigen Monaten ein wirklich erstaunliches Erlebnis. Es war in Izgrev, als ich nach meinem Vortrag noch zahlreiche Brüder und Schwestern empfing, die mich um ein Treffen gebeten hatten. Ich hatte gesprochen und gesprochen und war erschöpft. Ich brauchte wenigstens zehn Minuten allein und in der Stille, um mich wieder aufzuladen. Aber plötzlich brachte man mir einen kleinen Engel… ja, Eltern, die sich wünschten, dass ich ihre kleine Tochter segne. Ich dachte bei mir: »Aber was für eine Segnung kann ich diesem Kind bringen? Ich bin am Ende meiner Kräfte.« Ich wollte ihnen gerade sagen, dass sie später wiederkommen sollten, als das kleine Mädchen, das von seinem Vater im Arm gehalten wurde, anfing, mich anzusehen und alle möglichen Arten des Lächelns und der Mimik an den Tag zu legen, wobei es seine Ärmchen nach mir ausstreckte. Die Eltern traten daraufhin näher heran, und das

Kind griff mit seinen kleinen Händchen nach meinem Bart und meinem Schnauzer, den es nicht mehr loslassen wollte. Es zog und zog… Natürlich waren die Eltern ein klein wenig verlegen, aber sie waren auch glücklich zu sehen, wie ihr Kind mich freudig begrüßte.

Und genau in dem Moment geschah etwas Außergewöhnliches. Plötzlich spürte ich überhaupt keine Müdigkeit mehr, so, als hätte dieses kleine Wesen mich durch das Ziehen an meinem Bart wieder mit Kräften aufgefüllt. Ich weiß seit langem, dass alle Haare am Körper Antennen sind, durch die man Energieströme empfangen kann. Aber in diesem Augenblick und auf diese Weise, das war derart unerwartet, vor allem von einem wenige Monate alten Kind! Plötzlich war meine Müdigkeit verflogen. Man könnte sagen, dass dieses Kind genau in dem Moment vom Himmel geschickt wurde, und dass es instinktiv wusste, was es tun musste, damit ich meine Arbeit bis zum Ende des Tages fortsetzen kann. Was hat es gesehen und gespürt, um sich so zu verhalten?…

Man sollte aufmerksam und mit viel Liebe all die Manifestationen eines kleinen Kindes studieren, selbst bei demjenigen, das dem Anschein nach am wenigsten wach ist, denn sein Geist, der noch nicht vollständig in ihm inkarniert ist, sieht und fühlt das, was die Erwachsenen nicht mehr sehen und fühlen. Es scheint, dass es bei mir als Kind vorkam, dass ich bestimmte Dinge erzählte, die niemand zu interpretieren wusste. Ein Kind bewohnt seinen physischen Körper nicht wirklich vor dem siebten Lebensjahr, und deshalb steht es in Verbindung mit den Geistern der unsichtbaren Welt. Zum Wohle ihrer Kinder, aber auch zu ihrem eigenen Wohl, sollten die Eltern sich mit dieser Frage befassen. Sie sollten ihre Kinder in den ersten Jahren beobachten, um im Buch ihrer Seele die wahren Geheimnisse des Lebens zu lesen.

Das Kind bleibt weiterhin ein großes Mysterium. Man muss es so weit wie möglich schützen, indem man es in einer Atmosphäre von Frieden, Harmonie und Reinheit bewahrt, selbst während seines Schlafes, denn es ist für all die Strömungen in seiner Umgebung empfänglich. Sein Astralkörper schläft, und sein Mentalkörper ist noch weit entfernt, aber sein Ätherkörper arbeitet aktiv und absorbiert die Strömungen und die Elemente der psychischen Atmosphäre. Wenn die Eltern auf die Atmosphäre achten, die sie um ihr Kind herum schaffen, wird es später gut ausgerüstet sein, fähig, den Schocks und den Härten des Lebens zu begegnen.[7]

Wenn ein Kind auf die Welt kommt, wissen die Eltern nicht, was für ein Geist in ihm wohnt. Sie sollten sich sagen, dass dieses Kind ihnen nicht gehört, dass es ein Sohn oder eine Tochter Gottes ist, dem sie lediglich einen Körper gegeben haben, das heißt ein Haus. Und alle anderen, die sich ihm nähern, müssen sich auch aufmerksam und respektvoll verhalten, um es zu schützen. Sie müssen in jedem Fall vermeiden, sein Vertrauen zu missbrauchen, ihm ein schlechtes Vorbild zu sein und schädliche Ratschläge zu geben. Was ein Kind sieht, was es hört, was es erlebt, prägt sich ihm für immer ein. Und darum, ich kann es nicht oft genug wiederholen: Die Verantwortung von Eltern und Erwachsenen gegenüber Kindern ist immens. Sie sollten vor dem Gedanken erzittern, dass sie sich übler Worte oder Taten schuldig machen könnten, welche diese endgültig prägen werden. Eltern, die die Kinder nicht achten, werden früher oder später vom Himmel bestraft, und diese Strafen sind schrecklich.*

* Es war im Bonfin, am 28. September 1985, am Vorabend des Michaels-Festes, dass der Meister sich zum letzten Mal an die um ein großes Feuer versammelte Bruderschaft wandte. Nachdem er ungefähr eine halbe Stunde gesprochen hatte, endete er mit den Worten: »Ich gebe euch ein Licht, bewahrt es sorgsam. Und wenn ihr Kinder habt, vergesst niemals die Pflichten, die ihr ihnen gegenüber habt. Diese Kinder sind Seelen, die ihr zu euch eingeladen habt. Jeden Tag prägt

ihr sie durch eure Worte, aber vor allem durch euer Beispiel; bemüht euch darum, dass es Prägungen des Guten und der Schönheit sind. Ja, das ist sehr bedeutsam. Und jetzt wünsche ich euch einen schönen Abend und eine gute Nacht. Selbst wenn ich physisch nicht da bin, bin ich bei euch, mehr als ich es je gewesen bin.«

Was auch noch bemerkenswert ist bei den ganz kleinen Kindern, das ist die Wahrnehmung, die sie von der physischen Welt haben, derart, dass sie alles für lebendig halten, sogar die Gegenstände. Wie in »Der blaue Vogel« von Maeterlinck, empfinden Kinder Gegenstände in ihrer Umgebung als familiäre, freundliche oder als feindselige Gegenwarten, und sie finden es normal, ihnen zu sagen, was sie denken oder von ihnen erwarten. Ein Kind, das sich an einem Möbelstück stößt oder sich mit einem Gegenstand verletzt, glaubt, dass dieses Möbelstück oder dieser Gegenstand ihm Böses will, und es macht ihm Vorwürfe. Warum sind die Gegenstände in seinen Augen lebendig? Ist es, weil es klein ist und daher noch ein wenig naiv? Vielleicht, aber nicht nur. Es kommt vor, dass es spürt, dass die Gegenstände in gewisser Weise lebendig sind, mit einem Leben, das für uns genauso mysteriös bleibt.

Eines Tages erlebte ich Folgendes: Ich musste Vidélinata* verlassen, um in Lausanne meinen Zug nach Paris zu bekommen. Ich stieg also in das Auto eines Bruders, der mir angeboten hatte, mich zum Bahnhof zu fahren. Aber es sprang einfach nicht an. Er versuchte alles Mögliche, aber es weigerte sich. Die Zeit verstrich, und ich begann, unruhig zu werden, denn ich musste unbedingt losfahren. So wandte ich mich an das Auto, als sei es fähig, mich zu verstehen. Ich sagte zu ihm: »Liebes Auto, du bist freundlich, das weiß ich, hör mir also gut zu. Ich muss einen Zug bekommen, und du siehst, dass keine weiteren Autos da sind, um mich zu fahren.

* Sitz der Universellen Weißen Bruderschaft in der Schweiz.

Streng dich an, bring uns bis zum Bahnhof. Dort angekommen, kannst du, wenn du willst, stehen bleiben, ich werde dir keinen Vorwurf machen.« Ich machte ihm in Gedanken noch ein paar Sekunden Mut und gab ihm einige freundschaftliche Klapse, dann sagte ich zu dem Bruder: »Also, fahren wir los!« Und da begann der Motor zu brummen und wir fuhren los…

Eine Stunde später waren wir in Lausanne. Aber kaum waren wir in Sichtweite des Bahnhofs, blieb der Wagen abrupt stehen; unmöglich, ihn weiter fortzubewegen. Wir standen mitten auf der Straße, wo wir allmählich einen Stau hervorriefen. Hinter uns hupten alle Autos. Ich hatte keine andere Möglichkeit, als mit meinem Koffer auszusteigen und mich zu beeilen, meinen Zug nicht zu verpassen, währenddessen der Bruder sich mit einigen Passanten abmühte, sein Auto auf die Seite zu schieben.

Was da geschehen ist, brachte mich zum Nachdenken. Es ist nichts Außergewöhnliches dabei, dass ein Auto, das zunächst nicht anspringt, es schließlich doch tut. Hierbei aber ist erstaunlich, auf welche Weise es stehenblieb. Das hätte es früher tun können oder aber später, auf der Rückfahrt. Aber nein, ich hatte es gebeten, bis zum Bahnhof zu fahren, und sobald es den Bahnhof gesehen hat (mit welchen Augen, das ist die Frage!), dachte es, es bräuchte nicht weiterzufahren, da ich ja nun meinen Zug erreichen könne. Es ist meiner Bitte nachgekommen, das ist alles.

Ich könnte euch noch andere, vergleichbare Tatsachen berichten, aber das ist nicht notwendig. Mithilfe dieser Anekdote möchte ich nur eure Aufmerksamkeit auf dieses Mysterium lenken, das die Gegenstände auch für uns darstellen, und auf die Beziehungen, die wir mit ihnen unterhalten können.

Das Wesentliche ist, dass wir uns bewusst sind, dass wir Teil eines Ganzen sind. Dieses Ganze ist lebendig, und weil es lebendig ist, können wir ständig Austausch mit ihm haben: Wir sprechen und man antwortet uns; man spricht zu uns und wir antworten.[8] Für alles, was wir tun, sagen oder erbitten, erhalten wir Antworten: Bestätigung oder Widerlegung, Zustimmung oder Verurteilung. Die unsichtbare Welt ist ständig gegenwärtig, hier, um uns herum. Sie betrachtet uns, sie hört uns zu und sie gibt uns immer Antworten. Nur ist ihre Sprache, die sich sehr von unserer unterscheidet, nicht leicht zu interpretieren.

In einem Jahr, in dem ich nach Griechenland eingeladen war, war ich eine Zeitlang auf der Insel Patmos, wo der Überlieferung nach der Apostel Johannes die Apokalypse geschrieben hat. In meinem Hotelzimmer meditierte ich an einem Tag und verbrannte Weihrauch, um der unsichtbaren Welt bestimmte Fragen stellen zu können. Danach brach ich in Begleitung von Freunden zu einem Spaziergang in den Hügeln auf. Und da stand am Wegesrand eine Frau von sehr einfacher, ja, eher armseliger, äußerer Erscheinung, aber mit einem wunderbaren Gesicht. Sie stand da, als ob sie auf uns warten würde, und als wir auf ihrer Höhe angekommen waren, näherte sie sich mir, küsste mit viel Respekt meine Hand und sagte dann einige Worte auf Griechisch zu mir. Man übersetzte sie mir, und das, was sie mir sagte, war die Antwort auf die Frage, die ich gestellt hatte. Die himmlischen Wesen bedienten sich dieser Frau, um mir zu antworten. Ich war so glücklich! Ja, weil die Worte dieser Unbekannten prophetisch waren, sie gab mir die Antwort auf das, wonach ich gefragt hatte. Für den Himmel, das müsst ihr wissen, ist es sehr leicht, Antworten zu geben, durch einen Menschen, ein Tier, aber auch durch Phänomene der Natur.

Und als ich in die Schweiz zurückgekommen war, wollte ich eine bestimmte Arbeit ausführen und stieg auf die Felsen von Naye, oberhalb von Montreux, ein wunderbarer Ort auf etwas über zweitausend Meter Höhe. Es war gegen Abend, kein einziger Spaziergänger war mehr unterwegs, alles war still. Ich ließ mich durch meine Freunde von Oben führen, die mir den Ort zeigten, wo sich die Geister der Berge versammelten, einer Art strategischem Ort, von wo aus man einen Blick über all die Gipfel rundherum hat.* Und dort begann ich meine Arbeit… Da dort niemand war, sprach ich die heiligen Formeln mit sehr kraftvoller Stimme. Und plötzlich fingen drei Lämmer irgendwo freundlich zu blöken an, sehr freundlich. Lämmer sind ein Symbol Christi,[9] und ich begriff, dass dies eine Ermutigung war, diese Arbeit fortzuführen. So fuhr ich damit fort, lange, sehr lange…

Als ich schließlich fertig war und mich vorbereitete abzusteigen, gab es eine gewaltige Detonation, der ganze Berg erzitterte. Noch nie in meinem Leben habe ich eine solche Explosion gehört. Ich war sehr beeindruckt. Ich verstand, dass die Geister der Berge mir eine Antwort gaben, und am selben Abend gab man im Radio bekannt, dass es an diesem Tag sehr starke Sonneneruptionen gegeben hatte. Warum dieses Zusammentreffen? Genau an diesem Tag führten mich die Geistwesen zu einer Arbeit im Einklang mit Phänomenen, die sich in der Sonne vollziehen würden.

Daher sage ich euch jetzt Folgendes: An dem Tag, an dem wir verstanden haben werden, was das universelle Leben ist, wovon wir ein Teil sind, werden wir fähig sein, das wahre Wort des Lebens auszusprechen. In dem Moment wird Gott

* Die Savoyer Alpen, die Bergkette des Mont-Blanc, die Walliser Alpen und die Berner Alpen.

uns vielleicht auffordern, wie er den Propheten Hesekiel aufgefordert hat, über die zahllosen verdorrten Gebeine zu weissagen, um die Toten ins Leben zurückzuführen. Und dann werden wir wie Hesekiel sagen: *»Odem komm herzu von den vier Winden und blase diese Getöteten an, dass sie wieder lebendig werden!« (Hesekiel 37,9)* Natürlich ist das symbolisch zu verstehen. Aber was symbolisch ist, ist auch wirklich.

Weiterführende Literatur

1. Siehe Band 204 der Reihe Izvor »Yoga der Ernährung«, Kapitel 5: »Der Vegetarismus«.
2. Siehe Band 8 aus der Reihe Gesamtwerk »Sprache der Symbole, Sprache der Natur«, Kapitel 4: »Die Zeit und die Ewigkeit«.
3. Siehe Band 229 der Reihe Izvor »Der Weg der Stille«, Kapitel 10: »Wort und Logos«.
4. Siehe Band 32 der Reihe Gesamtwerk »Die Früchte des Lebensbaums«, Kapitel 7: »Die vier Elemente« und Kapitel 22: »Die Naturgeister«, und auch Band 226 der Reihe Izvor »Das Buch der göttlichen Magie«, Kapitel 8: »Die Zusammenarbeit mit den Naturgeistern«.
5. Siehe Band 203 der Reihe Izvor »Die Erziehung beginnt vor der Geburt«, Kapitel 9: »Der Sinn für das Zauberhafte soll dem Kind erhalten bleiben«.
6. Siehe Band 236 der Reihe Izvor »Weisheit aus der Kabbala – Der lebendige Strom zwischen Gott und Mensch«, Kapitel 3: »Die Engelshierarchien«.
7. Siehe Band 203 der Reihe Izvor »Die Erziehung beginnt vor der Geburt«, Kapitel 6: »Das magische Wort«.
8. Siehe Band 242 der Reihe Izvor »Unerschöpfliche Quellen der Freude«, Kapitel 10: »Unsere Zugehörigkeit zum Lebensbaum«.
9. Siehe Band 230 der Reihe Izvor »Die himmlische Stadt – Kommentare zur Apokalypse«, Kapitel 8: »Das Buch und das Lamm« und Kapitel 14: »Das Hochzeitsfest des Lammes«.

Kapitel 16

EIN IDEAL BRÜDERLICHEN LEBENS

Jemand schrieb mir: »Meister, ich liebe und bewundere Ihre Lehre, darum möchte ich Sie gerne weiterhin treffen, aber nur Sie, nicht Ihre Schüler. All die Leute um Sie herum halte ich für unwissend, mittelmäßig, ich habe überhaupt keine Gemeinsamkeit mit ihnen, wir gehören nicht demselben Milieu an, wir haben nicht dieselbe Erziehung und so weiter und so weiter.« Mehrmals hat man mir solche Dinge geschrieben oder gesagt, und diejenigen, die sich auf diese Weise äußern, wissen nicht, wie sehr sie sich dadurch in meinen Augen in Misskredit bringen. Ich kann ihnen meine Freundschaft nicht entgegenbringen und ziehe es vor, ohne sie auszukommen. Ich brauche keine reichen, belesenen oder mächtigen Leute. Für die Arbeit, die ich vorhabe, sind Wissen, besondere Fähigkeiten, eine vornehme Erziehung und Geld nicht besonders nützlich.

Wenn eine neue Person sich bei mir vorstellt, interessiere ich mich nicht für ihre soziale Stellung, für ihre Diplome oder ihr Vermögen. Ob sie schön und gut gekleidet ist, interessiert mich ebenso wenig, das ist nur für sie von Interesse, nicht für mich. Für mich ist ihr Ideal wichtig, das Vorbild, dem sie entsprechen möchte, und das versuche ich herauszufinden, nicht nur aus ihren Worten, sondern auch aus ihrem Blick, ihren Gesten und all dem, was von ihr ausströmt, denn durch diese manchmal kaum wahrnehmbaren Zeichen offenbart sie sich wirklich.

Entsprechend der Arbeit, die wir hier ausführen, möchte ich wissen, auf wen ich zählen kann, und ich kann nur auf Menschen zählen, die ein tiefes Bedürfnis haben, sich zu befreien, ihre Schwächen zu überwinden. Was die anderen betrifft, da mache ich mir keine Illusionen: Sie werden mich bald verlassen oder sogar mir zu schaden suchen. Aber da sie nun mal gekommen sind, akzeptiere ich sie, ich muss ihnen eine Chance lassen, ich versuche ihnen zu helfen, denn ich weiß durchaus, wie schwer das Leben für jeden ist: Sie hatten vielleicht keine guten Bedingungen, keine guten Vorbilder. Aber die Realität ist, wie sie ist, und ich weiß, was ich zu erwarten habe. Allerdings behalte ich diese Beobachtungen für mich, ich sage nichts, und alle, die sich vorstellen, heiße ich willkommen.

In meinem Zimmer habe ich das Bild einer Jungfrau, über das Jesuskind gebeugt, das sie liebevoll in ihren Armen hält, ein ganz kleines Kind. Oft betrachte ich dieses so reine Bild. Ich könnte es euch zeigen und euch erklären: »Seht, dieses Kind ist die Bruderschaft, ich halte es in meinen Armen.« Denn diese Bruderschaft, die ich auf Wunsch des Meisters Peter Danov in Frankreich ins Leben rufen sollte, ist in gewisser Weise mein Kind, und ich halte es ebenso in meinen Armen.

Die Idee der Brüderlichkeit, für die wir arbeiten, ist noch wie ein neugeborenes Kind. Damit es wächst, müssen wir ihm Nahrung und Kleidung geben, und ich werde diese Nahrung und diese Kleidung bis hinauf zu den Sternen suchen. Jeden Tag bitte ich sie um etwas für dieses Kind, und die Sterne befassen sich mit ihm. Ich wende mich auch an die Bäume: »Werdet ihr mir etwas geben?« Ich spreche zum ganzen Universum von diesem Kind, das wachsen, laufen lernen, Neues erfahren will. Ich weiß um all seine Bedürfnisse, meine beständige Sorge ist es, seinen Lebensunterhalt und sein Wachstum zu sichern, ich habe keine andere Arbeit und muss dabei so wachsam sein! Ich habe ein großes Laboratorium, um die Nahrungsmittel, die man ihm bringt, zu analysieren. Ich versichere mich, dass sie rein und gesund sind, und dass sie keinen Keim beinhalten, der zum Zerfall führt. Denn wenn es groß geworden ist, soll dieses Kind tatsächlich fähig sein, die alte Welt niederzuwerfen. Ich fordere daher auch euch auf: Kümmert euch um es. Es braucht viel Liebe. Wenn man ihm die Liebe versagt, könnte es sterben, so wie alle Kinder.

Diese Idee der Brüderlichkeit, sie und nur sie hat die Macht, den Frieden in der Welt herrschen zu lassen. Eines Tages, als ich im Wald spazieren ging, sang ich das Lied »Ni sme slaveiceta gorski« von Meister Peter Danov, »Wir sind die Nachtigallen des Waldes[1]«. Und da erschien eine Taube, ich weiß nicht woher, setzte sich auf meinen Kopf und dann auf meine Hand. Heutzutage zeichnet man überall dieses Symbol des Friedens, aber es genügt nicht, es zu zeichnen oder regelmäßig Versammlungen abzuhalten, wo man über Mittel diskutiert, wie man Kriege beendet. Die Taube, die sich auf mir niederließ, sprach zu mir von einem Frieden, der seinen Ursprung im tiefsten Inneren des Menschen hat.[2]

Ich bin zu euch gekommen, damit sich hier in Frankreich ein Ideal brüderlichen Lebens verwirklichen kann, das als Beispiel für die Zukunft dienen wird. Frankreich wird überall als Vaterland der Freiheit und der Menschenrechte betrachtet, es hat die ganze Welt gelehrt, dass jedes Individuum als ein freies, unabhängiges Wesen respektiert werden muss, dass niemand autorisiert ist, sich anderen aufzudrängen, sie zu unterwerfen. Aber jetzt hat es eine andere Mission zu erfüllen: die, ein Vorbild kollektiven, brüderlichen Lebens zu liefern, wo jedes Individuum bewusst eine Art wunderbarer Verpflichtung akzeptieren wird, um zu einer anderen, wahrhaftigeren, tiefgreifenderen Freiheit zu gelangen, der Freiheit seines Höheren Wesens. Es ist an der Zeit, eine Erfahrung zu leben, an die sich die Menschen bisher noch nicht herangewagt haben, und die sie von ihren Illusionen befreien wird, aus ihrer Isolation und ihrer Ohnmacht.

Wenn die Menschen sich nicht entschließen, aus ihrem Egoismus, ihrem Parteiergreifen herauszutreten und zu lernen, wie sie zusammen leben können, wird die gesamte Erde durch die Mittel, die der technische Fortschritt ihnen zur Verfügung gestellt hat, bald nur noch ein einziges Schlachtfeld sein. Daher sollten all diejenigen, die mir zuhören, weil sie glauben, dass ich ihnen große Offenbarungen über die Einweihungslehre mache, wissen, dass sie enttäuscht sein werden. Sehr viel häufiger werden sie mich wiederholen hören, dass das Wesentliche darin liegt, an seinem Charakter zu arbeiten, sein Verhalten, seine Lebensweise zu verbessern. Dafür können natürlich Astrologie, Alchimie, Magie, Kabbala usw. von gewissem Nutzen sein, aber sie sind bei Weitem nicht das Nützlichste. Demjenigen, der kein hohes Ideal hat, demjenigen, der sich nicht von seiner Egozentrik befreit hat, von seinem Bedürfnis, andere zu beherrschen, dem bringen diese Kenntnisse der Einweihung nichts, sie stellen sogar eine Gefahr dar.

Was diejenigen angeht, die glauben, dass ich ihnen Methoden gebe, um hellsichtig zu werden, auch die muss ich vorwarnen, dass ich ganz und gar nicht diese Hellsichtigkeit besitze, die sie suchen. Die Hellsichtigkeit, die ich besitze, ist die des Herzens. Ja, ich habe sehr spezielle Augen, aber in meinem Herzen; deshalb sehe ich, was die anderen nicht sehen. Ich sehe, was der Schöpfer in die Wesen gelegt hat, und das muss entwickelt und genährt werden. Nur diese Hellsichtigkeit kann ich sie lehren.[3]

Für die Arbeit, die ich vorhabe, will ich Menschen, die reich in ihrem Herzen und in ihrer Seele sind. Man darf sich nicht mehr damit zufriedengeben, über Liebe, Frieden und Brüderlichkeit zu reden, man muss sie leben, indem man lernt, sich zu treffen und sich in Bereichen auszutauschen, wo die von der Gesellschaft gepredigten Werte nicht mehr sehr viel zählen. Ihr selbst habt hier alles, um in der Freude zu leben, jedoch unter der Voraussetzung, dass ihr als Erstes versteht, dass eure Freude von eurer eigenen Liebe abhängt, nicht von der Liebe anderer.

Die Bruderschaft ist wie ein Chor. Ihr habt eine Stimme, weigert euch nicht, euch mit den anderen zu vereinen, unter dem Vorwand, dass sie für euren Geschmack nicht gut genug singen. Wenn all diejenigen, die singen können, es vorziehen, sich abseits zu halten, wie soll sich dann dieser Chor bilden? Es ist leicht, die Schwächen und Unzulänglichkeiten der anderen hervorzuheben: Welchen Verdienst glaubt ihr, damit zu gewinnen? Unterstützt lieber meine Arbeit, stellt eure Kräfte bereit, gebt ein Beispiel brüderlichen Geistes. Ihr gebt vor, euer Land zu lieben, aber was tut ihr, damit alle darin brüderlich leben können? Ihr wisst noch nicht, wie ansteckend euer Beispiel werden könnte.

Ich mische mich nicht in euer Privatleben ein, außer natürlich, wenn ihr selbst euch mir anvertraut. In unserem Versammlungssaal sitzt ihr alle vor mir, und das genügt mir, um zu wissen, was ihr innerlich lebt. Auf dem Gesicht von manchen sehe ich Klarheit; bei anderen nehme ich etwas Verschwommenes, Dunkles wahr. Ich weiß nicht, was sie getan oder nicht getan haben, und ich muss die Details nicht kennen. Ich kann sogar sagen, dass mich das nicht interessiert, und ich verlange von niemandem, seine Fehler zu beichten. Ich gebe euch allen eine Lehre, Methoden, damit ihr auf dem rechten

Weg gehen könnt. Denjenigen, bei denen ich spüre, dass sie voranschreiten, dass sie sich befreien, sende ich gedanklich Ermutigungen, damit sie weitermachen; und anderen, bei denen ich spüre, dass sie gerade auf Irrwege geraten, sende ich mein Licht, damit sie auf den Weg zurückfinden.

Manche unter euch, die über sich selbst genügend Klarheit haben, stellen sich, das weiß ich, Fragen über mein Verhalten. Sie sagen sich: »Sieht er denn nicht, wie wir sind? Er empfängt uns, er lächelt uns zu, er gibt uns Zeichen der Freundschaft. Wenn er wüsste, würde er anders zu uns sprechen.« Sie verstehen nicht, warum ich mich so verhalte, wie ich es tue. Die Wahrheit ist, dass ich nicht sehen will, ich will manche Dinge nicht wissen; ich gewähre den Menschen Kredit, und mit diesem Handeln hoffe ich, dass auch sie meinem Beispiel folgen werden, dass sie aufhören werden, die unguten Seiten der anderen breitzutreten. Ich sehe, aber ich wende die Augen ab.[4]

Ich glaube, dass ich über die menschliche Natur alles weiß, was man wissen muss. Wenn sich manchmal die Gelegenheit dazu bot, bin ich sogar in Bars, in Nachtclubs, in Casinos gegangen, um mir einen Eindruck zu verschaffen. Man kann lange theoretisch erkannt haben, was der Mensch ist, es ist jedoch etwas ganz anderes, ihn in Fleisch und Blut erlebt zu haben, um zu spüren, was in seiner Seele vorgeht. Zu spüren, was jemand empfindet, der aus dem Casino kommt, nachdem er alles Geld, das er besitzt, verloren hat und sogar das, welches er nicht besitzt, das ist erschreckend. Ihr seid erstaunt: Ihr könnt euch nicht vorstellen, dass ich meine Füße an solche Orte setze? Eines Tages lud man mich auch in ein Nudisten-Camp ein, und ich nahm an unter der Bedingung, dass ich meine Kleidung anbehalten durfte. Und außerdem, was glaubt ihr wohl? Wenn man zwei Jahre seines Lebens im Gefängnis verbracht hat, kann man überall hingehen. Und wenn ihr wüsstet, was ich alles an vertraulichen Mitteilungen zu hören oder zu lesen bekomme in den Briefen, die ich erhalte! Deshalb weiß ich, wovon ich rede, wenn ich zu euch über den Menschen spreche. Aber jenseits dessen, was ich vor Augen habe, bemühe ich mich darum, das zu sehen, was eines Tages sein wird.

Wenn ich euch vor mir habe, versuche ich die Gottheiten zu sehen, die ihr noch nicht seid. Wie ihr jetzt seid, das interessiert mich nicht. Bei jeder Begegnung mit euch, denke ich an den in euch verborgenen göttlichen Funken, der auf den Augenblick wartet, in dem ihr ihm endlich die Möglichkeit gebt, sich zu manifestieren. Der höchste Ausdruck von Liebe liegt in Folgendem: sich mit dem göttlichen Funken in jedem Geschöpf zu verbinden wissen, um ihn zu nähren, ihn zu stärken. Was denkt ihr, was ein Meister sonst mit seinen Schülern tut? Und was denkt ihr, was ich mit euch tue? Ich kümmere mich um diesen göttlichen Funken in euch, der euer kostbarstes Gut darstellt. Und wenn ihr mich liebt, wie viele von euch mir sagen, so einzig und allein deshalb: weil ihr spürt, dass ich mich an das wende, was es an Bestem, an Wertvollstem in euch gibt.

Wie anders wären die Beziehungen unter den Menschen, wenn auch sie, sobald sie einander begegnen, denken würden, dass der Mann oder die Frau, die sie vor sich haben, Träger eines aus dem göttlichen Feuer hervorsprühenden Funkens sind! Selbst in einem Kriminellen muss man diesen Funken suchen, um ihn möglichst wiederzubeleben. Das ist nicht immer machbar, aber man sollte es zumindest versuchen. Man weiß nicht immer, warum sich ein Mensch einer schlechten Neigung überlassen hat, man weiß ebenso wenig, was ihn wieder aufrichten und plötzlich den Funken in ihm beleben könnte. Diese Idee hat Victor Hugo in »Die Elenden« entwickelt, wo er erzählt, wie Monseigneur Myriel mit Jean Valjean umgegangen ist.

Bei wie vielen Menschen in der Welt ist der göttliche Funke nur ein wenig verdunkelt, eingeschlafen! Aber mit den Methoden unserer Lehre ist es möglich, ihn wiederzubeleben, und dann vollbringt er Wunder. Im Gegensatz zu den Menschen, die immer bereit sind, zu verurteilen, zu bestrafen, weiß die Vorsehung sehr gut, dass, wenn ein Mensch sich eines schweren Vergehens schuldig gemacht hat, es nicht gesagt ist, dass er ewig im Bösen verharren wird; er kann sich bessern, man sollte ihm dabei helfen. Und man kann ihm nur helfen, wenn man sich auf den göttlichen Funken konzentriert, den er in sich trägt. Wenn Männer und Frauen sich begegnen, sollten sie sich sagen: »Das sind unsere Mitmenschen, da sie, so wie wir, von einem göttlichen Funken bewohnt sind. Also müssen wir sie als unsere Brüder und Schwestern betrachten.«[5] Aber stattdessen sagen sie sich: Das sind »die anderen«, wir haben nichts gemeinsam, wir haben nichts zu schaffen mit ihnen. Wenn sie sie nicht sogar als Feinde betrachten, die auf beliebige Weise zu vernichten sind.

Wenn sie mich so reden hören, denken manche: »Aber für Sie ist das brüderliche Leben einfach. Hier hören alle auf Sie, alle respektieren Sie, alle lieben Sie.« Das glaubt ihr wirklich? Natürlich, wenn ich den Versammlungssaal betrete, erheben sich alle, um mich zu grüßen, und alle sind dann still, um mir zuzuhören. Aber was wisst ihr von den Briefen, die man mir sendet? Und wenn ich Brüder und Schwestern empfange, was wisst ihr von dem, was sie von mir erwarten? Und wenn sie mich um Ratschläge bitten, wisst ihr, wie sie diese anwenden und um all den Ärger, der für mich daraus folgt? Von wo und von wem glaubt ihr, kamen die Verleumdungen und die Ungerechtigkeiten, deren Opfer ich wurde?

Ich akzeptiere die Rolle eines Lehrers und weiß um all die Schwierigkeiten, die mich erwarten. Aber ich vertraue weiterhin. Ich bin so, ich kann nichts dafür. Wie oft hat man mir geraten, vorsichtiger zu sein und nicht jeden x-Beliebigen hierherkommen zu lassen. Vielleicht werde ich eines Tages dahin kommen müssen, denn ich kann nicht die ganze Bruderschaft wegen einiger Personen Gefahren aussetzen. Aber ich bin unglücklich, wenn man jemandem die Tür verschließen muss; ich sage mir, dass ich ihm noch eine Chance lassen sollte, dass vielleicht etwas Gutes in ihm wach wird. Was ist besser? Unglücklich sein, weil man jemanden wegschicken muss oder weil man Feinde anzieht, indem man ihn einlässt? Ihr seht, man muss immer zwischen zwei Unannehmlichkeiten wählen. Ehrlich, ich habe mich in Situationen befunden, in denen andere an meiner Stelle »den Laden geschlossen hätten«, wie man so sagt, aber das wäre nicht die richtige Lösung.

Und wollt ihr, dass ich euch jetzt etwas gestehe? Ich fühle mich reich, sehr reich. Ja, indem ich euch begegne, euch zuhöre, indem ich all die Schwierigkeiten akzeptiere, die ihr mir bereitet, bin ich an Verständnis, an Nachsicht, an Geduld reicher geworden. Ist das nicht Reichtum? Ja, mein Reichtum rührt daher, dass ich mit euch bin und mich um euch kümmere. Ich glaube nicht, dass ich ohne euch so viel gewonnen hätte. Wollt ihr nicht auch, so wie ich, sehr viel reicher werden?...

Und dann ist da noch die Wahrheit, dass wir in der unsichtbaren Welt niemals allein sind. Wohlwollende Wesenheiten begleiten uns, und sie zeigen sich aufmerksam gegenüber unseren Anstrengungen, unseren Bedürfnissen. Wenn sie daher sehen, dass meine größte Sorge darin besteht, euch aufzuklären, euch zu unterstützen, beeilen sie sich, mir zu helfen. Auch ich wende mich mit Bitten an sie, um mit allen Situationen zurechtkommen zu können, und da sie sehr großzügig sind, geben sie mir viel: Dank euch, die ihr da seid, kommen ganze Kisten, ganze Waggons von allen Seiten an. Und wenn auch ihr akzeptiert, brüderlich miteinander zu leben, werden die himmlischen Wesen es euch an nichts fehlen lassen.

Was wir für die anderen zu tun suchen, das werden die himmlischen Wesen auch für uns tun. Wenn wir uns den anderen zuneigen, werden sie sich uns zuneigen. Wenn wir die Schwierigkeiten ertragen, die uns unser Umfeld schafft, wenn wir unsere Geduld entwickeln, setzen diese Wesen sich dafür ein, sich zu gedulden, uns zu ertragen, uns zu unterstützen. Bemüht euch, diese Erfahrung zu machen, anstatt mir zu erzählen, dass es euch unmöglich sei, einige Tage oder Wochen in Harmonie zusammen zu leben. Und glaubt nicht, dass ihr mir schmeichelt, wenn ihr mir sagt, wie es manche tun: »Wie gelingt es Ihnen nur, uns schon so lange zu ertragen? Das ist außergewöhnlich, wir bewundern Sie.« Mir wäre es lieber, man würde mich etwas weniger bewundern und stattdessen vielleicht verstehen, warum ich geduldig bin und welche Methoden ich anwende, damit mir das gelingt.[6]

Derjenige, der viel Liebe in seinem Herzen hat, ist mit allen glücklich. Ja, er entdeckt bei allen Menschen Qualitäten, Reichtümer, allein in sich selbst entdeckt er Mängel. Aber im Allgemeinen geschieht genau das Gegenteil, und anstatt sich zu sagen: »Wenn ich die anderen so schwer zu ertragen finde, dann mangelt es mir an Liebe und ebenso an Weisheit«, kommt man zu mir und erzählt, dass dieser oder jener dies oder jenes getan hat… dies oder jenes gesagt hat… Aber was glaubt man, mir mitzuteilen? Ich weiß wohl, dass ich nicht von makellosen Wesen umgeben bin; aber es sind weder die Engel, die mich brauchen, noch die Erzengel. Was sagte Jesus? *»Nicht die Starken bedürfen des Arztes, sondern die Kranken.«* Für mich ist wesentlich, dass die Kranken gesund werden wollen, das heißt, dass alle hier entschlossen sind, an sich selbst zu arbeiten, sich zu vervollkommnen. Anstatt daher auf die andern zu schauen und sie zu kritisieren, sollte jeder bei sich selbst beginnen und dort nachschauen, denn jeder von uns hat etwas zu verbessern.

Und jetzt stellt euch vor, dass ich euch alle sehr unsympathisch finde oder dass ich euch eines Tages nicht mehr ertrage, was sollte ich dann tun? Nun, ganz einfach: mich weiterhin um euch kümmern, zu euch sprechen, euch zulächeln, euch mit Liebe anschauen. Ihr meint: »Aber das wäre Heuchelei!« Nein, das wäre eine pädagogische Methode, die ich mir selber auferlegen würde, weil meine Vernunft mir zeigen würde, dass dies besser für mich ist. Warum? Weil man sich niemals seinen Sympathien, seinen Antipathien oder seinen Launen hingeben darf. Das ist nicht gut für die anderen, und es ist noch viel schlechter für einen selbst.[7] Nun, warum übernehmt ihr nicht dieselbe Überlegung? Wenn es in der Bruderschaft Gesichter gibt, die euch unsympathisch sind, dann verhaltet euch so, als seien sie euch sympathisch, das wird euch wachsen lassen.

Ihr wendet ein: »Aber das ist ungeheuer schwer!« Nun ja, das ist schwierig, aber was glaubt ihr, werdet ihr erreichen, wenn ihr nur nach dem sucht, was euch leicht fällt? Das einzige Mittel, Schwierigkeiten zu beherrschen, ist, nicht ständig über sie nachzugrübeln, sondern zu verstehen, was ihr gewinnen werdet, indem ihr sie akzeptiert. Glaubt ihr, dass es mir leicht fällt, immer unter euch zu sein? Glaubt ihr, dass es mir gefällt, fortwährend zu hören, wie die einen oder anderen über Probleme sprechen? Aber ich weiß, dass ich mich auf diese Weise entwickle, und dass ich euch danach helfen kann.

Wenn ich bei jemandem einen Fehler bemerke, was tue ich? Ich handle in der Weise eines Malers: Ich betrachte diesen Fehler wie einen Fleck auf der Leinwand eines Bildes; also nehme ich einen Pinsel und verwandle diesen Fleck in ein Element, das in die Komposition des Bildes passt. Diejenigen, die es sehen, rufen aus: »Mein Gott, das ist originell! Warum ist dieses Detail so platziert?« Oh, so ist das eben, alles ist berechnet worden. Wie kann man die Seltsamkeiten der Menschen nutzen? Wie kann man ihre Fehler neutralisieren und sie in ein größeres Bild einfügen? Das ist natürlich schon eine Kunst, eine Kunst, in der wir uns in der Schule der Universellen Weißen Bruderschaft üben. All die Unvollkommenheiten der einen und der anderen muss man angleichen. Diese Angleichung so vieler, bunt zusammengewürfelter Elemente trägt dazu bei, ein neues Leben hervorzubringen, und das ist das Wunderbare. Sonst – immer kritisieren, immer das sehen, was nicht geht – etwas Einfacheres gibt es nicht. Wir sagen in Bulgarien: »Das kann sogar meine Großmutter.«

Um zu begreifen, was ein wahrer spiritueller Meister ist, muss man sich von diesem Bild des Eremiten lösen, der sich von der Welt zurückzieht und von Zeit zu Zeit aus seiner Einsamkeit hervorkommt, um vor anderen ein paar Worte der Weisheit von sich zu geben. Wie kann man den Menschen helfen, wenn man sie nicht versteht? Und wie kann man sie verstehen, wenn man nicht mitten unter ihnen lebt, um ihre Schwierigkeiten und ihre Leiden zu kennen? Dass man von Zeit zu Zeit das Bedürfnis hat, sich ein wenig zu entfernen, um sich wiederzufinden, sich aufzuladen, das ist normal, das ist notwendig, um danach aufs Neue verfügbar zu sein. Aber auch da muss man sich wiederum bewusst bleiben, dass, selbst wenn man allein ist, die anderen existieren, und in dem Moment, da man ihnen begegnen wird, man aufmerksam, wachsam und scharfblickend sein muss.

Im Gegensatz zu dem, was viele glauben, betrachtet der Weise die anderen nicht von ferne. Im Gegenteil, er weiß sich in die Lage von jedem zu versetzen. Aus diesem Grund verfügt er über Tiefe in seinen Beobachtungen, über Maß in seinen Urteilen, über Gleichgewicht in seinen Handlungen. Ihr fragt: »Aber wie weit kann er auf diese Weise gehen?« Bis ins Unendliche. Derjenige, der sich in die Lage von anderen zu versetzen sucht, beginnt intuitiv, instinktiv, all das zu spüren, was in deren Seele vor sich geht. Einmal durch den Instinkt, die Intuition in Kenntnis gesetzt, weiß er, wie er handeln soll, um bestimmten Hindernissen aus dem Weg zu gehen oder bestimmte Initiativen zu begünstigen, und sein Leben wird immer reicher und schöner.

Oft habe ich euch gesagt, dass die Tiere für uns eine Lehre sein können. Manche haben Gepflogenheiten, Verhaltensweisen, Charakterzüge, die uns zum Nachdenken anregen können. Betrachtet zum Beispiel die Fledermäuse. Oh ja, seid nicht erstaunt, wenn ich über Fledermäuse spreche. Sie können zu Dutzenden in der Dunkelheit einer Höhle sein, ohne dass sie jemals gegen die Wände oder gegen einander stoßen, denn sie besitzen eine Art Radar, das es ihnen ermöglicht, Hindernissen auszuweichen. Die Fledermaus ist ein Beispiel, über das die Menschen meditieren sollten. Diese können weder ihre Gesten noch ihre Worte noch ihre Blicke abschätzen! Ständig rempeln sie sich an, schubsen sich, prallen aufeinander. Ihr kennt das alles, nicht wahr? Sich gewandt durch Hindernisse zu bewegen, das ist eine Kunst, in der ihr euch üben könnt, indem ihr dieses Radar im Inneren entwickelt, der sich Respekt, Achtsamkeit nennt… Ja, und sei es nur die Achtsamkeit gegenüber Gegenständen.

Jeden Tag bewegt ihr euch inmitten vieler Gegenstände. Und dann seid ihr heute vielleicht in Eile, seid aufgeregt und stoßt im Vorübergehen gegen einen Stuhl. Das nervt euch, denn er steht jetzt wie ein Hindernis vor euch, und ihr verpasst ihm einen Fußtritt. Dieser Tritt selbst hat vielleicht keine große Bedeutung: Was bedeutsam ist, ist das, was in eurem Inneren vor sich geht. Einen Stuhl im Vorübergehen anstoßen, offenbart, dass man seine Gesten nicht bemessen kann; und ihm außerdem noch einen Fußtritt zu verpassen, weil man im Gehen aufgehalten wurde, das ist nicht nur ein Mangel an Intelligenz, weil es ja völlig nutzlos ist, sondern auch ein Mangel an Liebe, weil man sich einer Zornesgeste hingegeben hat. Wer so handelt, verhält sich wie eine ungehobelte Person und wird wahrscheinlich genauso mit den Menschen umgehen. Darüber hinaus spiegelt sich das in seiner Aura, die ihre Klarheit verliert, und etwas Wertvolles in ihm wird ausgelöscht. Also hat er sich auch selbst einen Fußtritt verpasst, hat er sich selbst misshandelt.

Jedem kann es passieren, dass er eine unaufmerksame Bewegung macht und einen Gegenstand anstößt, auch mir. Aber was tue ich dann? Ich stelle ihn sanft an seinen Platz zurück und gebe ihm einen kleinen freundschaftlichen Klaps. Es kann sogar sein, dass ich mich an ihn wende, aber natürlich nicht unbedingt mit lauter Stimme. Ich sage zu ihm: »Entschuldigung, ich stelle dich wieder auf deinen Platz.« Die Gegenstände sind vielleicht nicht sensibel für eure Reaktionen, aber wenn ihr sie mit Aufmerksamkeit behandelt, mit Sanftmut, werdet ihr selbst euch in guter Verfassung fühlen: Ihr harmonisiert die Strömungen in euch und in eurer Umgebung. Wenn ihr nicht wisst, wie ihr mit unschuldigen Gegenständen umgehen sollt, was werdet ihr dann mit den Menschen tun, wenn sie euch belästigen oder euch etwas zuleide tun?

Das Leben ist eins, und in jedem Moment muss man sich dessen bewusst sein, was man tut, denn keine Geste bleibt isoliert; innerlich oder äußerlich, alles hat Rückwirkungen. Und darum bestehe ich auch sehr darauf, dass ihr lernt, jedes Mal, wenn ihr euch begegnet, euch richtig zu grüßen. Sagt euch, dass ihr hierherkommt, um brüderliches Leben zu erschaffen. Denkt daher in dem Moment, in welchem ihr euch begegnet, daran, euch bewusst zu grüßen, damit ihr durch eure Hand euch gegenseitig das Leben übermittelt: Energieströme, Farbstrahlen… Die machtvollsten, segensreichsten Austausche sind nicht unbedingt diejenigen, die man infolge physischer Annäherung hat. Man kann sehr viel Liebe und Licht in eine Geste der Hand legen und in den Blick, der sie begleitet. Möge also eure Seele an eurem Gruß teilhaben und auch euer Geist! Wärt ihr nur hierhergekommen, um zu lernen, wie ihr euch richtig grüßt, wäre das bereits viel. Und weil ich selbst nicht die Zeit habe, euch alle zu empfangen – ihr seid zu zahlreich – , weiß ich, dass ich meinerseits euch allen wenigstens durch meinen Gruß etwas von mir geben kann.

Und sagt mir nicht, wie es manche getan haben, dieser Gruß erinnere an den Hitlergruß, denn da haben sie wirklich nicht richtig beobachtet, auf welche Weise Hitler grüßte, und wie ich euch grüße! Die Leute auf dem Bahnsteig, die abreisende Verwandte oder Freunde dorthin begleitet haben, winken ihnen noch lange mit der Hand, wenn der Zug sich in Bewegung setzt. Erinnert euch das auch an den Hitlergruß? Also, lasst Hitler dort, wo er ist, und wenn ihr euch grüßt, legt in eure Hand Leben, Kraft, Liebe, damit jeder spüren kann, dass das, was er mit diesem Gruß empfängt, in ihn einfließt und ihn besser macht. Es ist so wichtig, harmonische psychische Verbindungen zu haben, bevor man sich auf der physischen Ebene begegnet und miteinander spricht oder arbeitet!

In unserer Bruderschaft beten und meditieren wir gemeinsam, aber wir essen auch gemeinsam, und bevor wir essen, singen wir. Während des Tages hat jeder für sich gelebt, er hat verschiedene Personen getroffen und sich verschiedenen

Aktivitäten gewidmet. Jeder kommt also zur Mahlzeit mit seinen Beschäftigungen, seinen Gedanken, seinen persönlichen Gefühlen, die nicht unbedingt mit denen der anderen harmonieren. Wir singen, um uns zu vereinen, uns zu harmonisieren.

Es kommt manchmal vor, dass ihr in dieser Harmonie eine einzige Seele bildet, eine so strahlende, vibrierende Seele, dass ich mich gleichsam meines Körpers enthoben fühle. Ich kenne natürlich diese Momente des Lichts, der Erweiterung, in denen ich spüre, dass ich am Leben der Universalseele teilhabe, aber in diesen Momenten bin ich meistens allein. Welch eine Freude, wenn ich auch mit euch solche Momente erleben kann! Und weil ich nicht allein mithilfe des Denkens versuche, bestimmte Dinge in euch einzuschreiben, nehme ich anschließend meinen Stift und ein Blatt Papier und schreibe. Ja, ich schreibe einige Worte und fordere sie auf, sich in euch als Samen einzugraben, in eurem Unterbewusstsein, in eurem Überbewusstsein, in der Hoffnung, dass diese Samen schließlich auch in eurem Bewusstsein wachsen werden.

Und außerdem essen wir in Stille.[8] Für manche, die gewohnt sind, zu schwatzen oder sogar sich zu zanken während der Mahlzeiten, ist es eine tödliche Stille, eine Art Wüste. Und dabei ist diese Stille die unverzichtbare Voraussetzung dafür, dass die himmlischen Wesen kommen und diesem so bedeutsamen Moment beiwohnen, in welchem wir mit der Nahrung als Vermittlerin mit dem Fleisch und dem Blut Christi kommunizieren.[9] Sich ernähren, ist der erste Buchstabe des göttlichen Alphabets und in Stille, in Harmonie, in einer brüderlichen Atmosphäre essen, das ist für mich die wahre Kommunion.

Ich wurde schon bei Botschaftern, Bankiers, Aristokraten zum Mittagessen eingeladen, und im Ernst, ich fand das etwas schwer zu ertragen. Dieses viele Tafelgeschirr mit seinen verschiedenen Bestecken, die man ständig wechselt, und die Diener, die mal von rechts und mal von links bedienen... Braucht man dieses Ritual? Und nicht zu vergessen die Konversation, an der man sich höflicherweise beteiligen muss. Man weiß nicht mehr, was man isst. Eines Tages, weil ich sie schon lange kannte, sagte ich zu meinen Gastgebern: »Könnte man die Dinge nicht vereinfachen? Ich verstehe, dass Sie sich den Konventionen anpassen müssen, wenn Sie bestimmte Personen empfangen. Aber ich bitte Sie, machen Sie wenigstens für mich eine Ausnahme. Es ist in Zukunft nicht mehr nötig, mich mit diesem ganzen Zeremoniell zu empfangen.« Die Hausherrin lächelte, und es schien mir sogar, dass sie einen kleinen Seufzer der Erleichterung ausstieß. Ich versichere euch, dass ich während dieser Art von Mahlzeit oftmals die Einfachheit und die Stille unserer brüderlichen Mahlzeiten vermisste.

Eine Atmosphäre ist lebendig, weil sie von all den lichtvollen Wesen bevölkert ist, die durch unsere Lieder, unsere Gedanken und unsere Gebete angezogen werden, und ihr wisst noch nicht, was für ein Schutz sie auch für euch werden kann. Ja, wenn man sich daran gewöhnt hat, eine reine, milde, lichtvolle Luft zu atmen, wie könnte man da nicht als Kontrast spüren, was eine schwere, drückende, stickige Luft ist, und die Gefahren, die sie ankündigt? Oft ist eine Atmosphäre das Hauptkennzeichen, das man hat, um Personen oder Situationen einzuschätzen.

Vor einigen Jahren machte ich mit einem Bruder eine Reise durch Spanien. Wir waren in der Nähe von Granada, und man hatte uns gesagt, dass es dort ein Dorf in Form von Wohnhöhlen gäbe, dessen Besuch sich lohnen würde. Wir gingen also mit einer Gruppe von Touristen dorthin, aber kaum hatten wir es betreten, sagte ich zu dem Bruder: »Wir bleiben nicht hier, wir gehen sofort wieder!« Die Männer und Frauen, die in diesen Höhlen lebten, hatten im Blick eine

Art trüben, beunruhigenden Schimmer, aber in erster Linie spürte ich in der Atmosphäre etwas Schreckliches: entfesselte Leidenschaften, begangene Verbrechen, und unter ihnen bewegten sich Larven, Elementale, die sich von ihren Emanationen nährten. Denn man muss wissen: an den Orten, an denen sie wohnen, sind die Menschen niemals allein. Andere Wesenheiten, die sie durch ihre Emanationen angezogen haben, kommen und wohnen mit ihnen.

Wir waren die Einzigen, die sofort umgekehrt sind, aber am nächsten Morgen, im Hotel, bedauerten die anderen Touristen, uns nicht gefolgt zu sein. Sie hatten dort, so sagten sie, sehr schwierige Augenblicke durchlebt, sie waren betrogen worden und so fort. Ich weiß nicht, welche magischen Praktiken man ihnen zeigen wollte, und sie sagten: »Diese Leute haben sich wie die Geier auf uns gestürzt.« Aber wie kommt es, dass sie nicht sofort in der Atmosphäre etwas Beunruhigendes spürten? Ich sage nicht, dass es schlecht ist, ein wenig Neugier und Interesse an allen Menschen zu zeigen, wer sie auch seien, auch sie sind unsere Brüder und Schwestern, aber man sollte ein Gespür haben für die Atmosphäre, um sich in Sicherheit zu bringen, bevor man zum Opfer wird.

Diese Harmonie, die wir hier gemeinsam schaffen, äußert sich manchmal auch in Form von Farben: Ein riesiger Regenbogen, der sich über uns ausbreitet und himmlische Wesen und Engel anzieht. Ja, Engel… und ich will mich damit nicht nur auf poetische Weise ausdrücken. Die Engel existieren, und sie kommen uns besuchen. Ihr sagt: »Oh, Sie haben Engel gesehen? Erzählen Sie uns…«. Das war eine solche Pracht, dass mein Herz beinahe zu schlagen aufhörte, aber es gibt nichts darüber zu erzählen. Ich würde euch nur empfehlen, dass wir uns mehr als alles andere die Anwesenheit von Engeln wünschen sollten.

Es wäre bestimmt eine gute Sache, wenn wir noch einige Gebäude haben könnten, aber mein Ziel besteht nicht darin, die Bruderschaft mit einigen zusätzlichen Bauten zu bereichern. Jede Gesellschaft, jeder Organismus, die neu gegründet werden, beginnen damit, sich um Gebäude zu kümmern, in denen sie sich niederlassen werden, und so gibt es Kirchen, Tempel oder auch Parlamente, so gibt es den Sitz der Vereinten Nationen, den des Roten Kreuzes und so weiter. Aber die Kriege gehen weiter und die Ungerechtigkeiten und das Elend und die Verbrechen. Einige Gebäude mehr oder weniger können nicht viel verändern, solange die Menschen nicht in der Lage sein werden, im Unsichtbaren mit ihren Gedanken, ihren Gefühlen, ihrem Willen Bauwerke aus Licht und Liebe zu errichten. Diese unsichtbaren Bauten sind genauso wirklich wie Bauten aus Beton oder Glas und noch viel wirksamer.

Ein solches Bauwerk möchte ich mit euch gemeinsam errichten, etwas von einer solch machtvollen Wirkung, dass alle Bewusstseine in der Welt davon ergriffen und völlig verändert würden. Ja, das wäre plötzlich eine solch tiefgreifende Veränderung in den Bewusstseinen, dass jeder von einer unwiderstehlichen Strömung davongetragen würde: Ohne sich Fragen zu stellen, würde er seine egoistischen Interessen beiseitelassen und sich entschließen, für das Kommen der Bruderschaft zu arbeiten. Ich frage mich nicht, ob es mir gelingen wird, eines Tages solch ein Bauwerk zu errichten, aber in diesem Sinne arbeite ich. Diese Arbeit gibt meinem Leben einen Sinn und ihr alle, die ihr hierherkommt, von euch wünsche ich mir, dass ihr daran teilnehmt, indem ihr Verständnis und brüderliche Liebe für einander kultiviert. Jeder sollte kommen, um dem Gebäude einen Stein hinzuzufügen, und fragt euch nicht, wo euer Platz sein wird, Gott wird wissen, wo er jeden Stein hinsetzt.

Überall, wo ich gereist bin, habe ich großartige Dinge gesehen, Bauwerke mit Parks und Gärten, wie sie die Bruderschaft sicher niemals besitzen wird. Aber oft erinnerten sie mich an leere Gräber, weil die Männer und die Frauen, die sie bewohnten, selbst nicht vom Geist und von der Liebe bewohnt waren. Doch ich wünsche mir, dass ihr aus Izgrev, aus dem Bonfin, aus all unseren Bruderschaftszentren in Frankreich und in den anderen Ländern wirklich bewohnte Orte macht.[10] So sehr, dass man schon beim Betreten in der Atmosphäre etwas Feinstoffliches, Licht und Frieden spürt.

Ich weiß, dass sich das allmählich verwirklicht. Menschen, die den Bonfin zum ersten Mal betreten, sagen es mir oder sagen es Brüdern und Schwestern. Manchmal sind es sogar Arbeiter, die aus Fréjus kommen, Kraftfahrer, die uns Lebensmittel oder Material liefern. Sie wissen nicht immer, wie sie es ausdrücken sollen, aber sie sagen, dass sie hier etwas Besonderes spüren, und dass es ihnen gut tut. Aber ja, denn selbst die Erde, die Steine, die Bäume sind von unseren Gebeten, unseren Gesängen, unseren Gedanken und unseren brüderlichen Gefühlen imprägniert. Bemüht euch, euch dessen noch bewusster zu sein, ihr werdet davon profitieren und ebenso diejenigen, die eines Tages hierherkommen werden.

Jeder muss sich darum bemühen, wenigstens eine gute Eigenschaft weiterzuentwickeln (die Achtung für andere, eine gute Stimmung, Ausdauer, Beständigkeit, Dankbarkeit, den Sinn für Ordnung, für Ästhetik usw. – es gibt deren so viele!), in dem Bewusstsein, dass er, dank dieser guten Eigenschaften, nicht nur die Atmosphäre reinigt und aufhellt, sondern auch die Menschen, denen er begegnet, positiv beeinflusst; er wird zum Vorbild für sie. Natürlich bin ich nicht so naiv, dass ich nicht bemerke, dass die Leute im Allgemeinen von Natur aus eher dazu neigen, die anderen um ihren Erfolg, ihren Ruhm, ihren Reichtum zu beneiden, als um ihre guten Eigenschaften wie Geduld, Güte, Selbstlosigkeit. Aus diesen guten Eigenschaften versuchen sie, so viel Profit wie möglich zu schlagen: Es ist so viel vorteilhafter, von den guten Eigenschaften anderer zu profitieren, als sich diese selbst zu erarbeiten! Und doch kommt es vor, dass sie sich durch die Berührung mit ihnen am Ende beeinflussen lassen.

Für seine Umgebung ein Vorbild zu werden, ist sicher schwierig, aber der Versuch lohnt sich. Erforscht euch gut und findet heraus, welche eurer guten Eigenschaften sich festigen, größer werden und behaupten können. Wählt eine aus und entwickelt sie mit Ausdauer weiter; sie wird zu einem Zentrum werden, und alle eure anderen Qualitäten werden sie unterstützen. Wenn ihr anstrebt, an allen euren guten Eigenschaften auf einmal zu arbeiten, werdet ihr keinen Erfolg haben; ihr müsst euch zuerst ein Zentrum schaffen. Entscheidet ihr euch für die Güte als Achse, um die herum sich all eure Anstrengungen drehen, werden sich andere Tugenden ihr zugesellen: Geduld, Großzügigkeit, Weisheit und sogar Hellsicht. Ja, solch eine Hellsicht, die euch die anderen durchschauen lässt, euch spüren lässt, was sie brauchen, wie ihr mit ihnen umgehen und sprechen sollt.

Da ihr hierhergekommen seid, bemüht euch, an meiner Arbeit teilzunehmen, damit wir eines Tages viele andere Bewusstseine in der Welt berühren! Auf diese Weise wird sich euer Leben mit Sinn und Freude füllen. Was ist schrecklicher, als eines Tages die Erde verlassen zu müssen, ohne etwas Gutes für andere getan zu haben? Glücklicherweise hat Gott in das menschliche Herz den Wunsch gelegt, nützlich zu sein. Das beginnt mit dem Bedürfnis, seine Familie, seine Freunde, sein Land zu unterstützen. Aber das genügt nicht. Man muss an die ganze Welt denken und sogar an andere Planeten. Auch dort existieren Geschöpfe, denen man in ihrer Evolution helfen kann. Selbst wenn es euch noch nicht gelingt, diese Arbeit in Erwägung zu ziehen, solltet ihr wenigstens wissen, dass das möglich ist, und dass ihr, dank dessen, mit höher entwickelten Wesen in Kontakt tretet, die euch immer weiter, immer höher führen werden.

Manchmal fragt ihr euch: »Aber wozu ist das gut, dass ich bete, dass ich meditiere, dass ich mich um ein Leben in Licht und Reinheit bemühe? Das bringt doch niemandem etwas, man bemerkt es nicht einmal.« Nun, da täuscht ihr euch! Sobald ihr euch bemüht habt, in Harmonie zu leben, im Licht, bringt eure bloße Gegenwart etwas Wertvolles, dessen Einfluss ihr nicht messen könnt.

Eines Tages, als ich mein Fernsehgerät einschaltete, stieß ich zufällig auf eine Sendung mit dem Namen »Das kleine Konservatorium von Mireille«. Da gab es Jungen und Mädchen, die abwechselnd ein Chanson vortrugen; und ihre Lehrerin, Mireille, half ihnen, ihre Schüchternheit zu überwinden, ihre Stimme richtig einzustellen und so weiter. Das war sehr interessant. Einmal wurde meine Aufmerksamkeit von einem jungen Mädchen angezogen, das bescheiden an seinem Platz saß. Es ging von ihm etwas derart Zartes und Feinstoffliches aus, dass ich begeistert war. Ich betrachtete sie und sagte mir: »Was hat sie nur gemacht, um diesen Charme, diese Anmut zu haben?« Ihre Größe, ihre Gesten, ihr Gesicht, ihre Haare, ihre Stirn, ihre Augen, ihre Nase, ihr Mund, ihr Teint, ihr Lächeln – alles war so schön und wohl proportioniert! Ihre Kameraden schienen ihr keine besondere Aufmerksamkeit zu schenken, für mich jedoch war es offensichtlich, dass ihre bloße Anwesenheit sie beeinflussen musste, und dass überall, wo dieses junge Mädchen hinging, es Poesie erschuf und jeden – und besonders jede – zu dem geheimen Wunsch inspirierte, so zu werden, wie es selbst.

Es hatte es nicht nötig, zu sagen: »Schaut mich an, seid so wie ich«… Welches Mädchen hätte nicht das Bedürfnis verspürt, ihr zu gleichen?

Und seid nicht erstaunt, dass ich als Beispiel ein junges Mädchen nehme, das ich im Fernsehen gesehen habe. Für mich können alle Beispiele dazu dienen, euch die Wahrheiten des psychischen Lebens begreiflich zu machen. Ich stelle fest, dass ihr die Bedeutung des Einflusses noch nicht ermesst. Aber ja, das ist so einfach! Man sieht es jeden Tag. Nehmen wir eine bekannte Schauspielerin, die beschließt, ihre Frisur zu ändern. Sie muss nicht überall Predigten halten, damit man sie nachahmt: Sie hat ihr Foto in den Magazinen, sie wird ins Fernsehen eingeladen, und schon am nächsten Tag frisieren sich eine Menge Frauen so wie sie, tragen dieselbe Kleidung und so fort. Ein spiritueller Einfluss ist ganz sicher subtiler, aber es ist dennoch ein Einfluss, und er wirkt kaum wahrnehmbar. Deshalb sollt ihr an euch selbst arbeiten, damit ihr lebendige Bücher werdet, die all diejenigen, denen ihr begegnet, inspirieren werden. Selbst ohne den Mund aufzutun, werdet ihr sprechen; und eben das ist großartig! Es sind nicht immer die Worte, die am überzeugendsten sind. Lebendige Bücher werden, diese Arbeit solltet ihr daher in Zukunft ernst nehmen: Ihr werdet einen segensreichen Einfluss auf alle haben, die in eure Nähe kommen. Auch das ist brüderliche Liebe.

Es gibt noch unbekannte Blumen und Bäume an Orten der Erde, wohin der Mensch sich noch nie vorgewagt hat, und es vielleicht niemals tun wird. Man fragt sich manchmal, wozu diese Pflanzen gut sind, von denen niemand etwas haben wird, weil sie ja niemand sieht. Das macht keinen Sinn, denkt man, die Natur ist nicht intelligent. Einige materialistische Philosophen bedienten sich sogar dieses Arguments, um aufzuzeigen, dass die Schöpfung keine Zweckbestimmtheit aufweist, dass alles nur das Werk des Zufalls ist. Ihr selbst seid vielleicht auch schon an fast unberührte Orte gekommen, abseits von allem, wo ihr Blumen von großer Schönheit entdeckt habt, und ihr habt euch gefragt: »Wozu mögen diese Blumen wohl gut sein, von deren Existenz niemand weiß? Warum wachsen sie dort, unbekannt, unnütz, verwildert?« Oh nein, in Wirklichkeit bleibt keine Blume, keine Pflanze unbeachtet in der Natur, keine ist verwildert, nutzlos. Wenn es nicht die Menschen sind, sind es Wesen der unsichtbaren Welt, die zu den verborgensten Blumen kommen und ihre Emanationen einsammeln.

Aber ja, warum sollten die Menschen die Einzigen sein, die Pflanzen kennen und nutzen können, ebenso wie Mineralien und Tiere? Es gibt auch all die Wesenheiten, die wir nicht sehen, die aber existieren: die Geister der vier Elemente oder die Seelen der Toten… Wie Chemiker extrahieren sie daraus bestimmte Substanzen, von denen sie sich ernähren oder die sie woandershin transportieren, um anderen Geschöpfen zu helfen. Nichts ist ohne Nutzen in der Natur oder in der Gesellschaft, nichts und niemand. Erinnert euch gut an das, was ich euch da sage. Ja, selbst wenn es unbekannt, verborgen bleibt, werden die Liebe und das Licht, die einem menschlichen Wesen entströmen, von unsichtbaren Wesen aufgenommen, die sich davon ernähren, und diese Wesen können sie auch sehr weit mit sich tragen, um Geschöpfe zu retten, die nach Hilfe rufen.

Wenn wir beten, wie viele Geistwesen können da kommen und von uns Quintessenzen nehmen, die zur Heilung der Beschwernisse der Menschheit dienen werden! Denkt daran, und auf einmal erhält euer Leben einen neuen Sinn. In seiner unermesslichen Weisheit hat der Ewige nichts unnütz gelassen. Wie oft habe ich das schon bestätigt gesehen, und darum sage ich euch jetzt: Auch ihr könnt eine Quelle von Segnungen für die ganze Menschheit werden.

Es kommt vor, dass manche zu mir sagen: »Oh Meister, wie einsam müssen sie sich fühlen!« Das hängt davon ab, was man als Einsamkeit bezeichnet. Sicher, wenn ich feststelle, dass ich von euch weder verstanden, noch in meiner Arbeit unterstützt werde, kann ich mich allein fühlen. Aber in der unsichtbaren Welt fühle ich mich niemals allein. Ich habe oft vom Gesetz der Affinität gesprochen, demgemäß alle Wesen, die dasselbe Ideal nähren, dieselben Gedanken haben, dieselben Wünsche und Gefühle, in der feinstofflichen Welt in Verbindung treten.[11] Im Unsichtbaren also weiß ich, und spüre ich, dass mir geholfen wird, ich unterstützt werde von all den Menschen der Vergangenheit, aber auch der Gegenwart, die von dem selben Willen wie ich belebt wurden und belebt sind, Frieden und Brüderlichkeit in die Welt zu bringen. Solltet ihr euch einmal allein fühlen, erinnert euch an dieses Gesetz der Affinität. In Wirklichkeit ist man niemals allein.

Am letzten Tag meiner Türkeireise war ich in Istanbul. Vom Fenster meines Hotelzimmers aus schaute ich auf die Straße, auf die Häuser, die Autos, die vorübergehenden Leute… Im Nachbarhaus gab es einen Hof, wo ich einen alten Mann von erbärmlichem Aussehen ankommen sah: Seine Kleidung, die keine Farbe mehr hatte, war stellenweise zerrissen. Er trug einen kleinen Teppich, aber derart abgenutzt, dass man sicher hindurch sehen konnte. Er breitete diesen Teppich sorgfältig auf dem Boden aus und kniete sich dann hin, um seine Gebete zu sprechen, wie es die Moslems tun. Von diesem Moment an zog sein Verhalten meine ganze Aufmerksamkeit auf sich. Er betete mit solch einer Inbrunst, solch einem Glauben, solch einer Konzentration, dass auch ich anfing zu beten mit ihm, und ich bat den Himmel, dass er erhört werden möge. Seine Haltung, seine Gesten drückten die ganze Verehrung eines Geschöpfes gegenüber seinem Schöpfer aus, und trotz seiner Armut war offensichtlich, dass er nicht um Geld bat. Aber er schien derart mittellos, dass ich etwas für ihn tun wollte. In der Zeit, als ich hinunterging, war er leider schon fort gegangen. Ich fand ihn nicht wieder und war enttäuscht, denn er hatte mich wirklich berührt.

Noch lange dachte ich immer wieder an diesen alten Mann und sagte mir: »Mein Gott, es ist unmöglich, dass er nicht erhört wird.« Ohne sich darum zu kümmern, ob ihn jemand beobachten würde, betete er im Geheimen seines Herzens mit solcher Einfachheit und Aufrichtigkeit! Und wenn ich euch diese Anekdote erzähle, möchte ich euch damit in erster Linie zu verstehen geben, dass, wenn ihr von ganzem Herzen betet, jemand da ist, der euch beobachtet, wenn auch nicht von einem Hotelzimmerfenster aus. In der unsichtbaren Welt ist immer jemand da, der von dort aus nach euch schaut, und wenn ihr sein Herz berührt, kann es sein, dass er sich entschließt, sich auch mit seinem Denken und seiner Liebe eurem Gebet anzuschließen, damit ihr erhört werdet. Oh ja, ihr seid niemals allein, es finden sich immer ein paar »Indiskrete«, die euch beobachten. Und wenn sie sehen, dass ihr aufrichtig, selbstlos seid, beschließen sie, euch zu unterstützen.

Es gibt in der Welt so viel Leid, das wir nicht kennen! Wir erfahren ein wenig davon durch Zeitungen, Radio oder Fernsehen, aber es ist unmöglich, all das Unglück aufzuzählen und zu beschreiben, das jeden Tag die Menschheit trifft, denn das, was geschieht, ist unbeschreiblich. Die Geister der unsichtbaren Welt würden gerne all diese Leiden verringern, aber sie können es nicht, weil sie nicht die Mittel haben, auf der Erde direkt zu intervenieren. Sie brauchen Menschen als Mittler. Aber wo sind diejenigen, die, obwohl sie doch die Macht dazu haben, wirklich daran denken, etwas zu tun? Nun, darin liegt unsere Aufgabe: den himmlischen Geistern Mittel zur Verfügung zu stellen. Und diese Mittel, das sind wir. Dort, wo es hingebungsvolle Diener gibt, die sich in ihren Dienst stellen, da können diese Geister durch sie große Verbesserungen auf der Erde herbeiführen.

Eines Tages, inmitten eines Vortrags, setzte ich eine ernste Miene auf und fragte mit feierlicher Stimme: » Meine lieben Brüder und Schwestern, wisst ihr, wer ich bin?« Alle waren sehr beeindruckt und glaubten, ich würde sagen, dass ich Pythagoras war oder Orpheus oder Buddha oder Zarathustra… oder Dschingis Kahn wäre, wer weiß? Auf alle Fälle eine berühmte Persönlichkeit. Daher schauten sie mich alle – erwartungsvoll ob dieser Offenbarung – an, und nach einigen Augenblicken sagte ich mit derselben ernsten Miene und derselben feierlichen Stimme: »Ich bin der Verräter Nummer eins.« Was war das für eine Überraschung für die Armen, was für eine Enttäuschung! Manche waren sogar ein wenig beunruhigt. Ein Verräter, das ist wirklich nicht berühmt!

Also musste ich es erklären: » Die gesamte Erde gleicht einer uneinnehmbaren Festung, und selbst den mächtigsten Wesen der göttlichen Welt gelingt es nicht, dort Ordnung, Gerechtigkeit, Frieden und Liebe einzurichten. Warum? Weil diese Wesenheiten nicht aus physischer Materie bestehen. Um eingreifen zu können, müssen die Menschen selbst ihnen die Möglichkeit dazu geben. Auf der Erde sind die Menschen genauso mächtig wie alle die himmlischen Armeen, und wenn sie sich ihnen widersetzen wollen, ist nichts zu machen! Sie können in diese Festung nur dann eindringen, wenn ihnen jemand im Inneren wenigstens eine Tür öffnet. Das erstaunt euch?... Aber wie viele Bücher und Filme berichten von den Abenteuern belagerter Städte, die von den feindlichen Armeen nicht eingenommen werden konnten, bis ein Verräter im Inneren endlich einen Durchgang öffnete!

Nun, genauso verhält es sich mit der Erde. Sie wird niemals von außen von der himmlischen Armee besetzt werden. Es müssen von innen her Verräter Breschen in ihre Verteidigungsanlagen schlagen, damit sie eindringen kann. Und darum habe ich mich entschlossen, Verräter zu werden. Ich gebe zu, dass dieses Wort ein wenig seltsam klingt, aber das macht nichts; mit diesem Wort und dem Bild, das es hervorruft, versteht ihr wenigstens, was ich euch sagen will. Ich bin also ein Verräter, der sich bemüht, irgendwo eine Bresche zu schlagen, damit die himmlische Armee hineinströmen und die Menschen retten kann, indem sie ihnen brüderliche Gefühle für einander eingibt. Wollt ihr mir also nicht ein wenig helfen und auch zu Verrätern werden?

Das Menschengeschlecht ist nur deshalb noch nicht verschwunden und überlebt noch trotz derjenigen, die bewusst oder unbewusst alles tun, um es auszulöschen, weil eine kleine Zahl von Menschen sich bemüht, die zerstörerischen Strömungen zu neutralisieren. Diese Menschen arbeiten im Geheimen, die meisten sind unbekannt, irgendwo verborgen, aber sie sind sehr, sehr glücklich, wenn sie Männer und Frauen sehen, die sich bewusst entschließen, an ihrer Arbeit teilzunehmen, der nützlichsten für das Heil der Menschheit! Diese Arbeit möchte ich gemeinsam mit euch ausführen.

Weiterführende Literatur

1. Siehe die Musik-CD »Chants de la Fraternité Blanche Universelle«, Doppel-CD, Lied Nr. 8 auf CD Nr. 2, erhältlich beim Prosveta Verlag.
2. Siehe Band 208 der Reihe Izvor »Das Egregore der Taube – Innerer Friede und Weltfriede«, Kapitel 1: »Der tiefere Sinn des Friedens«.
3. Siehe Band 228 der Reihe Izvor »Einblick in die unsichtbare Welt«, Kapitel 6: »Liebt und eure Augen werden sich auftun«, Kapitel 10: »Das spirituelle Auge«, Kapitel 19: »Die Empfindung sollte höher geschätzt werden als die Vision«.
4. Siehe Band 239 der Reihe Izvor »Die Liebe ist größer als der Glaube«, Kapitel 10: »Worauf das wahre Vertrauen gründet«.
5. Siehe Band 240 der Reihe Izvor »Söhne und Töchter Gottes«, Kapitel 13: »Ein Sohn Gottes ist allen Menschen ein Bruder«.
6. Siehe Band 242 der Reihe Izvor »Unerschöpfliche Quellen der Freude«, Kapitel 12: »Die ungeahnten Schätze der Geduld«.
7. Siehe Band 29 der Reihe Gesamtwerk »Die Pädagogik in der Einweihungslehre«, Kapitel 7: »An der Arbeit der Universellen Weißen Bruderschaft teilnehmen«, Teil II.
8. Siehe Band 229 der Reihe Izvor »Wege der Stille«, Kapitel 4: »Eine Übung: Essen in Stille«.
9. Siehe Band 204 der Reihe Izvor »Yoga der Ernährung«, Kapitel 3: »Die Ernährung, ein Liebesbrief des Schöpfers«, Kapitel 8: »Vom Abendmahl«, Kapitel 9: »Der Sinn der Segnung«.
10. Siehe Band 206 der Reihe Izvor »Eine universelle Philosophie«, Kapitel 9: »Die Kongresse der Bruderschaft in Le Bonfin«.
11. Siehe Band 226 der Reihe Izvor »Das Buch der göttlichen Magie«, Kapitel 11: »Die drei magischen Hauptgesetze: 2. Das Gesetz der Affinität«.

Kapitel 17

ICH MÖCHTE NUR EURE FREIHEIT

Für denjenigen, der lange daran gearbeitet hat, Licht, Selbstbeherrschung und inneren Frieden zu erlangen, ist die Versuchung groß, sich zu isolieren, damit er nicht gestört wird. Er kann dann Bücher schreiben, Kurse geben oder Vorträge halten, ohne dass er sich in das Leben der anderen einmischt, und die anderen sich vor allem nicht in sein eigenes Leben einmischen, denn er sieht bereits all die Schwierigkeiten vorher, die sie ihm bereiten werden. Man darf sich keine Illusionen machen: Nur weil die Menschen den moralischen, spirituellen Wert eines Menschen anerkennen und sich entschließen, bei ihm zu lernen, wissen sie noch lange nicht, wie sie ihn betrachten und ihm gegenüber die richtige Haltung einnehmen sollen. Sie werden noch derart von ihren vorgefassten Meinungen und ihren egoistischen Wünschen beherrscht, dass sie ganz natürlich von ihrem Lehrer erwarten, dass er sich dem anpasst, und damit beginnen die Komplikationen. Deshalb beschließt ein Weiser sehr oft, sich vom geschäftigen Treiben und den Leidenschaften der Menschen fernzuhalten.

Aber nicht die Weisheit allein berät einen wahren geistigen Meister, er wird auch von der Liebe inspiriert. Er sagt sich: »Ich werde mir da Schwierigkeiten einhandeln, die mich in meiner eigenen Arbeit aufhalten werden, aber was nützt es, wenn ich allein voranschreite? Ich kann meine Brüder und Schwestern nicht im Dunkeln, in Zweifel, in Ängsten belassen… Ich werde frei sein, sicher, aber ich werde nicht glücklich sein, wenn ich nicht wirklich auch zu ihrer Befreiung beitrage.«

In Indien bemühen sich die Yogis das Nirwana zu erreichen, aber um auf der Erde bleibend das Nirwana zu erreichen, muss man sich isolieren. Ich für meinen Teil kann das nicht. Als mein Meister mir sagte: »Erinnere dich, dass du einen Vertrag unterzeichnet hast«, geschah das nicht, damit ich mich irgendwo auf die Suche nach Glückseligkeit mache, fern von allem. Unsere irdische Existenz ist kurz; um die Glückseligkeit zu kosten, dafür wird man in der jenseitigen Welt alle Zeit haben. Schon lange weiß ich, dass ich ein Reisender des Raumes bin, dass die Erde nicht meine Heimat ist, dass meine wahre Heimat woanders ist. Aber im Moment bin ich auf der Erde, und solange ich auf der Erde bin, versuche ich mich für meine Menschenbrüder nützlich zu machen, welche Schwierigkeiten auch immer auftauchen mögen.

Ihr nennt mich Meister, aber ich selbst habe euch nie darum gebeten. Jahrelang nannte man mich »Bruder Mikhaël«, und das sagte mir vollkommen zu; ich hätte es sehr wohl akzeptiert, dass ihr mich weiter so genannt hättet. Nur diejenigen, die die Realität der spirituellen Arbeit nicht kennen, brauchen einen Titel, durch den sie Prestige und Ruhm herauszuschlagen meinen. Ich wollte nie den Titel Meister bekommen; die Bruderschaft hat ihn mir bei meiner Rückkehr aus Indien gegeben, und ich betrachte ihn nicht als Ehre, sondern als schwere Last, die ich geduldig trage. Ich meinerseits fühle mich immer als euer Bruder, ich unternehme viele Anstrengungen, um euch zu helfen, aber helft auch ihr mir dabei, euch zu helfen?

Die Wahrheit ist, dass ich mich für meine Arbeit niemals genügend vorbereitet gefühlt habe. Auch jetzt noch fühle ich mich nicht bereit. Und was heißt das für mich, vorbereitet zu sein? Mich als Vermittler, als Mediator zwischen Himmel und Erde, zwischen den göttlichen Wesenheiten und den Menschen zu erweisen. Dazu ist allein derjenige in der Lage, der sich von allen Elementen gereinigt hat, die die himmlischen Strömungen zurückhalten oder ablenken könnten. Und wer kann behaupten, diesen Grad an Reinheit, an Transparenz erreicht zu haben?

Natürlich werdet ihr einwenden: »Wenn Sie sich noch nicht bereit fühlen, warum wiederholen Sie dann immer wieder, dass nichts die Lehre übertrifft, die Sie uns geben?« Ah, das ist etwas anderes. Bei meinen gelegentlichen Spaziergängen in Paris habe ich gesehen, wie die Straßenhändler versuchen, die Aufmerksamkeit der Passanten auf die Produkte zu lenken, die sie verkaufen wollen. Sie rufen dabei: »Treten Sie näher, treten Sie näher! Sehen Sie, eine Flüssigkeit, die auf wunderbare Weise alle Flecken zum Verschwinden bringt. Nirgends werden Sie ein wirksameres Produkt finden!« Und so weiter und so weiter, und diese Produktwerbung schockiert niemanden, die Leute bleiben stehen, hören, schauen zu und kaufen. Da sagte ich mir, dem Beispiel sollte ich folgen, und ich beschloss, auch meine Produkte, meine Wahrheiten, die ihrerseits von unschätzbarem Wert sind, erfolgreich zu »verkaufen«. Ich handle auf diese Weise, um eure Aufmerksamkeit zu gewinnen. Wenn ich nicht sagen würde: »Das ist die größte Wahrheit«, »Das ist eine Idee, die ihr nirgendwo anders findet«, »Das ist das erste Mal, dass so etwas offenbart wird«, würdet ihr dann die Anstrengung unternehmen, mir zuzuhören? Aber was mich betrifft, ich weiß, ich spüre, dass ich noch nicht bereit bin für die Arbeit, die ich als die einzig lohnende betrachte.

Bei meiner Rückkehr aus Indien erwarteten manche Brüder und Schwestern, dass ich mich in Zukunft wie einer dieser Gurus verhalten würde, über die sie alle möglichen Geschichten gelesen hatten: Ich würde vielleicht ein Gewand tragen, ich würde stundenlang bewegungslos wie eine Statue verweilen, vor der man sich dann verneigen würde, und von Zeit zu Zeit würde ich den Mund öffnen, um einige Worte zu äußern und Anweisungen zu geben, die sofort ausgeführt werden sollten. Aber sie mussten feststellen, dass ich immer noch der Gleiche war – außer, dass ich von nun an einen Bart trug. Und sie waren enttäuscht und sagten zu mir, dass sie wahrhaft erwarteten, dass ich mich in Zukunft der Vorstellung anpasse, die sie sich entsprechend der Bücher, die sie gelesen hatten, von einem Meister machen. So, als ob ein in Indien verbrachtes Jahr genügen würde, mich anders zu geben, als ich in meinem tiefsten Inneren bin!

Ganz ehrlich, würde ein Gefolge von gehorsamen und unterwürfigen Leuten euch für euren Teil glücklich machen? Ich jedenfalls finde, dass das weder Heil noch Segen bringt. Meine eigene Freiheit genügt mir, ich brauche euch nicht die eure zu nehmen. Ich finde mein Glück woanders, und mein Glück besteht darin, euch intelligent, stark und frei zu sehen. Ja, frei. Ihr meint: »Aber dann könnte jeder das tun, was er will!« Nein, im Gegenteil, jedem wäre bewusst, dass das, wozu ich rate, das Beste für ihn ist. Wenn ich akzeptiere, dass ihr mich als euren Meister betrachtet, so nur, um euch zu helfen, dass ihr euch entfaltet und nicht um euch meinen Willen aufzudrängen. Was würde ich mit gleichgeschalteten Menschen ohne Charakter anfangen? Für die Arbeit, die wir hier gemeinsam machen sollen, brauche ich im Gegenteil unabhängige, starke Menschen, und die hier zu respektierenden Regeln haben kein anderes Ziel, als euch zu stärken, euch zu befreien... ich will sagen, das göttliche Prinzip in euch zu stärken und zu befreien. Denn im Augenblick leidet das göttliche Prinzip in euch, es ist eingesperrt wie ein König, den seine Untertanen entthront und in ein Verlies gesperrt haben: Ihr quält es, ihr gebt ihm weder zu essen noch zu trinken, und ich will euch nur helfen, es aus seinem Gefängnis herauszuholen.[1]

Aber sogar, wenn sie nur meine Bücher lesen, verstehen manche das nicht. Sie haben den Eindruck, dass ich sie begrenzen will. Oft weiß ich nicht einmal, wer diese Menschen sind, ich kenne sie nicht, und anstatt von meinem Wissen zu profitieren, protestieren sie, sie schreiben mir, dass sie nicht mit mir einverstanden sind. Aber was soll ich ihrer Meinung nach tun? Wenn meine Bücher ihnen Unbehagen bereiten, dann sollen sie diese nicht lesen! Ich kann meine Rolle als Lehrer nur denjenigen gegenüber erfüllen, die in der Lage sind, anzuerkennen, dass mein alleiniges Ziel es ist, ihnen zur Freiheit zu verhelfen. Die anderen…

Ich habe euch gesagt, dass, sobald sich mir jemand zum ersten Mal vorstellt, ich weder seine Diplome noch seine Titel noch sein Vermögen in Betracht ziehe. Mithilfe seiner Worte, seines Verhaltens, seiner Gesten versuche ich in erster Linie herauszufinden, was für ein Ideal er hat. Warum? Nun, wenn er kein spirituelles Ideal hat, weiß ich genau, dass er mich sehr schnell beschuldigen wird, ihn unterjochen zu wollen.

Aber was für eine Auffassung von Freiheit haben die Menschen, wenn sie sich entschließen, Schüler eines Meisters zu werden? Das ist eine wichtige Frage… Bei der geringsten Gelegenheit sind sie bereit, ihm vorzuwerfen, er würde sie begrenzen, und gleichzeitig hören sie nicht auf, von ihm Hilfe zu fordern, um aus den Schwierigkeiten herauszukommen, in die sie sich selbst hineinmanövriert haben. Und sie sehen darin überhaupt keinen Widerspruch! Sie haben nicht verstanden, dass Freiheit darin besteht, niemanden zu brauchen, um Fortschritte zu machen. Was für eine Vorstellung machen sie sich von der Freiheit, wenn sie immer nur nach Hilfsmitteln verlangen, nach Stöcken und Krücken… oder sie einen Meister suchen und sich vorstellen, dass er den Lauf ihres Lebens ändern und sie vor Prüfungen schützen wird?

Wie alle Menschen haben die Schüler eines Meisters ihr Schicksal, und karmische Schulden zu bezahlen, und der Meister hat nicht das Recht einzugreifen, um den Lauf der Dinge zu ändern. Er greift manchmal deshalb ein, weil er spürt, dass es der richtige Augenblick ist, weil er sicher ist, dass er den Ablauf eines notwendigen Prozesses nicht unterbricht. Meist muss er sich darauf beschränken, bestimmte Wahrheiten zu erklären, Ratschläge und Methoden zu geben. Erwartet also nicht von mir, dass ich direkt in euer Leben eingreife. Ihr müsst zunächst verstehen, wie ihr in die Klemme geraten seid, und wie ihr wieder hinausgelangen könnt. Ich gebe euch ein Licht; wenn ihr es nicht annehmt oder wenn ihr nichts seht, was kann ich dann tun? Nehmen wir sogar einmal an, ich würde euch aus euren Prüfungen herausholen: Solange ihr deren Ursache nicht erkannt habt, und ihr keine Anstrengungen unternehmt, sie zu überwinden, werdet ihr alsbald wieder hineingeraten. Und was werdet ihr tun, wenn ich nicht mehr da sein werde? Meine Macht ist also begrenzt. Aber dank meiner Methoden und Erklärungen, die ich euch darlege, empfindet ihr diese unvermeidlichen Prüfungen nicht mehr als so schmerzhaft. Und wenn ihr sie bestanden habt, seht ihr klarer, seid stärker und reicher.

Also muss euch Folgendes klar sein: Ich werde euch nicht von eurem Karma befreien, aber ich kann euch lehren, die schmerzhaften Erfahrungen, die es euch auferlegt, zu transformieren. Ich zeige euch, wie ihr die Befreiung auf der Ebene des Bewusstseins suchen könnt.[2] Jede Schwierigkeit, der ihr begegnet, ist eine Gelegenheit zu lernen; wenn ich intervenieren würde, um euch davon zu befreien, würde ich euch am Vorwärtskommen hindern. Ich darf euch nur ein Licht und Methoden geben, damit ihr die Arbeit selbst machen könnt. Und was mich betrifft, glaubt ihr, mein Leben sei einfach? Indem ich die Rolle des Lehrers annehme, ziehe ich alle Schwierigkeiten auf mich. Aber ich betrachte diese Schwierigkeiten als einen Segen, und ich würde sie nicht für alle Schätze der Welt hergeben. Ich sage mir, dass auch ich Fortschritte machen muss.

Es ist unverzichtbar, dass jeder weiß, was er von mir erwarten kann und was nicht. Aber die Leute sind nicht vernünftig. Manche beschließen, kaum dass sie mir begegnet sind oder einige meiner Bücher gelesen haben, dass ich alles Wissen und alle Macht der Welt besitze. Sie fabrizieren dann aus mir eine Statue, die sie auf ein Podest stellen und sagen zu mir: »Sie sind mein Meister.« Aber sie entdecken bald, dass ich nicht dieser Statue entspreche, die sie fabriziert haben, und dann stürzen sie diese zu Boden. Was kann die Statue dafür? Was kann ich dafür, wenn ich nicht der bin, den sie sich vorgestellt haben, und sogar, ohne dass ich davon weiß? Manche haben es mir gesagt: »Sie kamen mir wie eine Gottheit vor, und ich stelle jetzt fest, dass sie keine sind.« Aber sie hätten das sogleich bemerken sollen! Und außerdem, welche Anmaßung zu glauben, eine Gottheit würde es akzeptieren, sie zu unterrichten und unter ihnen zu leben! Was haben sie getan, dass der Himmel ihnen eine Gottheit sendet? Und so sind sie eben mir begegnet, weil sie es gewiss nicht besser verdient haben. Wenn sie nicht in der Lage sind, den bescheidenen Lehrer, der ich bin, zu verstehen, was werden sie angesichts der viel größeren tun?

Sagen wir, dass es nicht schlecht ist, ein kleines Praktikum bei mir zu machen, und dass ich euch auf Größere als mich vorbereite. Danach werdet ihr mich verlassen, und das ist gut so. Was hat Johannes der Täufer zu seinen Schülern gesagt, als er Jesus vorübergehen sah? *»Das ist das Lamm Gottes.«* Und seine Schüler folgten Jesus. Ich meinerseits wäre sehr froh, wenn ihr mich verlassen würdet, um Christus zu folgen. Aber ich bin traurig, wenn ich sehe, dass manche mich verlassen, um in Sümpfen stecken zu bleiben.

Ich habe euch nie gesagt, wie ihr mich betrachten sollt, ich will, dass ihr euch selbst eine Meinung bildet. Ich fordere euch nur auf, über die Tatsache nachzudenken, dass ich nicht zufällig euren Weg gekreuzt habe, es gibt da etwas zu begreifen. Warum sind wir zusammen? Ich selbst weiß, warum ihr hier mit mir zusammen seid. Doch ihr wisst es oft nicht. Auf alle Fälle lasse ich euch frei: frei, zu kommen, frei, zu gehen und frei, zu bleiben. Wenn ihr mich verlasst, werde ich nicht betrübt sein, und wenn ihr bleibt, werde ich auch nicht betrübt sein bei der Aussicht auf Schwierigkeiten, die ihr mir ganz sicher bereiten werdet. Ihr seht, ich bin sehr freundlich, ich akzeptiere alles. Ihr fragt euch, ob das, was ich euch da sage, ernst gemeint ist? Denkt, was ihr wollt…

Es scheint, dass manche Personen an unseren Kongressen teilnehmen möchten, aber sie kommen nicht, weil man ihnen gesagt hat, dass, wenn sie einmal den Fuß in die Bruderschaft gesetzt hätten, ich sie zum Bleiben verpflichten würde. Was für eine Vorstellung! Um so zu handeln, müsste ich wahrlich dumm sein. Wenn jemand nicht bleiben will, ziehe ich es vor, dass er geht, sonst wird er die Arbeit stören, die wir hier zu tun haben im guten Willen und in Harmonie. Ihr seht, man überlegt nicht. Und ich werde euch noch diese Empfehlung geben: Wenn eine Person bereits einer anderen spirituellen Lehre angehört, versucht nicht, sie zur Bruderschaft zu ziehen. Da sie sich dort entwickelt und entfaltet, lasst sie in dieser Lehre. Wenn sie natürlich wünscht, in die Bruderschaft zu kommen, ist das eine andere Frage; aber wenn sie diesbezüglich keinen Wunsch äußert, bitte ich euch, tut nichts, um sie zu uns zu ziehen, das wäre nicht anständig.

Ich erhalte auch gelegentlich Briefe, in denen man mir sagt: »Sie sind für mich ein Vater, eine Mutter…« Und glaubt ihr, dass ich glücklich und stolz bin, zu erfahren, dass ich so etwas Bedeutendes für manche Personen darstelle? Nun, ganz und gar nicht: Ich sehe bereits all die Komplikationen, die daraus erwachsen. Denn kennt ihr selbst viele Kinder, die mit ihren Eltern zufrieden sind? Während eines ganzen Teils ihres Lebens müssen sie ihnen nichts als Vorwürfe machen. Wenn sie später selbst Eltern werden und sehen, wie schwer das ist oder wenn ihre Eltern alt oder bereits gestorben sind, realisieren sie endlich, dass es gute Eltern waren, und bedauern, dass sie sich sehr unangenehm und undankbar verhalten haben. Nun, genau das wird auch mit mir geschehen. Viele werden warten, bis ich gestorben bin, um all das anzuerkennen, was ich ihnen an Gutem hätte bringen können. In der Zwischenzeit ist es an mir herauszufinden, wie ich ihnen am besten helfen kann, und oft ist das äußerst schwierig!

In meinen Vorträgen behandle ich allgemeine Fragen und wende mich an alle, aber sobald ich auf strenge Weise spreche, denken manche Brüder und Schwestern, ich würde mich im Besonderen an sie wenden. Sie glauben ein Detail zu erkennen, das sie im Besonderen betrifft und sind dann verärgert. Wenn sie sich betroffen fühlen, ist das durchaus normal, oder? Wenn das, was ich sage, niemanden betrifft, wozu würde es dann nützen, dass ich rede? Doch das, was ich sage, geht eben euch alle hier an; es ist also unvermeidlich, dass ihr euch darin wiederfindet. Ich betrachte jeden von euch als ein offenes Buch; von jedem lese ich eine Seite und aus dem, was ich lese, ziehe ich eine Lehre, von der ich euch früher oder später alle profitieren lasse. Habt ihr nicht bemerkt, dass ich all das, was ich in meinen Vorträgen erkläre, in euch gelesen habe, in diesen Büchern, die ihr seid? Wenn ihr nicht da wäret, hätte ich vielleicht nicht viel zu sagen… Anstatt sich daher zu ärgern, sollte jeder sich bemühen, das zu nehmen, was ihm nützlich sein wird, um sich zu korrigieren, sich zu verbessern, ohne dass er Zeit damit verliert, sich zu grämen, unter dem Vorwand, er habe sich in meinen Worten wiedererkannt.

Sobald manche Menschen die Bruderschaft regelmäßig aufsuchen, weiß ich auch, dass ich das Risiko eingehe, für ein Unwohlsein, das sie verspüren, verantwortlich gemacht zu werden. Sie haben bis dahin ein ungeordnetes Leben geführt, und angesichts der Wahrheiten, die sie hier hören, sind sie beunruhigt und durcheinander. Aber da ihnen nicht der Gedanke kommt, eine Verbindung zwischen dieser Unruhe und der Unordnung ihres vergangenen Daseins zu ziehen, verstehen sie nicht, was diese hervorrufen konnte. Und eines Tages finden sie endlich heraus – ja, eine großartige Entdeckung: Ich sei es, der Wesenheiten geboten hätte, sie zu verfolgen, um sie dafür zu bestrafen, dass sie zuvor schlecht gelebt haben! Ich bin der Schuldige, und sie sagen mir das; sie selbst sind vollkommen unschuldig. Anderen sende ich anscheinend schon einmal des Nachts Alpträume. Als hätte ich nichts Besseres zu tun, als den Schlaf der Leute zu stören! Glücklicherweise werden sich die meisten, wenn sie meine Erklärungen akzeptieren, schließlich bewusst, dass der Ursprung ihres Unwohlseins in ihnen selbst liegt, und sie hören auf, mich zu beschuldigen. Aber bis dahin…

Und wie soll ich mich jetzt verhalten, wenn ich persönliche Beobachtungen machen muss? Zunächst muss ich beschließen, erst in dem Moment zu sprechen, in dem ich spüre, dass ich verstanden werden kann. Darum tue ich oft so, als ob ich nichts sähe! Es wäre ein Leichtes für mich, eine Schwester oder einen Bruder kommen zu lassen, um ihn darauf hinzuweisen, dass er gerade vom rechten Weg abkommt, und ihm zu beschreiben, was ihn erwartet, wenn er auf diesem Weg bleibt. Aber wenn er nicht bereit ist zu verstehen, wäre das nutzlos, er wird sich widersetzen und sich vielleicht sogar von mir entfernen, um woanders ruhig weiterzumachen, und dann könnte ich ihm nicht mehr helfen. Für den Augenblick kann ich ihm nur mithilfe von Gedanken und Gebet helfen, nicht mehr. Vermittle ich ihm den Eindruck, mich in seine Angelegenheiten einzumischen, dann fragt er mich nichts mehr, ich errichte eine Barriere zwischen ihm und mir; um weiterhin mit ihm zu arbeiten, muss ich die Verbindung aufrechterhalten. Und was geschieht oft? Nach einiger Zeit vertraut diese Schwester oder dieser Bruder sich mir an, sich dessen bewusst geworden, dass er auf den falschen Weg geraten ist und bittet mich um Rat.

Ich sage nicht, dass ich niemals eingreife. Zu denen, die mich seit langem kennen und von denen ich weiß, dass sie mir vertrauen, spreche ich schon mal sehr streng. Sicher, sie sind zunächst sehr unglücklich, so durchgerüttelt zu werden, und vielleicht auch ein wenig wütend und revoltierend, aber sie akzeptieren es. Selbst wenn sie es nicht sofort verstehen, wissen sie, dass ich ihnen bei der Vermeidung von Irrtümern helfen will, die sie später nur sehr schwer wiedergutmachen könnten. Und ein wenig später, wenn sie begriffen haben, danken sie mir. Welch eine Freude ist das dann für mich, dass ich ihnen helfen konnte!

Aber es gibt auch den Fall von Brüdern oder Schwestern, die mich bitten: »Meister, ich wünsche mir so sehr, mich zu vervollkommnen, sagen Sie mir, was habe ich für Schwächen und Mängel. – Das würde ich gerne, aber werden Sie das akzeptieren? Wird Sie das nicht bekümmern? – Nein, nein, ich bitte Sie, ich will die Wahrheit wissen.« Manche ertragen sie stoisch. Aber andere, kaum habe ich drei Worte gesagt, sehe ich vor mir ein bestürztes Gesicht, und wenn es eine Schwester ist, dann bricht sie in Tränen aus. Natürlich hat sie meist kein Taschentuch bei sich, und ich muss eines für sie holen. Glücklicherweise habe ich viele Taschentücher!... Ihr versteht, warum ich manchmal jahrelang warte, um jemandem zu sagen, was er hören sollte. Wenn man zusammenbricht oder in Tränen ausbricht, anstatt zu verstehen, was ich sage, ist das nutzlos.

Und natürlich gibt es noch diejenigen, die nicht die geringste Bemerkung meinerseits akzeptieren können. Ein Bruder schrieb mir eines Tages: »Ich werde Ihnen niemals verzeihen, was Sie zu mir gesagt haben. Ich verabscheue Sie.« Und was habe ich ihm gesagt? Dass er faul sei. Der Arme, anstatt mich zu verabscheuen, hätte er lieber nachdenken sollen, das wäre nützlicher für ihn gewesen. Es gilt nicht, mich zu lieben oder mich zu hassen, sondern darüber nachzudenken, das ist alles. Ich finde es schade, dass Personen, die in Schwierigkeiten und Leiden leben, nicht erkennen können, was ihnen helfen würde. Ich selbst jedoch bin auf alle Fälle gerüstet gegen schlechte Gedanken und Gefühle. Ja, gerüstet! Ich musste sogar lernen, mich vor denjenigen zu schützen, die schwarze Magie gegen mich anwandten, damit sie mich nicht erreichen konnten. Wenn ihr nur wüsstet, was man mir mit der Post geschickt hat! Ich musste sogar eine Arbeit an meinen Fotos machen, damit keine Verbindung mehr zwischen ihnen und mir besteht, und man sich ihrer nicht bedient, um mir zu schaden. Aber lassen wir all das...

Jeden Tag bitten mich Brüder und Schwestern um ein Treffen, denn angeblich haben sie Fragen an mich, wie sie ihre Probleme lösen können. Sehr gut, aber wenn ich ihre Fragen höre, schaue ich sie oft verblüfft an. Wie oft habe ich die Antworten schon in meinen Vorträgen gegeben! Und die Antworten stehen jetzt auch in meinen Büchern. Aber haben sie diese gelesen? Und wenn sie sie gelesen haben, warum sind sie nicht in der Lage, die gesuchten Antworten selbst zu entdecken?

Natürlich weiß ich, was manche denken, wenn sie mir Fragen stellen: Sie haben den Eindruck, dass, wenn ich ihnen persönlich antworte, mein Wort wie durch Magie ihre Probleme lösen und die Schwierigkeiten, in die sie verstrickt sind, glätten wird. Leider nein, mein Wort hat nicht die geringste magische Macht über ihre Schwierigkeiten. Es ist an ihnen, zu verstehen, welches die Gesetze des psychischen und spirituellen Lebens sind, die ich euch vorstelle, und sie dann entsprechend ihrer Situation anzuwenden. Sie verhalten sich wie Schiffspassagiere, die ins Meer gefallen sind: Sie debattieren, sie rufen um Hilfe, und sie sehen nicht, dass ich ihnen die ganze Zeit Seile zuwerfe, um sie herauszuziehen. Was kann ich noch tun?

Der Weg der Einweihung ist schwierig, ich weiß. Ich wünschte mir, dass ihr kein Hindernis auf eurem Weg finden würdet, aber die Ereignisse sind stärker als ich. Wenn die himmlischen Wesen meine Gebete erhören würden, würde alles in Sanftmut, Freundlichkeit, Leichtigkeit ablaufen. Aber sie denken anders. Ich kann ihnen lange sagen: »Das sind meine Kinder, und ich möchte nicht, dass sie leiden«, sie antworten mir: »Sie müssen auf Hindernisse treffen, sie müssen durchgerüttelt werden, denn dieses Durchrütteln wird sie zum Nachdenken bringen, dazu, sich zu erforschen, sich zu analysieren, nach Lösungen zu suchen.« Ich selbst will für euch Liebe, Frieden, Harmonie, und ich zeige mich verständnisvoll, nachsichtig, und darüber hinaus bin ich mir dessen bewusst, was ihr für euer Wohl braucht.

Ich erhalte enorm viele Briefe. Manche Briefe beginnen sehr vernünftig: »Lieber Meister, ich werde mich kurz fassen, weil ich weiß, wie kostbar Ihre Zeit ist…« Es folgen zwölf Seiten in so kleiner Schrift, dass man eine Lupe nehmen muss, um sie zu entziffern. Und was erzählt man mir? Geschichten von Ehefrauen, von Ehemännern, von Geliebten, von Mätressen, von Schwiegermüttern, von Nachbarn, von Arbeitskollegen… Aber man muss endlich begreifen, dass ich nicht die Probleme lösen kann, denen jeder speziell in seiner Familie und in seiner Umgebung begegnet. Wann wird man lernen, die Erklärungen und die Methoden, die ich seit Jahren gebe, um Schwierigkeiten zu begegnen, seinem eigenen Fall anzupassen?

Es ergibt sich natürlich, dass ich auf persönliche Fragen antworte, aber auch da, wie werde ich verstanden? Und wie werden meine Ratschläge umgesetzt?... Man versteht oft etwas ganz anderes, als das, was ich sage oder man wendet diese Ratschläge ungeschickt an, ohne die geringste Psychologie unter Beweis zu stellen, und dann ist das Ergebnis noch schlimmer. Aber wen macht man für diese neuen Schwierigkeiten verantwortlich? Wen beschuldigt man, die Leute zu verhexen, sie verrückt zu machen, Familien zu zerstören und so fort? Mich natürlich.

Wenn ich spreche, muss ich immer darauf gefasst sein, falsch interpretiert zu werden, und manchmal muss mich das wirklich beunruhigen. Ein anderes Mal kann das auch zu sehr komischen Dingen führen, das ist wahr. Wollt ihr ein Beispiel?

Zu der Zeit, als die Bruderschaft noch nicht im Haus in Sèvres untergebracht war, versammelten wir uns auf der Terrasse im Park von Saint-Cloud, um dem Sonnenaufgang beizuwohnen. Das ist ein wunderbarer Ort, und zu jener Zeit – ich weiß nicht, wie es jetzt dort ist – hörte man keinen Lärm. Und dort sah ich im Frühling jeden Morgen die Schwestern ankommen, mit Hüten in derart tristen und dunklen Farben! Warum dieses Braun, dieses Grau, dieses Schwarz tragen, wenn man zum Sonnenaufgang geht?...

Eines Tages beschloss ich, ein paar Worte zu diesem Thema zu sagen. Ich schlug vor, dass sie Hüte mit etwas helleren Farben tragen könnten, und sogar mit ein oder zwei Blumen. Und was sah ich da am nächsten Morgen ankommen! Das, was manche von ihnen trugen, war kein Hut mehr, sondern ein Garten. Da gab es Blumen, Früchte, Vögel und Bänder in allen Farben. Besonders einer dieser Hüte war ein wahrer Obstkorb mit Kirschen, Trauben, Äpfeln, Birnen... Und ich sagte mir: »Wo haben sie das bloß alles her?« Beim Anblick dieser Zurschaustellung von Blumen und Früchten auf ihren Köpfen hatte ich wirklich Mühe, nicht in Gelächter auszubrechen. Und ich sagte mir auch, dass sie – trotz der frühen Stunde – sicher nicht unbemerkt geblieben sein konnten. Auf dem Weg sind sie bestimmt einigen Personen begegnet, Arbeitern, auf dem Weg zur Arbeit und vielen mehr. Ich stellte mir die Kommentare vor, die bei ihrem Anblick vermutlich gemacht wurden.

Dabei entdeckte ich, wie heikel es ist, zu Frauen Bemerkungen über ihre Kleidung zu machen. Also musste ich aufs Neue eingreifen und um ein wenig mehr Mäßigung bitten. Einige Jahre später sah ich einmal im Fernsehen dieselbe Art von Hüten, beladen mit Bändern, Blumen und Früchten; aber das war für das Katharinen-Fest*! Ihr seht, nichts als eine

* Früher feierten die jungen Modistinnen (die Putz- oder Hutmacherinnen), die mit 25 Jahren noch ledig waren, jährlich am 25. November die heilige Katharina von Alexandrien, indem sie solche Hüte herstellten und trugen. Diese Tradition weitete sich später auf alle, mit 25 Jahren noch ledigen, jungen Mädchen aus, aber heutzutage geht sie verloren.

einfache Hutangelegenheit – und so wurde ich verstanden. Ihr könnt euch also vorstellen, was geschehen kann, wenn es um sehr viel wichtigere Fragen geht!

»Die Schule des Lebens«... Diesen Ausdruck hört man nicht selten. Aber für die meisten Menschen bleiben das nur Worte. Das sieht man: Wenn sie wirklich verstanden hätten, dass das Leben eine Schule ist, würden sie vor jeder neuen Schwierigkeit akzeptieren, dass sie neue Übungen zu machen haben, und sie würden sagen: »Oh, das ist wieder eine Möglichkeit, Fortschritte zu machen!« Und nachdem sie diese Schwierigkeit überwunden haben, würden sie sich freuen wie ein Student, der eine Prüfung bestanden hat.[3] Wenn manche mir ihre Enttäuschungen, ihre Leiden anvertrauen, kann ich natürlich nicht gleichgültig bleiben. Aber ich muss feststellen, dass ihr Übel zunächst aus ihrer Unwissenheit über die Ur-Wahrheit herrührt: dass wir alle auf die Erde gekommen sind, um zu studieren und uns zu üben. Die meisten sind überzeugt, dass sie nur da sind, um Leichtigkeit, Komfort, Reichtümer und die Liebe der anderen kennenzulernen, so, als würde ihnen alles natürlicherweise zustehen. Aber nein, all das findet sich nicht in den Plänen der kosmischen Intelligenz.

Ihr wendet ein: »Aber dann will die kosmische Intelligenz, dass die Menschen sich plagen und leiden?« Nein, die kosmische Intelligenz will, dass die Menschen glücklich sind, aber sie hat die Dinge auf die Art eingerichtet, dass sie das Glück nur finden werden, indem sie ihre höhere Natur entwickeln, und die höhere Natur entwickelt sich nicht im Komfort und in der Leichtigkeit. Lest die Biographien von Heiligen, von Eingeweihten, von großen Meistern: Wie viele Prüfungen mussten sie durchmachen, wie viele Kämpfe mussten sie führen, bevor sie den Kausalkörper in sich erweckten, auf den das Böse und das Leid keinen Zugriff mehr haben.[4]

Ihr möchtet, dass ich euch helfe, und auch ich möchte euch helfen. Ich gebe euch ein Licht und Methoden, und es ist an euch, die Arbeit zu machen, nicht an mir. Aber die Wahrheit ist, dass auch ich euch auf eine Weise helfe, derer ihr euch nicht bewusst seid. Ich zeige mich streng, ich rüttle euch sogar durch, damit ihr euch entschließt, Anstrengungen zu machen; aber anschließend, ohne dass ihr es wisst, helfe ich euch im Unsichtbaren durch das Denken, ich mache euch den Weg frei, ich sende euch meine Unterstützung. Ihr wisst es nicht, und das ist zweifellos viel besser so. Ich helfe euch also auf zwei Arten: Ich dränge euch dazu, Anstrengungen zu machen, und ich unterstütze euch in diesen Anstrengungen. Ich mache es wie dieser türkische Gemüsehändler, den ich in Varna kannte. Wenn ein Bettler kam und von ihm ein paar Pfennige verlangte, sagte er zu ihm: »Fauler Sack, warum arbeitest du nicht? Ich werde dir nichts geben, verschwinde!«, und so weiter, eine ganze Litanei... aber in dem Moment, wo der Bettler sich kleinlaut entfernte, schob er ihm ein paar Geldstücke in die Tasche. Das gefiel mir sehr, und ich beschloss, seinem Beispiel zu folgen: zugleich streng und großzügig zu sein.

Wenn ich an jemandem Beobachtungen anstellen soll, gebe ich mich nicht damit zufrieden, ihm Vorhaltungen zu machen, ich gebe ihm meine Zeit und auch meine Kenntnisse, meine Energien. Ich weiß, wie äußerst schwierig es ist, am eigenen Charakter und Verhalten zu arbeiten. Wie sollte ich da nicht demjenigen helfen, den ich dränge, weitere Anstrengungen zu unternehmen? Und ich würde ihm nicht wirklich helfen, wenn ich nur den Mund aufmache, um streng zu ihm zu sprechen. Ich muss ihn auch unterstützen, indem ich ihm etwas gebe, das er noch nicht besitzt, und ihn daher lieben. Wenn man jemanden nicht liebt, hat man nicht die geringste Lust, ihm auch nur irgendetwas zu geben. Derjenige, der keine Liebe hat, sollte sich daher nicht einmischen und andere kritisieren, er soll sie in Ruhe lassen, das ist besser für sie und ebenso für ihn.

Wenn wir uns versammeln, sehe ich euch alle dort vor mir sitzen, und auf den Gesichtern mancher Brüder und Schwestern lese ich manchmal ein solches Leid! Ich weiß, dass sie aufrichtig das Licht suchen, dass sie Anstrengungen machen, doch aus allen möglichen Gründen finden sie nicht die Heilmittel für ihre inneren Qualen, und das gräbt sich in ihr Gesicht ein, es ist eingefallen und gezeichnet. Welche Zerrissenheit ich dann in meinem Herzen spüre, könnt ihr nicht wissen. Ich wünschte, all die Kräfte zu besitzen, um sie aus diesem Zustand herauszuholen, und ich habe sie nicht. Meine Kräfte sind begrenzt, aber ich tue mein Möglichstes, um sie zu unterstützen. Und ich sehe andere Brüder und Schwestern, die auch leiden, aber sich weigern, zu verstehen und Anstrengungen zu unternehmen. In diesem Fall ist das, was ich spüre, natürlich sehr verschieden. Aber glaubt nicht, dass ich mich freue und denke, dass sie nur das haben, was sie verdienen. Nein, angesichts dessen bin ich noch unglücklicher, weil ich weiß, dass, was immer ich auch für sie tue, ich ihnen nicht helfen kann; sie selbst werden mich auf die eine oder andere Weise daran hindern… Und vor allem, wenn sie, nachdem sie mir ihre Schwierigkeiten, ihre Ängste, ihre Leiden anvertraut haben, mir zum Schluss sagen: »Aber Sie können mich nicht verstehen!...«

Mittlerweile habe ich mich daran gewöhnt, so oft habe ich diese Worte »Sie können mich nicht verstehen!« gehört. Aber dennoch bin ich immer etwas erstaunt. Wenn sie derart überzeugt sind, dass ich sie nicht verstehen kann, warum kommen sie dann, um mit mir zu sprechen? Sie vergeuden ihre Zeit und ebenso meine. Aber ich höre ihnen zu, ich bin geduldig und sage schließlich zu ihnen: »Lassen Sie sich eines Besseren belehren, ich verstehe Sie sehr gut, weil auch ich durch diese Schwierigkeiten und Leiden gegangen bin. Sie sind es, der nicht versteht, was ich Ihnen erkläre, weil Sie sich noch nicht auf den Weg, den ich beschreite, eingelassen haben. Also müssen Sie selbst Anstrengungen unternehmen, um mich zu verstehen. Glauben Sie mir, Sie werden viel besser fahren, denn das ist die einzige Art, aus Ihren Qualen heraus zu gelangen.« Aber hören sie mir auch nur zu? Als ich selbst Schüler von Meister Peter Danov geworden bin, hätte ich mir niemals erlaubt, ihm zu sagen, dass er mich nicht verstehen würde. Zunächst einmal, was hätte er für ein Interesse daran, mich zu verstehen? Ich wusste, dass es an mir war, ihn zu verstehen, um zu wachsen und mich zu stärken.

Ich kenne eure Schwierigkeiten, denn das, was ihr durchlebt, habe ich durchlebt und sogar noch schlimmer. Ich weiß, was es heißt, Hunger zu haben, zu frieren, krank zu sein, kein Geld zu haben, keinen Schlafplatz zu haben, sich nicht waschen zu können, schlecht gekleidet zu sein, stundenlang in den Gängen einer Verwaltung zu warten, ständig von Abschiebung bedroht zu sein, seinen Namen in den Dreck gezogen zu sehen, Opfer von Verschwörungen zu sein und im Gefängnis zu landen… Nach all den Entbehrungen, all den Prüfungen, die ich durchstehen musste, aber von denen ich euch nicht unbedingt erzählen muss, kann ich mich in die Lage aller Menschen versetzen und sogar in die von Verbrechern. Ja, sogar in die von Verbrechern! Ich kann sehr gut verstehen, dass in bestimmten, besonders schrecklichen Umständen Menschen, die durch nichts darauf vorbereitet wurden, diesen standzuhalten, dazu gedrängt werden, Verbrechen zu begehen. Ich werde das natürlich niemals rechtfertigen, aber ich verstehe sie.

Haltet mir jetzt also nicht vor, ich sei unfähig, mich in eure Lage zu versetzen. Eben weil ich sie kenne und verstehe, muss ich mich fordernd verhalten, damit ich euch helfe, in allen Umständen zu triumphieren. Es wäre so viel angenehmer für mich, wenn ich euch nur zuzustimmen, euch zu beglückwünschen bräuchte! Glaubt nicht, es sei leicht, gezwungenermaßen jedes Mal Unvollkommenheiten und Mängel zu unterstreichen! Ah! Ihr seid erstaunt? Ihr denkt, das ist einfach: Ich brauche nur den Mund zu öffnen, um zu sagen was nicht geht. Nun, für mich ist das sehr schwierig, das verlangt große Anstrengungen von mir, und ich erkenne sogar, dass man unvernünftig sein muss, um sich den Leuten so unsympathisch zu machen. Aber ich tue es zu eurem Wohl. Für mich ist es am einfachsten, freundlich zu sein, euch zuzulächeln, euch mit Liebe anzusehen, mit Sanftmut zu euch zu sprechen, zu verzeihen, und ich tue es, sooft ich kann. Aber in meiner Rolle als Pädagoge bin ich auch verpflichtet, streng zu sein und die Stimme zu erheben. Danach bin ich den Rest des Tages traurig und unglücklich, aber was soll`s: Ich muss meine Aufgabe korrekt erfüllen.

Wie könnt ihr glauben, dass es mir leicht fällt, euch zu tadeln und euch Vorhaltungen zu machen? Wenn ich euch von all den Reichtümern erzähle, die Gott in euch niedergelegt hat, wenn ich euch die Großartigkeit, die Schönheit der Zukunft offenbare, die auf euch wartet, dann, ja dann bin ich glücklich. Aber euch zu zeigen, dass ihr im Irrtum seid, dass ihr falsch gehandelt habt, ehrlich, das gefällt mir nicht. Wenn ich das tue, dann um euch zu befreien und nicht, um mich euch aufzudrängen und euch eure Freiheit zu nehmen. Und habe ich von euch jemals einen einzigen Pfennig verlangt, damit ihr meinen Vorträgen zuhören dürft? Nein, meine Lehre ist gratis. Wenn also manchem das, was ich sage, nicht gefällt, sollen sie mir einfach nicht mehr zuhören, das ist alles. Auf alle Fälle haben sie nicht das Recht, mir vorzuwerfen, ich hätte sie getäuscht.

Ich habe es euch gesagt, meine eigene Freiheit genügt mir, ich brauche die eure nicht. Und im Gegensatz zu dem, was viele vielleicht gerne glauben, finde ich überhaupt keinen Gefallen am Moralisieren. Ich gebe mich damit zufrieden, die Realitäten der psychischen Welt aufzuzeigen, die, ebenso wie die Natur, Gesetzen gehorcht. Ja, die Moralgesetze sind auf der psychischen Ebene das Äquivalent zu den Naturgesetzen.[5] Wenn ihr nicht seht, dass ihr auf Wegen geht, die euch in Sackgassen führen, in Abgründe, wie könnte dann ich, der es sieht, gleichgültig, ungerührt bleiben?... Ich predige euch keine Moral, ich erkläre, das ist alles. Ich erkläre euch, was heilsam ist und was schädlich ist, was euch retten wird und was euch verderben wird. Und bevor ich es wage, öffentlich das Wort zu ergreifen, um was auch immer zu erklären, habe ich jahrelang geforscht und Erfahrungen gemacht. Erst nachdem es mir dann endlich gelungen ist, nach bestimmten Regeln der Liebe, der Weisheit und der Wahrheit zu leben, habe ich mit dem Sprechen begonnen. Sprechen muss immer danach kommen, wenn man die Fähigkeit erlangt hat, sein eigenes Leben den Gesetzen anzupassen, die man von den anderen respektiert haben will. Sonst reiht man sich in die Kategorie der Schaumschläger, der Scharlatane, der Scheinheiligen ein.

Vor allem sollt ihr wissen, dass ich mir niemals erlauben würde, euch Anstrengungen zuzumuten, die ich nicht selbst gemacht habe. Alles, wozu ich euch auffordere, habe ich bereits realisiert. Es ist keine Theorie. Das, wozu ich euch auffordere, lebe ich Tag und Nacht. Wenn ich daher über mein Leben berichte, dann um euch begreiflich zu machen, dass man die schlimmsten Schwierigkeiten überwinden kann, dank diesem Licht, das uns die Einweihungswissenschaft gibt.

Vor einigen Jahren begegnete ich zufällig auf der Straße einem Bruder, von dem ich wusste, dass er große Prüfungen durchmachte; und da er bereits die Neigung zur Nervenschwäche hatte, war er wirklich in einem bemitleidenswerten Zustand. Bei unserer Begegnung hatte ich nicht die Zeit, mich aufzuhalten, und ich schlug ihm vor, mich am nächsten Tag aufzusuchen. Am nächsten Tag ließ ich ihn erst einmal reden, und er sagte zu mir: »Ich habe alles versucht, die Ärzte können nichts mehr für mich tun, und ich will allem ein Ende machen. Aber ich muss Ihnen als Erstes sagen, dass ich die wenigen Atempausen, die ich in letzter Zeit erfahren habe, Ihnen verdanke. In den Wahrheiten, die Sie uns lehren, habe ich manchmal Frieden schöpfen können und sogar Freude. Und darum möchte ich Ihnen sagen, dass ich Sie sehr liebe und Ihnen danke, aber jetzt kann ich nicht mehr kämpfen.«

Einige Sekunden lang habe ich mich gefragt, was ich jemandem antworten sollte, der mir in aller Ruhe ankündigt, dass er von einem Moment zum anderen seinen Tagen ein Ende setzen könnte, denn ich spürte, dass er dazu in der Lage war. Ich sah ihn lange und tiefgründig an und sagte zu ihm: »Glauben Sie, dass mein Leben für mich leicht ist? Auch ich fühle mich oft niedergeschlagen und mutlos. Sie sagen, dass Sie mich lieben und meine Lehre schätzen, aber Sie wollen mich verlassen. Wenn Sie mich wahrhaft lieben würden, würden Sie nicht ans Sterben denken, Sie würden leben, um mir zu helfen. So wie ich, würden Sie sich bemühen, etwas für die anderen zu tun. Ich bitte Sie inständig, strengen Sie sich an, ich werde Ihnen mit meinen Gedanken und meinen Gebeten helfen. Ich glaube, dass Sie gesund werden können.« Und ich habe ihn auch ein wenig durchgerüttelt, denn man hilft den Leuten nicht, wenn man ihnen zeigt, dass man sie zu gut versteht. Er blieb einen Moment still, dann sagte er zu mir: »Ich habe die Lage nicht aus diesem Blickwinkel betrachtet.

Es wird schwierig sein, aber ich werde mich bemühen, das zu tun, worum Sie mich bitten.« Einige Zeit später schrieb er mir, dass er noch sehr kritische Momente durchmachen würde, er sich jedoch auf dem Weg zur Heilung fühlen und nicht mehr an Suizid denken würde. Er hatte verstanden, dass man seine Leiden überwinden kann, indem man sich bemüht, etwas für andere zu tun, und das hat ihn gerettet.

Was dabei trotzdem für mich sehr erstaunlich bleibt, ist, dass man immer bereit ist, einen spirituellen Meister zu verdächtigen, die Freiheit seiner Schüler zu bedrohen, aber man fragt sich nicht, welche Freiheit die Schüler ihrem Meister lassen. Sie finden es normal, ihn in ihrem Kopf zu modellieren, damit er so sei, wie sie sich ihn wünschen, und wie er all ihren Erwartungen entspricht, und wenn er es nicht tut, dann folgt nichts als Kritik! Aber ja, wie viele erwarten von mir, dass ich ihre Geschmäcker und ihre Meinungen gutheiße… um nicht zu sagen, ihre Schwächen und ihre Leidenschaften! Ich soll ihnen nur das erzählen, was sie gerne hören, sie nicht in ihren Gewohnheiten ins Wanken bringen, und sie merken sich von meinen Worten nur die Ideen und Ratschläge, die ihnen keine Anstrengungen abverlangen. Und ich muss wie ein Lotse wachsam bleiben und das Ruder festhalten, damit das Schiff nicht abdriftet, davongetragen von allen möglichen gegensätzlichen Strömungen.

Und wisst ihr, was am gefährlichsten für die Freiheit eines spirituellen Meisters ist? Die Liebe seiner Schüler. Seien es nun Frauen oder Männer, wer will nicht seine Aufmerksamkeit auf sich ziehen, nicht von ihm bevorzugt werden? Sicher, das ist normal, aber was für Komplikationen bereitet es! Manchmal nehme ich im Saal einen Bruder oder eine Schwester wahr, die von mir Unterstützung und Ermutigung bräuchten… Ich könnte es durch einen Blick tun, denn durch einen Blick ist es mir möglich, viele Dinge meines Herzens und meiner Seele auszudrücken. Aber ich tue es nicht, denn ich weiß, dass andere neben ihnen denken werden: »Und warum sieht er nicht auch mich an?« Wenn ich also meine Liebe und mein Licht denen senden will, wo ich spüre, dass sie es nötig haben, dass ich sie in ihren Bemühungen unterstütze, schließe ich die Augen. Denn genauso, wie man in der Stille sprechen kann, kann man mit geschlossenen Augen sehen.

Aber ja, für einen geistigen Meister kann die Liebe derjenigen, die ihm folgen, die schlimmste aller Ketten sein.[6] Vor Jahren kam eine Frau, die einige meiner Vorträge gehört hatte, und erklärte mir, dass ich der großartigste Mensch wäre, dem sie jemals begegnet sei, und dass sie beschlossen habe, mich zu heiraten. Sie war verheiratet, sie hatte Kinder, von denen eines sogar etwas älter war als ich, aber das war für sie kein Hindernis. Und als sie begriff, dass ich ihren Anbiederungen nicht nachgeben würde, spielte sie verrückt. Ich war zu der Zeit gerade zehn Jahre in Frankreich und sollte Papiere erhalten, die mir endgültig das Bleiberecht garantierten. Das erfuhr sie, und um sich zu rächen, ging sie zur Polizei und tat alles ihr Mögliche, damit ich diese Papiere nicht erhielt, indem sie mich als gefährlichen Menschen darstellte.

Und all diese Liebeserklärungen, die ich in meinem Leben bekommen habe! Seiten um Seiten… Aber glaubt nicht, dass ich darauf stolz bin. Jedes Mal sah ich Fallen und Bürden auf mich zukommen. Ihr könnt euch nicht vorstellen, wie oft ich habe lernen müssen, vor der Liebe der Menschen auf der Hut zu sein. Manchmal sind es sogar sehr junge Mädchen, die beschlossen haben, mich zu heiraten. Manche sind kaum zwanzig Jahre alt, und ich bin ein Greis, und sie wollen mich heiraten! Sie wohnen meinen Vorträgen bei, und anstatt auf die Wahrheiten zu achten, die für ihre Zukunft so nützlich wären, bleiben sie in ihren Gefühlen verstrickt. Sie geben sich damit zufrieden, mich anzuschauen, ohne etwas zu hören oder zu lernen.

Und in welche Lage bringt mich das gegenüber den Eltern dieser jungen Mädchen, die sich so sehr wünschten, sie endlich ein normales Leben führen zu sehen, mit einem Ehemann und Kindern? Es gelingt ihnen nicht, sie zur Vernunft zu bringen, mir auch nicht, und was sind das dann für Sorgen für mich! Denn natürlich bin ich es, der dafür verantwortlich gemacht wird, in ihnen solche Gefühle ausgelöst zu haben. Ich versichere euch, man ist sich nicht darüber im Klaren! Man glaubt, mein Leben sei einfach, weil man mich auf einem Podest sitzen sieht, während ich einem Publikum, das aufmerksam zu sein scheint, die Wahrheiten von Seele und Geist darlege. Da irrt ihr euch gewaltig!... Wie oft muss ich mich vor Gedanken, Gefühlen und wirklich unvernünftigen Initiativen von den einen oder anderen schützen!

Eines Tages im Bonfin kündigte man mir an, dass eine junge Frau mich zu treffen wünschte. Anscheinend sprach sie von mir in fabelhaften Begriffen. Ihrer Meinung nach war ich der größte lebende Meister und so weiter und so weiter. Man zeigte mir ihr Foto. Sie war sehr hübsch, aber als ich ihren Blick sah, war ich auf der Hut. Da sie verheiratet war, verlangte ich, dass sie mit ihrem Ehemann käme. Er begleitete sie also, wir sprachen über verschiedene Dinge, und sie ging noch erfreuter von mir wieder weg.

Aber einige Tage später hörte ich es an meiner Tür klopfen. Ich öffnete und sah eben diese junge Frau. Ohne dass ich sie einlud, trat sie bei mir ein und erklärte mir, dass sie käme, um mich zu behandeln, denn bei ihrem vorangegangenen Besuch hatte sie diagnostiziert, dass ich alle möglichen Krankheiten hätte. Ja, und sie zählte meine kranken Organe auf: die Lungen, das Herz, die Milz, die Eingeweide, die Leber… Ehrlich, es ging mir sehr schlecht. Um mich zu heilen, hatte sie eine Flasche mitgebracht, die eine Ölmischung enthielt, die sie speziell für mich zubereitet hatte. Und mit einer unglaublichen Dreistigkeit forderte sie mich auf, mich zu entkleiden, damit sie mir eine Massage geben könne. Also, da war ich wirklich fassungslos! Ich sagte zu ihr: »Ich habe nie irgendjemandem erlaubt, mich zu massieren. Wie können Sie glauben, dass ich es von Ihnen zulassen werde? Und sagen Sie mir erst einmal, was in dieser Flasche ist. – Oh nein, das kann ich Ihnen nicht sagen. – Gut, auf alle Fälle werden Sie mich keinesfalls berühren.«

Das machte sie wütend, sie warf mir vernichtende Blicke zu, wobei sie vorgab, eine große Hellseherin zu sein (wenn sie es gewesen wäre, hätte sie dann nicht ein wenig voraussehen müssen, wie ich sie empfangen würde), tausende von Sternbildern durchlaufen, alle Einweihungen erhalten zu haben und jede Krankheit heilen zu können… Dann bewegte sie sich Richtung Tür, um zu gehen. Doch da sagte ich zu ihr: »Nein, da Sie nun mal gekommen sind, bleiben Sie noch einige Minuten, weil es da gewisse Wahrheiten gibt, die Sie hören müssen.« Es ist nicht notwendig, dass ich euch wiederhole, was ich zu ihr gesagt habe, aber ich war unerbittlich, weil diese Art von Frauen eine öffentliche Gefahr darstellen. Zum Schluss, in ihrem Zorn, machte sie eine abrupte Bewegung und ohne dass sie es wollte, zerbrach ihre Flasche: Überall war Flüssigkeit, und ich musste alles nach ihrem Fortgang säubern. Natürlich hat sie sich danach bei jeder Menge von Leuten über mich beschwert, und ganz plötzlich war ich nicht mehr der allergrößte Meister auf der Erde. Danke Herr, umso besser!

Ich hätte noch viele andere, ähnliche Geschichten zu erzählen, und manche sehr viel weniger amüsant, aber das ist genug. Ich beklage mich nicht, aber wenn man mich beschuldigt, andere ihrer Freiheit zu berauben, sollte man sich vielleicht auch einmal fragen, wie man meinen Fall betrachtet. Glaubt nur nicht, dass ich große Vorteile davon hätte, mitten unter euch zu leben! An manchen Tagen würde ich mich sehr viel besser fühlen, wenn ich mich ein wenig zurückziehen könnte und all die Sorgen, die ihr mir bereitet, vergessen dürfte. Um glücklich zu sein, muss ich nicht umringt sein. Innerlich fühle ich mich niemals allein, denn ich habe gelernt, mit den lichtvollsten, den poetischsten Wesen des Himmels und der Erde in Einklang zu leben. Es genügt mir, am Morgen mein Fenster zu öffnen und meine Augen mit dem Tageslicht zu füllen, um wunschlos glücklich zu sein.

Manchmal, wenn ich es müde bin, immer dieselben Geschichten zu hören, die man mir erzählt, kommt es vor, dass ich Nastradin Hodja* anrufe. Ich rufe ihn herbei: »Nastradin Hodja, komm doch mal her!« Dann kommt er, überragt von seinem großen Turban, und erzählt mir von seiner Frau Fatme, von seinen Nachbarn, von seinem Esel, von seinem Minarett, auf das er hinaufsteigt, um zu singen und die Gläubigen zum Gebet zu rufen. Er ist wirklich komisch, dieser Nastradin Hodja. Er sagt Dinge, bei denen man nie genau weiß, ob sie weise oder unsinnig sind, und er überlegt auf äußerst originelle Weise! Ich höre ihm zu, und schon ist es passiert – ich fange an zu lachen. Glücklicherweise ist niemand da und beobachtet mich!

* 1396 wurde Bulgarien vom Ottomanischen Reich annektiert und blieb unter seiner Herrschaft bis 1878, auch seine Kultur geriet unter den Einfluss des Islam. Mulla Nasrudin (in Bulgarien Nastradin Hodja genannt) ist der Held mit vielfältigen Facetten in einer großen Zahl humoristischer Anekdoten zur Veranschaulichung bestimmter Aspekte der Sufi-Lehre. Er ist bekannt von Afghanistan bis zum Balkan. Siehe das Buch von Idries Shah: »Die fabelhaften Heldentaten des vollendeten Narren und Meisters Mulla Nasrudin«.

Ihr wendet ein: »Aber trotzdem verursachen Ihnen die Brüder und Schwestern nicht nur Sorgen, Sie müssen doch manchmal glücklich sein, ihren Respekt und ihre Liebe zu spüren. Und zweifellos gibt es auch manche, für die Sie eine Vorliebe haben.« Ja natürlich, das ist nicht anders möglich. Wer kann leugnen, dass man, bedingt durch das Temperament, spontan mehr Affinität zu bestimmten Menschen hat als zu anderen? Aber ich zeige meine Vorlieben nicht, denn aus pädagogischer Sicht bringt das keine guten Ergebnisse. Wer sich bevorzugt fühlt, hat die Neigung, in seinen Anstrengungen nachzulassen, eitel und anspruchsvoll zu werden, was schlecht für seine Entwicklung ist. Was die anderen angeht, die diese Bevorzugung mit ansehen, die finden das nicht gerecht, denn auch sie lieben ihren Meister; so beginnt die Eifersucht sich in sie einzuschleichen, und darüber hinaus sind das Gefühle, die ihnen auch nicht weiterhelfen können. Meine Lage ist identisch mit derjenigen von Eltern gegenüber ihren Kindern: Wenn Eltern eine Vorliebe für eines ihrer Kinder haben, ist das nicht verwerflich, aber sie dürfen es niemals zeigen. Auch ich muss wie ein Vater handeln: Wenn ich einige Vorlieben habe, bemühe ich mich, sie nicht zu zeigen.

Es ist ein sehr großes Opfer, das ein geistiger Meister bringt, indem er sich auf der Erde inkarniert, um die Menschen zu lehren: Er wendet dort viel Zeit und Energien auf, die er seiner eigenen Entwicklung widmen könnte. Ihr fragt: »Aber hat er seine Arbeit nicht bereits beendet?« Er hat vielleicht eine bestimmte Arbeit vollendet, aber es gibt immer einen höheren Grad zu erreichen, ein größeres Licht, größere Kräfte zu erlangen. Wenn er immer von seinen Schülern in Beschlag genommen wird, ist er nicht mehr besonders frei, was seine Zeit und seine Aktivitäten betrifft. Aber er akzeptiert das, denn bezüglich der Arbeit, die er mit ihnen begonnen hat, muss er sich geduldig zeigen.[7] Manchmal hält er einen Moment inne, um auf sie zu warten, aber niemals geht er rückwärts. Wenn die Schüler ihn wieder einholen, ist er glücklich und setzt den Weg fort, um sie höher hinaufzuführen. Ich meinerseits bin oft gezwungen anzuhalten, um auf euch zu warten; mein Herz drängt mich dazu. Es kommt vor, dass ich ihm Vorwürfe mache, diesem Herzen, weil es mich daran hindert, mich an die Entschlüsse zu halten, die ich getroffen hatte. Es flüstert mir zu: »Gedulde dich noch, warte ein wenig.« Ich will streng sein, aber eine Minute später drängt mich dieses Herz, das meine Mutter mir gegeben hat, denn darin ähnele ich ihr sehr, zur Nachsicht.

Aber ich lasse trotzdem nicht locker, damit ihr voranschreitet. Es ist wahr, ich lasse nicht locker, weil mich eure Zukunft bewegt: Ich will, dass es euch besser geht, ihr weiser, schöner, glücklicher seid. Das wünsche ich mir jeden Tag. Ihr selbst denkt nicht besonders an eure Zukunft, so muss ich für euch daran denken. Aber wie soll ich mich verständlich machen? Ich suche Tag und Nacht nach Argumenten und Methoden, denn ich weiß, dass, wenn ihr das, was von mir kommt, nicht akzeptiert, sich das Leben darum kümmern wird, euch das begreiflich zu machen, und es wird dies schonungslos machen, mit einem Keulenschlag.

Aber ich muss euch frei lassen, ich habe nur die Aufgabe des Erklärens, und ich erkläre. Wenn ihr dem, was ich euch sage, keine Beachtung schenkt, nun, da kann man nichts machen. Natürlich ist das ermüdend; natürlich ist das auch manchmal entmutigend, seine Zeit und seine Energien aufzuwenden, in dem Bemühen, Sturköpfe zu überzeugen, die einerseits meine Hilfe verlangen, andererseits meine Ratschläge nicht berücksichtigen. Aber ich habe nicht das Recht, euch zu irgendetwas zu zwingen. Was ihr danach tut, das ist eure Sache. Ich jedenfalls fahre mit meiner Arbeit fort, und selbst wenn ihr das nicht aufnehmt, was ich euch gebe, wird es nicht verloren sein, es wird zu mir zurückkehren: Das ist ein Gesetz. Aber wenn ich euch helfen kann, werde ich der glücklichste Mensch sein. Nur daran denke ich Tag und Nacht: euch nützlich zu sein. Es ist mir unmöglich, anders zu handeln und ich werde weitermachen, komme was da wolle.

Die Menschen suchen sich als Freunde vor allem angenehme Leute, die ihren Geschmäckern und ihren Instinkten schmeicheln. Denjenigen, der ihnen sagt, wie sie über sich hinauswachsen, oh weh, den muss man meiden! Dabei gibt es keinen besseren Freund als einen geistigen Meister, denn er repräsentiert den Kopf, der die Richtung weiß. Dieser Kopf verschafft natürlich nicht nur angenehme Empfindungen, aber von Zeit zu Zeit, wenn der Schüler erstickt oder ertrinkt, wenn er nicht mehr weiß, wo ihm der Kopf steht, entschließt er sich, sich endlich auf ihn zurückzubesinnen, um ein wenig zu atmen und auf den Weg zurückzufinden... Das Traurige ist, dass dies oft nicht lange anhält, und er watet wieder in den Sümpfen herum.

Aber wenn es da jedoch etwas gibt, dessen ich mir sicher bin, dann ist es das, dass ihr eines Tages anerkennen müsst, dass ich euer bester Freund gewesen bin, ein Freund, wie ihr ihn nirgendwo sonst finden werdet; und nichts und niemand wird euch dann auf eurem Weg zum Licht und zur Freiheit aufhalten können. Momentan seid ihr euch noch nicht wirklich im Klaren darüber, dass ich euer Freund bin, und manchmal betrachtet ihr mich sogar als euren Feind, obwohl ich euch doch nur vor Leid bewahren will. Wenn ihr das endlich begreifen werdet – vorausgesetzt es ist nicht zu spät – , werdet ihr mich bis hinauf zu anderen Planeten suchen, um mir zu danken.

Weiterführende Literatur

1. Siehe Band 244 der Reihe Izvor »Dem Licht entgegen«, Kapitel 12: »Im Dienste des göttlichen Prinzips«.
2. Siehe Band 211 der Reihe Izvor »Die Freiheit, Sieg des Geistes«, Kapitel 6: »Die wahre Freiheit«.
3. Siehe Band 242 der Reihe Izvor »Unerschöpfliche Quellen der Freude«, Kapitel 5: »In der Schule des Lebens: Die Lektionen der kosmischen Intelligenz«.
4. Siehe Band 222 der Reihe Izvor »Die Psyche des Menschen«, Kapitel 10: »Der Kausalkörper«.
5. Siehe Band 202 der Reihe Izvor »Der Mensch erobert sein Schicksal«, Kapitel 6: »Die Gesetze der Natur und die Gesetze der Moral«.
6. Siehe Band 234 der Reihe Izvor »Die Wahrheit, Frucht der Weisheit und der Liebe«, Kapitel 4: »Die Liebe des Schülers, die Weisheit des Meisters«.
7. Siehe Band 243 der Reihe Izvor »Das Lächeln des Weisen«, Kapitel 11: »Der Größte unter euch soll euer Diener sein«.

Kapitel 18

ANDERE HELFEN EUCH DURCH MICH

Warum wollte ich frei sein? Warum habe ich keine Familie gegründet?... Jeglicher Wille, frei zu sein, ist nur gerechtfertigt, wenn man andere Verpflichtungen eingeht. Und ich habe Verpflichtungen gegenüber einer anderen Familie, meiner spirituellen Familie. Ich habe Kinder zu ernähren, und jeden Tag bitte ich die himmlischen Wesen, mich zu erleuchten, um ihnen die beste Nahrung bringen zu können. Denn darin besteht meine Aufgabe: euch ernähren.

Ich habe es euch bereits gesagt, ich bin Koch, und bevor ich euch ein Gericht präsentiere, probiere ich es, wie jeder gute Koch. Wenn ich finde, dass eine Zutat fehlt oder es nicht genügend gekocht ist, warte ich noch. Bis heute habe ich euch noch nie etwas angeboten, was zuvor nicht gekostet und hundert Mal geprüft wurde. Und erst nachdem ich festgestellt habe, dass mein Gericht nahrhaft und schmackhaft ist, serviere ich es euch; dann gehe ich zu einem anderen Rezept über. In meinem Restaurant seid ihr daher eingeladen, die besten Gerichte zu kosten, die köstlichsten Speisen – und alles immer neu.

Wenn ihr diese Nahrung, die ich euch gebe, einmal mit großer Aufmerksamkeit und mit Liebe und Dankbarkeit aufzunehmen wisst, werdet ihr sie unmittelbar in Licht und Gesundheit verwandeln können. Hätte ich Zweifel daran, dass es so ist, würde ich spüren, dass diese Nahrung unverdaulich oder schädigend ist, würde ich sofort das Restaurant schließen, denn ich will nicht, dass mein Name und meine Handlungen irgendwo als die eines Übeltäters aufgezeichnet werden. Ich möchte nicht, dass die Herren des Schicksals mich eines Tages vor sich erscheinen lassen, um mir zu sagen: »Sieh, wohin du diese armen Menschen geführt hast. Kehre auf die Erde zurück und mache deine Fehler wieder gut.«

So, wie viele Menschen, habe ich schon nächtliche Zugreisen gemacht. Das war zu der Zeit, als die Eisenbahn noch nicht so perfektioniert war wie heute, und die Lokomotiven, die mit Kohle betrieben wurden, schwarze Dampfwolken ausstießen. Während dieser langen Fahrten musste ich manchmal an den Lokomotivführer dort vorne denken, mit seinen leuchtenden Augen in der Nacht die Dunkelheit durchforschend, sorgfältig achtend auf jeden seiner Handgriffe, um alle Passagiere heil an ihren Bestimmungsort zu bringen. Ich sagte mir: »Während die einen lesen oder schlafen, reden oder Küsse austauschen, wacht er, er kann sich nicht die geringste Unaufmerksamkeit erlauben, nicht die geringste Schwäche. Jedes Mal wenn der Zug anhält, steigen Reisende aus, zufrieden, angekommen zu sein, aber haben sie jemals einen Gedanken, einen Blick für diesen Mann, dank dem sie jetzt heil und sicher da sind? Und er, der sie fortgehen sieht, ist nicht einmal erstaunt, dass niemand ihn grüßt und ihm dankt.« Ja, solche Überlegungen habe ich angestellt. Darum habe ich die Angewohnheit, jedes Mal, wenn ich aus einem Zug aussteige, bis nach vorne zur Lokomotive zu gehen, den Lokführer zu grüßen und ihm zu danken. Und welche Überraschung, welche Freude las ich auf seinem Gesicht! Seine Augen leuchteten, und er zeigte mir ein strahlendes Lächeln mit all seinen Zähnen, die besonders weiß schienen in diesem vom Rauch geschwärzten Gesicht. Da zog auch ich glücklich von dannen.

Warum lasse ich jetzt diese Erinnerungen wiederaufleben? Weil ich mich wie dieser Lokführer fühle, der, mit einer Menge Reisender an Bord, durch die Nacht dampft. Dieser Zug, das ist die Bruderschaft, und ich will, dass ihr alle heil und sicher am Ziel ankommt. Ihr wisst noch nicht, wie sehr bei mir der Verantwortungssinn entwickelt ist. Die Ideen und Methoden, die ich euch vorstelle, habe ich jahrelang ausprobiert, bevor ich sie euch gebe. Ich erschauere bei dem Gedanken, eines Tages wegen einiger Überschreitungen Rede und Antwort stehen zu müssen vor denen, die mich gesandt haben. Das Urteil von Menschen beeindruckt mich nicht, denn nicht sie haben die Dekrete erlassen, denen das Universum und die Geschöpfe, die es bevölkern, unterworfen sind.

Wenn ich mich meiner Vorstellungskraft überlassen würde, weiß ich, dass auch ich euch alle möglichen Räubergeschichten erzählen und euch in Regionen führen könnte, die euch vielleicht äußerst verführerisch erscheinen würden, wo ihr euch aber verlieren würdet. Darum bin ich wachsam, ich akzeptiere nicht alle Ideen, die mir durch den Kopf gehen, ich prüfe sie aufmerksam und treffe eine Auswahl. Ich bin mir bewusst, dass ich verantwortlich bin vor Gott für alle Seelen, die zu mir kommen, und das ist die größte Verantwortung; ich weiß um die Risiken, die ich laufe, wenn ich euch täusche oder in die Irre führe. Sagt euch daher auch, dass dies nicht allein für euch geschieht, sondern auch für mich, um mich nicht zu verlieren, wenn ich mich bemühe, euch ins Licht zu führen. Diese Sorge, die ich um meine spirituelle Familie habe, zwingt mich dazu, nicht nur wachsam zu sein, sondern auch immer neue Reichtümer zu suchen, neue Kräfte, um euch helfen zu können. Und dank dieser Sorge, empfange ich mehr und mehr Hilfe und Unterstützung von oben.

Mir ist immer geistig bewusst, dass ich mich eines Tages vor den himmlischen Wesenheiten werde präsentieren müssen, die mich fragen werden, was ich getan habe, um euch besser werden zu lassen, reiner und stärker. Es sind in erster Linie die Wertschätzung und die Liebe dieser Wesen, die ich gewinnen will. Wenn ich auch eure Wertschätzung und eure Liebe gewinne, ist das wunderbar, aber danach darf ich nicht streben. Um euch nicht in die Irre zu führen, muss ich zunächst meinen Blick auf die himmlischen Wesen richten, ihnen den ersten Platz einräumen. Und da ich damit beginne, an sie zu denken, seid ihr geschützt. Wenn meine Beschäftigungen bei euch stehenbleiben würden, wenn ich zuerst euch zufriedenstellen wollte, dann ja, dann wäret ihr in Gefahr.

Ihr kennt nicht alle Irrtümer, die man begehen kann, wenn man seine Aufmerksamkeit auf die Menschen richtet. Mit den besten Absichten der Welt führt man sie schließlich unfreiwillig auf Abwege. Ich weiß, dass ihr euch manchmal fragt, ob ihr für mich zählt. Ja, aber sicher, aber nicht so, wie manche es sich wünschen würden. Für mich zählt euer höheres Selbst, und mein ganzes Streben ist darauf ausgerichtet, euch dieses höhere Selbst bewusst zu machen, indem ich euch die Mittel gebe, es zu entwickeln, zu ernähren. Und eben weil ich euer höheres Selbst nähren will, richte ich meinen Blick zuerst auf die göttliche Welt. So sehr die göttliche Welt für mich zählt, so sehr zählt für mich auch euer höheres Selbst, das euer einzig wahres Ich ist. Das ist es, was ihr begreifen müsst.

Und genauso, wie es wünschenswert ist, dass ihr wisst, in welchem Sinn ihr für mich zählt, ist es wünschenswert, dass auch ihr wisst, in welchem Sinn ich für euch zählen sollte, um gewisse Missverständnisse zu vermeiden. Wenn es vorkommt, dass Brüder und Schwestern mir sagen oder mir schreiben, dass sie mich lieben, sollten sie sich in meine

Lage versetzen, was mache ich in dem Moment? Ich wende mich an den Herrn und sage zu Ihm: »Herr, nicht mir, Dir gibt diese Seele alles. Nimm sie unter Deinen Schutz, kümmere Dich um sie… Sende ihr Deine Engel, um sie in ihren Bemühungen auf dem Weg zum Licht zu unterstützen. Ich selbst brauche diese Liebe nicht, und ich brauche es nicht, dass man mir dient.«

Eure Ergebenheit, eure Liebe werde ich niemals für mich verwenden. Wenn ihr spürt, dass ihr dank dieser Liebe erblüht, euch stärkt, inspiriert seid, macht weiter; ihr riskiert nichts. Warum? Weil ich mich nur als einen Briefkasten betrachte, ja, einen Briefkasten! Eure Liebe ist so etwas wie Briefe, die ich empfange und nach oben weiterleite. Ich sage: »Herr, diese Liebe richtet sich durch mich in Wirklichkeit an Dich. Durch mich suchen sie Dich, Du bist es, den sie lieben, Du bist es, den sie verehren, nicht ich.« Und damit ist der Brief abgeschickt. Beginnt ihr mich zu verstehen? Ich darf für euch nur in dem Sinne zählen, da ich dieser Briefkasten bin, der eure Hingabe und eure Liebe dem Herrn übermitteln wird.

Und wenn ich Danksagungen, Lob, Zeugnisse der Bewunderung empfange, übermittle ich sie auch nach oben, wo sie von geistigen Wesenheiten empfangen werden, die sich ihrer anschließend für ihre Arbeit bedienen werden. Denn ich hüte mich vor Komplimenten und Lobreden, die man an mich richten kann, ich weiß, welche Gefahren sie darstellen. Selbst unter den großen Eingeweihten haben viele den Verstand verloren, weil die Bewunderung und Verehrung ihrer Umgebung sie schließlich haben glauben lassen, dass sie Gottheiten wären. Darum treffe ich Vorkehrungen, und ich hoffe, dass sie ausreichen.

Es gibt eine bestimmte innere Arbeit auszuführen, um Kritik zu ertragen, aber es gibt eine andere Arbeit zu tun, wenn man Lobreden empfängt; auch das darf man nicht vergessen. Wenn ich also Zeugnisse der Wertschätzung, der Bewunderung empfange, spüre ich, dass ich wachsam sein muss, und innerlich verbinde ich mich mit dem Herrn. Ich sage zu Ihm: »Wenn es wahr ist, dass ich einige gute Dinge tue, kommt nicht mir der Verdienst zu, sondern Dir, Herr.« Und zu mir sage ich: »Du darfst dich nicht auflehnen, wenn man dich verleumdet und verfolgt, aber du darfst noch weniger darauf stolz sein, wenn man dich lobt. Verfolgungen oder Lobreden, du musst all das vor dem Thron Gottes niederlegen.«

Diese Liebe, diese Dankbarkeit, die ich von Seiten verschiedener Personen empfange, und die ich nicht für mich behalte, das ist wie Gold, das ich auf die himmlischen Banken lege. Und wenn ich Unterstützung brauche bei meiner Arbeit für euch, weiß ich, dass ich mich an den Himmel wenden kann und Hilfe erhalten werde. In welcher Form? In allen möglichen Formen. Darin liegt das Mysterium und der Reichtum des spirituellen Lebens. Wenn ihr mir eure Sorgen anvertraut, eure Leiden, eure Bestrebungen, so werdet ihr nicht unbedingt von mir eine Antwort oder eine Beruhigung bekommen; für mich allein wäre das eine zu schwere Bürde. Ihr bekommt sie von meinen Freunden oben.

Ihr habt die Kinder gesehen, morgens, wenn wir vom Felsen herabkommen, nach dem Sonnenaufgang: Sie begleiten mich und wollen alle ihre Hand in die meine legen. Das ist eine sehr bedeutungsvolle Geste, habt ihr darüber nachgedacht? Damit man unterstützt und geschützt wird, muss man einen weiseren, stärkeren Menschen suchen und ihm die Hand geben. Während ich mit diesen Kindern hinuntergehe, denke ich, dass ich so handeln sollte wie sie. Ja, ich möchte wie ein Kind sein und meine Hand in die Hand höherer Wesen legen, damit sie mir Licht und Kraft geben.[1] Täte ich es nicht, würde ich durch all die Forderungen und

Sorgen, die auf mich eindringen, erdrückt werden. Aber ich lege meine Hand in die ihre, und sie kümmern sich dann darum, die Probleme zu regeln.

Glücklicherweise bin ich von Geistwesen umgeben, die es akzeptieren, sich um euch zu kümmern. Ihr kennt sie nicht. Ihr wendet euch an mich, aber oft sind es andere, die euch antworten, und nicht immer dieselben. Sagen wir, um ein Bild zu benutzen, dass ihr meine Telefonnummer wählt, aber es sind andere, die euch zuhören. Ich selbst sehe, spüre, höre vielleicht nichts, aber diejenigen um mich herum sehen, hören und spüren. Ich bin sehr privilegiert, denn in der unsichtbaren Welt habe ich viele Freunde, die mir bei meiner Arbeit helfen, und manchmal sagen diese Freunde von oben zu euch: »Macht euch keine Sorgen, wenn euer Meister nicht so verfügbar ist, wie ihr es euch wünschen würdet, um euch zuzuhören, zu euch zu sprechen, euch zu helfen; wir unsererseits sind da, und solange ihr nach dem Licht strebt, werden wir euch unterstützen.«

Unsere Lehre verbreitet sich in der ganzen Welt durch die Bücher. Wie könnte ich, wenn ich allein wäre, all diesen Seelen in der Ferne helfen, die mich in Zukunft anrufen? Aber ich weiß, dass ich sie meinen Freunden anvertrauen kann. Es kommt vor, dass diese Freunde mit Bescheidenheit mein Gesicht annehmen, um vor den inneren Augen von jemandem zu erscheinen und ihm zu helfen, ihn zu heilen, ihn zu unterrichten, obwohl ich mit ganz anderen Dingen beschäftigt bin. Denn ihnen ist allein die Arbeit für die Verwirklichung des Reiches Gottes auf Erden wichtig. Hinter mir gibt es daher tausende von Wesen, die mehr zählen als ich, die weiser und heiliger sind, Wesen, die sich in den Dienst der Ersten Ursache gestellt haben, und die bereit sind, mir bei meiner Aufgabe zu helfen.

Und ich werde nicht allein durch die Freunde um mich herum unterstützt, sondern auch von jenen, die in meinem Inneren sind. Um ein anderes Bild zu nehmen, würde ich sagen, dass ich eine Art Firma darstelle: Zahlreiche Wesen wohnen in mir, und sie manifestieren sich ohne mein Wissen, indem sie meine Erscheinung annehmen. Wie viele Personen haben mir dies gesagt! Sie hatten zum Beispiel einen sehr wertvollen Gegenstand verloren, sie waren krank oder entmutigt oder sie hatten ein schwieriges Problem zu lösen: Sie baten mich in Gedanken um Hilfe, und während ihres Schlafes sahen sie mich erscheinen, um ihnen aufzuzeigen, was sie tun sollten. Andere, die mir niemals begegnet sind, haben, als sie mein Foto sahen, ein Gesicht wiedererkannt, das sie bereits im Traum wahrgenommen haben.

Ich selbst weiß natürlich nichts von diesen Tatsachen, wenn sie passieren, aber ich weiß, dass sie möglich sind. Manche sagten mir, dass sie durch das Aussprechen meines Namens einen schweren Autounfall vermieden oder einen Angreifer in die Flucht geschlagen haben. Auch das ist möglich. Dennoch bitte ich euch, nicht zu sehr auf mich zu zählen, um euch auf wunderbare Weise zu Hilfe zu kommen, euch zu heilen oder euch zu retten. Seid wachsam, setzt euch nicht unvorsichtigerweise Gefahren aus, denn selbst wenn ich über gewisse Kräfte verfüge, um in der unsichtbaren Welt einzugreifen, hängt die Antwort nicht von mir ab. Meist weiß ich nicht, was dieser Teil von mir tut, der ein kollektives Wesen ist. Er wirkt ohne mein Wissen, aber er wirkt nur unter bestimmten Voraussetzungen, und niemals bin ich es, der entscheidet, wann und wie ihr Hilfe empfangen sollt.

Wie oft geschieht es, dass ich plötzlich spüre, wie Energien mich verlassen. Das ist eine besondere Empfindung, die sich fast immer auf dieselbe Weise äußert: Eine Art von Müdigkeit überfällt mich, aber eine Müdigkeit, die nicht die meine ist. Ich weiß in diesem Moment, dass jemand mich braucht und mich um Hilfe ruft. Wer diese Person ist, die so nach mir ruft, das weiß ich nicht und muss es auch nicht wissen. Soweit ich kann, versuche ich, ihr zu Hilfe zu kommen. Ich konzentriere mich, und es ist, als ob ich für einen Moment meinen Körper verlasse, um ihr zu begegnen; dann kehre ich zurück. Und einige Zeit später erhalte ich einen Brief, in dem man mir zum Beispiel schreibt: »Oh, Meister, ich hatte gestern einen unerträglichen Schmerz im rechten Arm, daher habe ich mich auf Sie konzentriert und habe jetzt keine Schmerzen mehr.« Ja, und ich habe denselben Schmerz an derselben Stelle verspürt.

Und das ist nur ein kleines Beispiel. Ich empfange viele Briefe dieser Art. Tag und Nacht ruft man nach mir, und das ist nicht immer vernünftig. Anstatt danach zu streben, sich zu heilen und seine Probleme zu lösen, indem man die Methoden, die ich aufgezeigt habe, aufgreift, wendet man sich auf die eine oder andere Weise immer an mich. Wenn ich selbst jedes Mal eingreifen müsste, wäre ich schon lange an Erschöpfung gestorben. Also wende ich mich an dieses kollektive Wesen, das in mir lebt, und von dem ich nicht weiß, seit wann es mich bewohnt. Es schleicht sich überall hinein, um zu sehen, zu hören... Und das erklärt, dass ihr manchmal meine Gedanken auffangt oder dass ich eine Unterhaltung verfolge, die ihr zuvor unter euch geführt habt, weit weg von mir. Bin ich es, der euren Gedanken auffängt oder ist es umgekehrt?

Ich weiß noch nicht, wozu dieses Wesen, das mich bewohnt, fähig ist. Von Zeit zu Zeit lade ich es ein und höre ihm zu... Es antwortet nicht immer, wenn ich es rufe, aber ich lasse mich nicht entmutigen. Oft sage ich zu ihm: »Du, du weißt alles, du kannst alles. Daher bitte ich dich, kümmere dich um den oder den, der leidet. Ich selbst bin schwach, aber du, ich kenne dich, du bist stark.« Natürlich kann ich es nicht zum Eingreifen zwingen, aber es hat mir schon oft gezeigt, wozu es fähig ist. Es ist dieses Wesen, das die Macht hat, euch aus der Ferne zu helfen und euch auch während der Nacht zu unterrichten. Aber ruft es nicht wegen irgendetwas Beliebigem an. In jedem Fall kann nichts es zwingen, eure Bitten zu erfüllen. Es kommt, sobald ihr euch wie Kinder Gottes verhaltet, begierig, euch edlen Aufgaben zu widmen. Es wird niemals kommen, wenn ihr es in den Dienst von egoistischen oder unaufrichtigen Unternehmungen stellen wollt.

Diese Gegebenheiten des spirituellen Lebens sind schwer zu fassen und geschweige denn, einfach nur zu glauben, das weiß ich, und ich kann nur versuchen, mich mithilfe von Analogien verständlich zu machen. Wenn ihr euch an mich wendet, bin ich eine Art Ikone, vor der ihr betet: Durch mich erreichen eure Gebete höhere Wesenheiten.[2] Betrachtet mich lediglich als einen Vermittler; wenn ihr in mich Vertrauen habt, wenn ihr ehrlich und aufrichtig seid, werdet ihr immer eine Antwort erhalten. Was zählt, seid ihr, mit welchem Ziel, in welchem Geisteszustand ihr euch an mich wendet. Es ist wünschenswert, einen weisen und großzügigen Meister zu haben, aber vergesst nicht: Das bestimmende Element seid ihr. Das, was ihr in euch tragt, das zieht aus dem Raum Strömungen und Elemente derselben Natur an.

Das innere Leben gehorcht dem Gesetz der Affinität. Selbst wenn ich nicht in der Lage bin, euch so zu helfen, wie ihr es euch wünscht, werden andere es durch mich tun. Da ihr ja der Ausgangspunkt seid, werdet ihr erhört, wenn ihr das angemessene Verhalten annehmt. Beginnt damit, eure Gefühle und eure Gedanken zu reinigen, ohne euch zu fragen, in welcher Form die erbetene Hilfe wohl kommen mag. Und wenn ihr dem Anschein nach das Gegenteil von dem erhaltet, was ihr erwartet habt, lehnt euch nicht auf und verliert auch nicht den Mut. Sucht vielmehr die Gründe für das, was euch geschieht, und macht mit der Arbeit weiter.

Die Bürden eines spirituellen Meisters sind erdrückend, und wenn er sich nicht seit langem darauf vorbereitet hätte, wäre er schnell zermalmt. Ohne es zu wissen, ohne es zu wollen, sind es seine Schüler, die ihn erschöpfen. Und das nennen sie Liebe! Ja, weil sie ihren Meister lieben, verlangen sie ständig nach seiner Aufmerksamkeit, seiner Zeit, seiner Hilfe. Und wenn sie sich in unvergleichliche Situationen gebracht haben, wenden sie sich an ihren Meister, den sie so sehr lieben, an diesen Meister, in den sie solches Vertrauen haben. Und was ermöglicht es einem Meister zu widerstehen? Ich werde euch wieder mit einer Analogie antworten.

Stellt euch einen riesigen Felsblock vor: Da er der irdischen Anziehungskraft unterliegt, ist er sehr schwer und niemand kann ihn hochheben. Aber wenn man die Methode findet, ihn weit genug von der Erde zu entfernen, so dass er dieser Anziehungskraft entgeht, dann wiegt er nichts mehr, ist leicht und schwebt sogar. Die Schlussfolgerung ist, dass für denjenigen, der gelernt hat, seine Lasten sehr hoch hinauf zu transportieren, jenseits der Grenze der irdischen Anziehung, diese nichts mehr wiegen und ihn sogar noch anheben wie ein Ballon, und er steigt und steigt… Weil ein spiritueller Meister sein Leben dem Dienst des Herrn geweiht hat, der Verbreitung des Lichts, können selbst erdrückende Bürden, die auf ihm lasten, ihn nicht erdrücken. Die Natur seiner Beschäftigungen entreißt ihn sozusagen der Anziehung der Erde. Indem er sich in den Dienst des Herrn stellt und der Menschen, die er aufklären will, dient er in Wirklichkeit sich selbst, seinem höheren Ich. Da sein höheres Ich in der Sonne lebt, findet er sich in die Sonne versetzt.[3] Und dort, in der Sonne, was wiegen dort die Bürden der Erde?

Weiterführende Literatur

1. Siehe Band 217 der Reihe Izvor »Ein neues Licht auf das Evangelium«, Kapitel 2: »Wenn ihr nicht werdet wie die Kinder… «, und Band 239 der Reihe Izvor »Die Liebe ist größer als der Glaube«, Kapitel 8: »Wenn ihr nicht werdet wie die Kinder…«.
2. Siehe Band 235 der Reihe Izvor »Im Geist und in der Wahrheit«, Kapitel 12: »Das Bild als einfache Unterstützung für das Gebet«.
3. Siehe Band 10 der Reihe Gesamtwerk »Sonnen Yoga – Surya-Yoga – Die Herrlichkeit von Tiphereth«, Kapitel 4: »Unser höheres Ich wohnt in der Sonne«.

Kapitel 19

NUR DAS IRREALE IST REAL

Als ich in Kontakt mit der Philosophie der Eingeweihten kam, war ich sehr jung, aber ich spürte sofort, dass es sich lohnt, alles für sie zu opfern. Darum bildete ich mir in meinem Kopf eines Jugendlichen ein, dass, wenn ich die Möglichkeit hätte, den Menschen die Wahrheiten der Einweihungslehre vorzustellen, ihre Klarheit, ihre Schönheit, es ihnen unmöglich wäre, sie nicht zu akzeptieren. Mein Gott, wie naiv war ich! Und wie viele Male stellte ich erstaunt fest, dass diese Wahrheiten bei manchen überhaupt keine Wirkung zeigten, und das sogar bei den meisten von ihnen. Oder aber die Wirkung war sehr schwach, und wie wurde ich enttäuscht! Ich konnte nicht verstehen, dass das, was mich selbst sofort überzeugt hatte, und mit solcher Kraft, die anderen nicht überzeugen konnte. Und dadurch wurde ich gezwungen, mich mit den Geheimnissen der menschlichen Natur zu befassen: Wie kann es sein, dass angesichts solcher Offensichtlichkeit, wenn das Wahre, das Gute, das Schöne offenkundig ist, man sich dann so irren kann und in Enttäuschung, Unglück und Hässlichkeit versinkt?[1]

Alle Menschen sind von Wünschen, Ambitionen bewohnt, die sie zu realisieren suchen. Sei es Reichtum, Schönheit, Wissen, Macht, Ruhm, Vergnügungen und vieles mehr, sie wenden dafür ihre Zeit auf und geben ihre Energien aus. Ist das Ziel dann erreicht, was geschieht dann? Nach einem

Moment der Befriedigung, geht an dem, was sie erwarteten, was sie erhofften, von dem sie träumten, nach und nach jegliches Interesse verloren… so, als ob dies aus ihrem Bewusstsein gelöscht würde. Einmal verwirklicht, bewahrt kein Wunsch die Aura, die ihn umgab, als er eben nur ein Wunsch war. Derjenige, der die Möglichkeit dazu hat, setzt sich neue Ziele, aber die gleiche Erfahrung wiederholt sich, und nach einiger Zeit befindet er sich wieder in der Leere. Vielleicht gelingt es ihm auf lange Sicht zu begreifen, dass das Leben sich nicht auf die Befriedigung einiger Ambitionen oder einiger Wünsche begrenzen lässt.

Es ist natürlich, sich über einen errungenen Erfolg zu freuen, aber unglücklicherweise – oder aber glücklicherweise – ist es auch ganz natürlich, dass dieser Erfolg einige Zeit später nicht mehr genügt: Er gehört der Vergangenheit an und man muss einen neuen Grund finden, um mit derselben Überzeugung auf ein anderes Ziel zuzusteuern. Das einzige Mittel, das wir haben, um dieser Empfindung von Nutzlosigkeit und Leere, die der Verwirklichung unserer Projekte folgt, zu entkommen, besteht also darin, uns ein fernes Ziel zu setzen, so fern, dass wir es niemals erreichen werden. Dieses ferne, unerreichbare Ziel, das alles übertrifft, das all das enthält, was wir uns noch nicht einmal vorstellen können, ist das, was wir Gott nennen, den Höchsten, den Ewigen. Indem wir Ihn zum einzigen Gegenstand unserer Suche machen, verbinden wir uns mit Ihm, und auf diesem Weg, den wir durchlaufen müssen, um uns Ihm zu nähern, finden wir all das, was Er unserem eigenen Willen übereignet hat: die Liebe, die Weisheit, die Schönheit, die Kraft, den Reichtum, den Ruhm…

Ihr denkt: »Sich etwas Unmöglichem, Unerreichbarem zuwenden, warum? Der Sinn des Lebens liegt doch in der Verwirklichung.« Nein, eben nicht. Der Sinn des Lebens findet sich in der Suche nach dem, was ewig unrealisierbar und unerreichbar ist. Dieses Streben nach etwas, das sich, so wie der Horizont, zu entfernen scheint, in dem Maße, wie wir voranschreiten, durchdringt unser Bewusstsein, unser Unterbewusstsein, unser Überbewusstsein, es mobilisiert alle Energien und öffnet uns den Weg der Unendlichkeit, der Ewigkeit: Nichts kann uns mehr aufhalten.

Als Jesus sagte: »Seid vollkommen, wie euer Vater im Himmel vollkommen ist«,[2] glaubte er da wirklich, dass wir Menschen fähig wären, die Vollkommenheit unseres himmlischen Vaters zu erreichen? Wir können nicht einmal eine Vorstellung davon haben, was Er ist, wie kann man da denken, dass wir eines Tages Seine Vollkommenheit erreichen? Und doch hat uns Jesus dieses Ideal gegeben, weil es das Einzige ist, das wahrhaft das Bedürfnis nach dem Absoluten, das wir in uns tragen, befriedigen, unser Leben erfüllen und ihm einen Sinn geben kann. Ein Kind gleicht mehr oder weniger seinem Vater, aber es ist notwendigerweise von derselben Essenz wie er; und da Gott unser Vater ist, tragen wir in uns die Keime Seiner Vollkommenheit. Diese Worte Jesu habe ich zum Grundpfeiler meiner Arbeit gemacht, weil sich auf diese Worte auch alle Religionen einigen können. Welche Religion sie auch haben, und selbst wenn sie keine haben, haben die Menschen nichts Wesentlicheres für ihre Entwicklung zu tun, als nach der Vollkommenheit des Schöpfers zu streben: Alle sind Seine Söhne und Seine Töchter, und dieses nicht zu realisierende Ideal zwingt sie, sich auf den Weg zu Ihm zu machen, ohne jemals stehen zu bleiben.

»Seid vollkommen, wie euer himmlischer Vater vollkommen ist«, damit ist alles gesagt. Aber allein um uns diesem Ideal der göttlichen Vollkommenheit zu nähern, wie viel Wissen müssen wir da erwerben, welch eine Disziplin akzeptieren, wie viele Anstrengungen jeden Tag unternehmen! Und gerade das ist wunderbar: immer in Bewegung sein, voranschreiten, in Richtung des unerreichbaren Gipfels klettern. Auf diesem ansteigenden Weg werden uns wohlgesonnene Wesen begegnen, sie werden uns einladen, ihnen zu folgen, und solange wir uns darum bemühen, uns ihrem Rhythmus anzupassen, werden wir unterstützt, geschützt, erhellt. Und wenn ich oft auf diese Worte Jesu zurückkomme, dann deshalb, weil ich verstanden habe, dass der Sinn unseres Daseins in ihnen geschrieben steht, und nicht nur der Sinn unseres jetzigen Daseins, sondern auch der all unserer zukünftigen Leben, und das für alle Ewigkeit.

Derjenige, der dem nicht zu Verwirklichenden zustrebt, der Vollkommenheit Gottes, indem er sich erinnert, dass er nach Seinem Bilde geschaffen wurde, der befindet sich in der Wirklichkeit. Und da er Ihn ins Zentrum seines Daseins gestellt hat, nimmt Gott auch an seinen Aktivitäten teil; in jeder seiner Manifestationen, in seinen Gedanken und in seinen Gefühlen ist Er da, anwesend, selbst, ohne dass er es merkt. Und darum wachsen jeden Tag sein Glaube, seine Hoffnung und seine Liebe, jeden Tag nehmen das Licht und der Friede in ihm zu.

Die kosmische Intelligenz hat alles vorhergesehen. Entlang der Wege ohne Ausweg, wo die Menschen sich verirren werden, hat sie Hindernisse errichtet, die sie zwingen umzukehren und über die Lektion zu meditieren. Auf dem rechten Weg hingegen, selbst wenn er schwierig ist, werden sie niemals aufgehalten. Der rechte Weg ist frei. Und wenn das Ziel unerreichbar ist, was soll`s? Was weit entfernt ist, ist in Wirklichkeit ganz nah, während das, was sich in unserer Reichweite befindet, nur eine Fata Morgana ist. Unser Ideal ist in uns gegenwärtig… auf ideale Weise. Von ihm erhalten wir Kraft, Freude und Frieden, suchen wir dagegen die Hand nach dem auszustrecken, was in Reichweite ist, verlieren wir all das.

Wie kann ich euch diese Wahrheit begreiflich machen, die so sehr Teil meines Lebens ist? Das Geheimnis unserer Entfaltung liegt in diesem scheinbaren Widerspruch: Von dem Augenblick an, wo wir Gott suchen, der unerreichbar, undenkbar, unfassbar ist, ist Er uns ganz nahe, Er ist in uns. Die wahren Güter, nach denen wir streben, sind nicht hier auf der Erde, sie befinden sich oben. Auf der Erde sehen wir nur Spiegelungen davon, und sie belassen uns in unserem Hunger, solange wir nicht danach streben, sie in unserer Seele und unserem Geist zu entdecken.

Je weiter wir uns erheben, umso fähiger werden wir, die feinstofflichen Wirklichkeiten zu erfassen, und doch wird es uns niemals gelingen, das Mysterium Gottes vollständig zu ergründen. Sagen wir, dass es uns gerade einmal gelingt … – Seine Füße wahrzunehmen! Aber wir können Seine Namen kennen, und das ist schon viel. Diese Wissenschaft der Namen Gottes ist im Detail in der Kabbala dargestellt.[3] Gott erlaubt den Geschöpfen nicht, welchem auch immer, Ihn vollständig zu kennen. Umso besser! Wir werden immer etwas haben, an dem wir uns erfreuen können, weil wir immer etwas zu entdecken haben werden. Im Universum ist die Vielfalt der Formen unendlich, sie verändern sich ständig, und es entstehen immer neue Kombinationen von Elementen. Es wäre schrecklich, nichts mehr zu lernen, zu verstehen zu haben, es bliebe nur noch zu sterben. Doch Gott ist das ewige Leben.

Da uns die Erfahrung zeigt, dass, ist erst einmal das Ziel, das wir uns gesetzt haben, erreicht, es nicht mehr von besonderem Interesse ist, sollten wir nach dem Unauffindbaren streben, dem Unerreichbaren folgen, das Unmögliche wagen, auf diese Weise werden wir immer in Atem gehalten und lebendig bleiben. Auf diesem Weg, den wir durchlaufen müssen, werden wir all die Güter kosten, die wir anstreben. Darum sagte Jesus auch: *»Suchet zuerst das Reich Gottes und seine Gerechtigkeit, und alles andere wird euch dazugegeben werden.«*[4] Auch in diesem Fall, wer wird da glauben, dass wir bald das Kommen des Reiches Gottes erleben werden? Aber da uns Jesus auffordert, das Reich Gottes zu suchen, habe ich auch da wieder beschlossen, seine Aufforderung ernst zu nehmen, ohne mich darum zu kümmern, ob ich die Verwirklichung sehen werde.

Um mich mit dieser Idee des Reiches Gottes zu durchdringen, um sie zu vertiefen, sie zu nähren, sie in mir zu verteidigen, war ich gezwungen, alle Opfer zu bringen. Aber diese Idee hat mir eine solche Fülle gebracht, dass ich den Eindruck habe, überhaupt nichts geopfert zu haben, und das Leben hat mir bewiesen, dass ich mich nicht getäuscht habe. Diese Idee des Reiches Gottes wohnt nicht hier auf der Erde; es ist eine Wesenheit, die ihre Wurzeln, ihre Heimat in der göttlichen Welt hat. Indem ich sie in mir nährte, spürte ich deshalb, dass ich in die Region vordrang, in der diese Wesenheit lebt, wo sie atmet, sich entfaltet, und das Bewusstsein, das ich hatte, für etwas Unermessliches, Erhabenes zu arbeiten, erfüllte mich mit Inspiration, Mut und Freude.

Die Idee des Reiches Gottes hat Verzweigungen, Auswirkungen in alle Regionen des Universums, von oben nach unten in der Schöpfung. Weil alles miteinander verbunden ist. Man kann nichts wirklich Großes auf der Erde verwirklichen, wenn man nicht damit beginnt, oben eine Idee in Bewegung zu setzen, in dem Wissen, dass eine Idee keine Abstraktion ist, sondern eine lebendige und handelnde Wesenheit. Mögen daher all diejenigen, die durch das göttliche Wort, durch die Strahlen der Sonne berührt wurden, sich entschließen, für das Reich Gottes und seine Gerechtigkeit zu arbeiten! Selbst wenn die Verwirklichung dieser Idee auf sich warten lässt, selbst wenn sie niemals geschieht, werden sie sie wenigstens in ihrem Inneren zum Leben erwecken.

Als ich begann, die Evangelien ernsthaft zu lesen, das ist lange her, spürte ich, dass sich darin ein solcher Reichtum verbirgt, dass ich Jahre brauchen würde, um die Worte Jesu korrekt zu interpretieren. Daher sagte ich mir: Ich habe in mir ein riesiges Feld, mein Gehirn, und in dieses Feld säe ich Samen, all die Wahrheiten, die Worte, die Jesus ausgesprochen hat, und die man noch nicht richtig verstanden hat. Ich säe sie also, ich gebe ihnen Wasser, Wärme, Licht, und von Zeit zu Zeit ernte ich Früchte, die ich an euch verteile. Dass ihr noch nicht die Geduld habt, selbst diese Wahrheiten in euch auszusäen und sie wachsen zu lassen, das verstehe ich allenfalls, aber wenn ich sie euch gebe, dann studiert und kostet sie wenigstens.

Manche Menschen, die unsere Lehre kennenlernen, sind darüber erstaunt, dass sie sich nicht stärker an den Hinduismus oder den Buddhismus anlehnt oder dass unsere Bruderschaft nicht mehr einem Ashram ähnelt. Wenn es das ist, was sie brauchen, können sie in einen Ashram in Indien oder woanders gehen. Aber sie sollten sich zunächst einige Fragen stellen, denn dass sie im Westen geboren sind, in einem Land mit christlicher Tradition, ist vielleicht kein Zufall, es gibt einen Grund dafür. Die Leute überlegen nicht, sie stellen sich jetzt vor, dass man nach Indien, Tibet, Japan oder China gehen müsse, um die Spiritualität zu finden. Und ohne ihre Religion bei sich studiert, geschweige denn praktiziert zu haben, entfliehen sie dieser, um woanders eine Nahrung zu suchen, die nicht für sie gemacht ist. Ich sage nicht, dass es schlecht ist, andere Formen von Religion und Spiritualität kennenlernen zu wollen; im Gegenteil: Für diejenigen, die intelligent sind, und die nachdenken, bringen diese Religionen und diese spirituellen Philosophien Aufklärung, die ihnen helfen kann, die ihre besser zu verstehen, aber unter der Bedingung, dass sie zumindest damit beginnen, diese ernsthaft zu studieren. Die in den Evangelien enthaltene unermessliche Weisheit sagt manchen nicht viel; ganz einfach deshalb, weil sie nicht viel in ihrem Kopf haben.

Wie viele in den Evangelien ausgedrückte Wahrheiten entgehen den Christen, weil sie sie ganz einfach nicht zu interpretieren wissen! Und warum wissen sie nicht, sie zu interpretieren? Weil sie nicht versucht haben, sie im Licht der Einweihungswissenschaft zu studieren.[5] Selbst wenn ich in der Lage bin, die Größe aller Religionen anzuerkennen, werde ich jedenfalls niemals das Christentum aufgeben, und in der Bruderschaft ist es die Lehre von Christus, die wir studieren und anwenden wollen.

Viele von denen, die sich vom Christentum, um einer orientalischen Spiritualität willen, abwenden, geben als Grund an, dass sie dort Meditationstechniken, Atemübungen, Wissen über das Karmagesetz, das den Sinn unseres Schicksals erhellt usw. finden. Aber was hindert einen Christen daran, Meditation, Atemübungen und sogar verschiedene Yogas zu praktizieren? Und was hindert einen Christen daran, die Reinkarnation zu akzeptieren?... Ich habe euch gezeigt, dass bestimmte Worte von Jesus in den Evangelien nur durch die Reinkarnation zu erklären sind.[6]

Seit Jahren habe ich zahlreiche Gelegenheiten gehabt, mit Priestern und Pastoren zu sprechen, und ich bin dabei einigen begegnet, die unglaublich begriffsstutzig waren. Sobald ich mit ihnen bestimmte Fragen erörtern wollte, waren sie so entsetzt, als hätten sie den Teufel persönlich vor sich. Andere dagegen zeigten sich sehr offen, und ich weiß, dass manche meine Bücher lesen und sie schätzen. Ich hatte mit einigen gute Gespräche. Aber sie haben mir gestanden, dass sie zu einigen Themen, wie der Reinkarnation, ihre Überzeugung und ihren Glauben verschweigen müssten, um Schwierigkeiten mit ihren Vorgesetzten zu vermeiden.

Eines Tages bat mich ein Bischof um ein Treffen. Als er zu mir herein kam, wie groß war da mein Erstaunen, als ich erlebte, wie er vor mir auf die Knie fiel und mir die Hand küsste! Es war mir sehr peinlich, und ich bat ihn gleich, wieder aufzustehen. Wir sprachen miteinander, und er stellte mir Fragen über bestimmte Ideen in meinen Büchern, er war sehr zufrieden mit meinen Antworten. Dennoch musste er mir gestehen, dass er niemals erzählen könnte, dass er bei mir gewesen sei. Einen gefährlichen Häretiker zu besuchen, der der Kopf einer Sekte ist, stellt euch vor! Er zeigte mir ein Foto von sich mit Papst Johannes-Paul dem II. im Vatikan. Ich habe große Sympathie, Respekt und Liebe für diesen polnischen Papst. Er ist ein Mann von großer Intelligenz und einer großen Spiritualität, eine großartige Seele. Glücklicherweise hat er das Attentat auf ihn überlebt. Man erhebt alle möglichen Anschuldigungen gegen ihn, aber ich bin sicher, dass er als einer der besten Päpste in die Geschichte eingehen wird. Sicher, gewisse Einweihungskenntnisse fehlten ihm. Aber lassen wir das…

Eines Tages erhielt ich einen Brief von einer Schwester, die mir schrieb, wie sehr es sie hat aufhorchen lassen, dass ich so oft das Wort »Arbeit« ausspreche; sie sagte: »Es ist das erste Mal, dass mir das bewusst wird. Ich stelle mir Fragen über diese Arbeit, die Sie immer erwähnen, und der Sie solch eine Bedeutung beimessen. Ich verstehe, dass Sie etwas tun, was uns entgeht, und was ich da zu entdecken beginne, ist grandios. Ich kann noch nicht sehr weit gehen, es gibt da eine Grenze, die ich nicht überschreiten kann, aber ich will es weiterhin versuchen.« Ich war glücklich über diesen Brief.

Ich habe nie offenbart, worin meine wahre Arbeit besteht. Das ist mein Geheimnis, das einzige, das ich immer eifersüchtig gehütet habe. Sogar mit meinem Meister habe ich nie darüber gesprochen, aber zweifellos hat er es erahnt. Im inneren Leben, im spirituellen Leben gibt es Dinge, die man immer geheim halten muss. Wenn man darüber spricht, ist es, als würde man ein vitales Fluidum verlieren, eine wertvolle Quintessenz. Aber ich verbiete es niemandem, wenn er herausfinden will, wie meine Arbeit ist. Wenn Jesus in den Evangelien sagt: »Mein Vater arbeitet und auch ich arbeite«, was ist das für eine Arbeit?[7] Alle sprechen von der Liebe Gottes, von Seiner Weisheit, aber wer spricht von Seiner Arbeit?... Diese Aussage Jesu ist eine von jenen, die mich am meisten zum Nachdenken gebracht hat. Ich habe sie zur Grundlage meiner eigenen Arbeit gemacht, und sie ist beständig in meinem Geist gegenwärtig. Da Jesus mit seinem himmlischen Vater arbeitete, will auch ich mit meinem himmlischen Vater arbeiten. Und ihr, mit wem, für wen, in welchem Bereich, und auf welche Weise arbeitet ihr?

Jeder für sich muss wissen, wie er sich an der Arbeit des himmlischen Vaters beteiligen kann. Er wird niemals das Ende dieser Arbeit sehen, und gerade darum lohnt es sich, sie zu unternehmen. Zu mir haben schon Leute gesagt: »Aber was genau suchen Sie? Wo wollen Sie hinkommen? Das ist nicht zu verstehen, Sie werden gewiss in ihrem Unterfangen scheitern.« Jemand anderes hat mir sogar gesagt, dass ich »dem Wind« nachlaufe. Er glaubte vielleicht, mich zu verärgern, denn »dem Wind« hinterherlaufen, ist völlig nutzlos, das Allerdümmste. Dem Anschein nach vielleicht, aber vom symbolischen Gesichtspunkt her gibt es eine Analogie zwischen dem Wind und dem Geist; und auf Hebräisch ist es dasselbe Wort: ruach. Erinnert euch der Worte Jesu im

Johannes-Evangelium: »Der Wind bläst, wo er will, und du hörst sein Sausen wohl; aber du weißt nicht, woher er kommt, und wohin er fährt. So ist ein jeglicher, der aus dem Geist geboren ist.« Die Wahrheit ist, dass ich mich nicht frage, ob ich Erfolg haben oder scheitern werde: Ich arbeite, das ist alles.

Die Geschichte der Menschheit lehrt uns, dass man kein Urteil über den Wert eines Menschen fällen kann, wenn man als einziges Kriterium seine Erfolge oder seine Misserfolge nimmt. Diejenigen, die Erfolg haben, sind nicht unbedingt die Größten, und diejenigen, die gescheitert sind, sind ebenso nicht unbedingt von geringerer Größe. Jedes Geschöpf kommt mit einer bestimmten Aufgabe auf die Erde, und oft sind diejenigen, die mit den größten Aufgaben betraut sind, dazu bestimmt zu scheitern, wenigstens dem Anschein nach. Sie haben den Boden vorbereitet – und das ist das Schwierigste – für andere, die Erfolg haben werden. Mögen daher diejenigen, denen der Erfolg vergönnt ist, nicht vergessen, dass sie ihren Erfolg den Anstrengungen und Opfern ihrer Vorgänger verdanken.

Ihr seid hier in einer Einweihungsschule, und meine Lehre ist auf die Philosophie von Christus gegründet, der sagte: *»Ihr sollt vollkommen sein, wie euer Vater im Himmel vollkommen ist«… »Suchet das Reich Gottes und seine Gerechtigkeit, und alles andere wird euch dazugegeben werden.«* Ich will Christus helfen, euch jene Worte zu sagen, die ihr nicht versteht; erwartet daher nicht von mir, dass ich euch dieselben Gesichtspunkte darlege und euch dieselben Ratschläge gebe, wie irgendwer. Ihr habt genügend Personen in eurer Umgebung, die sich auf euer Niveau einstellen, die eure Sprache sprechen, die euch die Nahrung geben, die euch gefällt, die Kleidung, die euch passt. Glaubt ihr nicht, dass ihr jemanden braucht, der eine Ausnahme bildet? Aber ja, darum präsentiere ich euch etwas zu große Kleidungsstücke und erkläre euch: »Seht, das ist für euch, aber ihr müsst euch entwickeln.«

Ich kann nicht anders zu euch sprechen, als so, wie ich lebe. Bittet mich deshalb nicht darum, euch ein leicht zu verwirklichendes Ideal zu präsentieren, weil ein leicht zu verwirklichendes Ideal kein wirkliches Ideal ist. Ich werde euch immer die entferntesten, unmöglich zu erreichenden Ziele präsentieren, denn eben dort regiert die Wahrheit, dort regiert die Schönheit. Bemüht euch, nicht diesen Reisenden zu gleichen, die sich am Fuße eines Berges befinden und sich hüten, ihn zu besteigen. Der Berg ist da, das ist gut so, sie sind sehr zufrieden, sie bewundern ihn, sie besingen seine Schönheit, aber der Berg ist der, der er ist, und sie da unten bleiben die, die sie sind. Von Zeit zu Zeit werfen sie einen Blick zum Gipfel, und sie hätten es wohl gern, dass er sich ein wenig zu ihnen herabsenken würde, aber er ragt weiterhin zum Himmel hinauf. Wenn sie nicht hinaufsteigen wollen, dann eben nicht, der Gipfel – und ich meine damit auch eine Lehre oder einen spirituellen Meister – wird nicht herabsteigen.

Ihr meint, das sei Grausamkeit. Nein, denn selbst wenn er nicht herabsteigt, sendet dieser Gipfel weiterhin etwas von seinen Gedanken, von seiner Liebe hinab ins Tal. Wie die Sonne… Die Sonne sendet ihre Strahlen zur Erde, und diese Strahlen sind langen Seilen vergleichbar, die sie uns reicht, damit wir uns daran festhalten. Auf diese Weise versucht sie, uns bis zu sich hinaufzuziehen, ohne selbst herabzusteigen. Und auch ich bin da, um von euch Anstrengungen zu verlangen, damit ihr den langen Aufstieg zum Gipfel unternehmt, zur Sonne, denn darin liegt eure Bestimmung.

Selbst, wenn ihr manchmal den Eindruck habt, dass ich euch zu Regionen führe, die nicht nur unzugänglich, sondern irreal sind, präsentiere ich euch niemals abstrakte Theorien. Ich erzähle euch nur von Ereignissen, die sich in euch vollziehen oder vollziehen werden, in eurem psychischen, spirituellen Leben. Ich weiß, was ihr durchgemacht habt, und was ihr noch durchmachen werdet, welche Prüfungen ihr zwangsweise durchlaufen müsst, und welche Arbeiten ihr zu tun haben werdet, um eure Aufgabe als Söhne und Töchter Gottes auf dieser Erde zu erfüllen. Ich weiß, dass ihr voranschreiten werdet, und auch, dass ihr manchmal fallen werdet, aber das ist nicht schlimm. Das Wesentliche ist, dass ihr nicht zurückweicht, dass ihr euch wieder erhebt, um weiterzumarschieren, ohne euch jemals um die Zeit zu sorgen, die ihr für das Zurücklegen jeder Etappe brauchen werdet.

Sorge ich mich um die Zeit? Nein, denn ich weiß, dass derjenige, der sich der göttlichen Vollkommenheit nähern will, mit Elementen arbeitet, die einer anderen Dimension angehören. Daher sage ich mir: »Selbst wenn mich das für die Ewigkeit beschäftigen sollte, werde ich nicht aufhören. Selbst wenn ich nicht dort ankomme, werde ich weitermachen. Solange ich gehe, bin ich lebendig.« Diejenigen, die sich wahrhaft auf den Weg der Einweihung eingelassen haben, spüren, dass die größten Freuden in der Erwartung liegen und nicht in der Verwirklichung dessen, was sie sich wünschen.

Ihr Berufsleben, ihr soziales Leben, ihr individuelles Leben zwingt die Menschen, die Zeit zu berücksichtigen, und für manche wird das sogar zu einer Obsession: Es gibt Verabredungen, zu denen man pünktlich kommen muss, die Arbeitszeiten, die Zugfahrpläne, die Abflugzeiten für Flugreisen, die Öffnungszeiten und Schließungszeiten für Geschäfte oder Verwaltungen und vieles andere. Ohne von der Zeit zu sprechen, mit der man haushalten muss, denn »Zeit ist Geld«, wie man so schön sagt. Die Zeit regiert über die Menschen.

Aber im spirituellen Leben darf die Zeit nicht zählen. Das Wesentliche ist das Ziel. Und selbst, wenn das festgelegte Ziel unerreichbar bleibt, macht das nichts, man muss weiter voranschreiten, ohne sich um die Zeit zu kümmern. Macht euch jetzt also an die Arbeit, zeigt eurem himmlischen Vater, dass ihr euch dessen bewusst seid, von der gleichen Quintessenz zu sein wie Er, und Er wird sich in euch wiedererkennen.

Ich spreche zu euch, damit ihr euch entschließt, Türen und Fenster zu dieser neuen Welt zu öffnen, der göttlichen Welt, die unsere wahre Heimat ist. Und auch die Sonne spricht zu euch, die Natur spricht zu euch, das Leben spricht zu euch… was kann ich noch hinzufügen? Nichts. Ich kann euch nur einladen, euch an all das zu erinnern, was ich euch seit Jahren gesagt habe. Strebt danach. Welche Veränderungen sich auch in der Welt vollziehen mögen, die Wahrheiten, die ich euch gegeben habe, sind ewig gültig: wie die Selbstbeherrschung erlangen, wie das Licht aufnehmen, wie in Harmonie gelangen mit all den segensreichen und belebenden Kräften des Universums… das wird für immer bleiben. Ob Krieg oder Frieden herrscht, ob ihr arm oder reich seid, ob ihr eine Familie und Freunde habt oder allein seid, von allen verlassen, eure tiefsten Bedürfnisse werden dieselben bleiben: Ihr werdet immer einen physischen Körper haben, ein Herz, einen Intellekt, eine Seele und einen Geist, die ihr ernähren müsst, um euch mehr und mehr eurem himmlischen Vater zu nähern, der euch nach Seinem Bilde geschaffen hat.

Mögen meine Beharrlichkeit und mein Nachdruck euch daher nicht empören, fragt euch vielmehr, was ihr mit all diesen Wahrheiten, die ihr empfangen habt, anfangt. Ich bin ein Juwelier, und wenn ich euch einen Diamanten gebe, sage ich zu euch: »Dieser Stein ist von unschätzbarem Wert.« Haltet das, wenn ihr wollt, für Eitelkeit, das ist mir egal. Was würdet ihr von einem Juwelier halten, der aus Bescheidenheit seinen Kunden Rubine, Smaragde und Saphire präsentiert und dabei sagt: »Oh, wissen Sie, das sind nur einige Steine, einige Glasstücke…« Ich bin ein guter Juwelier, ich kenne den Wert dessen, was ich euch gebe, und darum sage ich euch: Diese Wahrheiten haben keinen Preis, und sie werden eines Tages wie wertvolle Edelsteine am Firmament eures Daseins erstrahlen.

Viele unter euch sind sich der Bedeutung der Aufklärung, die sie empfangen und der einzigartigen Momente, die sie hier in der Bruderschaft erleben, bewusst und würden sich wünschen, in einer folgenden Inkarnation die Erinnerung daran zu bewahren. Manche haben mich gefragt, ob das möglich sei. Ja, das ist möglich, und ich habe ihnen eine Methode gegeben, die ich auch euch geben werde.

Nehmt als Ausgangspunkt zum Beispiel einen Berg, etwas, das dem Zahn der Zeit widersteht. Das kann auch ein weltbekanntes Bauwerk sein, denn selbst, wenn es eines Tages zerstört sein wird, werden davon Abbildungen in bestimmten Büchern bleiben. Betrachtet oft diesen Berg oder dieses Bauwerk, wobei ihr denkt: Sollte ich es aufs Neue in einem nächsten Leben sehen, will ich mich an dieses oder jenes Ereignis aus meinem jetzigen Leben erinnern. Auf diese Weise schafft ihr eine Verbindung zwischen euch und diesem Berg oder diesem Bauwerk. Ihr prägt ein Klischee, das weiter in euch wirken wird, und sobald ihr euch wieder inkarniert, kommt ihr mit ihm zurück. In dem Moment, da ihr den Berg oder das Bauwerk, auf das ihr euch konzentriert hattet, vor Augen haben werdet, wird dieses Klischee die Erinnerung an Ereignisse eures Lebens erwecken, die ihr nach und nach aufgezeichnet habt. Ich habe oft zu euch über das Gesetz der Aufzeichnung gesprochen.[8] An dieses müssen wir uns auch wenden, um die Erinnerung an wertvolle Momente zu bewahren, die wir in diesem Dasein durchlebt haben.

Ich bitte die himmlischen Wesenheiten inständig, euch zu ermöglichen, und sei es auch nur für einige Momente, die ferne Bestimmung der Arbeit, die wir hier ausführen, vorhersehen zu können. Ihr werdet diese Herrlichkeit nie vergessen können, nichts kann euch mehr aufhalten, nichts wird euch mehr zurücktreiben. Nach und nach werdet ihr alle Hindernisse überwinden, weil diese Vision eure Seele mit dem Verlangen erfüllen wird, dieses Ziel zu erreichen, das sich unablässig entfernt. Natürlich werdet ihr darunter leiden, es niemals erreichen zu können, aber dieses Leiden wird den Elan in euch aufrechterhalten, das Bedürfnis, immer weiter voranzuschreiten. Es ist dieses gesegnete Leiden, das euer ganzes Wesen veredelt, und es ist das einzige Leiden, von dem ich mir wünsche, dass ihr es kennenlernt; so, wie ich es kenne.

Alle Verunsicherungen, die Fragen und Bestrebungen des Kindes und des Jugendlichen, der man einmal war, lernt man erst sehr viel später zu verstehen und zu interpretieren. Durch das Lesen so vieler Bücher, bei den vielen Experimenten und Übungen, an denen ich hätte sterben können, wusste ich doch nicht, was ich suchte. Und jetzt, da ich es weiß, weiß ich auch, dass es mir niemals gelingen wird, es zu verwirklichen. Aber genau das gibt meinem Leben einen Sinn: Das Verfolgen dessen, was unerreichbar, nicht zu verwirklichen ist, denn im spirituellen Leben ist einzig das real, was irreal ist.

Weiterführende Literatur

1. Siehe Band 213 der Reihe Izvor »Die menschliche und göttliche Natur in uns«,

Kapitel 1: »Menschlich... oder tierisch?«, Kapitel 2: »Die niedere Natur, Spiegelung der höheren Natur«.

2. Siehe Band 215 der Reihe Izvor »Die wahre Lehre Christi«, Kapitel 3: »Seid vollkommen, wie euer himmlischer Vater vollkommen ist«.
3. Siehe Band 236 der Reihe Izvor »Weisheit aus der Kabbala – Der lebendige Strom zwischen Gott und Mensch«, Kapitel 4: »Die Namen Gottes«, und Band 32 der Reihe Gesamtwerk »Die Früchte des Lebensbaums«, Kapitel 4: »Die Erschaffung der Welt«.
4. Siehe Band 215 der Reihe Izvor »Die wahre Lehre Christi«, Kapitel 4: »Suchet das Reich Gottes und seine Gerechtigkeit«.
5. Siehe Band 241 der Reihe Izvor »Der Stein der Weisen«, Kapitel 1: »Der Buchstabe tötet und der Geist belebt«.
6. Siehe Band 202 der Reihe Izvor »Der Mensch erobert sein Schicksal«, Kapitel 8: »Die Reinkarnation«.
7. Siehe Band 31 der Reihe Gesamtwerk »Leben und Arbeit in einer Einweihungsschule«, Kapitel 3: »Der wahre Sinn des Wortes Arbeit«, Teil IV.
8. Siehe Band 226 der Reihe Izvor »Das Buch der göttlichen Magie«, Kapitel 11: »Die drei magischen Hauptgesetze«.

ANHÄNGE

Anhang 1

Izgrev (Sèvres)
28 September 1947

(Mitschrift im Verlauf der wöchentlichen Versammlung)

Heute bin ich gekommen, um euch auf Wiedersehen zu sagen…

Seit ich bei euch bin, habe ich euch alles gegeben, was ich konnte, und ich kann euch noch vieles geben, ihr wisst nicht, wozu die Liebe, die ich in mir trage, fähig ist. Aber es sieht so aus, als würden diejenigen, die extra aus Bulgarien gekommen sind, um mich an der Erfüllung der Mission zu hindern, die der Meister mir anvertraut hat, Erfolg haben.

Versetzt euch in meine Lage: während manche unter euch sich achtungsvoll an mich wenden und mich »Meister« nennen – was ich niemals verlangt habe, für mich bleibt der einzige Meister der Bruderschaft Peter Danov (gestorben am 27. Dezember 1944) –, stellen andere mich als eine öffentliche Gefahr dar, behandeln mich wie einen Betrüger, einen Satyr, und versprechen mir eine Revolverkugel. Sind das Bedingungen, um gemeinsam eine spirituelle Arbeit zu verfolgen? Meine Widerstandskraft hat Grenzen. Wenn ich mich noch aufrecht halte, dann weil ich innerlich unermüdlich gegen all diese Kräfte kämpfe, die versuchen, mich zu Boden zu werfen. Man verurteilt mich für unbedeutende Taten und man unterstellt mir Absichten, die ich niemals gehegt habe. Ich weiß, ich spüre, dass das, was sich gegen mich zusammenbraut, mich ins Gefängnis bringen kann, und umso einfacher, da ich ein Fremder in eurem Land bin. Es genügen dafür einige Lügen, und wie viele sind dabei, sie zu fabrizieren!

Sicher, in Kenntnis der menschlichen Natur wie ich sie kenne, hätte ich vorsichtiger sein und gewisse Personen fernhalten können. Warum habe ich es nicht getan?... Ich war wie ein See, in den diese Leute ihren Unrat geworfen haben: sie haben mich mit ihren Absichten, ihren Wünschen, ihren physischen und psychischen Krankheiten beladen und jetzt beschuldigen sie mich, weil die Art und Weise, in der ich ihnen geholfen habe, ihnen nicht passte. Aber an wen dachten sie sich zu wenden? Glaubten sie, ich würde Wunder vollbringen, um sie zufrieden zu stellen?...

Künftig werde ich nur noch danach streben, all den Schmutz, den man auf mich wirft, im Feuer der göttlichen Liebe zu verbrennen. Wenn mir das nicht gelingt, ist dies das letzte Mal, dass ich bei euch bin, wir werden uns nicht mehr wiedersehen.

Eine sehr große Verantwortung lastet auf mir. Ich bin und ich bleibe ein Schüler des Meisters. Als er mich zu euch sandte, hielt er mich keineswegs für vollkommen, sondern weil er dachte, dass ich mich in dieser gemeinsamen Arbeit vervollkommne, die wir zusammen verrichten würden. Ohne mein Wissen bereitete er mich über lange Zeit vor, und eines Tages sagte er zu mir: „Deine Kraft ist nicht für hier, sondern für woanders.“ Danach, ab dem Zeitpunkt meiner Ankunft in Frankreich, ermutigte er mich durch seine Gedanken, seine Briefe und durch Boten, die in seinem Auftrag aus Bulgarien kamen, beständig in meiner Arbeit und meinen Methoden. Und nun, da er die Erde verlassen hat, beschuldigt man mich, seine Lehre zu verraten, man sorgt überall ein wenig für Unruhe, indem man Verleumdungen verbreitet: Man erzählt, dass ich nicht nur ohne sein Einverständnis gekommen wäre, sondern auch, dass er mich aus seiner Schule gejagt hätte. Warum hat man auf sein Weggehen gewartet, um diese

Gerüchte in Umlauf zu bringen? Wenn diejenigen, die mich in Bulgarien gekannt haben, meinen, dass ich mir den Platz, den ich einnehme, angeeignet habe, ohne das Recht dazu zu haben, so mögen sie vortreten und es klar zum Ausdruck bringen, ich warte auf sie…

(Es wurde still und diejenigen, an die diese Worte sich richteten, verließen den Saal, um niemals wieder zu erscheinen.)

Interessiert euch nicht so sehr für mich. Wenn die Philosophie, die ich euch bringe, euch helfen kann, dann weil sie vom Meister kommt. Er hat jahrelang an mir gearbeitet, ich bin sein spiritueller Sohn, ihr werdet es später verstehen. Unterdessen betet, damit all das, mit dem man mich überhäuft, in der Hoffnung mich zu Fall zu bringen, von mir abgewendet wird, denn ich habe euch noch viel zu geben. Wenn manche mich verlassen wollen, so mögen sie es tun, ich bitte sie nur darum, niemals die Lehre des Meisters aufzugeben, denn sie ist ein Schatz, den er uns hinterlassen hat. Der Entschluss, den sie fassen, darf nicht von meiner Person abhängen: Sie sollen dieser Lehre weder folgen, weil ich ihnen gefalle, noch sie ablehnen, weil ich ihnen missfalle…

Ich danke denen, die mir weiterhin ihr Vertrauen entgegenbringen.

Izgrev (Sèvres)
1. Januar 1948

Meine lieben Brüder und Schwestern

Die Ereignisse des Jahres, das jetzt seinen Lauf nehmen wird, waren schon seit Langem vorhersehbar. Ich habe es euch angekündigt, und ich habe euch auf die zu ergreifenden Vorsichtsmaßnahmen hingewiesen. Wenn die Nacht kommt, kann man nicht weitergehen, man muss anhalten und ein Feuer anzünden, um sich vor wilden Tieren zu schützen, das heißt, sich mit all seinen Kräften mit dem Herrn verbinden und auf den Zeitpunkt warten, an dem die Sonne aufgeht und den Weg erhellt.

Es ist nicht schwer für einen spirituellen Führer, die Natur und die Absichten der Menschen in seiner Umgebung zu durchschauen. Aber seine Aufgabe besteht darin, dass er allen die Möglichkeit gibt, zu lernen und sich zu verbessern, und er darf nur die Kräfte der Liebe anwenden, damit diese Menschen auf immer von den Opfern geprägt werden, die er erbracht hat, um sie vor sich selbst zu retten. Meister Peter Danov habe ich in unserer bulgarischen Bruderschaft folgendermaßen handeln sehen: Manche seiner Schüler haben ihm sehr übel mitgespielt. Sie kamen nicht mit der Absicht, ihm zu schaden, aber sie kannten sich selbst nicht, sie waren sich der Beweggründe nicht bewusst, die sie handeln ließen, und so wurden sie zu seinen schlimmsten Feinden. Manchmal fragte ich mich, ob er sich dessen bewusst sei, was gegen ihn geschmiedet wurde, aber eines Tages sagte er zu mir: »Die wahre Liebe will allen Menschen die Hand reichen. Sie selbst haben die Macht, die göttliche Gnade zurückzuweisen, aber es ist nicht an mir, sie auszuschließen.« Da der Meister auf diese Weise handelte, hätte da der Schüler, der damit betraut ist, seine Lehre fortzuführen, das Recht sich anders zu verhalten? Unverständnis, Undankbarkeit, Boshaftigkeit sind Gifte, die er in sich verdauen und neutralisieren muss, und ich bemühe mich, so zu handeln, wie der Meister es tat.

Durch alle möglichen Anzeichen haben sich mir manche schnell als boshafte Menschen offenbart, die auf den geeigneten Moment warteten, um mich zu vernichten. Trotz dieser Vorwarnungen verhielt ich mich ihnen gegenüber weiterhin so, wie gegenüber jedem von euch, um ihnen zu helfen und sie aufzuklären. Dem Anschein nach war das zu nichts nütze. Aber in Wahrheit habe ich ohne ihr Wissen etwas in ihre Seele eingeprägt, das sich nie mehr auslöschen lässt. Diejenigen, die denken, dass ich besser daran getan hätte, jegliche Verbindung zu diesen Menschen abzubrechen, stellen damit nur ein großes Unverständnis unter Beweis. Meine Arbeit, ebenso wie die meines Meisters, ist von besonderer Art: Ich habe nicht mein Wohlergehen und meine Ruhe in Betracht zu ziehen.

Zehn Jahre lang habe ich euch eine Lehre übermittelt, deren Wert ihr eines Tages schätzen werdet. Und außerdem habe ich mich in der Lage befunden, als Zuschauer den unerbittlichen Ablauf von Geschehnissen zu beobachten. Das war eine Schule für euch und noch mehr für mich selbst. Aber nichts darf mich dazu veranlassen, mein Verhalten gegenüber denen zu verändern, die damit beschäftigt waren, über meinen Untergang nachzusinnen. Ich kann es vor dem Ewigen und zu Seinem Ruhme sagen: Ich habe jeden von ihnen durchschaut, niemandem ist es gelungen, mich zu täuschen. Aber ich war verpflichtet, mich weiterhin mit einer Geduld, einer Güte und einer Demut so zu zeigen, dass sie diese niemals aus ihrem Gedächtnis tilgen können. Eines Tages werden die schlechten Keime, die sie seit Inkarnationen in sich nährten und die nur auf den Moment warteten, sich zu manifestieren, neutralisiert werden, und zwar durch das Wachstum guter Keime, welche die Lehre des Meisters in sie hineingelegt hat. Ihr kennt nicht die Macht des Guten über die Zeiten hinweg…

Das Jahr 1948 wird das großartigste sein.
Und glückselig diejenigen, die es verstehen werden!

Euer Bruder Mikhaël

Anhang II

*Gefängnis „La Santé"**
Februar 1948

Meine lieben Brüder und Schwestern,

...Ich möchte nicht, dass ihr euch über meine Prüfungen grämt. Vergesst nicht, dass die Pläne Gottes unergründlich sind. Mein Weg führt durch das Gefängnis, aber er wird da nicht enden, und meine wahre Arbeit beginnt jetzt. Glaubt mir, wenn ich euch sage, dass es in den Tiefen dieses Abgrunds, in dem ich mich befinde, Momente gibt, in denen ich mich glücklich und privilegiert fühle. Es ist notwendig, dass ich das durchlebe. Von nun an wird alles möglich.

Jesus sagte: »Liebet eure Feinde und betet für jene, die euch verfolgen«. Mehr als je zuvor in meinem Leben muss ich jetzt den Beweis erbringen, dass ich dazu fähig bin. Ich bete und sende Lichtgedanken all jenen, die die Ursache für meine Leiden sind, die mir aber in Wirklichkeit unermesslich Gutes tun. Diese Leiden hatte der Meister mir vorhergesagt, ohne mir jedoch zu offenbaren, in welcher Form ich sie zu erdulden hätte.** Der Schüler muss für das Beste und für das Schlimmste bereit sein, aber nichts darf ihn in seinem Marsch zu den Gipfeln aufhalten, und wenn er in seinem Inneren Glaube und Liebe aufrecht erhält, wird alles, was ihm geschieht, zu seinem Wohl gereichen. Mit einem solchen Verständnis der Dinge kann man überall glücklich sein,

* Bekannte Haftanstalt in Paris.

** Siehe Kap. 8: »Begegnung mit Meister Peter Danov. Die Offenbarungen des Psalm 116«.

selbst im Gefängnis; viele andere hingegen, die in Freiheit und unter den besten Bedingungen leben, sind unglücklich und lehnen sich auf.

Ich bin ein Gefangener, aber mein Geist ist frei, und er besucht euch oft, um euch zu sagen: »Stärkt auch ihr in euch den Glauben, die Liebe und das Licht. Singt, betet von ganzem Herzen. Seid ein Beispiel an Mut, Geduld, Beharrlichkeit.« Das neue Leben erfordert starke Seelen.

Gefängnis »La Santé«
März 1948

...Ich bin zu allen Opfern bereit, vorausgesetzt, ich kann den Willen Gottes erfüllen und Seelen zu Ihm zurückführen. Ich empfinde für alle Menschen eine Liebe, die ihr euch nur schwer vorstellen könnt. Ich wünschte, dass sie jeden Tag weinen vor Glück, angesichts der Schönheit und des Lichts, so, wie ich selbst oft geweint habe, wenn meine inneren Augen die Herrlichkeit der Schöpfung kontemplierten. Wenn dies die Bedingung dafür ist, um dorthin zu gelangen, dann akzeptiere ich es, in eine kleine Zelle eingesperrt zu sein, wo wir zu siebt sind, wo Ratten nachts herumlaufen, dann akzeptiere ich es, Licht, Heizung und angemessenes Essen zu entbehren, außer dem, das ihr mir schickt. Der Himmel gibt mir ein sehr schwer zu lösendes Problem. Er sagt zu mir: »Mikhaël, du, der so kälteempfindlich ist, dass er nie kaltes Wasser trinkt, der Zigarettenrauch nicht erträgt, der nur Stille, Harmonie und Schönheit sucht, du gibst vor, die Menschen zu lieben und sie umwandeln zu wollen? Nun gut, wir werden sehen, wozu du in der Lage bist, jetzt, da du gezwungen bist, Schmutz, Lärm, Hässlichkeit und Gewalt zu ertragen...«

Am ersten Tag, als ich in dieser Zelle ankam, wurde ich mit einer Feindseligkeit empfangen, die mich sprachlos machte. Ich war in einem Dschungel, inmitten von wilden Tieren, die anfingen, sich gegen mich zu verbünden. Was ich auch tat, sie nutzten es, mich zu beschuldigen, mich zu beschimpfen. Sobald ich aus der Zelle gerufen wurde, nahmen sie mir alles, was sie nehmen konnten, aßen den Proviant, den ihr mir geschickt hattet und den ich dennoch mit ihnen teilte. Ohne mein Wissen bestellten sie in meinem Namen Zigaretten, Fleisch und alle möglichen Dinge, die ich dann bezahlen musste. Alles, was ich ihnen sagen konnte, um ihnen zu helfen, erweckte bei ihnen nur Gespött und Hass. Die erste Zeit war das wirklich die Hölle: Sie griffen mich ständig an und ich konnte lange geduldig und nachsichtig sein, es war nichts zu machen…

Und dann erlebte ich die Macht des Wortes und der guten Gedanken. Einer von ihnen übernahm eines Tages meine Verteidigung und begann, sich den anderen zu widersetzen. Nach und nach änderten auch andere ihr Verhalten, so weit, dass sie mein Bett machten, die Zelle an meiner Stelle reinigten, mein Essen bewachten, wenn ich nicht da war, mein Essgeschirr reinigten, verhinderten, dass andere mich bestahlen, mir das Wasser aufwärmten, wenn ich Durst hatte, und noch viele andere Dinge, die ich nicht alle aufzählen kann. Heute sind sie beschämt, so hart gegen mich gewesen zu sein. Natürlich werden sie sich nicht von heute auf morgen ändern, aber sie möchten lernen, stellen mir Fragen, und was mich am meisten freut, ist das, dass sich sogar ihr Verhalten untereinander verändert hat: sie sprechen anders miteinander. Bei diesen verhärteten, gegen die ganze Gesellschaft aufgebrachten Menschen, beginnt die Vernunft zurückzukommen. Ich zeige ihnen, dass sie Fähigkeiten, Qualitäten haben, die sie noch nicht zu erforschen wussten. Meine Seele ist voller Mitgefühl für sie, denn selbst wenn sie schuldig sind, waren sie auch Opfer von schlechten Bedingungen.

Nun, meine geliebten Brüder und Schwestern, bedient euch meiner Erfahrung, um noch weiter in der Liebe und im Licht vorwärts zu kommen. Alles vergeht im Leben, ausgenommen die guten Gedanken, die guten Gefühle, die guten Worte und die guten Taten. Macht euch um das, was mir geschieht keine Sorgen, mögen meine Prüfungen für euch eine Gelegenheit sein, Fortschritte zu machen!

Oft bekomme ich zehn bis zwölf Briefe am Tag. Das ruft eine einzigartige Wirkung bei denjenigen hervor, die die Post sortieren und verteilen, aber besonders bei meinen Zellengenossen, die erstaunt sind. Manchmal gebe ich ihnen diese Briefe zu lesen und studiere den Eindruck, den deren Inhalt bei ihnen hervorruft. Das hilft ihnen, indem es ihnen Türen zu einer Welt öffnet, die ihnen nahezu unbekannt ist, der Welt der Liebe, der Güte, der Dankbarkeit. Gott allein weiß, welches die Folgen dieser Briefe in ferner Zukunft für sie sein werden!

Selbst die Wärter sind beeindruckt und sprechen jetzt immer länger und freundschaftlicher mit mir. Am Morgen sagen sie zu uns allen: „Guten Morgen!“ und am Abend: „Gute Nacht!“, was sie nicht mit den Häftlingen anderer Zellen tun. Vielleicht zum ersten Mal wird das Gefängnis de la Santé von so vielen lichtvollen Strahlen und Strömungen durchflutet. Wenn ich die Lieder des Meisters oder der Paneurhythmie singe, spüre ich, dass sich seltsame Veränderungen in der Atmosphäre dieses Gefängnisses vollziehen.

Gott steigt in die Tiefen der Hölle herab, um all diesen Unglücklichen die Hand zu reichen, die weder wissen woher sie kommen, noch wohin sie gehen oder warum sie auf der Erde sind. Ja, Gott steigt herab, durch die Briefe, die ihr mir sendet. Die Bedingungen, die hier doch so schwierig sind, fallen wenig ins Gewicht, wenn Er auf diese Weise das Bewusstsein dieser Menschen erwecken will.

Arbeitet weiter mit der Liebe und der Weisheit, lasst euch nicht durch die öffentliche Meinung beunruhigen, sie ist so veränderlich! Allein derjenige, der keine Angst hat, seinen Glauben an die Macht des neuen Lebens zum Ausdruck zu bringen, ist würdig, die Gaben des Geistes zu empfangen, die auf ewig an die Kinder des Lichts verteilt werden.

Euer Bruder Mikhaël

Prison de la Châtaigneraie
(Gefängnis am Kastanienwald, Paris)
1. Januar 1949

An diesem ersten Tag des Jahres 1949 richte ich an euch alle, meine lieben Brüder und Schwestern, meine besten Wünsche für Gesundheit, Frieden, Freude und Mut. Ich habe mich euch niemals so nahe gefühlt, wie seit der Zeit, als ich euch wegen dem Gefängnis verlassen musste. Ihr seid meine Beschäftigung und ständige Sorge.

Ich sagte es euch bereits, aber ich sage es euch noch einmal, genau hier sehe ich die Großartigkeit der Lehre der Liebe und der Weisheit bestätigt, ihre Macht, die Menschen zu erhellen, zu führen und zu stärken. Ich wusste schon immer, dass diese Lehre die Quintessenz aller Forschung ist, die seit Menschengedenken von den Eingeweihten und den großen Meistern über den Menschen, über das Universum und über den Schöpfer, mit dem sie durch eine ganze Hierarchie von spirituellen Wesenheiten in bewusster Kommunikation stehen, betrieben wird. Aber dank der außergewöhnlichen Bedingungen, in denen ich mich befinde, habe ich jetzt noch mehr die Möglichkeit, die Bestätigung dafür zu finden, dass wir uns dieser Wissenschaft, die sie uns hinterlassen haben, bedienen können, bis in die menschliche Hölle, zum Wohle aller. Ich erprobe immer weiter die Kraft des Gedankens. Ich muss das Gift trinken, ich muss den Schierlingsbecher trinken, ohne daran zu sterben und es stattdessen in Ambrosia umwandeln.

Erinnert euch an dieses Beispiel, das ich euch einmal gab: die gegensätzlichen Reaktionen, die man bei zwei Personen feststellen kann, die einige Tage auf Nahrung verzichten müssen. Während die eine sich darüber aufregt, sich auflehnt und aggressiv wird, sagt sich die andere: „Da ich noch nie die Gelegenheit hatte zu fasten, werde ich jetzt diese Bedingungen nützen." Und sie reinigt sich, erhellt sich und wird empfindsamer für die spirituellen Wirklichkeiten. Ich selbst wusste schon lange was Entbehrungen sind, aber das Gefängnis kannte ich nicht. Nun, ich akzeptiere es jetzt, um meine Kenntnisse weiterhin zu erweitern. Derjenige, der immer verschont bleibt, muss darüber nicht unbedingt glücklich sein: Nicht kämpfen zu müssen, was wird er gewinnen? Wenn man sie einzuschätzen weiß, sind die Herausforderungen ein Privileg. Und darum kann ich sogar hier weiterhin lieben, singen und in Gedanken mit all den Wesen, die die Welt der Schönheit, des Lichts und der Liebe bewohnen, kommunizieren.

Eines Tages wird es für mich aufs Neue Freiheit, reine Luft und Frieden geben. Alles ist präzise durch die Herren des Schicksals vorausgeplant. Zu gegebener Zeit werden Ereignisse zum Ruhme der Universellen Weißen Bruderschaft, die oben ist, geschehen. Und sie sei für immer gepriesen!... Das Werk, an dem ich teilhabe, ist auf unveränderlichen Gesetzen gegründet. Selbst wenn die ganze Welt sich erheben und sich dagegen rüsten würde, sie könnte es nicht zerstören, sie würde sich eher selbst zerstören.

Und ich sage euch jetzt, dass sich eine große Zukunft vor uns eröffnet, eine neue Kultur kommt in die Welt, die Kultur der Brüderlichkeit. Die Menschheit ist bereits vom unterbewussten Leben zum bewussten Leben übergegangen, aber sie muss jetzt zum Überbewusstsein vordringen, indem sie sich zunehmend einem höheren Leben öffnet, gekennzeichnet durch das Siegel des Opfers, das die Manifestation der Gottheit ist. Der Mensch dieser kommenden Kultur erlangt durch das Opfer ein neues Bewusstsein, er ist der Sonne gleich, die am Horizont aufgeht.

Euer Bruder Mikhaël

Anhang III

Izgrev (Sèvres)
12. Februar 1950

Meine lieben Brüder und Schwestern,

Der Fluss, der für alle sichtbar strömte, musste in unterirdische Schichten vordringen, um andere Regionen zu befruchten und um die tiefgründigen Mysterien der menschlichen Natur kennenzulernen, wo die Hölle auf alle mögliche Art und Weise spielt und singt. Aber dieser Fluss erscheint jetzt wieder an der Oberfläche, und er wird seinen Weg fortsetzen, um die Pflanzen zu bewässern und die Tiere und die Menschen zu tränken.

Während dieser langen Abwesenheit habe ich euch niemals verlassen. Und ich habe mich auch bereichert: Am Grunde dieses Ozeans der Schwärze, in den ich hineingeworfen worden bin, habe ich nicht nur Gold und Edelsteine entdeckt, sondern ich habe auch gelernt, Bosheit und Hass in das Elixier des Lebens umzuwandeln.

Seid mir jetzt nicht böse, wenn ich euch sage, dass wir uns nicht sofort wiedersehen können. Die Justiz hat erkannt, dass ich zu Unrecht eingekerkert worden bin, und hat mich freigelassen. Aber im Hinblick auf den Prozess, der stattfinden wird, hat man mich wissen lassen, dass es besser wäre, wenn ich nicht sofort meine früheren Aktivitäten wieder aufnehmen würde: Versammlungen, Vorträge, denn man könnte dann annehmen, dass ich die Meinung beeinflussen wolle. Außerdem habe ich nur wenig Zeit, um die zahlreichen Dokumente zu studieren, von denen ich vor dem Prozess unbedingt Kenntnis nehmen muss. Es wäre eine große Freude für mich gewesen, euch schneller wiederzusehen, denn ich habe euch so viel zu sagen! Aber ich werde es weiterhin in meiner Seele und in Gedanken tun, wie ich es jeden Tag tue.

Ich weiß und ich spüre, dass sich große Veränderungen in euch vollzogen haben. Ihr erkennt immer klarer die Notwendigkeit, am Aufbau dieses neuen Lebens mitzuwirken, das sich in den feinstofflichen Regionen des Planeten vorbereitet, um das Schicksal der Menschheit zu verbessern. Das Gute und das Böse haben sich zu allen Zeiten einen unerbittlichen Kampf geliefert. Wie oft hat das Böse den Sieg davongetragen und dies in allen Bereichen! Aber jetzt werden die Bedingungen zunehmend für den Triumph des Guten vereint.

Nichts ist für den Schüler der Universellen Weißen Bruderschaft wichtiger, als jeden Tag bewusst am Sieg des göttlichen Werkes mitzuwirken. Je mehr Menschen es geben wird, die für dieses Ideal stimmen werden, umso schneller wird sich das Reich Gottes auf der Erde verwirklichen, und das Leben wird andere Farben annehmen. Von dem Moment an, da wir den festen Willen haben, diesem göttlichen Werk zu dienen, finden die Kräfte des Lichts und der Schönheit ihren Ausdruck in uns, und der Friede wird eine nahezu greifbare Realität. Die Geduld ist eine der größten Tugenden. Die Zukunft gehört demjenigen, der nicht aufhört zu arbeiten und der, was auch geschieht, einen unerschütterlichen Glauben bewahrt.

Ich danke noch einmal den Brüdern und Schwestern für ihre materielle und moralische Hilfe, die sie mir gebracht haben, für ihre Zeugnisse der Treue, der Anstrengungen, die sie unternommen haben, und der Zeit, die sie aufgewandt haben, mich zu verteidigen.

»Die Sonne der Liebe erhebt sich bereits über der Welt. Überall verbreitet sie ihr Licht, überall verbreitet sie ihre Wärme. Wir sind die Strahlen der Sonne, wir bringen das neue Leben«, heißt es in einem Lied des Meisters.

Euer Bruder Mikhaël

Vom selben Autor

Reihe Gesamtwerke

1	Das geistige Erwachen
2	Die spirituelle Alchimie
3	Die beiden Bäume im Paradies
4	Das Senfkorn – Symbole im Neuen Testament
5	Die Kräfte des Lebens
6	Die Harmonie
7	Die Reinheit, Grundlage geistiger Kraft
8	Sprache der Symbole, Sprache der Natur
9	»Im Anfang war das Wort«
10	Sonnen-Yoga (Surya-Yoga) – Die Herrlichkeit von Tiphereth
11	Der Schlüssel zur Lösung der Lebensprobleme
12	Die Gesetze der kosmischen Moral
13	Die neue Erde
14/15	Liebe und Sexualität (Doppelband)
16	Alchimie und Magie der Ernährung – Hrani-Yoga
17/18	Erkenne Dich selbst – Jnani Yoga (Doppelband)
19-22	*Wird nicht ins Deutsche übersetzt*
23/24	Eine neue Religion (Doppelband)
25/26	Der Wassermann und das Goldene Zeitalter (Doppelband)
27	Die Pädagogik in der Einweihungslehre, Band 1
28/29	Die Pädagogik in der Einweihungslehre, Band 2 und 3 (Doppelband)
30/31	Leben und Arbeit in einer Einweihungsschule
32	Die Früchte des Lebensbaums

Vom selben Autor

Reihe Broschüren

301 Das neue Jahr
302 Die Meditation
303 Die Atmung
304 Der Tod und das Leben im Jenseits
305 Das Gebet
306 Musik und Gesang im spirituellen Leben
307 Das hohe Ideal
308 Das Osterfest – Die Auferstehung und das Leben
309 Die Aura – Unsere geistige Haut
310 In die Stille gehen
311 Wie Gedanken sich in der Materie verwirklichen
312 Die Reinkarnation
313 Das Vaterunser
314 Das Gesetz der Gerechtigkeit und das Gesetz der Liebe
315 Die Quelle des Lebens
316 Die Nahrung, ein Liebesbrief des Schöpfers
317 Die Kunst und das Leben
318 Die wesentliche Aufgabe der Mutter während der Schwangerschaft
319 Die Seele, Instrument des Geistes
320 Menschliches und göttliches Wort
321 Weihnachten und das Mysterium der Geburt Christi
322 Die spirituellen Grundlagen der Medizin
323 Meditationen beim Sonnenaufgang
324 Der Friede, ein höherer Bewusstseinszustand
325 Das Ideal des brüderlichen Lebens
326 Die ganze Schöpfung wohnt in uns
327 Der Preis der Freiheit

Vom selben Autor

Taschenbuch-Reihe Izvor

200 Hommage an Meister Peter Deunov
201 Auf dem Weg zur Sonnenkultur
202 Der Mensch erobert sein Schicksal
203 Die Erziehung beginnt vor der Geburt
204 Yoga der Ernährung
205 Die Sexualkraft
206 Eine universelle Philosophie
207 Was ist ein geistiger Meister?
208 Das Egregore der Taube – Innerer Friede und Weltfrieden
209 Weihnachten und Ostern in der Einweihungslehre
210 Die Antwort auf das Böse
211 Die Freiheit, Sieg des Geistes
212 Das Licht, lebendiger Geist
213 Die menschliche und göttliche Natur in uns
214 Liebe, Zeugung und Schwangerschaft
215 Die wahre Lehre Christi
216 Geheimnisse aus dem Buch der Natur
217 Ein neues Licht auf das Evangelium
218 Die geometrischen Figuren und ihre Sprache
219 Geheimnis Mensch.
220 Der Tierkreis, Schlüssel zu Mensch und Kosmos
221 Alchimistische Arbeit und Vollkommenheit
222 Die Psyche des Menschen
223 Geistiges und künstlerisches Schaffen
224 Die Kraft der Gedanken
225 Harmonie und Gesundheit
226 Das Buch der göttlichen Magie
227 Goldene Regeln für den Alltag
228 Einblick in die unsichtbare Welt
229 Der Weg der Stille

230 Die Himmlische Stadt
231 Saaten des Glücks
232 Feuer und Wasser - Wunderkräfte der Schöpfung
233 Eine Zukunft für die Jugend
234 Die Wahrheit, Frucht der Weisheit und der Liebe
235 Im Geist und in der Wahrheit - Wie finde ich zu Gott
236 Weisheit aus der Kabbala
237 Das kosmische Gleichgewicht - Die Zahl 2
238 Der Glaube versetzt Berge
239 Die Liebe ist größer als der Glaube
240 Söhne und Töchter Gottes
241 Der Stein der Weisen
242 Unerschöpfliche Quellen der Freude
243 Das Lächeln des Weisen
244 Dem Licht entgegen

Die Bücher von Omraam Mikhaël Aïvanhov behandeln fast alle Themen, mit denen der Mensch in seinem Leben und seinem Alltag konfrontiert wird. Trotz dieser Fülle an Büchern enthält jedes einzelne ein fundiertes und tiefes Wissen und eine große Weisheit. Jedes Buch vermittelt mit klaren und treffenden Worten Hilfe, Orientierung, Freude und Hoffnung.

In unserem Online-Shop finden Sie eine Beschreibung zu jedem dieser Bücher und zu weiteren Titeln. Es kann auch ein kostenloser Katalog bei uns angefordert oder heruntergeladen werden, der alle Werke enthält.

Bestellen können Sie im Verlag oder im Buchhandel. Wenn Sie ein Buch in Ihrer Buchhandlung nicht erhalten, ist es bei uns im Verlag in der Regel dennoch lieferbar. Viele Bücher sind inzwischen auch als E-Book erhältlich.

VERLAGE UND AUSLIEFERUNGEN

FRANKREICH
Éditions Prosveta S.A. (Hauptverlag)
B.P. 12 – F-83601 Fréjus Cedex
Tel. 04 94 19 33 33, Fax 04 94 19 33 34
E-Mail: international@prosveta.com
Internet: www.prosveta.fr

DEUTSCHLAND
Prosveta Verlag GmbH
Grabenstr. 14, 78661 Dietingen
Tel. 07427-3430
E-Mail: kontakt@prosveta.de
Internet: www.prosveta.de

ÖSTERREICH
Harmoniequell Versand
Ulmenweg 8, 5302 Henndorf
Tel. und Fax 06214 7413
E-Mail: info@prosveta.at
Internet: www.prosveta.at

SCHWEIZ
Éditions Prosveta
1808 Les Monts-de-Corsier 13
Tel. 021 921 92 18, Fax 021 922 92 04
E-Mail: editions@prosveta.ch
Internet: www.prosveta.ch

Auslieferungsadressen für weitere Länder finden Sie unter
www.prosveta.de/informationen/bestelladressen